国家自然科学基金项目：区域农业、工业、服务业环境效率的虚拟标杆理论及应用研究——以中国省域农业、工业、服务业环境效率为例（批准号：71864010）资助

效率型经济增长模型及应用研究

刘殿国　著

新华出版社

图书在版编目（CIP）数据

效率型经济增长模型及应用研究 / 刘殿国著.

北京：新华出版社, 2022.4

ISBN 978-7-5166-6223-6

Ⅰ.①效… Ⅱ.①刘… Ⅲ.①中国经济－经济增长－

经济模型－研究 Ⅳ.①F124.1

中国版本图书馆CIP数据核字(2022)第045831号

效率型经济增长模型及应用研究

作　　者：刘殿国

责任编辑：唐波勇　　　　　　　　　　封面设计：优盛文化

出版发行：新华出版社

地　　址：北京石景山区京原路8号　　　邮　　编：100040

网　　址：http://www.xinhuapub.com

经　　销：新华书店、新华出版社天猫旗舰店、京东旗舰店及各大网店

购书热线：010-63077122　　　　　　中国新闻书店购书热线：010-63072012

照　　排：优盛文化

印　　刷：石家庄汇展印刷有限公司

成品尺寸：170mm×240mm

印　　张：22.5　　　　　　　　　　字　　数：389千字

版　　次：2022年4月第一版　　　　印　　次：2022年4月第一次印刷

书　　号：ISBN 978-7-5166-6223-6

定　　价：98.00元

前　言

　　1978 年党的十一届三中全会的召开，标志着党和国家的工作重点转移到社会主义经济建设上来，由此拉开了改革开放的序幕，我国经济进入快速发展与增长阶段。通过改革生产和分配形式，调动了农民、企业员工的生产积极性；通过对各级政府的 GDP 发展目标的考核，也调动了政府官员的工作积极性；利用后发优势，积极扩大对外开放，引进各种技术促进经济快速发展。通过"五年计划"对经济发展速度提出明确要求，如"九五"计划提出，要实现人均国民生产总值比 1980 年翻两番；"十五"计划提出，要为 2010 年国内生产总值比 2000 年翻一番奠定坚实基础；"十一五"规划提出，人均国民生产总值比 2000 年翻一番。同时，通过各种政策措施引导和加快经济发展，如市场化改革政策、对外开放政策、金融发展政策、城市化政策、产业结构调整政策；等等。在从党和国家的工作重点转移到社会主义现代化建设上来和持续多年追赶战略的指导下，我国人均 GDP 从 1978 年只有 156 美元（按照世界银行的统计指标）增长到 2017 年 9400 美元。在这样的增长速度下，2009 年中国经济规模超过日本，成为世界第二大经济体；2013 年，中国贸易总额超过美国，成为世界第一大贸易国。长期以来，中国经济增长主要关注速度，具体依靠外需和投资拉动，这不仅导致经济增长全要素生产率及要素效率不高，也造成了资源的极大浪费和环境的严重污染。2017 年，党的十九大宣告中国特色社会主义进入新时代，中国经济已经由高速增长阶段转向高质量发展阶段，必须坚持"质量第一、效益优先"的原则，坚持供给侧结构性改革，提高全要素生产率，构建充满活力的市场体制机制，不断提升我国的创新能力和国际竞争力。这表明中央推动经济增长由要素投入驱动转向要素效率和全要素生产率驱动的决心比以往任何时候都要坚决。在新的发展理念下，重新分析和挖掘各种政策措施对要素效率和全要素生产率提高的作用无疑是非常值得研究的问题。

　　其实，自从 Solow 提出通过国民经济核算或生产函数回归测算索洛余值（全要素生产率）后，全要素生产率研究就受到广泛的重视。Aigner 和 Chu（1968）提出了前沿生产函数模型，并将生产者效率分解为技术前沿（technological frontier）和技术效率（technical efficiency）两个部分；Aigner 等

（1977）、Meeusen 和 Broeck（1977）构建了包含随机扰动的前沿模型，即随机前沿生产函数（stochastic frontier production function）分析方法；Charnes 等（1978）和 Caves 等（1982）基于一种线性规划技术确定生产前沿面，即数据包络分析法。基于前沿生产率分析的随机前沿分析和数据包络分析方法能够将全要素生产率分解为前沿技术和技术效率，从而对全要素生产率进行较深入的分析，并且能够提供更多生产者的信息；由于经济增长变量隐含在效率测算中，没有明确给出所测得的综合效率对经济增长贡献的大小；索洛余值法既能较易测出技术进步（余值），也能较易测出要素（资本、劳动等）对经济增长贡献的大小。基于产业结构、市场化等因素对全要素生产率及要素效率的影响，有些文献运用索洛模型进行分析。但分析存在如下问题：第一，缺少对效率异质性是否存在的检验（只有各省间的要素效率存在明显不同时，才可以引入影响因素对其不同的原因进行分析；如果各省间的要素效率相同，就不能研究效率不同的原因，因而不需要引入影响因素）；第二，对效率异质性的影响因素设成了缺少随机残差项的线性函数（其实由于模型中可能存在被忽略因素的影响、模型函数形式设定的误差及随机因素的影响，因而效率异质性的影响因素设成含有随机残差项的回归模型的一般形式才是合理的设法）；等等。另外，对经济增长全要素生产率及要素效率的影响的研究，仅仅基于某个方面的分析。Rodrik 等认为，深化经济增长动力问题研究不应该局限于某一要素和经济增长的因果关系论证，更应该开展综合分析。因此，在经济增长的要素效率影响因素研究中，也应该综合分析市场化、对外开放、金融体系改革、城市化、结构调整综合作用的效果。基于研究中存在的问题，本书利用适合分析异质性问题的多层统计模型，结合变系数生产函数的特征，将经济增长的要素及其效率的综合影响因素整合在同一模型中，构建效率型经济增长模型。该模型给出了效率是否存在异质性的检验，效率异质性的影响因素合理的设法等，并基于中国（包括区域和产业）相关数据，实证分析了市场化进程、对外开放、金融发展、城市化及结构变迁对经济增长要素效率异质性的综合作用，同时针对作用程度提出了相应的政策建议。

本书具有以下创新之处：

首先，基于变系数生产函数的系数影响因素理论，以及多层统计模型，探索性地构建了效率型经济增长模型。该模型拓展了一般经济增长模型。

其次，提高经济增长效率的实践，不仅要考虑经济增长的基本影响因素，还要考虑综合性因素，并且协调好二者之间的关系，才能实现经济增长要素效率的长期稳定提高。

再次，能够检验中国（包括区域和产业）经济增长的剩余全要素生产率及要素效率是否存在异质性，并且能够对综合性因素对效率异质性的影响程度给出精确评价。

最后，应用效率型经济增长理论模型研究中国宏观、产业、区域经济增长，得到了综合性因素对经济增长要素效率的精确影响，这将有助于制定中国（包括区域和产业）高质量发展的精细化管理决策。

本书的突出特色：

第一，研究角度新颖。基于综合性因素对经济增长要素效率影响的角度，研究综合性因素对中国（包括区域和产业）经济增长要素效率的影响。

第二，研究方法独特。有效整合了经济增长及要素效率影响因素理论、变系数生产函数以及多层统计模型理论，建立了效率型经济增长模型。

第三，定性分析与定量分析相结合。一方面，采用定性分析方法，依据制度嵌入性理论，概括要素效率的制度嵌入性；另一方面，采用定量分析方法，实证分析了综合性因素对经济增长要素效率影响的路径及精确性。

第四，计量分析的统计学基础不同。本书以具有层级结构数据和多层统计模型作为分析的基础，与传统的计量以截面、时间、面板数据忽略层级结构的数据和一般回归、时间序列回归、面板数据回归存在明显不同。

本书的研究工作得到了国家自然科学基金的资助。本书的主要内容来源于笔者主持的国家自然科学基金项目"区域农业、工业、服务业环境效率的虚拟标杆理论及应用研究——以中国省域农业、工业、服务业环境效率为例"（批准号：71864010）的研究成果。

海南大学经济学院的吴学品教授、张尔升教授、何国平教授、王勇教授等为本书提出了许多宝贵的建议；研究生邓诗雨、王美、梁美燕、张茜、李鑫强等做了大量的调研、文献搜集及资料整理工作。

刘殿国
2021 年 11 月

目　录

第一章 绪 论

党的十九大报告指出，我国经济正处于转变发展方式、优化经济结构、转换增长动力的攻关期，已由高速增长阶段转向高质量发展阶段，并明确要求，"必须坚持质量第一、效益优先，以供给侧结构性改革为主线，推动经济发展质量变革、效率变革、动力变革，提高全要素生产率"。经济增长质量是一个内涵丰富的命题，包括增长结构的优化、资源的节约、分配的公平、效率的提升等。毫无疑问，全要素生产率及要素效率的提高是提升经济增长质量的核心要义和支撑基础之一。其实，阿布拉莫维茨（Abramovitz，1956）、索洛（Solow，1957）和肯德里克（Kendrick，1973）的分析表明，美国经济的增长至少其中3/4是由于生产要素产出效率的提高取得的，而不是依靠资源投入数量的增加。因此，研究和揭示影响要素效率的内在因素，并针对影响程度提出可行有效的政策建议，便构成了本书研究的主题。

第一节 经济增长中对效率的关注

一、全要素生产率

为了详细解释技术创新对经济增长的作用，Solow（1957）提出了用"残余"来表示全要素生产率，并用其来解释技术创新。自 Solow（1957）提出通过国民经济核算或生产函数回归测算索洛余值（全要素生产率），全要素生产率研究受到了广泛的重视。Aigner 和 Chu（1968）提出了前沿生产函数模型，并将生产者效率分解为技术前沿（technological frontier）和技术效率（technical efficiency）两个部分；Aigner 等（1977）、Meeusen 和 Broeck（1977）构建了包含随机扰动的前沿模型，即随机前沿生产函数（stochastic frontier production function）分析方法；Charnes 等（1978）和 Caves 等（1982）基于一种线性规划技术确定了生产前沿面，即数据包络分析法。基于前沿生产率分析的随机前沿分析和数据包络分析方法能够将全要素生产率分解为技术前沿和技术效率，从而对全要素生产率进行了较深入的分析，并且能够提供更多生产者的信息，由于经济增长变量隐含在效率测算中，没有明确给出所测得的综合效率对经济增长贡献的大小。索洛余值法既能较易测出技术创新（余值），也能较易测出要素（资本、劳动等）对经济增长贡献的大小。因此，在研究经济增长的要素效率时，本书基于一般生产函数法（索洛余值法）进行相关分析。

二、中国经济增长要素效率不高

中国全要素生产率增长在2008—2015年间呈现下降趋势（楠玉等，2018；李平等，2018）；且2014年中国的全要素生产率仅相当于美国的43.3%（戴小勇，2021）。蔡昉（2013）分析得到中国全要素生产率对提高劳动生产率的贡献率，从1978—1994年间的46.9%大幅降低到2005—2009年间的31.8%，并预计进一步降低为2010—2015年间的28.0%，因而单纯依靠物质资本的投资作为供给方面的经济增长源泉，显然是不可持续的。2015年每新增1元GDP所需的投资达到6.7元，比2010年的4.2元提高了近60%（王一鸣，2017）。虽然目前中国科技进步贡献率已提升至57.5%，但是与发达国家相比仍有较大差距（盛来运等，2018）。近年来，中国出现创新投入迅速增长而全要素生产率增速持续下降的现象，被学界称为高创新投入与低生产率之谜（高帆，2017）。

第二节　要素效率研究的不足

一、模型运用不恰当

有的文献基于非线性回归模型实证分析了产业结构、市场化对全要素生产率、资本和劳动效率异质性的影响（刘伟、李绍荣，2002；王琴英，2007；钟心桃、龚唯平，2008），但分析中存在不足之处：第一，缺少对效率异质性是否存在的检验（只有各省间的要素效率存在明显不同时，才可以引入影响因素对其不同的原因进行分析；如果各省间的要素效率相同，就不能研究效率不同的原因，因而不需要引入影响因素）；第二，缺少对效率异质性影响因素作用效果的评价（只有对影响因素作用的效果给出合理评价，才能知道影响因素选择的是否合理）。其实，适合在回归模型中对效率（截距与斜率）影响因素进行分析的是多层统计模型（王济川，2008；Goldstein，2011 刘殿国，2009，2016）。

二、缺少综合性影响因素分析

围绕经济增长全要素生产率的影响因素，学者们分别从产业结构（刘伟、李绍荣，2002）、贸易开放（许和连等，2006）、金融发展（黄燕萍，2016）等角度进行了研究；围绕经济增长要素效率的影响因素，学者们分别从产业结构和市场化进程（刘伟、李绍荣，2002）、城镇化和对外开放（吴传清等，2017）、市场化进程和金融发展（周兴、张鹏，2014）等方面进行了研究等。Rodrik 等（2004）认为，深化经济增长动力问题的研究不应局限于某一要素和经济增长的因果关系论证，更应开展综合分析；李富强等（2008）也强调开展综合分析的必要性。因此，在高质量经济增长的要素效率影响因素研究中也应该综合分析市场化进程、对外开放、金融发展、城市化及结构变迁综合作用的效果。

第三节 本书的研究思路、方法与意义

一、研究思路

针对中国（包括区域和产业）经济增长全要素生产率及要素效率的影响要素研究中存在的问题，基于变系数生产函数的系数影响因素理论，运用多层统计模型将经济增长的基本要素及其效率（系数）的综合性影响因素整合在同一个模型中，构建了效率型经济增长模型。该模型既弥补了要素效率的综合性影响因素分析不足的问题，也解决了要素效率研究中计量模型应用不恰当的问题。基于中国、区域（泛珠三角区、长江经济带和丝绸之路经济带），以及产业（农业、工业、服务业）的数据，运用效率型经济增长模型，实证分析了综合性因素（市场化进程、对外开放、金融发展、城市化、产业结构变迁）对要素效率的影响，并基于分析的结果提出了中国、区域及产业经济增长过程中不仅要重视技术创新的影响，而且要重视制度创新（综合性因素的创新）对要素效率的影响，还应依据区域影响的差异性（异质性）、在不同时段上的趋势性，围绕效率的提高设计政策体系，以实现高质量经济增长，并且基于实证的结果提出相应的政策建议。

二、研究方法

本书综合使用如下方法：1.整合了经济增长及要素效率影响因素理论、变系数生产函数及多层统计模型理论；以经济增长的总产值第一层（以下简称层一）、以经济增长基本影响因素为层一解释变量、以经济发展社会场景中的综合性因素（市场化进程、对外开放、金融发展、城市化及结构变迁）为第二层（以下简称层二），运用多层统计模型，建立了效率型的经济增长理论模型。2.运用GDP平减指数计算方法、取对数法等多种统计方法处理数据。3.基于中国的宏观经济、产业经济及区域经济增长、综合性因素相关数据，实证分析了综合性因素（市场化进程、对外开放、金融发展、城市化及结构变迁）对经济增长全要素生产率及要素效率的影响。4.基于实证分析的结果，运用规范分析法对中国的宏观经济、产业经济及区域经济的高质量增长提出合理化建议。

三、研究意义

（一）理论意义

第一，基于变系数生产函数的系数影响因素理论以及多层统计模型，探索性地构建了效率型经济增长模型。该模型拓展了一般经济增长模型。

第二，能够检验中国（包括区域和产业）经济增长的剩余全要素生产率及要素效率是否存在异质性；能够对综合性因素对效率异质性的影响程度给出精确评价。

第三，探索性地建立了效率型经济增长理论模型并基于中国宏观、产业、区域数据的实证分析，有助于新学科（多层次经济社会计量学）的建立。

第四，效率型经济增长模型为中国经济增长提高要素效率提供了理论依据，从而有可能促进中国经济高质量增长理论的发展。

（二）实践意义

第一，加强经济增长要素效率的实践，不仅要考虑经济增长的基本影响因素，还要考虑综合性因素，并且协调好二者之间的关系，只有这样才能实现经济增长要素效率的长期稳定提高。

第二，关注综合性因素对经济增长要素效率的作用结果，有助于系统化地挖掘提高经济增长要素效率的作用，以便制定经济增长要素效率提高的政策。

第三，应用效率型经济增长理论模型研究中国宏观、产业、区域经济增长，得到了综合性因素对经济增长要素效率的精确影响，有助于制定中国（包括区域和产业）高质量发展的精细化管理决策。

第四，要素效率的提高有利于减少资源的消耗和废弃物的排放，从而提高资源的利用率，有助于我国可持续发展和减排目标的实现。

第二章　相关理论研究述评

第一节　经济增长的要素效率研究

与经济增长要素效率研究有关的研究议题主要有经济增长的驱动因素，全要素生产率的异质性及影响因素、要素效率的异质性及影响因素。

一、经济增长的驱动因素

围绕经济增长的驱动力问题，新古典经济增长模型认为除了必要的资本与劳动之外，外生的技术创新才能保证长期持续的经济增长［Solow（1956），Swan（1956）］。为了阐明一个国家的经济系统是怎样决定其经济的持续增长的，新经济增长理论认为人力资本的外溢性可以在一定程度上解释技术创新对经济增长的推动作用［Lucas（1988）］，技术创新的外溢性也可以在一定程度上解释技术创新对经济增长的推动作用Romer（1986）。因此，资本投入、劳动力投入、技术创新成了经济增长的基本驱动因素。其实，Griliches（1979）就将R&D作为知识资本存量引入到生产函数中，得到了R&D可以促进一国的经济增长的结论；坤荣和蒋锐（2007）也将人力资本和知识（R&D）纳入生产函数中分析中国经济增长；樊纲等（2011）及黄燕萍等（2013）将人力资本引入生产函数中，得出了人力资本增加可以促进经济增长的结论；杜伟等（2014）构建了包含物质资本、劳动力、人力资本的生产函数。以边际分析为中心的新古典经济学认为企业家对企业的组织管理活动会导致生产率的提高和财富的增长（张洞易，2015）；丹尼森在《美国经济增长因素和我们面临的选择》一书中认为资源配置、规模节约是影响经济增长的因素（梁小民，1999）。因此，用人力资本、技术创新并不能完全解释Solow"残余（Residual）"，也就是说，用资本投入、劳动力投入、人力资本、技术创新解释经济增长还会有余值（剩余全要素生产率）。

二、要素效率的异质性及影响因素

中国全要素生产率对提高劳动生产率的贡献率，从 1978—1994 年间的 46.9% 大幅降低到 2005—2009 年间的 31.8%，并预计进一步降低为 2010—2015 年间的 28.0%（蔡昉，2013）。2015 年增量资本产出比（ICOR），也就是每新增 1 元 GDP 所需的投资达到 6.7 元，比 2010 年的 4.2 元提高了近 60%（王一鸣，2017）。基于一般生产函数的要素效率可用弹性系数度量（刘伟、李绍荣，2001、2002）。资本、劳动效率在不同时段有一定的差异（郑若谷，2010；胡晨沛，章上峰等，2019）；曲玥（2020）基于"企业—员工"匹配调查数据实证分析得到，不同年度人力资本的生产率和配置效率有较大的差异；任俭俭等（2021）基于少数民族地区数据实证分析得到，人力资本使用效率在不同年度有明显差异。杨骞等（2021）运用超效率 EBM 模型测度中国各省（区、市）科技创新效率，得到各省市科技创新效率在不同年度存在明显的差异。兰海霞、赵雪雁（2020）运用 DEA 模型测度中国各省（区、市）科技创新效率，得到各省市科技创新效率在不同年度存在明显的差异。要素效率的影响因素有：郑若谷等（2010）认为产业结构变化导致要素产出弹性发生变化，而制度演进同样影响着要素的产出弹性，这表明生产要素产出弹性是产业结构和制度变量的函数，其制度变量包括产权制度、金融发展、对外贸易及FDI 等经济发展环境的综合变量。另外，齐红倩等（2015）认为城镇化发展伴随着劳动力的转移，促进了分工、专业化和人力资本积累，导致了劳动生产率的提高。阚大学（2020）实证分析得到，东部地区企业出口和引进外资显著提高了企业人力资本效率；解晋（2019）基于中国省级面板数据实证分析得到，市场化水平、基础设施建设和产业结构合理化有利于人力资本配置效率的改善，金融发展加剧了人力资本错配。于寄语、温湖炜（2016）基于中国省级面板数据实证分析得到，在城市化水平不断提升的过程中，人力资本的利用效能不断增大。技术创新效率的影响因素有市场化改革、金融发展（周兴、张鹏，2014），城镇化进程、对外开放（吴传清等，2017），产业结构（樊华、周德群，2012；许经勇，2016）。

第二节 多层统计模型研究

多层（水平）统计模型（multilevel statistical models）是 20 世纪 80 年代中后期发展起来的一门多元统计分析新技术，是针对经典统计技术（方差分析或普通线性回归等）在处理具有多层结构的数据所存在的局限时，以及可能产生对分析结果的曲解而提出的。多层统计模型通过对不同层次的变量分层计算（误差按层次分解为：由第一层个体间差异带来的和由第二层组织间差异带来的，并假设第一层个体间的测量误差相互独立，第二层组织带来的误差在不同组织之间相互独立）解决了具有层结构数据中个体水平和社会组织水平的变量对个体行为的不同影响。具有层结构的数据在组织研究、经济研究、管理研究等领域广泛存在。例如，探讨企业绩效的影响因素，常常考虑的企业的经营规模、产权结构、公司治理机制，以及企业所属行业的产值、信息化程度、市场化程度等，这些变量分别来自两个不同的层，即企业（个体）第一层和产业（社会组织）第二层。多层统计模型已经成为当前国际上统计学研究中一个新兴而重要的领域，被广泛应用于教育、心理、文化、经济、管理等领域（Goldstein，2011）。

一、多层统计模型的理论研究

（一）关于模型的形式

Raudenbush（1991）建立了多因变量的多层模型；Goldstein（1991）建立了离散变量的多层模型；Consul（1992）建立了多层 Poisson 回归模型；Raudenbush（1993）建立了交叉分类的多层模型；Muthen（1994）建立了多层结构方程模型；Agresti（2000）建立了分类变量的多层模型；Carpenter（2003）针对二层样本较少的情况，建立了自助法的多层模型。刘殿国（2009）建立了适合处理小样本数据的累加多层统计模型；Goldstein（2011）对多因变量与交叉分类数据多层模型进行了详细的讨论；Ibrahim 等（2011）用惩罚极大似然估计方法讨论了一般混合效果模型中的固定与随机效果的选择；Di1 等（2011）建立了具有狄利克雷混合分布的多层潜变量模型。

（二）关于模型的参数估计

国外理论研究：Laird（1982）给出了多层模型中随机效应的判定方法，Strenio（1983）给出了多层统计模型的 Bayes 估计方法，Goldstein（1986）给出了运用迭代广义最小二乘法算法的极大似然估计法估计多层模型的参数。国内理论研究：李晓松（1999）探讨了两个水平层次结构的数据拟合方差成分模型与线性回归模型的关系，石磊（2008）研究了多水平模型下基于均值漂移模型的异常点探测问题。另外 Sinha（2009）用自助法进行了参数估计，通过模拟研究得到了小区域估计的稳定性；Kauermann（2009）利用惩罚似然估计法讨论了样条基随着样本规模改变时惩罚样条光滑的渐进特性；Nie 等（2009）比较了极大似然估计、限制极大似然估计，以及贝叶斯方法在多正太变量下的方差参数的估计。

二、多层统计模型的应用研究

国外已经将多层统计模型广泛应用于社会学、教育学、人口学、心理学、经济学、管理学等社会科学中。国内由杨菊华（2006）把多层统计模型应用到社会学研究，郭志刚（2007）把多层模型应用到人口科学研究，刘泽云（2007）把多层模型应用到教育研究中等。多层统计模型逐渐扩展到经济管理中，如伊志宏等（2008）运用多层统计模型研究了地方经济发展与企业资本结构选择；刘殿国等（2009）运用累加方法的多层统计模型研究了香蕉组织的绩效；杨鑫等（2010）基于中国上市公司，运用三层线性模型研究了战略群组对企业绩效的影响；王天夫等（2010）利用多层线性模型研究了行业对个人收入的影响；王克林（2011）应用多层统计模型以宏观层面的地区人均可支配收入和是否为发达地区虚拟变量作为二层变量解释了家庭消费跨地区的差异；顾乃华（2011）运用多层线性模型探讨中国以省级政府为"第一行动集团"的中间扩散性型制度变迁，对中国城市化和服务业互动发展产生的影响；游达明等（2011）基于多层线性模型的就业影响因素研究；石磊等（2011）应用两水平发展模型研究了西部民族地区农户家庭的物质资本、人力资本、就业结构调整对其家庭人均收入及其增长的影响；向其凤和石磊（2012）基于西部民族地区农户转移的微观调查数据，以及该地区劳动力转移的实际情况，结合相关劳动力转移的研究理论，建立了两水平 Logistic 回归模型，定量分析了劳动力转移的影响因素及程度；石磊等（2013）系统介绍了多水平模型的理论及方法，包括模型定义、参数估计、模型检验等，以及它们在经济分析中的应用；杨建云、郝增财等（2013）利用16个不同城市消费者卷烟感官评价的调查数据，设计了两水平模型对消费者的卷烟感官质量评价进行了研究，得出了不同城市的消费者感官评价存在差异的结论，而环境与消费者的口味偏好是形成这一差异的主要原因；Stephane 等（2014）通过建立多水平模型模拟了真实三维建筑物理环境中的人群，并将该模型成功运用到机场航站楼，为模拟多层次的环境提供了模型基础；孙彦玲等（2015）应用多层统计模型分析了农村居民利用卫生服务的影响因素；刘远和周祖城（2015）运用多层线性模型对企业组织行为与人力资源管理中的跨层数据进行了统计分析，考察了员工感知的企业社会责任对组织公民行为的影响机制。情感承诺的中介作用及承诺型人力资源管理实践的跨层调节作用。

另外，对于具有嵌入特征问题的研究，近年来，在国际杂志上开始不断涌现出一大批使用"多层分析"技术的文献（Huber 等，2005）。在目前引用率排名最高的杂志《政治分析》上专门有一期介绍了多层分析方法的应用（Orit and Phillips，2005）。王济川等（2008）认为分析具有个体嵌套在更高水平单位里的分级结构数据（hierarchically structured data）或多层数据（multilevel data）的适当方法是多层统计模型，它不仅能在多层数据分析中正确处理模型参数计算问题，而且能同时分析微观和宏观变量的效应，以及跨层交互作用（cross-level interactions）。刘殿国（2016，2017）在分析环境效率、能源效率、香蕉产业组织效率的社会嵌入性的基础上，运用多层统计模型建立了社会嵌入视角环境效率、能源效率以及香蕉产业组织效率的影响因素理论模型，并且基于相关数据实证分析了社会嵌入性对环境效率、能源效率、香蕉产业组织效率的影响，得到了较符合实际的结果。

第三节　研究评述

以上分析表明，资本投入、劳动力投入、人力资本、技术创新成为经济增长的基本驱动因素，用资本投入、劳动力投入、人力资本、技术创新解释经济增长还会有余值（剩余全要素生产率），因此，还需研究剩余全要素生产率的影响因素；同时表明，经济增长既受自身的基本经济要素的影响，也受市场化、开放程度、金融发展等经济环境变量的影响。通过对众多文献的梳理也可以看出，基于前沿生产率分析的随机前沿分析方法和数据包络分析方法，能够将全要素生产率分解为技术前沿和技术效率，从而对全要素生产率进行了较深入的分析，并且能提供更多生产者的信息；由于经济增长变量隐含在效率测算中，没有明确给出所测得的综合效率对经济增长贡献的大小；索洛余值法既能较易测出技术创新（余值），也能比较容易测出要素（资本、劳动等）对经济增长贡献的大小。因此，在研究经济增长的要素效率时，本文基于一般生产函数法（索洛余值法）进行相关分析。虽然也有文献将要素效率及其影响因素整合在同一框架下进行分析，但是分析存在如下问题：第一，缺少能将基本影响之外的经济环境变量引入模型的统计检验；第二，缺少对效率异质性是否存在的检验（只有各省间的要素效率存在明显不同时，才可以引入影响因素对其不同的原因进行分析；如果各省间的要素效率相同，就不能研究效率不同的原因，因而不需引入影响因素）；第三，对效率异质性的影响因素设成了缺少随机残差项的线性函数，其实由于模型中可能存在被忽略因素的影响、模型函数形式设定的误差及随机因素的影响，因而效率异质性的影响因素设成含有随机残差项的回归模型的一般形式才是合理的设法。第四，缺少对效率异质性影响因素作用效果的评价（只有对影响因素作用的效果给出合理的评价，才能知道影响因素选择的是否合理）。其实，适合在回归模型中对效率（截距与斜率）影响因素进行分析的是多层统计模型（王济川，2008；Goldstein，2011 刘殿国，2016，2017）。另外，Rodrik 等（2004）认为，深化经济增长动力问题研究不应局限于某一要素和经济增长的因果关系论证，更应开展综合分析；李富强等（2008）也强调开展综合分析的必要性。因此，在高质量经济增长的要素效率影响因素研究中也应该综合分析市场化进程、对外开放、金融发展、城市化、产业结构变迁综合作用的效果。基于研究中存在的问题，本文利用适合分析异质性问题的多层统计模型，结合变系数生产函数的特征，将经济增长的要素及其效率的综合性影响因素整合在同一模型中，构建效率型经济增长模型，给出适合分析经济增长的要素效率影响因素的实证分析方法，给出了效率是否存在异质性的检验，对效率异质性的影响因素给出了合理的设法，对效率异质性影响因素作用效果给出了合适的评价方法；基于中国（包括区域与产业）数据实证分析了综合性因素（场化进程、对外开放、金融发展、城市化、产业结构变迁）对中国（包括区域与产业）经济增长要素效率异质性的影响，并针对作用程度提出了可行有效的政策建议。

第三章 效率型经济增长模型研究

第一节 效率型经济增长模型构建

一、理论基础

资本投入、劳动力投入、人力资本、技术创新已经成为经济增长的基本要素。因此，以 GDP 作为产出的 Cobb-Douglas 生产函数为

$$\text{GDP}_{ij} = A_{ij} K_{ij}^{\beta_{1j}} L_{ij}^{\beta_{2j}} H_{ij}^{\beta_{3j}} \text{RDK}_{ij}^{\beta_{4j}} e^{r_{ij}} \qquad (3-1)$$

其中，下标 j 表示地区，i 表示年份；GDP 是国内总产出；K 是资本存量；L 是劳动力人数；H 是人力资本；RDK 是技术创新；β_{1j}、β_{2j}、β_{3j}、β_{4j} 是弹性系数，按照赵文军、于津平（2012，2014）与黄燕萍（2016）的设法 A_{ij} 是与全要素生产率有关的量（其实，$\ln A_{ij}$ 是全要素生产率，是去掉资本、劳动力、人力资本及技术创新影响后的全要素生产率），r 是由 K、L、H、RDK 解释 GDP 产生的误差。

对（3-1）式两端同时取对数可得

$$\ln \text{GDP}_{ij} = \ln A_{ij} + \beta_{1j} \ln(K_{ij}) + \beta_{2j} \ln(L_{ij}) + \beta_{3j} \ln(H_{ij}) + \beta_{4j} \ln(\text{RDK}_{ij}) + r_{ij} \qquad (3-2)$$

传统的 Cobb-Douglas 生产函数将不同区域的 β_{pj} 作为常数，这意味着其主要关注不同区域的共性。但是，已有文献显示资本投入、劳动力投入、人力资本、技术创新系数在不同的地区之间存在较大的差异，即存在基本影响因素效应的异质性（刘伟，李绍荣，2002；王琴英，2007；钟心桃和龚唯平，2008；胡晨沛，章上峰，2019）。因此，在研究多区域经济增长问题时，也要关注效率的差异性，要素生产弹性系数不应设为常数，而应该设为变数或函数。沈坤荣、蒋锐（2007）认为在经济增长模型中，$\ln A$ 中应包含产业结构因素，而产业结构是城市化的函数。赵文军和于津平（2014）实证分析得到市场化发展有

助于提高全要素生产率；许和连等（2006）认为贸易开放度的提高有助于提高全要素生产率；黄燕萍（2016）认为金融发展有利于优化资源配置，因此，导致整个地区或整个省份全要素生产率的提高。齐红倩等（2015）认为城镇化发展伴随着劳动力的转移促进了分工、专业化和人力资本的积累，导致了劳动生产率的提高。陈晔婷、朱锐（2018）实证分析得到金融结构显著性影响全要素生产率。刘伟等（2002）实证分析得到，产业结构显著影响全要素生产率、资本产出效率、劳动力产出效率。另外，Rodrik 等．（2004）认为，深化经济增长动力问题研究不应局限于某一要素和经济增长的因果关系论证，而更应开展综合分析；李富强等（2008）也强调开展综合分析的必要性。因而，研究综合性因素对经济增长全要素生产率及要素效率的影响很有必要。综合性因素包括市场化进程（MAR）、对外开放（OPEN）、金融发展（FIN）、城市化（URB）、产业结构变迁（IND）。为了简化模型，以下推导过程用 x_1, x_2, x_3, x_4, x_5 分别代替 MAR、OPEN、FIN、URB、IND。

用 β_{0j} 表示 $\ln A_{ij}$，即 $\beta_{0j} = \ln A_{ij}$，将要素生产弹性系数设为函数

$$\beta_{pj} = f_p(X_j) + u_{pj}, \ p = 0,1,\cdots,4 \tag{3-3}$$

其中，j 表示的是第 j 个地区，$X_j = (x_{1j}, x_{2j}, x_{3j}, x_{4j}, x_{5j})$

将（3-3）式代（3-2）式，得到变系数生产函数的对数形式。

为了与数量型模型进行区别，本书将经济增长与基本要素变量前加上符号 E（efficiency type）以表示效率型经济增长形式。

$$\ln EGDP_{ij} = [f_0(X_j) + u_{0j}] + [f_1(X_j) + u_{1j}]\ln EK_{ij} + [f_2(X_j)\ln ERDK_{ij}$$
$$+u_{2j}]\ln EL_{ij} + [f_3(X_j) + u_{3j}]\ln EH_{ij}][f_4(X_j) + u_{4j}]\ln ERDK_{ij} + \gamma_{ij} \tag{4}$$

其中，（3-3）中的 $f_p(X_j)$，基于刘伟（2002）、黄燕萍（2016）将要素效率、全要素生产率的影响设为线性函数，本书也将函数 f 设为线性函数，具体形式为

$$f_P(X_j) = \gamma_{p0} + \sum_{q=1}^{5} \gamma_{pq} x_{qj} + u_{pj}, p = 0,1,\cdots,4 \tag{5}$$

如果市场化进程、对外开放、金融发展、城市化、产业结构变迁中某项需两个测量指标，则（3-5）式再增加相应的线性项。

把（3-5）式代入（3-4）式可以得到市场化进程、对外开放、金融发展、城市化、产业结构变迁影响经济增长的全要素生产率和要素效率的基础理论模型（3-6）式

$$\ln \text{EGDP}_{ij} = \gamma_{00} + \sum_{q=1}^{5} \gamma_{0q} x_{qj} + (\gamma_{10} + \sum_{q=1}^{5} \gamma_{1q} x_{qj}) \ln \text{EK}_{ij} +$$

$$(\gamma_{20} + \sum_{q=1}^{5} \gamma_{2q} x_{qj}) \ln \text{EL}_{ij} + (\gamma_{30} + \sum_{q=1}^{5} \gamma_{3q} x_{qj}) \ln \text{EH}_{ij} \qquad (3\text{-}6)$$

$$+ (\gamma_{40} + \sum_{q=1}^{5} \gamma_{4q} x_{qj}) \ln \text{ERDK}_{ij} + u_{0j} + u_{1j}$$

$$\ln \text{EK}_{ij} + u_{2j} \ln \text{EL}_{ij} + u_{3j} \ln \text{EH}_{ij} + u_{4j} \ln \text{ERDK}_{ij} + r_{ij}$$

二、效率型经济增长模型的形式

经济增长过程本质上就是经济资源的配置过程，每个省每年的经济资源配置行为都会受到其所处经济环境中的一些因素的影响，如该省的市场化进程、对外开放程度等因素。在一定时间段上，我国每个省每年的资源配置及其所处的经济环境中一些因素的数据构成了面数据，而面数据可以建立二层线性模型。Laird 等（1982）将研究对象在各时点的测量看作层一单位，将研究对象看作层二单位，率先提出在纵贯面数据中建立一个两层次随机效应模型的方法，在两层次中区分方差分量。郑昱、王二平（2011）也认为在面板研究中的多层线性模型的一般表达式中，将模型中的时间变量去掉，则模型是由同一个研究对象在不同时间点的解释变量和结果变量构成的，据此分析变量间变化的关系。已有的研究表明，资本、劳动力、人力资本、技术创新已经成为经济增长的基本影响因素；市场化进程、对外开放、金融发展、城市化、产业结构变迁会影响经济增长的全要素生产率及要素效率。因此，本文将各省经济中的变量：生产总值、资本投入、劳动力投入、人力资本、技术创新作层一变量，将各个省的综合性要素：市场化进程、对外开放、金融发展、城市化、产业结构变迁作层二变量。

效率型经济增长模型的具体形式为

层一模型

$$\ln \text{EGDP}_{ij} = \beta_{0j} + \beta_{1j} \ln \text{EK}_{ij} + \beta_{2j} \ln \text{EL}_{ij} + \beta_{3j} \ln \text{EH}_{ij} + \beta_{4j} \ln \text{ERDK}_{ij} + r_{ij}$$

$$(3\text{-}7)$$

层二模型

$$\beta_{Pj} = \gamma_{p0} + \sum_{q=1}^{5} \gamma_{Pq} x_{qj} + u_{ij}, \, p = 0, 1, \cdots, 4 \qquad (3\text{-}8)$$

将（3-8）代入（3-7）得到的混合模型就是基础理论模型（3-6）式。

（3-7）式中，$\ln EGDP_{ij}$表示第LnH个地区、第LnK年的地区生产总值对数；$\ln EK_{ij}$表示第j个地区、第LnK年的资本对数；$\ln EL_{ij}$表示第LnH个地区、第LnK年的劳动力人数对数；$\ln EH_{ij}$表示第$\ln H$个地区、第$\ln K$年的劳动力人数对数；$\ln ERDK_{ij}$表示第$\ln H$个地区、第$\ln K$年的技术创新对数；r_{ij}表示层一随机误差。

（3-8）式中$x_{qj}, q = 1, 2, \cdots, 5$分别表示第$\ln H$个地区的市场化进程、对外开放、金融体系发展、城市化、产业结构变迁，u_{ij}表示层二随机误差。

三、层二变量的制度嵌入性解释

基于新古典经济学和社会学理论在对经济行为进行研究时分别存在的"社会化不足"和"过度社会化"的问题，新经济社会学提出了适度社会化的嵌入性理论。Granovetter（1985）认为，"我们研究的组织及其行为受到社会关系的制约，把它们作为独立的个体进行分析是一个严重的误解"，并基于社会网络概括了结构嵌入和关系嵌入。Zukin和Dimaggio（1990）拓展了嵌入性研究，提出认知嵌入、文化嵌入、政治嵌入。政治嵌入性是指"经济制度和决策为权力斗争所塑造的方式，而权力斗争则涉及经济活动者和非市场制度，特别是国家和社会阶级"。吴敬连（2012）认为1984年的中共十二届三中全会通过的建立社会主义有计划的商品经济的经济改革目标，就初步确定了中国改革的"顶层设计"。金碚（2019）也认为"中国政府的行为，包括经济计划、重大决策、制度安排等，都是在党的领导下做出的；党政关系如同里表，'以党领政''以党导经'是中国现实经济重大决策的一个突出特征，政府的经济调控政策方向总是在党中央的经济工作会议中确定"。党的十四大正式确立经济体制改革的目标是建立社会主义市场经济体制；其后，1993年中共十四届三中全会通过了《关于建立社会主义市场经济体制若干问题的决定》（以下简称《50条》）。这个决定对市场经济各个子系统，包括财税体系、金融体系、外贸体系和外汇制度、社会保障体系、国有经济等子系统的改革方案，各个子系统改革之间的配合关系和时间顺序都做了较为细致的安排。从1994年开始，中国根据《50条》的规划进行了大刀阔斧的改革。2002年，党的十六大报告提出"引进来、走出去，全面提高对外开放水平""要逐步提高城市化水平，坚持大中小城市和小城镇协调发展，走中国特色的城市化道路"。"中国特色的城市化道路"这一说法首次提出，我国城市化进入了崭新的时期。2005年，国务院发布关于实施《促进产业结构调整暂行规定》的决定，并详细说明了产业结构调整的目标与产业结构调整的原则。十七大政治报告提出要继续深化改革开放，毫不动摇地坚持改革开放；党的十九大政治报告提出加快完善社会主义市场经济体制，实现经济由高速增长阶段转向高质量发展阶段。由以上会议内容可以看出，党中央对改革、开放以及金融体系、城市化、产业结构调整的设计、目标和安排体现了政策对各项工作的介入，运行于各项规划和执行的过程中，同时，各项改革措施从来没有同政治相脱离，每一项安排都带有国家权力嵌入的"基因"。韩东屏（2016）认为制度包括法律、法规、政策、规章等具体形态。从党依据不同时期的经济发展特征提出相应的指导政策来看，中国经济发展具有明显的制度嵌入性特征。

各省市场主体的行为效果既受市场主体自身特征的影响，也受其所处的制度（各省的市场化进程、对外开放、金融发展、产业结构变迁、城市化）的影响（林毅夫，2017）；在经济制度影响经济增长的作用机理上，经济制度不仅可以直接影响经济增长，也可以间接影响经济增长（刘晔，2017）。在直接效应上，经济制度主要通过其制度本身的创新，通过其自身的知识属性，与资本、技术和劳动一起直接影响经济增长；在间接效应上，市场化进程嵌入、对外开放嵌入、金融发展嵌入、产业结构变迁嵌入、城市化嵌入都影响着劳动、资本、人力资本等基本生产要素的生产效率，进而影响经济增长。

（1）市场化进程嵌入。市场化制度就是一系列相互关联的规范，这些规范支配着市场主体的行为及相互的关系。各省市场主体的行为效果既受市场主体自身特征的影响，也受其所处各省的市场化程度的影响。中国的改革由计划经济体制向市场经济体制过渡，市场经济涉及"政府与市场的关系""非国有经济发展""产品市场发育程度""要素市场的发育""市场中介组织的发育与法律制度完善"等（樊纲，2011；王小鲁，2016）等。非国有经济发展、产品市场发育程度、中介组织发育和法制环境促进了经济增长效率的提高，而政府与市场的关系和要素市场的发育程度抑制了经济增长效率（惠树鹏、郑玉宝，2014）。市场化改革则通过扩大市场潜力对增长率的正影响，促进长期增长（吕朝凤、朱丹丹，2016）。范晓莉等（2013）认为制度创新对经济增长具有较强的影响力，而制度创新的四大重要表现、劳动力市场的流动性、产权非国有化率、对外开放、资金市场化率对经济增长的影响力度也各有不同。刘晔（2017）实证分析得到市场化、对外开放制度对经济增长的影响是正向的。市场化进程嵌入主要关注市场化进程对经济增长及要素效率的影响。

（2）对外开放嵌入。对外开放制度就是一系列相互关联的规范，这些规范支配着市场主体的行为及相互的关系。各省市场主体的行为效果既受市场主体自身特征的影响，也受其所处各省的对外开放程度的影响。经济增长的对外开放嵌入是指对外开放会影响组织的经济行为。中国的对外开放，一方面是指中国积极主动地扩大对外经济交往；另一方面是指取消各种贸易壁垒，放开国内市场和国内投资场所。开放涉及外资的流入（FDI）、货物贸易。贸易开放可以通过规模经济效应、产出效应和技术溢出效应促进经济增长（童百利，2016）。对外开放度的提高增加了经济波动，对经济增长表现为1996年以前影响不显著，1996年以后有正效应（邢军伟，2016）。FDI在长期内对经济增长发挥了积极作用（宦梅丽等，2018）。对外开放嵌入主要关注FDI、货物贸易对经济增长及要素效率的影响。

（3）金融发展嵌入。金融体系制度就是一系列相互关联的规范，这些规范支配着市场主体的行为及相互的关系。各省市场主体的行为效果既受市场主体自身特征的影响，也受其所处各省的金融体系发展程度的影响。李强等（2017）的实证结果表明金融发展对经济增长存在显著的"倒U型"影响，阳加余等（2018）指出金融发展水平对不同经济增长阶段所起的作用的大小不同。从具体细化研究来看，李广众等（2002）认为金融规模扩张可以促进投资规模增长，从而拉动经济增长；肖功为等（2018）则表明金融规模对经济的影响取决于样本区间；任行伟等（2019）通过构建计量模型研究出金融规模与经济增长的关系呈"U"型变化；范学俊（2006）的研究发现，银行系统与证券市场对经济增长都有正向促进作用，但是证券市场的促进作用明显更大一些。

（4）产业结构变迁嵌入。产业结构变迁就是一系列相互关联的规范，这些规范支配着市场主体的行为及相互的关系。各省市场主体的行为效果既受市场主体自身特征的影响，也受其所处各省的产业结构变迁的影响。产业结构演进是一个经济增长对技术创新的吸收，以及主导产业经济部门依次更替的过程。然而，在技术创新和主导产业依次推动产业结构变迁的过程中也存在着产业生产率水平的巨大差异，投入要素从低生产率或者低生产率增长率的部门向高生产率水平或高生产率增长率的部门流动，可以促进整个社会生产率水平的提高，由此带来的"结构红利"维持了经济的持续增长（Peneder，2003），此即产业结构转变促进经济增长的核心原因。产业结构变迁嵌入主要关注产业结构变迁对经济增长及要素效率的影响。Eichengreen、韩永辉（2016）、袁富华（2012）、李子联和华桂宏（2015）等认为产业结构的升级导致劳动力由第二产业流向第三产业，而第二产业的生产率高于第三产业，因此，经济发展出现"结构性减速"的特征。刘伟（2002）实证分析得到，产业结构显著影响了全要素效率、资本产出效率、劳动力产出效率。

（5）城市化嵌入。城市化嵌入是指城市化就是一系列相互关联的规范，这些规范支配着市场主体的行为及相互的关系。各省市场主体的行为效果既受市场主体自身特征的影响，也受其所处各省的城市化程度的影响。Black 等（1999）认为空间聚集具有加速人力资本积累的作用，从而能在一定程度上解释城市化是如何促进经济增长的效率的。城镇化通过资金与技术的集聚效应发挥规模经济效应等机制来促进经济快速增长（任晓聪、郑红玲，2016）；新型城镇化通过发挥其"选择效应"优化产业结构、提升企业生产率，有效促进了经济增长（孙叶飞等，2016）。齐红倩等（2015）认为城镇化发展伴随着劳动力的转移促进了分工、专业化和人力资本的积累，导致了劳动生产率的提高。城市化嵌入主要关注城市化对经济增长及要素效率的影响。

四、效率异质性的检验与影响分析

当 β_{0j}、β_{1j},…、β_{4j} 卡方检验显著时，表明各省经济增长的全要素生产率、要素效率之间存在显著性差异（异质性）。当 β_{0j} 卡方检验显著时，表明各省之间的全要素效率有显著性差异（异质性）；当 β_{1j},…，β_{4j} 卡方检验显著时，表明各省资本产出效率、劳动产出效率、人力资本产出效率、技术创新产出效率之间有显著性差异（异质性）。

层二变量 $x_{qj}, q = 1, 2, \cdots, 5$ 对 β_{0j} 的影响体现的是对经济增长的直接作用；$x_{qj}, q = 1, 2, \cdots, 5$ 对 β_{1j},…，β_{4j} 的影响体现的是对经济增长的间接作用，其中，对 $\ln Y$ 的作用是调节各省 $\ln \mathrm{GDP}$ 与 $\ln K$ 之间关系的，等等；对 β_{4j} 的作用是调节各省 $\ln \mathrm{GDP}$ 与 $\ln \mathrm{RDK}$ 之间关系的。

运用多层统计模型既能解决异质性问题，又能解决路径分析问题，并且适合分析嵌入性问题（王济川，2008；Goldstein，2011 刘殿国，2016，2017）。因此，本文选择要素效率影响因素理论模型为实证分析模型是较为合理的选择。

五、参数估计方法

采用 HLM7 软件完成多层统计模型的参数估计。模型选择多层统计模型是由于数据具有嵌套数据的特征。估计理论选择限制（约束）最大似然估计：最大似然估计具有一致性和渐进有效性（Raudenbush 和 Bryk，2002）。另外，当层二单位的数量不多时，（REML）约束最大似然估计所产生的层二的残差方差 / 协方差的偏倚较小，（Raudenbush 和 Bryk，2002）认为 REML 通常用于组数量较少的模型估计。计算方法选择期望最大化算法（EM）：这是由于（3-8）式中层二随机误差 u_{ij} 不能观测到，而 Dempster 等（1977）表明，用期望值代替缺失数据的参数极大似然估计值，能得到比现有估计值更大的似然值。(3-6)式中的残差部分，按传统的计量经济学可以看作出现了内生性问题，可能会导致参数估计的不一致，但按多层统计模型的估计会得到一致有效性的估计（Raudenbush 和 Bryk，2002）。

第二节　效率型经济增长模型的应用步骤

一、不同区域效率异质性影响研究中的应用

层一变量为每个省在一定年度区间中每年的总产值、资本投入、劳动力投入、人力资本投入、技术创新；层二变量为每个省在一定年度区间中市场化进程、对外开放、金融发展、城市化、产业结构变迁的均值。

第一步，将总产值选为结局变量，建立零模型；其作用是将总产值的变异分解成组内（每个省不同年度之间）变异与组间（不同省之间）变异，即能由层一变量解释的变异和层二变量解释的变异；由层二解释的总变异可由组内相关系数 ρ = 层二方差 / 总方差。Barcikowski（1981）认为，即使一个很小的 ρ 也会导致较大的第 I 错误（弃真）。因此，ρ 值是选择使用多层统计模型还是传统模型（面板数据模型、Tobit 模型等）的主要依据。

零模型的具体形式：

层一模型：

$$\ln \text{EGDP}_{ij} = \beta_{oj} + r_{ij}$$

层二模型：

$$\beta_{0j} = \gamma_{00} + \mu_{0j}$$

第二步，在零模型的基础上，将基本影响要素按固定系数形式引入模型，建立固定效应（变截距）模型。固定效应（变截距）模型可以得到在传统的计量经济模型下基本影响要素对经济增长的作用。

固定效应（变截距）模型的具体形式：

层一模型：

$$\ln \text{EGDP}_{ij} = \beta_{oj} + \beta_{1j} \ln \text{EK}_{ij} + \beta_{2j} \ln \text{EL}_{ij} + \beta_{3j} \ln \text{EH}_{ij} + \beta_{4j} \ln \text{ERDKV}_{ij} + r_{ij}$$

层二模型：

$$\beta_{0j} = \gamma_{00} + \mu_{0j},\ \beta_{1j} = \gamma_{10}, \beta_{2j} = \gamma_{20}, \beta_{3j} = \gamma_{30}, \beta_{4j} = \gamma_{40}$$

其中，参数估计时已将基本影响要素组中心化了。

第三步，在固定效应（变截距）模型的基础上，层一模型中基本影响要素的系数设为随机形式，建立随机效应（变系数）模型。其作用是检验综合性变量的系数在不同区域之间是否存在显著性差异，即要素效率是否存在异质性。这是一种假设检验。

原假设（H_0）和备择假设为（H_1）：

H_0：$\beta_{0j} = \beta_{1j} = \beta_{2j} = \beta_{3j} = \beta_{4j}$，$j = 1, 2, \cdots, n$

H_1：β_{0j}，β_{1j}，β_{2j}，β_{3j}，β_{4j}，$j = 1, 2, \cdots n$ 不全相等

其中，n 为层二的单位个数。

随机效应（变系数）模型的具体形式：

层一模型：

$$\ln \mathrm{EGDP}_{ij} = \beta_{0j} + \beta_{1j} \ln \mathrm{EK}_{ij} + \beta_{2j} \ln \mathrm{EL}_{ij} + \beta_{3j} \ln \mathrm{EH}_{ij} + \beta_{4j} \ln \mathrm{ERDKV}_{ij} + r_{ij}$$

层二模型：

$$\beta_{0j} = \gamma_{00} + u_{0j}, \quad \beta_{1j} = \gamma_{10} + u_{1j}, \beta_{2j} = \gamma_{20} + u_{2j}, \beta_{3j} = \gamma_{30} + u_{3j}, \beta_{4j} = \gamma_{40} + u_{4j}$$

其中，参数估计时已将基本影响要素组中心化了。

第四步，将第三步中具有统计显著的截距、斜率引入综合性变量进行分析，此时的模型为全模型。其作用是分析综合性变量对截距及基本影响要素系数异质性的作用和解释程度。

效率型经济增长模型的具体形式为：

层一模型：

$$LNEGDP_{ij} = \beta_{0j} + \beta_{1j} LNEK_{ij} + \beta_{2j} LNEL_{ij} + \beta_{3j} LNEH_{ij} + \beta_{4j} LNERDK_{ij} + r_{ij}$$

层二模型：

$$\beta_{Pj} = \gamma_{p0} + \sum_{q=1}^{5} \gamma_{Pq} x_{qj} + u_{ij}, p = 0, 1, \cdots, 4$$

其中，参数估计时已将基本影响要素组中心化了、综合性变量总中心化了。

第五步，方差成分的解释程度。由零模型的原始方差和固定效应模型中的条件方差，按公式（原始方差 — 条件方差）/原始方差，得到基本要素的层一方差解释度；由随机效应的原始总方差（层二方差之和）和全模型中的条件总方差（层二方差之和），按公式（原始总方差 — 条件总方差）/原始总方差，得到综合性因素的层二方差解释度。

二、不同年度效率异质性影响研究中的应用

层一变量为在一定年度区间中每年各省的总产值、资本投入、劳动力投入、人力资本投入、技术创新；层二变量为在一定年度区间中每年各省的市场化进程、对外开放、金融发展、城市化、产业结构变迁的均值。

不同区域效率异质性影响研究中的应用与不同年度效率异质性影响研究中的应用的主要区别为：

不同区域效率异质性影响研究中应用的层一模型的变量值为每个省在一定年度区间每年的总产值、资本投入、劳动力投入、人力资本投入、技术创新，即体现的是一定年度区间每个省的时间序列特征。而不同年度效率异质性影响研究中应用的层一模型的变量值为每个年度各省的总产值、资本投入、劳动力投入、人力资本投入、技术创新，即体现的中国各省的截面数据特征。

不同区域效率异质性影响研究中应用的层二模型的变量值为每个省在一定年度区间每年的市场化进程、对外开放、金融发展、城市化、产业结构变迁的均值。而不同年度效率异质性影响研究中应用的层二模型的变量值为每年各省的市场化进程、对外开放、金融发展、城市化、产业结构变迁的均值。

不同区域效率异质性影响研究中的应用主要关注不同区域间效率的差异及综合性变量对区域间效率的差异的影响。而不同年度效率异质性影响研究中的应用主要关注不同年度间效率的差异及综合性变量对年度间效率的差异的影响。

第四章 中国经济增长要素效率的综合性影响因素研究

第一节 中国省域经济增长要素效率影响因素的实证分析

一、中国省域经济增长要素效率综合性影响因素的分析

（一）变量的选择与数据来源

选择中国省域（由于数据不全，不包括西藏）30 省为评价单元，样本区间为 1998—2016 年。

基于经济增长的基本驱动力和要素效率的影响因素理论，中国省域经济增长要素效率的综合性影响因素研究的层一、层二变量选择如下。

层一变量：被解释变量，国内生产总值 lnEGDP 用各省 2000 年为不变价的总产值（亿元）的对数代替；解释变量，资本投入 lnEK 按刘殿国和郭静如（2016）的做法得到，并去掉了由 R&D（research and development，研究与开发）中固定资产投资所形成的各省 2000 不变价资本存量的对数代替；劳动力投入 lnEL 用各省就业人数的对数代替；人力资本 lnEH 按肖挺（2015）的做法，取各地就业人员的平均受教育年限的对数代替；技术创新 lnRDK 按余泳泽的做法（2015），并转化成 2000 不变价 R&D 存量的对数代替，其中，lnERDKV 是按余泳泽的做法中的变折旧率、而 lnERDKC 是按余泳泽的做法中的常折旧率（15%）计算得到。相应的数据来自中国统计年鉴、各省统计年鉴、中国劳动统计年鉴、中国科技统计年鉴。

层二变量：①市场化进程（MAR）。市场化改革能推进资源配置效率的改

善，本文的市场化进程利用樊刚、王小鲁等构建的市场化进程指标的均值衡量，相应的数据来自《中国市场化指数：各地区市场化相对进程 2011 年报告》《中国分省份市场化指数报告（2018）》；由于 1998 到 2009 年的数据与 2008 到 2016 的数据指标不同，且有两年重复数据（2008 年和 2009 年），利用后数据与前数据比分别得到 2008 年与 2009 年的比值，用两年的比值均值乘 1998-2007 年的数据，得到 1998-2007 年的指数，使之保持前后数据的连续可比性。②对外开放（OPEN）。在开放型经济中，资源可以在更大的市场中进行有效的配置，本文的对外开放由贸易开放和外商直接投资构成。贸易开放（IE），用各地区每年进出口贸易总额与当年 GDP 的比例均值度量，外商直接投资（FDI），用各地区每年实际利用 FDI 占当年 GDP 的比例均值予以度量。相应的数据来自中国统计年鉴。③金融发展（FIN）由金融结构和金融规模构成。金融结构（FS），依据刘贯春（2017）的做法，使用股票市场交易总额比金融机构贷款余额来表示，该值越大，越接近"市场主导型"金融体系，反之越接近"银行主导型"金融体系。金融规模（FI），依据陈斌开和林毅夫（2013）、钞小静和沈坤荣（2014），利用股票市场交易总额与金融机构贷款余额之和占 GDP 的比重衡量，用于反映实体经济面临的金融服务。相应的数据来自 Wind 数据库、金融统计年鉴、中国统计年鉴。④城市化 URB。新型城镇化通过发挥其"选择效应"优化产业结构，提升企业生产率，有效促进了经济增长（孙叶飞等，2016）。本文使用城镇人口占总人口的比例度量。相应的数据来自中国统计年鉴。⑤产业结构变迁（IND）。产业结构调整由产业结构合理化和产业结构高级化构成。产业结构合理化（TL），指的是产业间的聚合质量，一方面是产业之间协调程度的反映。另一方面还应当是资源有效利用程度的反映。也就是说，它是要素投入结构和产出结构耦合程度的一种衡量，泰尔指数不为 0，表明产业结构偏离了均衡状态，产业结构不合理。本文按照干春晖等（2011）的做法测量产业结构合理化。产业结构高级化 TS，实际上是产业结构升级的一种衡量，本文采用第三产业产值与第二产业产值之比作为产业结构高级化的度量。相应的数据来自中国统计年鉴。各变量的描述统计见表 4-1。

表4-1 层一、层二变量的样本统计值

变量层次	变量名称	样本数	均值	标准差	最小值	最大值
层一	lnEGDP	570	8.5700	1.0800	5.4100	10.9700
	lnEK	570	9.5900	1.1700	6.3800	12.2600
	lnEL	570	7.5000	0.8200	5.5600	8.8100
	lnEH	570	2.1700	0.1500	1.3900	2.5800
	lnERDKV	570	4.9000	1.5800	1.0300	8.4300
	lnERDKC	570	5.0500	1.5800	1.1900	8.5800
层二	MAR	30	5.0510	0.3300	2.5100	7.4200
	FDI	30	0.4600	0.4700	0.0700	2.0500
	IE	30	0.3100	0.3700	0.0500	1.2800
	TL	30	0.2700	0.1300	0.0400	0.5400
	TS	30	0.9700	0.4200	0.6400	2.8500
	URB	30	0.4600	0.1300	0.3000	0.8400
	FS	30	0.7300	0.3200	0.4100	1.7100
	FI	30	2.0000	0.9400	1.0700	5.5900

由于数据经过不变价处理且取了对数，因而省内各年度间变量值差异不大。因此，由表4-1各层一变量的标准差、最小值、最大值可知，1998—2016年各省层一变量的国内生产总值对数、资本投入对数、劳动力投入对数、人力资本对函数、技术创新对数在不同省之间存在较大的差异；层二变量的市场化进程、外商直接投资、贸易开放、产业结构合理化、产业结构高级化、城市化、金融结构、金融规模在不同省之间存在较大的差异。

（二）实证结果分析

基于中国各省的数据，运用第三章第一节中"构建的效率型经济增长模型构建"；依据第三章第二节"效率型经济增长模型的应用步骤"，具体按零模型、固定效应模型、随机系数模型、全模型的顺序，对影响中国高质量经济增长要素效率的综合因素进行分析，并对综合影响因素进行分阶段分析及稳健性检验。多层统计模型的结果是使用专业 HLM7.0 软件分析得到的。其中，层一与层二模型中的解释变量都用组中心化后的数据参与运算。由于层一变量的每个随机系数都需要引入 5 个方面 7 个变量探讨其影响程度，将所有变量都列出来将导致表过于庞大；同时，为了便于从整体性、不同时段、不同区域进行比较，本章将在整体性、不同时段、不同区域只要有一处 T 值大于 1 的变量就在各个表中列出。

1. 中国经济增长不同省之间的变异分解

经济增长的均值在不同省际是否有显著性差异？差异由层一和层二变量所产生的影响各占多大比例？运用多层统计模型的零模型可以回答上述问题。依据层二变量所产生影响的占比（组内相关系数）大小决定是否将层二变量引入模型中。依据第三章第二节"效率型经济增长模型的应用步骤"中的零模型，得到结果，见表 4-2。

表 4-2　中国经济增长均值与变异的分解结果

固定效应	系数	标准误差	t 值	自由度	p 值
截距 1, β_{0j}					
截距 2, γ_{00}	8.5665	0.1612	53.1570	29	0.0000
随机效应	**标准误差**	**方差成分**	**自由度**	**卡方值**	**p 值**
截距, u_0	0.8861	0.7851	29	1120.3769	0.0000
层一, r	0.6296	0.3964			

由表 4-2 固定效应可知，30 个省的对数 GDP 均值为 8.5665；由零模型的随机效应部分的卡方检验结构知，各省的对数 GDP 均值有显著差异，而差异的度量可由组内相关系数 ρ =0.7851/（0.7851+0.3964）=66.45% 给出，即各省 GDP 对数平均值的差异有 66.45% 可以用二层变量来解释，只有 33.55% 的差异可以用层一变量解释，从而说明在研究各省经济增长时，必须引入层二变量。层二变量为经济环境中的市场化进程、对外开放、金融发展、城市化、产业结构变迁。

2. 中国经济增长基本影响要素的作用分析

基本要素对经济增长的影响可由固定效应（变截距）模型分析得到。依据第三章第二节"效率型经济增长模型的应用步骤"中的固定效应模型，得到固定效应模型的结果，见表 4-3。

表 4-3　中国省域经济增长变截距模型结果

固定效应	系数	标准误差	t 值	自由度	p 值
截距 1，β_{0j}					
截距 2，γ_{00}	8.5665	0.1612	53.1570	29	0.0000
lnEK 斜率，β_{1j}					
截距 2，γ_{10}	0.4164	0.0461	9.0250	565	0.0000
lnEL 斜率，β_{2j}					
截距 2，γ_{20}	0.1871	0.0659	2.8400	565	0.0050
lnEH 斜率，β_{3j}					
截距 2，γ_{30}	0.1790	0.0907	1.9730	565	0.0490
lnERDKV 斜率，β_{4j}					
截距 2，γ_{40}	0.2271	0.0443	5.1220	565	0.0000
随机效应	标准误差	方差成分	自由度	卡方值	p 值
截距，u_0	0.8976	0.8058	29	5445.5578	0.0000
层一，r	0.0682	0.0047			

由表 4-3 的固定效应部分可知，基本影响因素 lnEK、lnEL、lnEH、lnERDKV 的系数均值为正向显著，即资本投入、劳动力投入、人力资本、技术创新的增加对经济增长都有显著的促进作用。其中，资本投入增加 1%，经济增长将增加 0.4164%；劳动力投入增加 1%，经济增长将增加 0.1871%；人力资本增加 1%，经济增长将增加 0.1790%；技术创新增加 1%，经济增长将增加 0.2271%。由随机效应部分可知，资本投入、劳动力投入、人力资本、技术创新引入层一模型中，层一方差得到较好的解释，由零模型表 4-2 的 0.3964 减少到固定效应模型的 0.0047，这表明每个省的资本投入、劳动力投入、人力资本、技术创新能较好地解释省内总产值不同年度间的变化。

3. 中国经济增长要素效率异质性检验

要素效率异质性的检验可由随机效应（变系数）模型分析得到。依据第三章第二节"效率型经济增长模型的应用步骤"中的随机效应模型，得到随机效应模型的结果，见表 4-4。

表 4-4 中国服务业经济增长随机效应结果

固定效应	系数	标准误差	t 值	自由度	p 值
截距 1，β_{0j}					
截距 2，γ_{00}	8.5665	0.1612	53.1570	29	0.0000
lnEK 斜率，β_{1j}					
截距 2，γ_{10}	0.2541	0.0309	8.2260	29	0.0000
lnEL 斜率，β_{2j}					
截距 2，γ_{20}	0.2752	0.1224	2.2480	29	0.0320
lnEH 斜率，β_{3j}					
截距 2，γ_{30}	0.0019	0.1105	0.0170	29	0.9860
lnERDKV 斜率，β_{4j}					
截距 2，γ_{40}	0.3934	0.0358	10.9820	29	0.0000
随机效应	标准误差	方差成分	自由度	卡方值	p 值
截距，u_0	0.8977	0.8059	28	92579.4032	0.0000
lnEK 斜率，u_1	0.1384	0.0192	28	162.3855	0.0000
lnEL 斜率，u_2	0.6135	0.3764	28	276.6204	0.0000
lnEH 斜率，u_3	0.5256	0.2763	28	82.7413	0.0000
lnERDKV 斜率，u_4	0.1758	0.0309	28	122.6654	0.0000
层一，r	0.0335	0.0011			

由表 4-4 的固定效应部分可知，资本投入、劳动力投入、人力资本、技术创新的系数与表 4-3 的相应系数有一定的差异，这是由于使用变截距模型与变系数模型不同造成的，多层统计分析侧重于变系数模型的结果，即在中国经济增长过程中，资本增加 1%，经济增长将增加 0.2541%；劳动力增加 1%，经济增长将增加 0.2752%；人力资本增加 1%，经济增长将增加 0.0019%；技术创新增加 1%，经济增长将增加 0.3934%。由表 4-4 的随机效应部分可知，资本投入、劳动力投入、人力资本、技术创新的效率在各个省之间存在显著性差异，同时也表明了截距、lnEK、lnEL、lnEH、lnRDK 与 lnEGDP 之间的关系随着省份的不同而显著不同。

4.中国省域综合性因素对要素效率的影响分析

综合性因素对要素效率的作用分析可由全模型分析得到。依据第三章第二节"效率型经济增长模型的应用步骤"中的全模型，得到全模型的结果，见表 4-5。

表 4-5　中国服务业经济增长全模型结果

固定效应	系数	标准误差	t 值	自由度	p 值
截距1，β_{0j}					
截距2，γ_{00}	8.5665	0.0607	141.0490	23	0.0000
MAR，γ_{01}	0.5753	0.0839	6.8560	23	0.0000
FDI，γ_{02}	−0.9479	0.2143	−4.4240	23	0.0000
IE，γ_{03}	0.9586	0.3161	3.0320	23	0.0060
TS，γ_{04}	0.5561	0.2565	2.1680	23	0.0410
FS，γ_{05}	1.1735	0.5025	2.3350	23	0.0290
FI，γ_{06}	−0.8931	0.1947	−4.5860	23	0.0000
lnEK 斜率，β_{1j}					
截距2，γ_{10}	0.2763	0.0307	9.0040	26	0.0000
FDI，γ_{11}	−0.2862	0.0498	−5.7530	26	0.0000
IE，γ_{12}	0.2276	0.0757	3.0070	26	0.0060
TS，γ_{13}	0.2607	0.1094	2.3820	26	0.0250
lnEL 斜率，β_{2j}					
截距2，γ_{20}	0.2808	0.1084	2.5900	25	0.0160
FDI，γ_{21}	1.2742	0.2472	5.1540	25	0.0000
TS，γ_{22}	0.9186	0.2331	3.9420	25	0.0010
URB，γ_{23}	−3.2661	0.9303	−3.5110	25	0.0020
FS，γ_{24}	−1.1970	0.2944	−4.0660	25	0.0010
lnEH 斜率，β_{3j}					
截距2，γ_{30}	0.0321	0.0618	0.5190	25	0.6080
FDI，γ_{31}	0.5173	0.1300	3.9790	25	0.0010
IE，γ_{32}	−0.9292	0.1236	−7.5160	25	0.0000
TS，γ_{33}	0.6859	0.1960	3.4990	25	0.0020
FS，γ_{34}	0.4479	0.2310	1.9390	25	0.0630
lnERDKV 斜率，β_{4j}					
截距2，γ_{40}	0.3707	0.0324	11.4560	26	0.0000
MAR，γ_{41}	−0.0396	0.0137	−2.8910	26	0.0080
TS，γ_{42}	−0.3810	0.1008	−3.7810	26	0.0010
URB，γ_{43}	0.6353	0.1918	3.3120	26	0.0030

随机效应	标准误差	方差成分	自由度	卡方值	p 值
截距，u_0	0.3772	0.1423	22	54989.2816	0.0000
lnEK 斜率，u_1	0.1511	0.0228	25	106.1197	0.0000
lnEL 斜率，u_2	0.5292	0.2801	24	529.4634	0.0000
lnEH 斜率，u_3	0.2529	0.0639	24	35.0968	0.0670
lnERDKV 斜率，u_4	0.1661	0.0276	25	118.4697	0.0000
层一，r	0.0334	0.0011			

由表 4-5 固定效应部分可得出以下结论：（1）综合性因素对截距（剩余全要素生产率）有影响，市场化进程、对外贸易、产业结构高级化、金融结构是正向显著影响因素，这表明市场化程度大、对外贸易水平高、产业结构高级化程度高、金融结构水平高的省份剩余全要素生产率高。其具体影响程度为，市场化程度加快 1 个单位，全要素生产率将提高 0.5753；对外贸易提高 0.1 个单位，全要素生产率将提高 0.09586；产业结构高级化程度提高 0.1 个单位，全要素生产率将提高 0.05561；金融结构水平提高 0.1 个单位，全要素生产率将提高 0.11735。之所以能促进全要素生产率的提高，是由于市场化进程的推进改善了资源配置效率；中间品进口可以通过"干中学"提升工人的技术水平；产业结构高级化有利于要素资源在效率差异部门之间流动；金融结构水平的提高可以改善资本配置效率。

外商直接投资、金融规模为负向显著影响因素。这表明外商直接投资越多、金融规模越大的省份的全要素生产率越低。其具体影响程度为，外商直接投资提高 0.1 个单位，全要素生产率将降低 0.09479；金融规模扩大 0.1 个单位，全要素生产率将降低 0.08931。之所以会阻碍全要素生产率的提高，是由于外商直接投资对国内投资具有一定的挤出效应；中国当前以国有大银行为主导的金融体系发展模式对民营经济发展产生了一定的挤出效应。

（2）综合性因素对资本产出效率的影响分析。对外贸易、产业结构高级化是正向显著影响因素，这表明对外贸易水平高、产业结构高级化程度高的省份资本产出效率高。其具体影响程度为，对外贸易提高 0.1 个单位，资本产出效率将提高 0.02276；产业结构高级化程度提高 0.1 个单位，资本产出效率将提高 0.02607。同时，由于资本系数与对外贸易、产业结构高级化的系数符号相同，因而对外贸易、产业结构高级化的水平提高将加强资本与 GDP 之间的正向关系。之所以能促进资本产出效率的提高，是由于对外贸易能扩大市场规模、产业结构高级化能促进要素更合理地流动。

外商直接投资为负向显著影响因素，表明外商直接投资多的省份资本产出效率低。其具体影响程度为，外商直接投资提高 0.1 个单位，资本产出效率将降低 0.02862。同时，由于资本系数与外商直接投资的系数符号相反，因而外商直接投资的水平提高将削弱资本与 GDP 间的正向关系。之所以会阻碍资本产出效率的提高，是由于外商直接投资对国内投资具有一定的挤出效应。

（3）综合性因素对劳动力产出效率的影响分析。外商直接投资、产业结构高级化为正向显著影响因素，表明外商直接投资、产业结构高级化均值大的省份劳动力产出效率均值大。其具体影响程度为，外商直接投资水平提高 0.1 个单位，劳动产出效率将提高 0.12742；产业结构高级化程度提高 0.1 个单位，劳动产出效率将提高 0.09186。同时，由于劳动力系数与外商直接投资、产业结构高级化的系数符号相同，因而外商直接投资、产业结构高级化的水平提高将加强劳动力与 GDP 之间的正向关系。之所以能促进劳动力产出效率的提高，是由于外商投资带来的先进管理经验能提升生产效率，产业结构高级化能促进要素更合理地流动。

城市化、金融结构是负向显著影响因素，表明城市化、金融结构水平高的省份劳动力效率低。其具体影响程度为，城市化水平提高 0.1 个单位，劳动力产出效率将降低 0.32661；金融结构水平提高 0.1 个单位，劳动力产出效率将降低 0.1197。同时，由于劳动力系数与城市化、金融结构的系数符号相反，因而城市化、金融结构水平的提高将削弱劳动力与 GDP 之间的正向关系。之所以会阻碍劳动力产出效率的提高，是由于土地和城市化快于人口城市化，金融水平的发展导致了劳动资金比的进一步降低。

（4）综合性因素对人力资本产出效率的影响分析。外商直接投资、产业结构高级化、金融结构是正向显著影响因素，表明外商直接投资、产业结构高级化、金融结构均值大的省份人力资本产出效率均值大。其具体影响程度为，外商直接投资水平提高 0.1 个单位，人力资本产出效率将提高 0.05173；产业结构高级化程度提高 0.1 个单位，人力资本产出效率将提高 0.06859；金融结构水平提高 0.1 个单位，人力资本产出效率将提高 0.04479。同时，由于人力资本系数与外商直接投资、产业结构高级化、金融结构的系数符号相同，因而外商直接投资、产业结构高级化、金融结构的水平提高将加强人力资本与 GDP 之间的正向关系。之所以能促进人力资本产出效率的提高，是由于外商投资能加强人才市场的竞争，产业结构高级化能促进人力资源更合理地流动。

对外贸易为负向显著影响因素，表明对外贸易水平高的省份人力资本产出效率低。其具体影响程度为，对外贸易提高 0.1 个单位，人力资本产出效率将降低 0.09292。同时，由于人力资本系数与对外贸易的系数符号相反，因而对外贸易的水平的提高将削弱人力资本与 GDP 之间的正向关系。之所以会阻碍人力资本产出效率的提高，是由于出口产品大部分是劳动和资源密集型产品，不需要较高的人力资本。

（5）综合性因素对技术创新产出效率的影响分析。城市化进程为正向显著影响因素的，表明城市化水平均值大的省份技术创新产出效率均值大。其具体影响程度为，城市化水平提高 0.1 个单位，技术创新产出效率将提高 0.06353。同时，由于技术创新系数与城市化的系数符号相同，因而城市化的水平提高将加强技术创新与 GDP 间的正向关系。之所以能促进技术创新产出效率的提高，是由于城市化进程能促进技术转化效率的提高。

市场化进程、产业结构高级化为负向显著影响因素，表明市场化进程、产业结构高级化水平高的省份技术创新产出效率低。其具体影响程度为，市场化进程提高 0.1 个单位，技术创新产出效率将降低 0.00396；产业结构高级化水平提高 0.1 个单位，技术创新产出效率将降低 0.0381。同时，由于技术创新系数与市场化进程、产业结构高级的系数符号相反，因而市场化进程、产业结构高级化水平的提高将削弱技术创新与 GDP 之间的正向关系。之所以会阻碍技术创新产出效率的提高，是由于我国的技术市场规模较小、虚拟经济与实体经济缺乏协调性。

5. **方差成分解释程度**

由表 4-2 和表 4-3 的随机效应中的层一方差得到表 4-6 的原始总方差和条件总方差，表 4-4 和表 4-5 的随机效应中的层二方差之和得到表 4-6 的原始总方差和条件总方差。层一、层二的方差成分解释程度见表 4-6。

表 4-6　中国经济增长层一、层二的方差成分解释程度

层次	原始总方差	条件总方差	解释程度 /%
层一	0.3964	0.0047	98.81%
层二	1.5087	0.5367	64.42%

由表 4-6 可知，层一方差解释程度为 98.81%，层二方差解释程度为

64.42%，总体上层一解释变量对层一方差，层二解释变量对层二方差都有较好的解释。这表明构建的中国省域经济增长要素效率影响因素的实证分析模型较为合理。

（三）稳健性检验

因为模型的输出结果既取决于模型的设定形式，也取决于变量的选取。如果模型输出结果对变量指标的选取极其敏感，那么该模型的结果及据其得出的结论便是不可靠的。为了保证估计结果的稳健性，模型采用变量替代，即运用常数折旧率得到的技术创新替代量（RDKC）代替运用变数折旧率得到的技术创新（RDKV），对市场化进程、对外开放、金融发展、城市化、产业结构变迁与高质量经济增长的要素效率之间的关系进行稳健性检验。

1. 基本影响要素作用的稳健性检验

基本影响要素作用分析的稳健性检验，可由固定效应（变截距）模型分析得到。依据第三章第二节"效率型经济增长模型的应用步骤"中的固定效应模型，得到稳健性检验的结果，见表4-7。

表4-7 中国省域经济增长变截距模型稳健检验结果（RDKC替代）

固定效应	系数	标准误差	t 值	自由度	p 值
截距 1，β_{0j}					
截距 2，γ_{00}	8.5665	0.1612	53.1570	29	0.0000
lnEK 斜率，β_{1j}					
截距 2，γ_{10}	0.4149	0.0482	8.6100	565	0.0000
lnEL 斜率，β_{2j}					
截距 2，γ_{20}	0.1872	0.0659	2.8390	565	0.0050
lnEH 斜率，β_{3j}					
截距 2，γ_{30}	0.1876	0.0903	2.0770	565	0.0380
lnERDKC 斜率，β_{4j}					
截距 2，γ_{40}	0.2273	0.0467	4.8690	565	0.0000
随机效应	标准误差	方差成分	自由度	卡方值	p 值
截距，u_0	0.8976	0.8058	29	93308.7274	0.0000
层一，r	0.0690	0.0048			

由表4-7和表4-3的固定效应部分可知，二者的资本存量、就业人数、人

力资本以及技术创新的系数符号与数值几乎相同。因此，从固定效应模型来看，各变量的结果具有稳健性。

2. 要素效率异质性效应的稳健性检验

要素效率异质性效应的稳健性检验可由随机效应模型分析得到。依据第三章第二节"效率型经济增长模型的应用步骤"中的随机效应模型，得到稳健性检验的结果，见表4-8。

表4-8 中国经济增长随机效应稳健检验结果（RDKC替代）

固定效应	系数	标准误差	t值	自由度	p值
截距1，β_{0j}					
截距2，γ_{00}	8.5665	0.1612	53.1570	29	0.0000
lnEK斜率，β_{1j}					
截距2，γ_{10}	0.2276	0.0341	6.6830	29	0.0000
lnEL斜率，β_{2j}					
截距2，γ_{20}	0.2590	0.1279	2.0260	29	0.0520
lnEH斜率，β_{3j}					
截距2，γ_{30}	0.0064	0.1124	0.0570	29	0.9550
lnERDKC斜率，β_{4j}					
截距2，γ_{40}	0.4204	0.0410	10.2630	29	0.0000

随机效应	标准误差	方差成分	自由度	卡方值	p值
截距，u_0	0.8977	0.8059	28	388351.2695	0.0000
lnEK斜率，u_1	0.1537	0.0236	28	100.8486	0.0000
lnEL斜率，u_2	0.6440	0.4148	28	280.1774	0.0000
lnEH斜率，u_3	0.5374	0.2887	28	85.0943	0.0000
lnERDKC斜率，u_4	0.2029	0.0412	28	124.0153	0.0000
层一，r	0.0336	0.0011			

由表4-8和表4-4的固定效应部分可知，二者的资本投入、劳动力投入、人力资本、技术创新的系数符号与数值都基本相同；随机效应部分的方差成分数值相差无几，并且卡方检验显著性结果相同。因此，从随机效应模型来看，各变量的结果具有稳健性。

3. 综合性因素作用的稳健性检验

综合性因素作用的稳健性检验可由全模型分析得到。依据第三章第二节"效率型经济增长模型的应用步骤"中的全模型，得到稳健性检验的结果，见表4-9。

表4-9　中国经济增长全模型稳健检验结果（RDKC 替代）

固定效应	系数	标准误差	t 值	自由度	p 值
截距 1，β_{0j}					
截距 2，γ_{00}	8.5665	0.0608	140.9550	23	0.0000
MAR，γ_{01}	0.5791	0.0849	6.8200	23	0.0000
FDI，γ_{02}	−0.9519	0.2128	−4.4730	23	0.0000
IE，γ_{03}	0.9420	0.3130	3.0090	23	0.0070
TS，γ_{04}	0.5632	0.2597	2.1690	23	0.0400
FS，γ_{05}	1.1967	0.5010	2.3880	23	0.0260
FI，γ_{06}	−0.8994	0.1936	−4.6460	23	0.0000
lnEK 斜率，β_{1j}					
截距 2，γ_{10}	0.2556	0.0346	7.3820	26	0.0000
FDI，γ_{11}	−0.2910	0.0501	−5.8060	26	0.0000
IE，γ_{12}	0.2310	0.0747	3.0920	26	0.0050
TS，γ_{13}	0.3698	0.1400	2.6410	26	0.0140
lnEL 斜率，β_{2j}					
截距 2，γ_{20}	0.2608	0.1124	2.3210	25	0.0290
FDI，γ_{21}	1.2792	0.2516	5.0840	25	0.0000
TS，γ_{22}	0.9428	0.2377	3.9660	25	0.0010
URB，γ_{23}	−3.3173	0.9237	−3.5910	25	0.0020
FS，γ_{24}	−1.2231	0.3116	−3.9260	25	0.0010
lnEH 斜率，β_{3j}					
截距 2，γ_{30}	0.0281	0.0664	0.4220	25	0.6760
FDI，γ_{31}	0.5553	0.1416	3.9200	25	0.0010
IE，γ_{32}	−0.9130	0.1149	−7.9450	25	0.0000

固定效应	系数	标准误差	t 值	自由度	p 值
TS，γ_{33}	0.6603	0.2100	3.1450	25	0.0050
FS，γ_{34}	0.4312	0.2631	1.6390	25	0.1130
lnERDKC 斜率，β_{4j}					
截距 2，γ_{40}	0.3943	0.0373	10.5840	26	0.0000
MAR，$_{41}$	−0.0446	0.0145	−3.0810	26	0.0050
TS，γ_{42}	−0.4785	0.1298	−3.6860	26	0.0010
URB，γ_{43}	0.6550	0.1986	3.2970	26	0.0030
随机效应	标准误差	方差成分	自由度	卡方值	p 值
截距，u_0	0.3778	0.1427	22	54663.6825	0.0000
lnEK 斜率，u_1	0.1674	0.0280	25	109.8717	0.0000
lnEL 斜率，u_2	0.5575	0.2808	24	528.5684	0.0000
lnEH 斜率，u_3	0.2913	0.0849	24	37.7556	0.0360
lnERDKC 斜率，u_4	0.1873	0.0351	25	121.6015	0.0000
层一，r	0.0336	0.0011			

由表 4-9 和表 4-5 的固定效应部分可知，二者的全要素生产率、资本效率、劳动力效率、人力资本效率、技术创新效率的影响因素系数符号相同、数值几乎相等；随机效应部分的方差成分数值相差无几，并且卡方检验显著性结果相同。因此，从全模型来看，各变量的结果具有稳健性。

二、中国省域经济增长要素效率综合性影响因素的阶段性分析

（一）1998—2007 时段

1. 变量的选择与数据来源

中国省域 1998—2007 经济增长层一、层二的描述统计结果，见表 4—10。

表4-10　层一、层二变量的样本统计值

变量层次	变量名称	样本数	均值	标准差	最小值	最大值
层一	lnEGDP	300	8.0600	0.9400	5.4100	10.1800
	lnEK	300	8.8600	0.8800	6.3800	10.9500
	lnEL	300	7.4000	0.8300	5.5600	8.6600
	lnEH	300	2.1000	0.1500	1.3900	2.4900
	lnERDKV	300	4.1600	1.3800	1.0300	7.1200
	lnERDKC	300	4.3000	1.3700	1.1900	7.2800
层二	MAR	30	4.2600	1.1000	2.5100	6.3700
	FDI	30	0.5600	0.5800	0.0700	2.5900
	IE	30	0.3100	0.4000	0.0500	1.4100
	TL	30	0.2900	0.1300	0.0500	0.6300
	TS	30	0.9600	0.3300	0.6500	2.2600
	URB	30	0.3900	0.1400	0.2400	0.8000
	FS	30	0.4600	0.2300	0.2300	1.3200
	FI	30	1.5100	0.5700	0.7700	3.2800

　　由于数据经过不变价处理且取了对数，因而省内各年度间变量值差异不大。因此，由表4-10各层一变量的标准差、最小值、最大值可知，1998—2007年各省层一变量的国内生产总值对数、资本投入对数、劳动力投入对数、人力资本对函数、技术创新对数在不同省之间存在较大的差异；层二变量的市场化进程、外商直接投资、贸易开放、产业结构合理化、产业结构高级化、城市化、金融结构、金融规模在不同省份之间存在较大的差异。

　　2. 实证结果分析

　　（1）1998—2007年经济增长不同省份之间的变异分解。1998—2007年，各省经济增长的均值在不同省际是否有显著性差异，以及差异由层一和层二所产生的影响各占多大比例仍然需要运用零模型进行分析。零模型的结果见表4-11。

表4-11　1998-2007年中国省域经济增长均值与变异的分解结果

固定效应	系数	标准误差	t 值	自由度	p 值
截距 1, β_{0j}					
截距 2, γ_{00}	8.0569	0.1616	49.8600	29	0.0000

随机效应	标准误差	方差成分	自由度	卡方值	p 值
截距，u_0	0.8940	0.7992	29	2098.7948	0.0000
层一，r	0.3346	0.1120			

由表 4-11 固定效应部分可知，1998—2007 年 30 个省的对数 GDP 均值为 8.0569；由零模型的随机效应部分的卡方检验结构可知，各省的对数 GDP 均值有显著性差异，而差异的度量可由组内相关系数 ρ =0.7992/（0.7992+ 0.1120）=87.71% 给出，即 1998—2007 年各省 GDP 对数平均值的差异有 87.71% 可以用层二变量来解释，只有 12.29% 的差异可以用层一变量解释，从而说明在研究 1998—2007 年各省经济增长时，必须引入层二变量。层二变量为经济环境中的市场化进程、对外开放、金融发展、城市化、产业结构变迁。

（2）1998—2007 年中国经济增长基本影响要素的作用分析。基本要素对经济增长的影响可由固定效应（变截距）模型分析得到，固定效应模型的结果见表 4-12。

表 4-12　1998—2007 年中国省域经济增长变截距模型结果

固定效应	系数	标准误差	t 值	自由度	p 值
截距 1，β_{0j}					
截距 2，γ_{00}	8.0569	0.1616	49.8600	29	0.0000
lnEK 斜率，β_{1j}					
截距 2，γ_{10}	0.5944	0.0807	7.3660	295	0.0000
lnEL 斜率，β_{2j}					
截距 2，γ_{20}	0.4200	0.1334	3.1490	295	0.0020
lnEH 斜率，β_{3j}					
截距 2，γ_{30}	−0.0249	0.0927	−0.2690	295	0.7880
lnERDKV 斜率，β_{4j}					
截距 2，γ_{40}	0.1309	0.0644	2.0330	295	0.0430
随机效应	标准误差	方差成分	自由度	卡方值	p 值
截距，u_0	0.9001	0.8102	29	129619.6326	0.0000
层一，r	0.0426	0.0018			

由表 4-12 的固定效应部分可知，基本影响因素 lnEK、lnEL、lnERDKV

的系数均值为正向显著，即资本投入、劳动力投入、技术创新的增加对经济增长都有显著的促进作用。其中，资本增加 1%，经济增长将增加 0.5944%；劳动力增加 1%，经济增长将增加 0.4200%；技术创新增加 1%，经济增长将增加 0.1309%。而 lnEH 的系数为负向不显著影响因素，表明人力资本增加对经济增长几乎没有影响。由随机效应部分可知，资本投入、劳动力投入、人力资本、技术创新引入到层一模型中，层一方差得到较好的解释，由零模型表 4-11 的 0.1120 减少到固定效应模型的 0.0018，表明每个省的资本投入、劳动力投入、人力资本、技术创新都能较好地解释 GDP 的变化。

（3）1998—2007 年中国经济增长要素效率异质性检验。要素效率异质性的检验可由随机效应（变系数）模型分析得到，随机效应模型的结果见表 4-13。

表 4-13　1998—2007 年中国省域经济增长随机效应结果

固定效应	系数	标准误差	t 值	自由度	p 值
截距 1，β_{0j}					
截距 2，γ_{00}	8.0569	0.1616	49.8600	29	0.0000
lnEK 斜率，β_{1j}					
截距 2，γ_{10}	0.6534	0.0561	11.6380	29	0.0000
lnEL 斜率，β_{2j}					
截距 2，γ_{20}	0.2057	0.1121	1.8340	29	0.0760
lnEH 斜率，β_{3j}					
截距 2，γ_{30}	−0.0068	0.0373	−0.1830	295	0.8550
lnERDKV 斜率，β_{4j}					
截距 2，γ_{40}	0.1143	0.0439	2.6020	29	0.0150
随机效应	标准误差	方差成分	自由度	卡方值	p 值
截距，u_0	0.9002	0.8103	28	1268848.9331	0.0000
lnEK 斜率，u_1	0.2838	0.0805	28	284.4837	0.0000
lnEL 斜率，u_2	0.5067	0.2567	28	126.6823	0.0000
lnERDKV 斜率，u_4	0.2295	0.0527	28	270.8065	0.0000
层一，r	0.0135	0.0002			

由表 4-13 的固定效应部分可知，资本投入、劳动力投入、人力资本、技术创新的系数与表 4-12 的相应系数有一定的差异，这是由于使用变截距模型

与变系数模型不同造成的，多层统计分析侧重于随机系数模型的结果，即在中国经济增长过程中，资本增加 1%，经济增长将增加 0.6534%；劳动力增加 1%，经济增长将增加 0.2057%；人力资本增加 1%，经济增长将减少 0.0068%；技术创新增加 1%，经济增长将增加 0.1143%。由表 4-13 的随机效应部分可知，资本投入、劳动力投入、技术创新的效率在各个省之间存在显著性差异，同时表明了截距、$\ln EK$、$\ln EL$、$\ln ERDKV$ 与 $\ln EGDP$ 之间的关系随着省份的不同而显著不同。

（4）1998—2007 年中国省域综合性因素对要素效率的影响分析。综合性因素对要素效率的影响分析可由全模型分析得到，全模型的结果见表 4-14。

表 4-14　1998—2007 中国省域经济增长全模型结果

固定效应	系数	标准误差	t 值	自由度	p 值
截距 1，β_{0j}					
截距 2，γ_{00}	8.0569	0.0729	110.5910	23	0.0000
MAR，γ_{01}	0.5568	0.1175	4.7380	23	0.0000
FDI，γ_{02}	−0.2839	0.2310	−1.2290	23	0.2320
IE，γ_{03}	0.3978	0.3437	1.1570	23	0.2590
TS，γ_{04}	0.3854	0.3451	1.1170	23	0.2760
FS，γ_{05}	−0.7220	0.6721	−1.0740	23	0.2940
FI，γ_{06}	−0.5517	0.2295	−2.4040	23	0.0250
$\ln EK$ 斜率，β_{1j}					
截距 2，γ_{10}	0.6522	0.0576	11.3270	26	0.0000
FDI，γ_{11}	0.0621	0.0248	2.4980	26	0.0190
IE，γ_{12}	−0.0086	0.0691	−0.1240	26	0.9030
TS，γ_{13}	0.3247	0.2033	1.5970	26	0.1220
$\ln EL$ 斜率，β_{2j}					
截距 2，γ_{20}	0.1876	0.1252	1.4990	25	0.1460
FDI，γ_{21}	0.4499	0.1966	2.2890	25	0.0310
TS，γ_{22}	0.7566	0.2725	2.7770	25	0.0110
URB，γ_{23}	−1.8988	0.6068	−3.1290	25	0.0050
FS，γ_{24}	−1.7210	0.5414	−3.1790	25	0.0040

固定效应	系数	标准误差	t 值	自由度	p 值
lnEH 斜率，β_{3j}					
截距 2，γ_{30}	−0.0166	0.0347	−0.4790	279	0.6320
lnERDKV 斜率，β_{4j}					
截距 2，γ_{40}	0.1150	0.0430	2.6720	26	0.0130
MAR，$_{41}$	−0.0315	0.0152	−2.0680	26	0.0480
TS，γ_{42}	−0.2575	0.1822	−1.4130	26	0.1690
URB，γ_{43}	0.2066	0.1218	1.6970	26	0.1010
随机效应	标准误差	方差成分	自由度	卡方值	p 值
截距，u_0	0.4483	0.2010	22	255182.8730	0.0000
lnEK 斜率，u_1	0.2770	0.0767	25	341.2250	0.0000
lnEL 斜率，u_2	0.6065	0.3677	24	153.1097	0.0000
lnERDKV 斜率，u_4	0.2129	0.0453	25	236.1845	0.0000
层一，r	0.0136	0.00018			

　　由表 4-14 的固定效应部分可知，对于全要素生产率，市场化进程是正向显著影响因素，表明市场化程度大的省份全要素生产率高。其具体影响程度为，市场化程度加快 1 个单位，全要素生产率将提高 0.5568。金融规模是负向显著影响因素，表明金融规模越大的省份全要素生产率越低。其具体影响程度为，金融规模扩大 0.1 个单位，全要素生产率将降低 0.05517。

　　对于资本效率，外商直接投资是正向显著影响因素，表明外商直接投资多的省份资本效率高。其具体影响程度为，外商直接投资增加 0.1 个单位，资本效率将提高 0.00621。同时，由于资本系数与外商直接投资的系数符号相同，表明外商直接投资增加将加强资本与 GDP 之间的正向关系。

　　对于劳动效率，外商直接投资、产业结构高级化是正向显著影响因素，表明外商直接投资多、产业结构高级化程度高的省份劳动力效率高。其具体影响程度为，外商直接投资增加 0.1 个单位，劳动效率将提高 0.04499；产业结构高级化程度提高 0.1 个单位，劳动效率将提高 0.07566。同时，由于劳动力系数与外商直接投资、产业结构高级化的系数符号相同，表明外商直接投资增加、产业结构高级化程度提高将加强劳动力与 GDP 之间的正向关系。城市化、金融结构是负向显著影响因素，表明城市化率越高、金融结构水平越高的省份劳动效率越低。其具体影响程度为，城市化率提高 0.1 个单位，劳动效率将降低 0.18988；金融结构提高 0.1 个单位，劳动效率将降低 0.1721。同时，由于劳动力系数与城市化、金融结构的系数符号相反，表明城市化率与金融结构水平提高将减弱劳动力与 GDP 之间的正向关系。

对于技术创新效率，市场化进程是负向显著影响因素，表明市场化进程越快的省份技术创新效率越低。其具体影响程度为，市场化进程加快 1 个单位，技术创新效率将降低 0.0315。同时，由于技术创新系数与市场化进程的系数符号相反，表明市场化进程加快将减弱对技术创新与 GDP 之间的正向关系。

（5）方差成分解释程度。由表 4-11 和表 4-12 的随机效应中的层一方差得到表 4-15 的原始总方差和条件总方差；表 4-13 和表 4-14 的随机效应中的层二方差之和得到表 4-15 的原始总方差和条件总方差。层一、层二的方差成分解释程度见表 4-15。

表 4-15　中国经济增长层一、层二的方差成分解释程度

层次	原始总方差	条件总方差	解释程度 /%
层一	0.1120	0.0018	98.39%
层二	1.2002	0.6907	44.12%

由表 4-15 可知，层一方差解释程度为 98.39%，层二方差解释程度为 44.12%，总体上看层一解释变量对层一方差、层二解释变量对层二方差都有较好的解释。这表明构建的中国省域经济增长要素效率影响因素的实证分析模型较为合理。

3. 稳健性检验

运用常数折旧率得到的技术创新替代量（RDKC）代替运用变数折旧率得到的技术创新，对 1998—2007 时间段上的长江经济带省域效率型经济增长模型进行稳健性检验。

（1）基本影响要素作用的稳健性检验。基本影响要素作用的稳健性检验可由固定效应模型分析得到。依据第三章第二节"效率型经济增长模型的应用步骤"中的固定效应模型，得到稳健性检验的结果，见表 4-16。

表 4-16　1998—2007 中国省域经济增长变截距模型结果（RDKC 替代）

固定效应	系数	标准误差	t 值	自由度	p 值
截距 1，β_{0j}					
截距 2，γ_{00}	8.0569	0.1616	49.8600	29	0.0000
lnEK 斜率，β_{1j}					
截距 2，γ_{10}	0.5841	0.0833	7.0150	295	0.0000
lnEL 斜率，β_{2j}					
截距 2，γ_{20}	0.4131	0.1293	3.1950	295	0.0020
lnEH 斜率，β_{3j}					
截距 2，γ_{30}	−0.0244	0.0917	−0.2660	295	0.7900
lnERDKC 斜率，β_{4j}					
截距 2，γ_{40}	0.1424	0.0682	2.0870	295	0.0370
随机效应	标准误差	方差成分	自由度	卡方值	P 值
截距，u_0	0.9001	0.8102	29	131355.4830	0.0000
层一，r	0.0423	0.0010	79		

由表 4-16 和表 4-12 的固定效应部分可知，二者的资本投入、劳动力投入、人力资本、技术创新的系数符号与数值几乎相同。因此，从固定效应模型看各变量的结果具有稳健性。

（2）要素效率异质性效应的稳健性检验。要素效率异质性效应的稳健性检验可由随机效应模型分析得到。对长江经济带省域数据，依据第三章第二节"效率型经济增长模型的应用步骤"中的随机效应模型，得到稳健性检验的结果，见表 4-17。

表 4-17　中国经济增长随机效应结果（RDKC 替代）

固定效应	系数	标准误差	t 值	自由度	p 值
截距 1，β_{0j}					
截距 2，γ_{00}	8.0569	0.1616	49.8600	29	0.0000
lnEK 斜率，β_{1j}					
截距 2，γ_{10}	0.6323	0.0578	10.9340	29	0.0000
lnEL 斜率，β_{2j}					
截距 2，γ_{20}	0.1930	0.1075	1.7960	29	0.0830

固定效应	系数	标准误差	t 值	自由度	p 值
lnEH 斜率，β_{3j}					
截距 2，γ_{30}	−0.0123	0.0366	−0.3350	295	0.7370
lnERDKC 斜率，β_{4j}					
截距 2，γ_{40}	0.1360	0.0461	2.9490	29	0.0070
随机效应	标准误差	方差成分	自由度	卡方值	p 值
截距，u_0	0.9002	0.8103	28	1258516.8906	0.0000
lnEK 斜率，u_1	0.2906	0.0844	28	260.9950	0.0000
lnEL 斜率，u_2	0.4805	0.2309	28	114.2840	0.0000
lnERDKC 斜率，u_4	0.2400	0.0576	28	252.1095	0.0000
层一，r	0.0136	0.0002			

由表 4−17 和表 4−13 的固定效应部分可知，二者的资本投入、劳动力投入、人力资本、技术创新的系数符号与数值基本相同；随机效应部分的方差成分数值相差无几，并且卡方检验显著性结果相同。因此，从随机效应模型来看，各变量的结果具有稳健性。

（3）综合性因素作用的稳健性检验。综合性因素作用的稳健性检验可由全模型分析得到。对长江经济带省域数据，依据第三章第二节"效率经济增长模型的应用步骤"中的全模型，得到稳健性检验的结果，见表 4−18。

表 4−18　中国省域经济增长全模型结果（RDKC 替代）

固定效应	系数	标准误差	t 值	自由度	p 值
截距 1，β_{0j}					
截距 2，γ_{00}	8.0569	0.0729	110.5260	23	0.0000
MAR，γ_{01}	0.5628	0.1176	4.7850	23	0.0000
FDI，γ_{02}	−0.2989	0.2305	−1.2970	23	0.2080
IE，γ_{03}	0.3866	0.3426	1.1280	23	0.2710
TS，γ_{04}	0.3856	0.3449	1.1180	23	0.2760
FS，γ_{05}	−0.6733	0.6752	−0.9970	23	0.3290
FI，γ_{06}	−0.5582	0.2311	−2.4150	23	0.0240

续　表

固定效应	系数	标准误差	t 值	自由度	p 值
lnEK 斜率，β_{1j}					
截距 2，γ_{10}	0.6286	0.0591	10.6360	26	0.0000
FDI，γ_{11}	0.0628	0.0238	2.6370	26	0.0140
IE，γ_{12}	−0.0213	0.0670	−0.3180	26	0.7530
TS，γ_{13}	0.2839	0.2084	1.3620	26	0.1850
lnEL 斜率，β_{2j}					
截距 2，γ_{20}	0.1814	0.1193	1.5200	25	0.1410
FDI，γ_{21}	0.4272	0.1909	2.2380	25	0.0340
TS，γ_{22}	0.7217	0.2661	2.7120	25	0.0120
URB，γ_{23}	−1.8957	0.5891	−3.2180	25	0.0040
FS，γ_{24}	−1.6086	0.5439	−2.9570	25	0.0070
lnEH 斜率，β_{3j}					
截距 2，γ_{30}	−0.0219	0.0347	−0.6300	279	0.5290
lnERDKC 斜率，β_{4j}					
截距 2，γ_{40}	0.1381	0.0454	3.0430	26	0.0060
MAR，$_{41}$	−0.0340	0.0156	−2.1750	26	0.0390
TS，γ_{42}	−0.2189	0.1901	−1.1520	26	0.2600
URB，γ_{43}	0.2357	0.1191	1.9780	26	0.0580

随机效应	标准误差	方差成分	自由度	卡方值	p 值
截距，u_0	0.4485	0.2011	22	251559.1187	0.0000
lnEK 斜率，u_1	0.2809	0.0789	25	301.5350	0.0000
lnEL 斜率，u_2	0.5702	0.3251	24	135.4343	0.0000
lnERDKC 斜率，u_4	0.2207	0.0487	25	214.1617	0.0000
层一，r	0.0137	0.0002			

由表 4-18 和表 4-14 的固定效应部分可知，二者的全要素生产率、资本效率、劳动力效率、人力资本效率、技术创新效率的影响因素系数符号相同、数值几乎相等；随机效应部分的方差成分数值相差无几，并且卡方检验显著性结果相同。因此，从全模型来看，各变量的结果具有稳健性。

（二）2008-2016 时段

1. 变量的选择与数据来源

中国省域 2008—2016 年经济增长层一、层二的描述统计结果，见 4-19。

表 4-19　中国省域 2008-2016 层一、层二变量的样本统计值

变量层次	变量名称	样本数	均值	标准差	最小值	最大值
层一	lnEGDP	270	9.1300	0.9200	6.5200	10.9700
	lnEK	270	10.3900	0.8700	7.8500	12.2600
	lnEL	270	7.6100	0.8000	5.7100	8.8100
	lnEH	270	2.2500	0.1100	1.9600	2.5800
	lnERDKV	270	5.7300	1.3600	2.0900	8.4300
	lnERDKC	270	5.8800	1.3700	2.2400	8.5800
层二	MAR	30	6.2500	1.7000	2.8300	9.4200
	FDI	30	0.3500	0.3600	0.0600	1.4400
	IE	30	0.3000	0.3500	0.0400	1.3100
	TL	30	0.2400	0.1500	0.0000	0.5300
	TS	30	0.9900	0.5400	0.6200	3.5000
	URB	30	0.5400	0.1300	0.3600	0.8900
	FS	30	1.0300	0.4600	0.5300	2.2800
	FI	30	2.5300	1.4000	1.2600	8.1600

由表 4-19 各层一变量的标准差、最小值、最大值可知，1998—2007 年各省层一变量的国内生产总值对数、资本投入对数、劳动力投入对数、人力资本对函数、技术创新对数在不同省之间存在较大的差异；层二变量的市场化进程、外商直接投资、贸易开放、产业结构合理化、产业结构高级化、城市化、金融结构、金融规模在不同省份之间存在较大的差异。

2. 实证结果分析

（1）经济增长不同省份之间的变异分解。2008—2016 年，各省经济增长的均值在不同省之间是否有显著性差异及差异由层一和层二所产生的影响各占多大比例，仍然需运用零模型分析。零模型的结果见表 4-20。

表 4-20　中国省域 2008—2016 年经济增长均值与变异的分解结果

固定效应	系数	标准误差	t 值	自由度	p 值
截距 1，β_{0j}					
截距 2，γ_{00}	9.1327	0.1612	56.6610	29	0.0000
随机效应	标准误差	方差成分	自由度	卡方值	p 值
截距，u_0	0.8933	0.7979	29	2803.6636	0.0000
层一，r	0.2740	0.0751			

由表 4-20 固定效应部分可知，2008—2016 年 30 个省的对数 GDP 均值为 9.1327；由零模型的随机效应部分的卡方检验结构可知，各省的对数 GDP 均值有显著性差异，而差异的度量可由组内相关系数 ρ =0.7979/（0.7979+0.0751）=91.40% 给出，即 2008—2016 年各省 GDP 对数平均值的差异有 91.40% 可以用层二变量来解释，只有 8.60% 的差异可以用层一变量来解释，从而说明在研究 2008—2016 年各省经济增长时，必须引入层二变量。层二变量为经济环境中的市场化进程、对外开放、金融发展、城市化、产业结构变迁。

（2）2008—2016 年中国经济增长基本影响要素的作用分析。基本要素对经济增长的影响可由固定效应（变截距）模型分析得到，固定效应模型的结果见表 4-21。

表 4-21　中国省域 2008-2016 年经济增长变截距模型结果

固定效应	系数	标准误差	t 值	自由度	p 值
截距 1，β_{0j}					
截距 2，γ_{00}	9.1327	0.1612	56.6610	29	0.0000
lnEK 斜率，β_{1j}					
截距 2，γ_{10}	0.3413	0.0299	11.4150	265	0.0000
lnEL 斜率，β_{2j}					
截距 2，γ_{20}	0.0385	0.0406	0.9470	265	0.3450
lnEH 斜率，β_{3j}					
截距 2，γ_{30}	0.1636	0.1594	1.0260	265	0.3060
lnERDKV 斜率，β_{4j}					
截距 2，γ_{40}	0.2304	0.0396	5.8130	265	0.0000

随机效应	标准误差	方差成分	自由度	卡方值	p 值
截距，u_0	0.8978	0.8061	29	180004.0338	0.0000
层一，r	0.0342	0.0012			

　　由表 4-21 的固定效应部分可知，中国省域 2008—2016 年经济增长基本影响因素 lnEK、lnERDKV 的系数均值为正向显著，即资本投入、技术创新的增加对经济增长都有显著的促进作用。其中，资本增加 1%，经济增长将增加0.3413%；技术创新增加 1%，经济增长将增加 0.2304%。lnEL、lnEH 的系数没有达到显著程度，表明劳动力、人力资本增加对经济增长几乎没有影响。由随机效应部分可知，资本投入、劳动力投入、人力资本、技术创新引入层一模型中，层一方差得到较好的解释，由零模型表 4-20 中的 0.0751 减少到固定效应模型表 4-21 中的 0.0012，表明每个省的资本投入、劳动力投入、人力资本、技术创新能较好地解释本省 GDP 年度间的变化。

　　（3）2008—2016 年中国经济增长要素效率异质性检验。要素效率异质性检验可由随机效应（变系数）模型分析得到，随机效应模型的结果见表 4-22。

表 4-22　中国省域 2008—2016 年经济增长随机效应结果

固定效应	系数	标准误差	t 值	自由度	p 值
截距 1，β_{0j}					
截距 2，γ_{00}	9.1327	0.1612	56.6610	29	0.0000
lnEK 斜率，β_{1j}					
截距 2，γ_{10}	0.1887	0.0264	7.1540	29	0.0000
lnEL 斜率，β_{2j}					
截距 2，γ_{20}	0.3253	0.0952	3.4150	29	0.0020
lnEH 斜率，β_{3j}					
截距 2，γ_{30}	0.2011	0.0741	2.7130	265	0.0080
lnERDKV 斜率，β_{4j}					
截距 2，γ_{40}	0.3678	0.0290	12.6890	29	0.0000

随机效应	标准误差	方差成分	自由度	卡方值	p 值
截距，u_0	0.8979	0.8062	28	816455.4951	0.0000
lnEK 斜率，u_1	0.0908	0.0083	28	57.1830	0.0010

随机效应	标准误差	方差成分	自由度	卡方值	p 值
lnEL 斜率，u_2	0.4265	0.1819	28	471.0021	0.0000
lnERDKV 斜率，u_4	0.0876	0.0077	28	56.0123	0.0020
层一，r	0.0160	0.0003			

由表 4-22 的固定效应部分可知，资本投入、劳动力投入、人力资本、技术创新的系数与表 4-21 的相应系数有一定的差异，这是由于使用变截距模型与变系数模型不同造成的，多层统计分析侧重于随机系数模型的结果，即在中国省域经济增长过程中，资本增加 1%，经济增长将增加 0.1887%；劳动力增加 1%，经济增长将增加 0.3253%；人力资本增加 1%，经济增长将增长 0.2011%；技术创新增加 1%，经济增长将增加 0.3678%。由表 4-22 的随机效应部分可知，资本投入、劳动力投入、技术创新的效率在各省之间存在显著性差异，同时也表明了截距、lnEK、lnEL、lnERDKV 与 lnEGDP 之间的关系随着省份的不同而显著不同。

（4）2008—2016 年中国省域综合性因素对要素效率的影响分析。综合性因素对要素效率的影响分析可由全模型分析得到，全模型的结果见表 4-23。

表 4-23　中国省域 2008—2016 年经济增长全模型结果

固定效应	系数	标准误差	t 值	自由度	p 值
截距 1，β_{0j}					
截距 2，γ_{00}	9.1327	0.0620	147.3350	23	0.0000
MAR，γ_{01}	0.4379	0.0669	6.5470	23	0.0000
FDI，γ_{02}	−1.0831	0.1983	−5.4620	23	0.0000
IE，γ_{03}	1.0964	0.3575	3.0670	23	0.0060
TS，γ_{04}	0.4620	0.1542	2.9960	23	0.0070
FS，γ_{05}	0.8501	0.3271	2.5990	23	0.0160
FI，γ_{06}	−0.6552	0.1172	−5.5910	23	0.0000
lnEK 斜率，β_{1j}					
截距 2，γ_{10}	0.1991	0.0288	6.9180	26	0.0000

固定效应	系数	标准误差	t 值	自由度	p 值
FDI, γ_{11}	−0.0600	0.0439	−1.3670	26	0.1830
IE, γ_{12}	0.0956	0.0905	1.0570	26	0.3010
TS, γ_{13}	−0.0429	0.0570	−0.7530	26	0.4580
lnEL 斜率, β_{2j}					
截距 2, γ_{20}	0.3583	0.1154	3.1050	25	0.0050
FDI, γ_{21}	0.0124	0.2630	0.0470	25	0.9630
TS, γ_{22}	0.2980	0.2110	1.4120	25	0.1700
URB, γ_{23}	0.1534	1.0469	0.1470	25	0.8850
FS, γ_{24}	−0.8443	0.2354	−3.5870	25	0.0020
lnEH 斜率, β_{3j}					
截距 2, γ_{30}	0.1899	0.0682	2.7850	249	0.0060
lnERDKV 斜率, β_{4j}					
截距 2, γ_{40}	0.3500	0.0311	11.2550	26	0.0000
MAR, $_{41}$	−0.0119	0.0116	−1.0210	26	0.3170
TS, γ_{42}	0.0880	0.0481	1.8280	26	0.0790
URB, γ_{43}	−0.0387	0.1673	−0.2310	26	0.8190
随机效应	标准误差	方差成分	自由度	卡方值	p 值
截距, u_0	0.3866	0.1495	22	117485.8174	0.0000
lnEK 斜率, u_1	0.0994	0.0099	25	59.6123	0.0000
lnEL 斜率, u_2	0.5782	0.3343	24	1699.2387	0.0000
lnERDKV 斜率, u_4	0.1046	0.0109	25	56.4847	0.0000
层一, r	0.0157	0.0003			

由表 4-23 的固定效应部分可知，对于剩余全要素生产率，市场化进程、对外贸易、产业结构高级化、金融结构是正向显著影响因素，表明市场化程度大、对外贸易水平高、产业结构高级化程度高、金融结构水平高的省份剩余全要素生产率高。其具体影响程度为，市场化程度加快 1 个单位，全要素生产率将提高 0.4379；对外贸易提高 0.1 个单位，全要素生产率将提高 0.10964；产业结构高级化程度提高 0.1 个单位，全要素生产率将提高 0.0462；金融结构水平提高 0.1 个单位，全要素生产率将提高 0.08501。外商直接投资、金融规模是负向显著影响因素，表明外商直接投资越多、金融规模越大的省份全要素生

产率越低。其具体影响程度为，外商直接投资提高 0.1 个单位，全要素生产率将降低 0.1083；金融规模扩大 0.1 个单位，全要素生产率将降低 0.06552。

对于资本效率，没有达到显著的影响因素。

对于劳动效率，金融结构是负向显著影响因素，表明金融结构水平越高的省份劳动效率越低。其具体影响程度为，金融结构提高 0.1 个单位，劳动效率将降低 0.08443。同时，由于劳动力系数与金融结构的系数符号相反，表明金融结构水平提高将减弱劳动力与 GDP 之间的正向关系。

对技术创新效率，产业结构高级化是负向显著影响因素，表明产业结构高级化水平越高的省份技术创新效率越低。其具体影响程度为，产业结构高级化水平提高 0.1 个单位，技术创新效率将降低 0.0088。同时，由于技术创新系数与产业结构高级化的系数符号相反，表明产业结构高级化水平提高将减弱对技术创新与 GDP 之间的正向关系。

（5）方差成分解释程度。由表 4-20 和表 4-21 的随机效应中的层一方差得到表 4-24 的原始总方差和条件总方差；表 4-22 和表 4-23 的随机效应中的层二方差之和得到表 4-24 的原始总方差和条件总方差。层一、层二的方差成分解释程度见表 4-24。

表4-24　中国经济增长层一、层二的方差成分解释程度

层次	原始总方差	条件总方差	解释程度 /%
层一	0.0751	0.0012	98.40%
层二	1.0041	0.5046	49.74%

由表 4-24 可知，层一方差解释程度为 98.40%，层二方差解释程度为 49.74%，总体上层一解释变量对层一方差，层二解释变量对层二方差都有较好的解释。这表明构建的中国省域经济增长要素效率影响因素的实证分析模型较为合理。

3. 稳健性检验

运用常数折旧率得到的技术创新替代量（RDKC）代替运用变数折旧率得到的技术创新，对 2008—2016 时间段上的长江经济带省域效率型经济增长模型进行稳健性检验。

（1）基本影响要素作用的稳健性检验。基本影响要素作用的稳健性检验，可由固定效应模型分析得到。对长江经济带省域数据，依据第三章第二节"效率型经

济增长模型的应用步骤"中的固定效应模型，得到稳健性检验的结果，见表4-25。

表4-25　中国省域2008—2016年经济增长变截距模型结果（RDKC替代）

固定效应	系数	标准误差	t 值	自由度	p 值
截距1, β_{0j}					
截距2, γ_{00}	9.1327	0.1612	56.6610	29	0.0000
lnEK 斜率, β_{1j}					
截距2, γ_{10}	0.3387	0.0308	10.9940	265	0.0000
lnEL 斜率, β_{2j}					
截距2, γ_{20}	0.0397	0.0408	0.9730	265	0.3320
lnEH 斜率, β_{3j}					
截距2, γ_{30}	0.1611	0.1607	1.0030	265	0.3170
lnERDKC 斜率, β_{4j}					
截距2, γ_{40}	0.2280	0.0389	5.8570	265	0.0000
随机效应	标准误差	方差成分	自由度	卡方值	p 值
截距, u_0	0.8978	0.8061	29	178843.5741	0.0000
层一, r	0.0343	0.0012			

　　由表4-25和表4-21的固定效应部分可知，二者的资本投入、劳动力投入、人力资本、技术创新的系数符号与数值几乎相同。因此，从固定效应模型来看，各变量的结果具有稳健性。

　　（2）要素效率异质性效应的稳健性检验。要素效率异质性效应的稳健性检验可由随机效应模型分析得到。对长江经济带省域数据，依据第三章第二节"效率型经济增长模型的应用步骤"中的随机效应模型，得到稳健性检验的结果，见表4-26。

表4-26　中国省域2008—2016年经济增长随机效应结果（RDKC替代）

固定效应	系数	标准误差	t 值	自由度	p 值
截距1, β_{0j}					
截距2, γ_{00}	9.1327	0.1612	56.6610	29	0.0000
lnEK 斜率, β_{1j}					
截距2, γ_{10}	0.1702	0.0281	6.0540	29	0.0000
lnEL 斜率, β_{2j}					
截距2, γ_{20}	0.3274	0.0949	3.4480	29	0.0020

续　表

固定效应	系数	标准误差	t 值	自由度	p 值
lnEH 斜率，β_{3j}					
截距 2，γ_{30}	0.1962	0.0749	2.6200	265	0.0100
lnERDKC 斜率，β_{4j}					
截距 2，γ_{40}	0.3793	0.0299	12.6850	29	0.0000

随机效应	标准误差	方差成分	自由度	卡方值	p 值
截距，u_0	0.8979	0.8062	28	824810.6751	0.0000
lnEK 斜率，u_1	0.0965	0.0093	28	56.1761	0.0010
lnEL 斜率，u_2	0.4225	0.1785	28	467.9795	0.0000
lnERDKC 斜率，u_4	0.0887	0.0079	28	55.1983	0.0020
层一，r	0.0159	0.0003			

由表 4-26 和表 4-22 的固定效应部分可知，二者的资本投入、劳动力投入、人力资本、技术创新的系数符号与数值都基本相同；随机效应部分的方差成分数值相差无几，并且卡方检验显著性结果相同。因此，从随机效应模型来看，各变量的结果具有稳健性。

（3）综合性因素作用的稳健性检验。综合性因素作用的稳健性检验可由全模型分析得到。对长江经济带省域数据，依据第三章第二节"效率经济增长模型的应用步骤"中的全模型，得到稳健性检验的结果，见表 4-27。

表 4-27　中国省域 2008—2016 年经济增长全模型结果（RDKC 替代）

固定效应	系数	标准误差	t 值	自由度	p 值
截距 1，β_{0j}					
截距 2，γ_{00}	9.1327	0.0622	146.8370	23	0.0000
MAR，γ_{01}	0.4363	0.0668	6.5280	23	0.0000
FDI，γ_{02}	−1.0557	0.1993	−5.2970	23	0.0000
IE，γ_{03}	1.0885	0.3538	3.0760	23	0.0060
TS，γ_{04}	0.4739	0.1517	3.1250	23	0.0050
FS，γ_{05}	0.7997	0.3185	2.5110	23	0.0200
FI，γ_{06}	−0.6495	0.1119	−5.8040	23	0.0000
lnEK 斜率，β_{1j}					
截距 2，γ_{10}	0.1775	0.0300	5.9100	26	0.0000

固定效应	系数	标准误差	t 值	自由度	p 值
FDI，γ_{11}	−0.0383	0.0493	−0.7770	26	0.4440
IE，γ_{12}	0.0781	0.0969	0.8060	26	0.4280
TS，γ_{13}	−0.0891	0.0637	−1.3980	26	0.1740
lnEL 斜率，β_{2j}					
截距 2，γ_{20}	0.3633	0.1103	3.2950	25	0.0030
FDI，γ_{21}	−0.1294	0.2755	−0.4700	25	0.6420
TS，γ_{22}	0.2166	0.2103	1.0300	25	0.3130
URB，γ_{23}	0.4970	1.0014	0.4960	25	0.6240
FS，γ_{24}	−0.7351	0.2457	−2.9930	25	0.0070
lnEH 斜率，β_{3j}					
截距 2，γ_{30}	0.1838	0.0675	2.7240	249	0.0070
lnERDKC 斜率，β_{4j}					
截距 2，γ_{40}	0.3647	0.0305	11.9680	26	0.0000
MAR，$_{41}$	−0.0084	0.0115	−0.7290	26	0.4720
TS，γ_{42}	0.1387	0.0504	2.7510	26	0.0110
URB，γ_{43}	−0.1359	0.1582	−0.8590	26	0.3980

随机效应	标准误差	方差成分	自由度	卡方值	p 值
截距，u_0	0.3869	0.1497	22	117635.8162	0.0000
lnEK 斜率，u_1	0.1007	0.0101	25	58.1309	0.0000
lnEL 斜率，u_2	0.5422	0.2940	24	1479.8553	0.0000
lnERDKC 斜率，u_4	0.0911	0.0083	25	52.0169	0.0010
层一，r	0.0157	0.0003			

由表 4-27 和表 4-23 的固定效应部分可知，二者的全要素生产率、资本效率、劳动力效率、人力资本效率、技术创新效率的影响因素系数符号相同、数值几乎相等；随机效应部分的方差成分数值相差无几，并且卡方检验显著性结果相同。因此，从全模型来看，各变量的结果具有稳健性。

第二节 中国经济增长要素效率影响因素的实证分析

一、中国经济增长要素效率综合性影响因素的分析

中国经济增长要素效率相关变量和数据的来源与本章第一节中的变量选择与数据来源相同。但此处的处理方式与第一节不同。

中国省域经济增长要素效率影响因素的实证分析的层一模型的变量值为每个省在一定年度区间每年的资本投入、劳动力投入、人力资本、技术创新，即体现的是一定年度区间每个省的时间序列特征。中国经济增长要素效率影响因素的实证分析的层一模型的变量值为每个年度各省的资本投入、劳动力投入、人力资本技术创新，即体现的中国各省的截面数据特征。

中国省域经济增长要素效率影响因素的实证分析的层二模型的变量值为每个省在一定年度区间每年的市场化进程、对外开放、金融发展、城市化、产业结构变迁的均值。中国经济增长要素效率影响因素的实证分析的层二模型的变量值为每年各省的市场化进程、对外开放、金融发展、城市化、产业结构变迁的均值。

中国省域经济增长要素效率影响因素的实证分析主要关注不同区域间效率的差异，以及综合性变量对区域间效率的差异的影响；而中国经济增长要素效率影响因素的实证分析主要关注不同年度间效率的差异，以及综合性变量对年度间效率的差异的影响。

（一）描述统计

层一、层二变量的描述统计结果见表4-28。

表4-28　层一、层二变量的样本统计值

变量层次	变量名称	样本数	均值	标准差	最小值	最大值
层一	lnEGDP	570	8.5700	1.0800	5.4100	10.9700
	lnEK	570	9.5900	1.1700	6.3800	12.2600
	lnEL	570	7.5000	0.8200	5.5600	8.8100
	lnEH	570	2.1700	0.1500	1.3900	2.5800
	lnERDKV	570	4.9000	1.5800	1.0300	8.4300
	lnERDKC	570	5.0500	1.5800	1.1900	8.5800
层二	MAR	19	5.2000	1.3000	3.1300	7.2300
	FDI	19	0.4600	0.1300	0.2700	0.6700
	IE	19	0.3100	0.0500	0.2300	0.3900
	TL	19	0.2700	0.0300	0.2000	0.3100
	TS	19	0.9700	0.1100	0.8700	1.2800
	URB	19	0.3800	0.0800	0.2700	0.5100
	FS	19	0.7300	0.5800	0.1600	2.2400
	FI	19	2.0000	0.8800	1.1400	4.8000

由表4-28可知，层二变量中的市场化进程、外商直接投资、贸易开放、产业结构合理化、产业结构高级化、城市化、金融结构、金融规模在不同年度之间存在较大的差异。

（二）实证结果分析

1. 中国经济增长不同年度之间的变异分解

中国经济增长的均值在不同年度之间是否有显著性差异及差异由层一和层二所产生的影响各占多大比例仍需运用零模型分析。零模型的结果见表4-29。

表4-29　中国经济增长均值与变异的分解结果

固定效应	系数	标准误差	t 值	自由度	p 值
截距1, β_{0j}					
截距2, γ_{00}	8.5665	0.1399	61.2280	18	0.0000

随机效应	标准误差	方差成分	自由度	卡方值	p 值
截距，u_0	0.6047	0.3656	18	261.8188	0.0000
层一，r	0.8998	0.8097			

由表 4-29 固定效应部分可知，30 个省的对数 GDP 均值为 8.5665；由零模型的随机效应部分的卡方检验结构可知，对数 GDP 均值在不同年度间有显著性差异，而差异的度量可由组内相关系数 ρ =0.3656/（0.3656+0.8097）=31.11% 来解释，即各省 GDP 对数平均值在 1998 至 2016 年的差异有 31.11% 可以用层二变量来解释，从而说明在研究 1998—2016 年中国经济增长时，必须引入层二变量。层二变量为长江经济带经济环境中的市场化进程、对外开放、金融发展、城市化、产业结构变迁。

2. 中国经济增长基本影响要素的作用分析

基本要素对经济增长的影响可由固定效应（变截距）模型分析得到，固定效应模型的结果见表 4-30。

表 4-30　中国经济增长变截距模型结果

固定效应	系数	标准误差	t 值	自由度	p 值
截距 1，β_{0j}					
截距 2，γ_{00}	8.5665	0.1092	78.4360	18	0.0000
lnEK 斜率，β_{1j}					
截距 2，γ_{10}	0.6498	0.0246	26.4150	565	0.0000
lnEL 斜率，β_{2j}					
截距 2，γ_{20}	0.2545	0.0106	23.9910	565	0.0000
lnEH 斜率，β_{3j}					
截距 2，γ_{30}	0.6017	0.0561	10.7330	565	0.0000
lnERDKV 斜率，β_{4j}					
截距 2，γ_{40}	0.1481	0.0149	9.9240	565	0.0000
随机效应	标准误差	方差成分	自由度	卡方值	p 值
截距，u_0	0.4881	0.2383	18	3974.2135	0.0000
层一，r	0.1803	0.0325			

　　由表 4-30 的固定效应部分可知，中国经济增长基本影响因素 lnEK、lnEL、lnEH、lnERDKV 的系数均值为正向显著，即资本投入、劳动力投入、人力资本投入、技术创新的增加对经济增长都有显著的促进作用。其中，资本增加 1%，经济增长将增加 0.6498%；劳动力增加 1%，经济增长将增加 0.2545%；人力资本增加 1%，经济增长将增加 0.6017%；技术创新增加 1%，经济增长将增加 0.1481%。由表 4-30 的随机效应部分可知，资本投入、劳动力投入、人力资本、技术创新引入到层一模型中，层一方差得到较好的解释，由零模型表 4-29 中的 0.8097 减少到固定效应模型表 4-30 中的 0.0325，这表明每个省的资本投入、劳动力投入、人力资本、技术创新能较好地解释 GDP 相同年度不同省域之间的变化。

　　3. 中国经济增长要素效率年度间异质性检验

　　要素效率不同年度间的异质性的检验可由随机效应（变系数）模型分析得到，随机效应模型的结果见表 4-31。

表 4-31　中国经济增长随机效应结果

固定效应	系数	标准误差	t 值	自由度	p 值
截距 1，β_{0j}					
截距 2，γ_{00}	8.5665	0.1399	61.2280	18	0.0000
lnEK 斜率，β_{1j}					
截距 2，γ_{10}	0.6693	0.0198	33.7360	565	0.0000
lnEL 斜率，β_{2j}					
截距 2，γ_{20}	0.2504	0.0088	28.5050	565	0.0000
lnEH 斜率，β_{3j}					
截距 2，γ_{30}	0.6551	0.0485	13.5120	565	0.0000
lnERDKV 斜率，β_{4j}					
截距 2，γ_{40}	0.1352	0.0139	9.7100	18	0.0000
随机效应	标准误差	方差成分	自由度	卡方值	p 值
截距，u_0	0.6258	0.3916	18	6841.0109	0.0000
lnERDKV 斜率，u_4	0.0308	0.0010	18	28.5257	0.0540
层一，r	0.1760	0.0310			

　　由表 4-31 的固定效应部分可知，资本投入、劳动力投入、人力资本、技

术创新的系数与表4-30的相应系数有一定的差异，这是由于使用变截距模型与变系数模型不同造成的，多层统计分析侧重于随机系数模型的结果，即在中国经济增长的过程中，资本增加1%，经济增长将增加0.6693%；劳动力增加1%，经济增长将增加0.2504%；人力资本增加1%，经济增长将增加0.6551%；技术创新增加1%，经济增长将增加0.1352%。由表4-31的随机效应部分可知，截距、技术创新的效率在不同年度之间存在显著性差异，同时表明了截距、lnERDKV 与 lnEGDP 之间的关系随着年度的不同而显著不同。

4. 中国综合性因素对要素效率的影响分析

综合性因素对要素效率的影响分析可由全模型分析得到，全模型的结果见表4-32。

表4-32　中国经济增长全模型结果

固定效应	系数	标准误差	t 值	自由度	p 值
截距1，β_{0j}					
截距2，γ_{00}	8.5665	0.0050	1709.8280	12	0.0000
MAR，γ_{01}	0.1168	0.0425	2.7470	12	0.0180
FDI，γ_{02}	−0.7567	0.1520	−4.9780	12	0.0000
IE，γ_{03}	−0.7630	0.3059	−2.4950	12	0.0280
URB，γ_{04}	5.2650	0.8665	6.0760	12	0.0000
FS，γ_{05}	0.2627	0.0440	5.9710	12	0.0000
FI，γ_{06}	−0.1716	0.0316	−5.4310	12	0.0000
lnEK 斜率，β_{1j}					
截距2，γ_{10}	0.6712	0.0190	35.2950	554	0.0000
lnEL 斜率，β_{2j}					
截距2，γ_{20}	0.2495	0.0086	29.0280	554	0.0000
lnEH 斜率，β_{3j}					
截距2，γ_{30}	0.6524	0.0489	13.3460	554	0.0000
lnERDK 斜率，β_{4j}					
截距2，γ_{40}	0.1347	0.0070	19.2440	13	0.0000
IE，γ_{41}	0.0742	0.0153	4.8400	13	0.0000

固定效应	系数	标准误差	t 值	自由度	p 值
TS，γ_{42}	0.0354	0.0085	4.1880	13	0.0010
URB，γ_{43}	0.3619	0.0098	36.9790	13	0.0000
FS，γ_{42}	−0.0113	0.0033	−3.4030	13	0.0050
FI，γ_{43}	0.0091	0.0027	3.3520	13	0.0060
随机效应	标准误差	方差成分	自由度	卡方值	p 值
截距，u_0	0.0014	0.0000	12	8.7605	>.500
lnERDKV 斜率，u_2	0.0005	0.0000	13	0.1331	>.500
层一，r	0.1762	0.0310			

由表 4-32 的固定效应部分可知，对于剩余全要素生产率，市场化进程、城市化、金融结构是正向显著影响因素，表明市场化程度高、城市化水平高、金融结构水平高的年度剩余全要素生产率高。其具体影响程度为，市场化程度加快 1 个单位，全要素生产率将提高 0.1168；城市化提高 0.1 个单位，全要素生产率将提高 0.5265；金融结构水平提高 0.1 个单位，全要素生产率将提高 0.02627。外商直接投资、对外贸易、金融规模是负向显著影响因素，表明外商直接投资越多、对外贸易水平越高、金融规模越大的年度全要素生产率越低。其具体影响程度为，外商直接投资增加 0.1 个单位，全要素生产率将降低 0.07567；对外贸易水平增加 0.1 个单位，全要素生产率将降低 0.0763；金融规模扩大 0.1 个单位，全要素生产率将降低 0.01716。

对于技术创新效率，对外贸易、产业结构高级化、城市化、金融规模是正向显著影响因素，表明对外贸易水平高、产业结构高级化水平高、城市化水平高、金融规模大的年度技术创新效率越高。其具体影响程度为，对外贸易水平提高 0.1 个单位，技术创新效率将增加 0.00742；产业结构高级化水平提高 0.1 个单位，技术创新效率将增加 0.00354；城市化水平提高 0.1 个单位，技术创新效率将增加 0.03619；金融规模增大 0.1 个单位，技术创新效率将增加 0.00091。同时，由于技术创新系数与对外贸易、产业结构高级化、城市化、金融规模的系数符号相同，表明对外贸易水平提高、产业结构高级化水平提高、城市化水平提高、金融规模加大将加强技术创新与 GDP 之间的正向关系。对技术创新效率，金融结构是负向显著影响因素，表明金融结构高的年度技术创新效率低。其具体影响程度为，金融结构水平提高 0.1 个单位，技术创新效率将降低 0.00113。同时由于技术创新系数与金融结构的系数符号相反，表明金融结构水平提高将减弱对技术创新与 GDP 之间的正向关系。

5. **方差成分解释程度**

由表 4-29 和表 4-30 的随机效应中的层一方差得到表 4-33 的原始总方差和条件总方差，表 4-31 和表 4-32 的随机效应中的层二方差之和得到表 4-33 的原始总方差和条件总方差。层一、层二的方差成分解释程度见表 4-33。

表 4-33　中国经济增长层一、层二的方差成分解释程度

层次	原始总方差	条件总方差	解释程度 /%
层一	0.8097	0.0325	95.98%
层二	0.3926	0.0000	100.00%

由表 4-33 可知，层一方差解释程度为 95.98%，层二方差解释程度为 100.00%，总体上层一解释变量对层一方差，层二解释变量对层二方差都有较好的解释，表明构建的中国经济增长要素效率影响因素的实证分析模型较为合理。

二、稳健性检验

运用常数折旧率得到的技术创新替代量（RDKC）代替运用变数折旧率得到的技术创新（RDKV），对中国效率型经济增长模型进行稳健性检验。

（一）基本影响要素作用的稳健性检验

中国基本影响要素作用的稳健性检验可由固定效应模型分析得到。依据第三章第二节"效率型经济增长模型的应用步骤"中的固定效应模型，得到稳健性检验的结果，见表 4-34。

表 4-34　中国省域经济增长变截距模型结果

固定效应	系数	标准误差	t 值	自由度	p 值
截距 1，β_{0j}					
截距 2，γ_{00}	8.5665	0.1399	61.2280	18	0.0000
$\ln EK$ 斜率，β_{1j}					
截距 2，γ_{10}	0.6597	0.0245	26.8940	565	0.0000

续　表

固定效应	系数	标准误差	t 值	自由度	p 值
lnEL 斜率，β_{2j}					
截距 2，γ_{20}	0.2552	0.0109	23.4010	565	0.0000
lnEH 斜率，β_{3j}					
截距 2，γ_{30}	0.6184	0.0575	10.7450	565	0.0000
lnERDKC 斜率，β_{4j}					
截距 2，γ_{40}	0.1406	0.0146	9.6200	565	0.0000
随机效应	标准误差	方差成分	自由度	卡方值	p 值
截距，u_0	0.6257	0.3915	18	6494.8499	0.0000
层一，r	0.1807	0.0326			

由表4-34和表4-30的固定效应部分可知，二者的资本投入、劳动力投入、人力资本、技术创新的系数符号与数值都几乎相同。因此，从固定效应模型来看，各变量的结果具有稳健性。

（二）要素效率异质性效应的稳健性检验

长江经济带要素效率异质性效应的稳健性检验可由随机效应模型分析得到。依据第三章第二节"效率型经济增长模型的应用步骤"中的随机效应模型，得到稳健性检验的结果见表4-35。

表4-35　中国经济增长随机效应结果

固定效应	系数	标准误差	t 值	自由度	p 值
截距 1，β_{0j}					
截距 2，γ_{00}	8.5665	0.1399	61.2280	18	0.0000
lnEK 斜率，β_{1j}					
截距 2，γ_{10}	0.6731	0.0199	33.8720	565	0.0000
lnEL 斜率，β_{2j}					
截距 2，γ_{20}	0.2503	0.0088	28.3350	565	0.0000
lnEH 斜率，β_{3j}					
截距 2，γ_{30}	0.6576	0.0489	13.4430	565	0.0000
lnERDKC 斜率，β_{4j}					
截距 2，γ_{40}	0.1329	0.0139	9.5950	18	0.0000

续　表

随机效应	标准误差	方差成分	自由度	卡方值	p 值
截距，u_0	0.6258	0.3916	18	6812.9635	0.0000
lnERDKC 斜率，u_4	0.0310	0.0010	18	28.7905	0.0510
层一，r	0.1764	0.0311			

　　由表 4-35 和表 4-31 的固定效应部分可知，二者的资本投入、劳动力投入、人力资本、技术创新的系数符号与数值基本相同；随机效应部分的方差成分数值相差无几，并且卡方检验显著性结果相同。因此，从随机效应模型来看，各变量的结果具有稳健性。

（三）综合性因素作用的稳健性检验

　　中国经济增长综合性因素作用的稳健性检验可由全模型分析得到。依据第三章第二节"效率型经济增长模型的应用步骤"中的全模型，得到稳健性检验的结果见表 4-36。

表 4-36　中国经济增长全模型结果

固定效应	系数	标准误差	t 值	自由度	p 值
截距 1，β_{0j}					
截距 2，γ_{00}	8.5665	0.0050	1709.8280	12	0.0000
MAR，γ_{01}	0.1168	0.0425	2.7470	12	0.0180
FDI，γ_{02}	−0.7567	0.1520	−4.9780	12	0.0000
IE，γ_{03}	−0.7630	0.3059	−2.4950	12	0.0280
URB，γ_{04}	5.2650	0.8665	6.0760	12	0.0000
FS，γ_{05}	0.2627	0.0440	5.9710	12	0.0000
FI，γ_{06}	−0.1716	0.0316	−5.4310	12	0.0000
lnEK 斜率，β_{1j}					
截距 2，γ_{10}	0.6749	0.0190	35.4480	554	0.0000
lnEL 斜率，β_{2j}					
截距 2，γ_{20}	0.2494	0.0086	28.8700	554	0.0000
lnEH 斜率，β_{3j}					
截距 2，γ_{30}	0.6549	0.0493	13.2940	554	0.0000
lnERDKC 斜率，β_{4j}					
截距 2，γ_{40}	0.1325	0.0069	19.2500	13	0.0000

固定效应	系数	标准误差	t 值	自由度	p 值
IE，γ_{41}	0.0795	0.0149	5.3440	13	0.0000
TS，γ_{42}	0.0378	0.0082	4.6060	13	0.0000
URB，γ_{43}	0.3631	0.0094	38.5300	13	0.0000
FS，γ_{42}	−0.0113	0.0032	−3.5450	13	0.0040
FI，γ_{43}	0.0091	0.0026	3.5120	13	0.0040
随机效应	标准误差	方差成分	自由度	卡方值	p 值
截距，u_0	0.0014	0.0000	12	8.7258	>.500
lnERDKC 斜率，u_2	0.0005	0.0000	13	0.1245	>.500
层一，r	0.1765	0.0312			

由表 4-36 和表 4-32 的固定效应部分可知，二者的全要素生产率、资本效率、劳动力效率、人力资本效率、技术创新效率的影响因素系数符号相同、数值几乎相等；随机效应部分的方差成分数值相差无几，并且卡方检验显著性结果相同。因此，从全模型来看，各变量的结果具有稳健性。

第三节　结论与启示

一、结论

在中国向高质量发展转化的过程中，怎样提高要素的效率无疑是一个值得研究的问题。

本章基于中国省域经济增长相关数据，运用效率型经济增长模型，实证分析了综合性因素（市场化进程、对外开放、金融发展、城市化、产业结构变迁）对剩余全要素效率，以及资本、劳动力、人力资本、技术创新产出效率在不同省域、不同年度异质性的影响，得到如下的结论。

（一）对不同省域异质性的影响

（1）中国省域各省 GDP 对数平均值在省份之间的差异有 66.46% 可以用层二变量来解释，从而说明在研究中国省域经济增长时，必须引入层二变量。

（2）中国省域经济增长各省之间的剩余全要素生产率、资本效率、人力资本效率、劳动力效率、技术创新效率存在显著性差异，即存在异质性。

（3）中国省域综合性因素对剩余全要素生产率及基本要素产出效率省份间异质性有较好的解释，具体可解释其差异的44.12%；基本要素能解释层一差异的98.39%。

（4）中国省域综合性影响因素在不同时段（1998—2007、2008—2016）对要素产出效率作用存在差异性。

（二）对不同年度异质性的影响

（1）中国各省GDP对数平均值在年度之间的差异有31.09%可以用二层变量来解释，从而说明在研究中国经济增长时，必须引入层二变量。

（2）中国经济增长各年度之间的剩余全要素生产率、技术创新效率存在显著性差异，即存在异质性。

（3）中国综合性因素对剩余全要素生产率及基本要素产出效率年度间异质性有较好的解释，具体可解释其差异的100%；基本要素能解释层一差异的95.98%。

从以上分析中可以得到中国效率型经济增长模型的作用：能够检验中国经济增长研究是否需要引入层二变量；能够检验中国经济增长的效率（剩余全要素生产率、资本效率、人力资本效率、劳动力效率、技术创新效率）是否存在异质性；能够较合适地分析中国经济增长综合性因素对效率异质性的精确影响，并且能够对影响程度给出评价。这为中国经济增长提高要素效率提供了理论依据，从而有可能促进中国经济高质量增长理论的发展。

二、启示

高质量经济增长重点应关注技术创新和要素产出效率的提高，在具体实践中要关注"三方面动力"：①提高科技进步水平及产出效率，推动高质量经济增长；②提高剩余全要素生产率，推动高质量经济增长；③提高资本、劳动力、人力资本产出效率，推动高质量经济增长。基于实证的结果，提出如下建议：

（1）提高科技进步水平及产出效率，推动高质量经济增长。加大R&D的投入力度，在大幅度增加R&D经费投入的同时，保持合理的R&D投入结构，实现R&D资源的优化配置，提高对科技基础资源的有效利用。由于在中国省域经济增长中，城市化对技术创新产出效率为正向显著影响；市场化进程、产业结构高级化对技术创新产出效率为负向显著影响。因此，中国应进一步推进城市化进程；通过扩大技术市场规模来减少市场化进程的负向影响；通过大力发展生产性服务业来减少产业结构高级化的负向影响。

（2）提高剩余全要素生产率，推动高质量经济增长。由于在中国省域经济增长中，市场化进程、对外贸易、产业结构高级化、金融结构对截距（剩余全要素生产率）为正向显著影响；外商直接投资、金融规模对剩余全要素生产率为负向显著影响。因此，中国应进一步完善要素市场化配置的体制机制，促进要素自由有序流动；同时，要调整各地区的进出口结构，促进加工贸易向服务贸易转型；通过大力发展生产性服务业提升产业结构高级化的作用；继续深化证券市场的改革，建立适应创新发展的金融体系。同时，通过引导外商投资结构的转变，由制造业转向生产服务业来扭转外商直接投资的负向影响；通过加快金融供给的结构性改革，实现经济的脱虚向实，达到虚实结构合理的目标来扭转金融规模的负向影响。

（2）提高资本、劳动力、人力资本产出效率，推动高质量经济增长。由于产业结构高级化对资本、劳动力、人力资本的产出效率为正向显著影响，因而，要在加大服务业投资的基础上，提升服务业的发展水平；重点是加大服务业的科技投入，提升服务业的科技水平；核心是大力发展生产服务业，提升生产服务业的竞争力。由于外商直接投资对资本产出效率为负向显著影响，因此，一方面，内资企业通过转型升级提高其竞争力来降低挤出效应；另一方面，调整外商直接投资的结构，向着更有利于企业升级的方向转化。由于城市化对劳动力产出效率为负向显著影响，因此，应树立"产城融合"发展的理念推进城市化进程，构建城乡统一的劳动力市场，促进劳动力更为优化的配置。由于对外贸易对人力资本产出效率为负向显著影响，因此，各地区应加大出口产品结构的调整，由人力资本效率较低的传统劳动密集产品转向资本技术密集型产品。

第五章 中国农业经济增长要素效率的影响因素研究

我国是农业消费大国，农业作为国民经济的基础，农业问题一直是备受政府和国民关注的首要问题。在国家向高质量发展的转化过程中，农业经济高质量增长就成为一个值得研究的问题。关于农业经济增长，学者们认为农用化肥施用量、农业机械总动力、农作物总播种面积、农林牧渔业从业人员、有效灌溉面积是农业经济增长的基本要素（周阳敏、宋利真，2012；陈莉，2006；匡远凤，2012）；王明利（2018）实证分析得到制度变迁有助于林、牧及渔业经济发展；杜红梅、安龙送（2007）实证分析得到对外开放有助于对农业经济增长；齐红倩（2002）认为，城市化有助于农业经济增长；史歌、郭俊华（2020）实证分析得到农村金融发展有助于农业经济增长；姚旭兵、罗光强（2015）实证分析得到产业结构升级有助于农业经济增长。但对农业经济增长要素效率的研究还比较少，尤其是关于综合性影响因素对要素效率的作用的研究比较少。因此，本章实证分析综合性影响因素对农业经济增长要素效率的作用。

第一节 中国省域农业经济增长要素效率影响因素的实证分析

一、中国省域农业经济增长要素效率综合性影响因素的分析

（一）变量的选择与数据来源

选择中国省域（由于数据不全，不包括西藏）30个省为评价单元，样本区间为1998—2016年。

依据农业经济增长的影响因素，层一变量选择如下：

层一变量：被解释变量，以 2000 年为不变价的中国省域农林牧渔业总产值（亿元）对数，用 lnEY 表示。

层一解释变量：化肥施用折纯量（万吨）对数，用 lnEFER 表示；农业机械化总动力（万千瓦）对数，用 lnEPOW 表示；农作物总播种面积（千公顷）对数，用 lnEPIA 表示；劳动力为农林牧渔业就业人数（万人）对数，用 lnEEMP 表示；有效灌溉面积（千公顷）对数，用 lnEIRA 表示。相应的数据来自中国统计年鉴、各省统计年鉴。各变量的描述统计见表 5-1。层二变量与第四章第一节中"变量的选择与数据来源"相同，具体数值见表 4-1 中层二部分。

表 5-1　中国省域农业经济增长的层一的样本统计值

变量层次	变量名称	样本数	均值	标准差	最小值	最大值
层一	lnEY	570	6.7900	0.9600	4.0800	8.4400
	lnEFER	570	4.7200	1.0600	1.8800	6.5700
	lnEPOW	570	7.3900	1.0500	4.5600	9.5000
	lnEPIA	570	8.2000	1.0400	5.0200	9.5800
	lnEEMP	570	6.5300	1.0800	3.6100	8.1800
	lnEIRA	570	7.1900	0.9800	4.8600	8.6900

由于数据经过不变价处理且取了对数，因而省内各年度间变量值差异不大。由表 5-1 各层一变量的标准差、最小值、最大值可知，1998—2016 年各省层一变量的国内农林牧渔业总产值对数、化肥施用折纯量对数、农业机械化总动力对数、农作物总播种面积对数、农林牧渔业从业人员对数、有效灌溉面积对数在不同省之间存在较大的差异。

（二）实证结果分析

基于各省农业经济增长的数据，运用第三章第一节"效率型经济增长模型构建"；依据第三章第二节"效率型经济增长模型的应用步骤"，具体按零模型、固定效应模型、随机系数模型、全模型的顺序，对影响中国省域农业经济增长要素效率的综合因素进行分析，并对综合影响因素进行分阶段分析及稳健性检验。多层统计模型的结果，是使用专业 HLM7.0 软件分析得到的。其中，层一与层二模型中的解释变量都用组中心化后的数据参与运算。由于层一变量的每个随机系数都需要引入 5 个方面 7 个变量探讨其影响程度，将所有变量都列出来会导致表过于庞大。同时，为了便于从整体性、不同时段、不同区域进行比较，本文将在整体性、不同时段、不同区域只要有一处 t 值大于 1 的变量就在各个表中列出。

1. 中国省域农业经济增长的变异分解

中国省域农业经济增长的均值在不同省际是否有显著性差异？差异由层一和层二所产生的影响各占多大比例？运用多层统计模型的零模型可以回答上述问题。依据层二变量所产生影响的占比（组内相关系数）大小决定是否将层二变量引入模型中。基于中国省域农业经济增长的数据，运用第三章第二节"效率型经济增长模型的应用步骤"中的零模型，得到零模型的结果，见表 5-2。

表 5-2　中国省域农业经济增长均值与变异的分解结果

固定效应	系数	标准误差	t 值	自由度	p 值
截距 1，β_{0j}					
截距 2，γ_{00}	6.7940	0.1675	40.5420	29	0.0000
随机效应	标准误差	方差成分	自由度	卡方值	p 值
截距，u_0	0.9314	0.8675	29	6204.6061	0.0000
层一，r	0.2782	0.0774			

由表 5-2 可知，中国省域 30 个省农林牧渔业产值的对数（LNEY）均值为 6.794；由零模型的随机效应部分的卡方检验结构可知，30 个省农林牧渔业产值的对数（lnEY）均值有显著性差异，而差异的度量可由组内相关系数 ρ = 0.8675/（0.8675+ 0.0774）=91.81% 给出，即中国省域 30 个省农林牧渔业产值的对数（lnEY）均值的差异有 91.81% 需用层二变量来解释，只有 8.19% 的差异可以用层一变量解释，从而说明在研究中国省域农业经济增长时，必须引入层二变量。层二变量为中国省域经济环境中的市场化进程、对外开放、金融发展、城市化、产业结构变迁。

2. 中国省域农业经济增长基本影响要素的作用分析

基本影响要素的作用分析可由固定效应（变截距）模型分析得到。基于中国省域农业经济增长的数据，运用第三章第二节"效率型经济增长模型的应用步骤"中的固定效应模型，得到固定效应模型的结果，见表 5-3。

表 5-3　中国省域农业经济增长固定效应结果

固定效应	系数	标准误差	t 值	自由度	p 值
截距 1, β_{0j}					
截距 2, γ_{00}	6.7940	0.1675	40.5420	29	0.0000
lnEFER 斜率, β_{1j}					
截距 2, γ_{10}	0.7909	0.0950	8.3210	564	0.0000
lnEPOW 斜率, β_{2j}					
截距 2, γ_{20}	0.3384	0.0699	4.8390	564	0.0000
lnEPIA 斜率, β_{3j}					
截距 2, γ_{30}	−0.4610	0.1888	−2.4410	564	0.0150
lnEEMP 斜率, β_{4j}					
截距 2, γ_{40}	−0.4238	0.1017	−4.1660	564	0.0000
lnEIRA 斜率, β_{5j}					
截距 2, γ_{50}	0.0552	0.1016	0.5430	564	0.5870
随机效应	标准误差	方差成分	自由度	卡方值	p 值
截距, u_0	0.9333	0.8711	29	53290.9706	0.0000
层一, r	0.0949	0.0090			

由表 5-3 的固定效应部分可知，基本影响因素 lnEFER、lnEPOW 以及
lnEIRA 的系数均值为正向显著，即化肥施用量、机械化总动力及有效灌溉面
积对农业经济增长都有显著的促进作用。其中，化肥施用折纯量增加 1%，农
业经济增长将增加 0.7909%；机械化总动力增加 1%，农业经济增长将增加
0.3384%；有效灌溉面积增加 1%，农业经济增长将增加 0.0552%；lnEPIA、
lnEEMP 系数均值为负向显著，即播种面积、就业人数对农业经济的增长都有
显著的抑制作用。由表 5-3 的随机效应部分可知，化肥施用量、机械化总动
力、播种面积、就业人数、有效灌溉面积引入层一模型中，层一方差得到较好
的解释，由零模型结果表 5-2 的中 0.0774 减少到固定效应模型结果表 5-3 中
的 0.0090，这表明每个省的化肥施用量、机械化总动力、播种面积、就业人
数、有效灌溉面积能较好地解释省内农业总产值不同年度间的变化。

3. 中国省域农业经济增长要素效率异质性检验

要素效率异质性的检验可由随机效应（变系数）模型分析得到。基于中国
省域农业经济增长的数据，运用第三章第二节"效率型经济增长模型的应用步

骤"中的随机效应模型，得到随机效应模型的结果，见表5-4。

表5-4　农业经济增长随机效应结果

固定效应	系数	标准误差	t 值	自由度	p 值
截距1，β_{0j}					
截距2，γ_{00}	6.7940	0.1675	40.5420	29	0.0000
lnEFER 斜率，β_{1j}					
截距2，γ_{10}	0.5742	0.1551	3.7020	29	0.0010
lnEPOW 斜率，β_{2j}					
截距2，γ_{20}	0.3573	0.0653	5.4690	29	0.0000
lnEPIA 斜率，β_{3j}					
截距2，γ_{30}	−0.0564	0.0943	−0.5980	29	0.5540
lnEEMP 斜率，β_{4j}					
截距2，γ_{40}	−0.4614	0.1379	−3.3450	29	0.0030
lnEIRA 斜率，β_{5j}					
截距2，γ_{50}	0.2041	0.1085	1.8810	29	0.0700

随机效应	标准误差	方差成分	卡方值	自由度	p 值
截距，u_0	0.9335	0.8714	29	253965.4	0.0000
lnEFER 斜率，u_1	0.7968	0.6349	29	147.7308	0.0000
lnEPOW 斜率，u_2	0.3186	0.1015	29	161.6058	0.0000
lnEIRA 斜率，u_3	0.3956	0.1565	29	73.34578	0.0000
lnEEMP 斜率，u_4	0.6404	0.4101	29	106.8013	0.0000
lnEIRA 斜率，u_5	0.4785	0.2289	29	15.79721	0.0000
层一，r	0.0434	0.0018			

由表5-4的固定效应部分可知，化肥施用量、机械化总动力、播种面积、就业人数、有效灌溉面积的系数与表5-3的相应系数有一定的差异，这是由于使用变截距模型与变系数模型的不同造成的，多层统计分析侧重于随机系数模型的结果。在中国省域农业经济增长过程中，化肥施用量增加1%，农业经济增长将增加0.5742%；机械化总动力增加1%，农业经济增长将增加0.3573%；播种面积增加1%，农业经济增长将降低0.0564%；就业人数增加1%，农业经济增长将减少0.4614%；有效灌溉面积增加1%，农业经济增长将增加

0.2041%。由表 5-4 的随机效应部分可知，化肥施用量、机械化总动力、播种面积、就业人数、有效灌溉面积的效率在各个省之间存在显著性差异，同时表明了截距、lnEFER、lnEPOW、lnEPIA、lnEEMP、lnEIRA 与 lnEY 之间的关系随着省份的不同而显著不同。

4. 中国省域综合性因素对要素效率的影响分析

综合性因素对要素效率的作用分析可由全模型分析得到。基于中国省域农业经济增长的数据，运用第三章第二节"效率型经济增长模型的应用步骤"中的全模型，得到全模型的结果，见表 5-5。

表 5-5 中国省域农业经济增长全模型结果

固定效应	系数	标准误差	t 值	自由度	p 值
截距 1，β_{0j}					
截距 2，γ_{00}	6.7941	0.0769	88.2990	23	0.0000
MAR，γ_{01}	0.5932	0.0745	7.9670	23	0.0000
FDI，γ_{02}	−0.8244	0.2103	−3.9190	23	0.0010
TS，γ_{03}	1.6823	0.2594	6.4850	23	0.0000
URB，γ_{04}	−2.3506	0.8000	−2.9380	23	0.0080
FS，γ_{05}	1.4961	0.3904	3.8320	23	0.0010
FI，γ_{06}	−1.4305	0.1821	−7.8560	23	0.0000
lnEFER 斜率，β_{1j}					
截距 2，γ_{10}	0.5447	0.1376	3.9590	25	0.0010
MAR，γ_{11}	−0.3433	0.1050	−3.2690	25	0.0040
FDI，γ_{12}	0.8285	0.2968	2.7920	25	0.0100
TS，γ_{13}	−0.3893	0.3574	−1.0890	25	0.2870
FS，γ_{14}	−1.6037	0.5557	−2.8860	25	0.0080
lnEPOW 斜率，β_{2j}					
截距 2，γ_{20}	0.3464	0.0680	5.0920	25	0.0000
IE，γ_{21}	−0.0434	0.2389	−0.1820	25	0.8580
URB，γ_{22}	0.3456	0.6241	0.5540	25	0.5840
FS，γ_{23}	0.4493	0.3344	1.3440	25	0.1910
FI，γ_{24}	−0.1576	0.1263	−1.2480	25	0.2240

固定效应	系数	标准误差	t 值	自由度	p 值
lnEPIA 斜率，β_{3j}					
截距 2，γ_{30}	−0.1004	0.0943	−1.0640	26	0.2970
IE，γ_{31}	−0.2696	0.3392	−0.7950	26	0.4340
TL，γ_{32}	−0.3941	0.7829	−0.5030	26	0.6180
FI，γ_{33}	0.3011	0.1204	2.5010	26	0.0190
lnEEMP 斜率，β_{4j}					
截距 2，γ_{40}	−0.4304	0.1228	−3.5050	25	0.0020
MAR，γ_{41}	−0.0561	0.1368	−0.4100	25	0.6850
FDI，γ_{42}	1.5879	0.4982	3.1870	25	0.0040
IE，γ_{43}	−1.9336	0.7291	−2.6520	25	0.0140
TS，γ_{44}	0.1205	0.4315	0.2790	25	0.7820
lnEIRA 斜率，β_{5j}					
截距 2，γ_{50}	0.2841	0.1312	2.1650	25	0.0400
TL，γ_{51}	−1.0724	1.1844	−0.9050	25	0.3740
URB，γ_{52}	−2.5862	1.4771	−1.7510	25	0.0920
FS，γ_{53}	−0.7680	0.7194	−1.0680	25	0.2960
FI，γ_{54}	0.3054	0.2766	1.1040	25	0.2810
随机效应	标准误差	方差成分	自由度	卡方值	p 值
截距，u_0	0.4213	0.1775	23	44657.5767	0.0000
lnEFER 斜率，u_1	0.6819	0.4649	25	156.1285	0.0000
lnEPOW 斜率，u_2	0.3300	0.1089	25	152.5908	0.0000
lnEIRA 斜率，u_3	0.3801	0.1445	26	54.8761	0.0010
lnEEMP 斜率，u_4	0.5293	0.2802	25	98.5786	0.0000
lnEIRA 斜率，u_5	0.5875	0.3452	25	115.4113	0.0000
层一，r	0.0435	0.0019			

　　由表 5-5 固定效应部分可得出以下结论：（1）综合性因素对截距（剩余全要素生产率）的影响分析。市场化进程、产业结构高级化、金融结构是正向显著影响因素，这表明市场化程度高、产业结构高级化程度高、金融结构水平高的省份剩余全要素生产率高。其具体影响程度为，市场化程度加快 1 个单

位，全要素生产率将提高 0.5932；产业结构高级化程度提高 0.1 个单位，全要素生产率将提高 0.16823；金融结构水平提高 0.1 个单位，全要素生产率将提高 0.14961。之所以能促进全要素生产率的提高，是由于市场化进程的推进改善了农业资源配置效率；产业结构高级化有利于农业要素资源在效率差异部门之间流动；金融结构水平提高可以改善农业资本配置效率。外商直接投资、城市化、金融规模是负向显著影响因素，表明外商直接投资越多、城市化水平越高、金融规模越大的省份全要素生产率越低。其具体影响程度为，外商直接投资提高 0.1 个单位，全要素生产率将降低 0.08244；城市化提高 0.1 个单位，全要素生产率将降低 0.23506；金融规模扩大 0.1 个单位，全要素生产率将降低 0.14305。之所以会阻碍全要素生产率的提高，是由于外商直接投资对国内农业投资具有一定的挤出效应。

（2）综合性因素对化肥产出效率的影响分析。外商直接投资为正向显著影响因素，表明外商直接投资均值大的省份化肥产出效率均值大。其具体影响程度为，外商直接投资提高 0.1 个单位，化肥施用量产出效率将提高 0.08285。同时，由于化肥系数与外商直接投资的系数符号相同，因而外商直接投资水平的提高将加强化肥与农林牧渔业产值间的正向关系。市场化进程、金融结构为负向显著影响因素，表明市场化进程、金融结构水平高的省份化肥施用量产出效率低。其具体影响程度为，市场化进程提高 1 个单位，化肥施用量产出效率将降低 0.3433；金融规模提高 0.1 个单位，化肥施用量产出效率将降低 0.16037。同时，由于化肥系数与市场化进程、金融结构的系数符号相反，因而市场化进程、金融结构水平的提高将削弱化肥与农林牧渔业产值间的正向关系。

综合性因素对机械化总动力产出效率的影响不显著。

（3）综合性因素对播种面积产出效率的影响分析。金融规模为正向显著影响因素，表明金融规模均值大的省份播种面积产出效率均值大。其具体影响程度为，金融规模提高 0.1 个单位，播种面积产出效率将提高 0.03011。同时，由于播种面积系数与金融规模的系数符号相反，因而金融规模水平的提高将削弱播种面积与农林牧渔业产值间的负向关系。

（4）综合性因素对就业人数产出效率的影响分析。外商直接投资为正向显著影响因素，表明外商直接投资均值大的省份就业人数产出效率均值大。其具体影响程度为，外商直接投资提高 0.1 个单位，就业人数产出效率将提高 0.15879。同时，由于就业人数系数与外商直接投资的系数符号相反，因而外商直接投资水平的提高将削弱就业人数与农林牧渔业产值间的负向关系。对外贸易为负向显著影响因素，表明对外贸易水平高的省份劳动力效率低。其具体影响程度为，对外贸易提高 0.1 个单位，就业人数产出效率将降低 0.19336。同时，由于就业人数系数与对外贸易的系数符号相同，因而对外贸易水平的提高将加强就业人数与农林牧渔业产值间的负向关系。

（5）综合性因素对有效灌溉面积产出效率的影响分析。城市化为负向显著影响因素，这表明城市化水平高的省份有效灌溉面积产出效率低。其具体影响程度为，城市化提高 0.1 个单位，有效灌溉面积产出效率将降低 0.25862。同时，由于有效灌溉面积的系数与城市化的系数符号相反，因而城市化水平的提高将削弱有效灌溉面积与农林牧渔业产值间的正向关系。

5. 基本因素与综合性因素对方差的解释程度

由表 5-2 和表 5-3 的随机效应中的层一方差得到表 5-6 的原始总方差和条件总方差，表 5-4 和表 5-5 的随机效应中的层二方差之和得到表 5-6 的原始总方差和条件总方差。层一、层二的方差成分解释程度见表 5-6。

表 5-6　中国省域农业经济层一、层二的方差成分解释程度

层次	原始总方差	条件总方差	解释程度 /%
层一	0.0774	0.0090	88.37%
层二	2.4033	1.5212	36.70%

由表 5-6 可知，层一方差解释程度为 88.37%，层二方差解释程度为 36.70%，总体上层一解释变量对层一方差，层二解释变量对层二方差都有较好的解释。这表明构建的中国省域农业经济增长要素效率影响因素的实证分析模型较为合理。

二、中国省域农业经济增长要素效率综合性影响因素的时段性分析

基于不同时间段的分析。2008 年国际金融危机爆发，我国面临产业结构优化调整升级的大通道中，以此为节点考察 1998—2007 年和 2008—2015 年两个时间段改革开放对经济增长的影响。

（一）1998—2007 时段

1. 描述统计

中国省域 1998—2007 农业经济增长层一的描述统计结果见表 5-7。层二

变量与第四章第一节"变量的选择与数据来源"相同，具体数值见表4-10中层二部分。

表5-7　中国省域农业经济1998—2007层一变量的描述统计值

变量层次	变量名称	样本数	均值	标准差	最小值	最大值
层一	lnEY	300	6.5800	0.9200	4.0800	8.0700
	lnEFER	300	4.6000	1.0300	1.8800	6.3500
	lnEPW	300	7.1700	0.9700	4.5700	9.2000
	lnEPIA	300	8.1900	1.0100	5.6900	9.5500
	lnEEP	300	6.5900	1.0800	3.9800	8.1800
	lnEIRA	300	7.1300	0.9600	5.1300	8.5100

由于数据经过不变价处理且取了对数，因而省内各年度间变量值差异不大。由表5-7各层一变量的标准差、最小值、最大值可知，1998—2007年各省层一变量的农业生产总值、农用化肥施用量、农业机械总动力、农作物总播种面积、农林牧渔业就业人员、有效灌溉面积对数在不同省之间存在较大的差异。

2. 实证结果分析

（1）1998—2007年中国农业经济增长不同省之间的变异分解。1998—2007年，各省农业经济增长的均值在不同省与省之间是否有显著性差异及差异由层一变量和层二变量所产生的影响各占多大比例仍然需运用零模型分析。零模型的结果见表5-8。

表5-8　中国省域1998—2007农业经济增长均值与变异的分解结果

固定效应	系数	标准误差	t值	自由度	p值
截距1，β_{0j}					
截距2，γ_{00}	6.5831	0.1663	39.5900	29	0.0000
随机效应	标准误差	方差成分	自由度	卡方值	p值
截距，u_0	0.9250	0.8556	29	10014.96281	0.0000
层一，r	0.1576	0.0249			

由表5-8可知，1998—2007年中国省域农林牧渔业产值的对数（lnEY）均值为6.5831。由零模型的随机效应部分的卡方检验结构可知，30个省农林

牧渔业产值的对数（lnEY）均值有显著性差异，而差异的度量可由组内相关系数ρ=0.8556/（0.8556+0.0249）=97.17%给出，即中国省域30个省农林牧渔业产值的对数（lnEY）均值的差异有97.17%需要用层二变量来解释，只有2.83%的差异可以用层一变量解释，从而说明在研究中国省域1998—2007年农业经济增长时，必须引入层二变量。层二变量为中国省域经济环境中的市场化进程、对外开放、金融发展、城市化、产业结构变迁。

（2）1998—2007年中国经济增长基本影响要素的作用分析。1998—2007年基本要素对农业经济增长的影响可由固定效应（变截距）模型分析得到，固定效应模型的结果见表5-9。

表5-9　中国省域1998—2007年农业经济增长变截距模型结果

固定效应	系数	标准误差	t 值	自由度	p 值
截距 1，β_{0j}					
截距 2，γ_{00}	6.5831	0.1663	39.5900	29	0.0000
lnEFER 斜率，β_{1j}					
截距 2，γ_{10}	0.5613	0.0791	7.0960	294	0.0000
lnEPOW 斜率，β_{2j}					
截距 2，γ_{20}	0.4499	0.0870	5.1740	294	0.0000
lnEPIA 斜率，β_{3j}					
截距 2，γ_{30}	−0.3694	0.1465	−2.5220	294	0.0120
lnEEMP 斜率，β_{4j}					
截距 2，γ_{40}	−0.2116	0.0958	−2.2090	294	0.0280
lnEIRA 斜率，β_{5j}					
截距 2，γ_{50}	−0.1748	0.1500	−1.1650	294	0.2450
随机效应	标准误差	方差成分	自由度	卡方值	p 值
截距，u_0	0.9261	0.8577	29	59829.9634	0.0000
层一，r	0.0645	0.0042			

由表5-9的固定效应部分可知，基本影响因素 lnEFER、lnEPOW 的系数均值为正向显著影响因素，即化肥施用量、机械化总动力对农业经济增长都有显著的促进作用。其中，化肥施用量增加1%，农业经济增长将增加0.5631%；机械化总动力增加1%，农业经济增长将增加0.4499%；而 lnEPIA、lnEEMP 系数均值为负向显著影响因素，即播种面积、就业人数对农业经济增长都有显

著的抑制作用；有效灌溉面积不显著。由表5-9的随机效应部分可知，化肥施用量、机械化总动力、播种面积、就业人数、有效灌溉面积引入层一模型中，层一方差得到较好的解释，由零模型结果表5-8中的0.0249减少到固定效应模型结果表5-9中的0.0042，表明每个省的化肥施用量、机械化总动力、播种面积、就业人数、有效灌溉面积能较好地解释省内农业总产值不同年度间的变化。

（3）1998—2007年中国经济增长要素效率异质性检验。要素效率异质性的检验可由随机效应（变系数）模型分析得到，随机效应模型的结果见表5-10。

表5-10　中国省域1998—2007年农业经济增长随机效应结果

固定效应	系数	标准误差	t 值	自由度	p 值
截距1，β_{0j}					
截距2，γ_{00}	6.5831	0.1663	39.5900	29	0.0000
lnEFER 斜率，β_{1j}					
截距2，γ_{10}	0.4150	0.0392	10.5960	29	0.0000
lnEPOW 斜率，β_{2j}					
截距2，γ_{20}	0.5543	0.0572	9.6970	29	0.0000
lnEPIA 斜率，β_{3j}					
截距2，γ_{30}	−0.3649	0.0890	−4.1010	29	0.0000
lnEEMP 斜率，β_{4j}					
截距2，γ_{40}	−0.0415	0.0635	−0.6530	29	0.5190
lnEIRA 斜率，β_{5j}					
截距2，γ_{50}	−0.1914	0.1217	−1.5740	29	0.1260
随机效应	标准误差	方差成分	自由度	卡方值	p 值
截距，u_0	0.9263	0.8580	27	253327.6166	0.0000
lnEFER 斜率，u_1	0.1157	0.0134	27	53.6614	0.0020
lnEPOW 斜率，u_2	0.2835	0.0804	27	55.6005	0.0010
lnEIRA 斜率，u_3	0.3842	0.1476	27	39.1165	0.0620
lnEEMP 斜率，u_4	0.2411	0.0581	27	43.9091	0.0210
lnEIRA 斜率，u_5	0.4532	0.2054	27	39.1795	0.0610
层一，r	0.0309	0.0010			

由表5-10的固定效应部分可知，化肥施用量、机械化总动力、播种面

积、就业人数、有效灌溉面积的系数与表 5-9 的相应系数由一定的差异，这是由于使用变截距模型与变系数模型不同造成的。多层统计分析侧重于随机系数模型的结果。在中国省域 1998—2007 年农业经济增长过程中，化肥施用量增加 1%，农业经济增长将增加 0.415%；机械化总动力增加 1%，农业经济增长将增加 0.5543%；播种面积增加 1%，农业经济增长将降低 0.3649%；就业人数增加 1%，农业经济增长将减少 0.0415%；有效灌溉面积的影响不显著。由表 5-10 的随机效应部分可知，化肥施用量、机械化总动力、播种面积、就业人数、有效灌溉面积的效率在各个省之间存在显著性差异，同时表明截距、lnEFER、lnEPOW、lnEPIA、lnEEMP、lnEIRA 与 lnEY 之间的关系随着省份的不同而显著不同。

（4）1998—2007 年中国省域综合性因素对农业经济增长要素效率的影响分析。综合性因素对要素效率的影响分析可由全模型分析得到，全模型的结果见表 5-11。

表 5-11　中国省域 1998—2007 年农业经济增长全模型结果

固定效应	系数	标准误差	t 值	自由度	p 值
截距 1，β_{0j}					
截距 2，γ_{00}	6.5831	0.0931	70.7240	23	0.0000
MAR，γ_{01}	0.5068	0.1261	4.0190	23	0.0010
FDI，γ_{02}	−0.2503	0.2937	−0.8520	23	0.4030
TS，γ_{03}	1.0056	0.4106	2.4490	23	0.0230
URB，γ_{04}	−1.3910	1.0617	−1.3100	23	0.2030
FS，γ_{05}	0.1984	0.9759	0.2030	23	0.8410
FI，γ_{06}	−1.3269	0.4038	−3.2860	23	0.0040
lnEFER 斜率，β_{1j}					
截距 2，γ_{10}	0.3141	0.0544	5.7720	25	0.0000
MAR，γ_{11}	0.0176	0.0542	0.3250	25	0.7470
FDI，γ_{12}	0.1023	0.1168	0.8760	25	0.3900
TS，γ_{13}	−0.1364	0.3002	−0.4540	25	0.6530
FS，γ_{14}	−0.0704	0.2918	−0.2410	25	0.8110
lnEPOW 斜率，β_{2j}					
截距 2，γ_{20}	0.5553	0.0661	8.4020	25	0.0000

固定效应	系数	标准误差	t 值	自由度	p 值
IE，γ_{21}	−0.6733	0.3317	−2.0290	25	0.0530
URB，γ_{22}	1.1832	0.7957	1.4870	25	0.1490
FS，γ_{23}	−0.2644	0.4661	−0.5670	25	0.5750
FI，γ_{24}	−0.2025	0.2271	−0.8920	25	0.3810
lnEPIA 斜率，β_{3j}					
截距 2，γ_{30}	−0.3091	0.0948	−3.2620	26	0.0030
IE，γ_{31}	−0.8224	0.1901	−4.3270	26	0.0000
TL，γ_{32}	−0.2508	0.7303	−0.3430	26	0.7340
FI，γ_{33}	0.0225	0.1731	0.1300	26	0.8980
lnEEMP 斜率，β_{4j}					
截距 2，γ_{40}	0.0884	0.0885	0.9980	25	0.3280
MAR，γ_{41}	−0.5002	0.1467	−3.4110	25	0.0030
FDI，γ_{42}	1.5109	0.3837	3.9380	25	0.0010
IE，γ_{43}	−0.4456	0.5698	−0.7820	25	0.4420
TS，γ_{44}	−1.9812	1.1803	−1.6790	25	0.1050
lnEIRA 斜率，β_{5j}					
截距 2，γ_{50}	−0.1681	0.1486	−1.1320	25	0.2690
TL，γ_{51}	−0.4810	1.0506	−0.4580	25	0.6510
URB，γ_{52}	−4.5833	1.3380	−3.4250	25	0.0020
FS，γ_{53}	−1.8386	0.8017	−2.2930	25	0.0300
FI，γ_{54}	1.5009	0.4129	3.6350	25	0.0010
随机效应	标准误差	方差成分	自由度	卡方值	p 值
截距，u_0	0.5098	0.2598	21	72765.1852	0.0000
lnEFER 斜率，u_1	0.0657	0.0043	23	50.3631	0.0010
lnEPOW 斜率，u_2	0.2880	0.0829	23	68.1274	0.0000
lnEIRA 斜率，u_3	0.3421	0.1171	24	27.2020	0.2950
lnEEMP 斜率，u_4	0.2203	0.0486	23	34.3987	0.0590
lnEIRA 斜率，u_5	0.4207	0.1770	23	41.4170	0.0110
层一，r	0.0291	0.0008			

由表5-11的固定效应部分可得出以下结论：①综合性因素对截距（剩余全要素生产率）的影响分析。市场化进程、产业结构高级化、金融结构是正向显著影响因素，表明市场化程度高、产业结构高级化程度高、金融结构水平高的省份剩余全要素生产率高。其具体影响程度为，市场化程度加快1个单位，全要素生产率将提高0.5068；产业结构高级化程度提高0.1个单位，全要素生产率将提高0.10056；金融结构水平提高0.1个单位，全要素生产率将提高0.01984。之所以能促进全要素生产率的提高，是由于市场化进程的推进改善了农业资源配置效率；产业结构高级化有利于农业要素资源在效率差异部门之间流动；金融结构水平的提高可以改善农业资本配置效率。外商直接投资、城市化、金融规模是负向显著影响因素，表明外商直接投资越多、城市化水平越高、金融规模越大的省份全要素生产率越低。其具体影响程度为，外商直接投资提高0.1个单位，全要素生产率将降低0.02503；城市化提高0.1个单位，全要素生产率将降低0.1391；金融规模扩大0.1个单位，全要素生产率将降低0.13269。之所以会阻碍全要素生产率的提高，是由于外商直接投资对国内农业投资具有一定的挤出效应。

综合性因素对化肥产出效率的影响不显著的程度。

②综合性因素对机械化总动力产出效率的影响分析。对外贸易为负向显著影响因素，表明对外贸易水平高的省份机械化总动力产出效率低。其具体影响程度为，对外贸易提高0.1个单位，机械化总动力产出效率将降低0.06733。同时，由于机械化总动力系数与对外贸易的系数符号相反，因而对外贸易水平的提高将削弱机械化总动力与农林牧渔业产值之间的正向关系。

③综合性因素对播种面积产出效率的影响分析。对外贸易为负向显著影响因素，表明对外贸易均值大的省份播种面积产出效率均值小。其具体影响程度为，对外贸易提高0.1个单位，播种面积产出效率将降低0.08224。同时，由于播种面积系数与对外贸易的系数符号相同，因而对外贸易水平的提高将加强播种面积与农林牧渔业产值间的负向关系。

④综合性因素对就业人数产出效率的影响分析。外商直接投资为正向显著影响因素，表明外商直接投资均值大的省份就业人数产出效率均值大。具体影响程度为，外商直接投资提高0.1个单位，就业人数产出效率将提高0.15109。同时，由于就业人数系数与外商直接投资的系数符号相同，因而外商直接投资水平的提高将加强就业人数与农林牧渔业产值间的正向关系。市场化为负向显著影响因素，表明市场化水平高的省份就业人数效率低。其具体影响程度为，

市场化提高 1 个单位，就业人数产出效率将降低 0.5002。同时，由于就业人数系数与市场化的系数符号相同，因而市场化水平的提高将加强就业人数与农林牧渔业产值间的负向关系。

⑤综合性因素对有效灌溉面积产出效率的影响分析。城市化、金融结构为负向显著影响因素，表明城市化、金融结构水平高的省份有效灌溉面积产出效率低。其具体影响程度为，城市化提高 0.1 个单位，有效灌溉面积产出效率将降低 0.45833；金融结构提高 0.1 个单位，有效灌溉面积产出效率将降低 0.18386。同时，由于有效灌溉面积的系数与城市化、金融结构的系数符号相反，因而城市化、金融结构水平的提高将削弱就业人数与农林牧渔业产值间的正向关系。金融规模为正向显著影响因素，表明金融规模均值大的省份有效灌溉面积产出效率均值大。其具体影响程度为，金融规模提高 0.1 个单位，有效灌溉面积产出效率将提高 0.15009。同时，由于有效灌溉面积系数与金融规模的系数符号相反，因而金融规模水平的提高将削弱有效灌溉面积与农林牧渔业产值间的负向关系。

（5）1998—2007 年中国省域农业经济基本要素方差成分解释程度。由表 5-8 和表 5-9 的随机效应中的层一方差得到表 5-12 的原始总方差和条件总方差；由表 5-10 和表 5-11 的随机效应中的层二方差之和得到表 5-12 的原始总方差和条件总方差。层一、层二的方差成分解释程度见表 5-12。

表 5-12　1998—2007 年中国省域农业经济增长层一、层二的方差成分解释程度

层次	原始总方差	条件总方差	解释程度 /%
层一	0.0249	0.0042	83.13%
层二	1.3629	0.6897	49.39%

由表 5-12 可知，层一方差解释程度为 83.13%，层二方差解释程度为 49.39%，总体上层一解释变量对层一方差，层二解释变量对层二方差都有较好的解释。这表明构建的中国省域 1998—2007 农业经济增长要素效率影响因素的实证分析模型较为合理。

（二）2008—2016 年时段

1. 描述统计

中国省域 2008—2016 农业经济增长层一的描述统计结果，见表 5-13。层二变量与第四章第一节"变量的选择与数据来源"相同，具体数值见表 4-19

中层二变量部分。

表 5-13　中国省域农业经济 2008—2016 年层一变量的描述统计值

变量层次	变量名称	样本数	均值	标准差	最小值	最大值
	lnEY	270	7.0300	0.9400	4.4600	8.4400
	lnEFR	270	4.8400	1.0900	2.0700	6.5700
层一	lnEPOW	270	7.6400	1.0800	4.5600	9.5000
	lnEPIA	270	8.2100	1.0800	5.0200	9.5800
	lnEEMP	270	6.4600	1.0800	3.6100	7.9500
	lnEIRA	270	7.2600	1.0000	4.8600	8.6900

由于数据经过不变价处理且取了对数，因而省内各年度间变量值差异不大。由表 5-13 各层一变量的标准差、最小值、最大值可知，2008—2016 年各省层一变量的农业生产总值、农用化肥施用量、农业机械总动力、农作物总播种面积、农林牧渔业就业人员、有效灌溉面积对数在不同省之间存在较大的差异。

2. 实证结果分析

（1）2008—2016 年中国农业经济增长不同省之间的变异分解。2008 至 2016 年段，各省农业经济增长的均值在不同省之间是否有显著性差异及差异由层一和层二所产生的影响各占多大比例仍需运用零模型分析。零模型的结果见表 5-14。

表 5-14　中国省域 2008—2016 年农业经济增长均值与变异的分解结果

固定效应	系数	标准误差	t 值	自由度	p 值
截距 1，β_{0j}					
截距 2，γ_{00}	7.0285	0.1702	41.2950	29	0.0000
随机效应	标准误差	方差成分	自由度	卡方值	p 值
截距，u_0	0.9473	0.8974	29	15445.9345	0.0000
层一，r	0.1233	0.0152			

由表 5-14 可知，2008-2016 年中国省域农林牧渔业产值的对数（lnEY）均值为 7.0285；由零模型的随机效应部分的卡方检验结构可知，30 个省农林牧渔业产值的对数（lnEY）均值有显著性差异，而差异的度量可由组内相关系

数 ρ =0.8974/（0.8974+0.0152）=98.33% 给出，即中国省域 30 个省农林牧渔业产值的对数（lnEY）均值的差异有 98.33% 需要用二层变量来解释，只有 1.67% 差异可以用层一变量来解释，从而说明在研究中国省域 2008—2016 年农业经济增长时，必须引入层二变量。层二变量为中国省域经济环境中的市场化进程、对外开放、金融发展、城市化、产业结构变迁。

（2）2008—2016 年中国经济增长基本影响要素的作用分析。2008—2016 年基本要素对经济增长的影响可由固定效应（变截距）模型分析得到，固定效应模型的结果见表 5-15。

表 5-15　中国省域 2008—2016 年农业经济增长变截距模型结果

固定效应	系数	标准误差	t 值	自由度	p 值
截距 1，β_{0j}					
截距 2，γ_{00}	7.0285	0.1702	41.2950	29	0.0000
lnEFER 斜率，β_{1j}					
截距 2，γ_{10}	0.8326	0.1599	5.2070	264	0.0000
lnEPOW 斜率，β_{2j}					
截距 2，γ_{20}	0.1101	0.0876	1.2570	264	0.2100
lnEPIA 斜率，β_{3j}					
截距 2，γ_{30}	0.0144	0.2186	0.0660	264	0.9480
lnEEMP 斜率，β_{4j}					
截距 2，γ_{40}	−0.8318	0.1846	−4.5070	264	0.0000
lnEIRA 斜率，β_{5j}					
截距 2，γ_{50}	0.1453	0.1027	1.4150	264	0.1580
随机效应	标准误差	方差成分	自由度	卡方值	p 值
截距，u_0	0.9479	0.8985	29	50315.1270	0.0000
层一，r	0.0645	0.0042			

由表 5-15 的固定效应部分可知，基本影响因素 lnEFER 的系数为正向显著影响因素，即化肥施用量对农业经济增长有显著的促进作用；化肥施用量增加 1%，农业经济增长将增加 0.8326%；lnEEMP 系数为负向显著影响因素，即就业人数对农业经济增长有显著的抑制作用。机械化总动力、播种面积、有效灌溉面积没达到显著影响因素。由表 5-9 的随机效应部分可知，化肥施用量、机械化总动力、播种面积、就业人数、有效灌溉面积引入层一模型中，层一方

差得到较好的解释，由零模型结果表 5-14 的中 0.0152 减少到固定效应模型结果表 5-15 中的 0.0042，表明每个省的化肥施用量、机械化总动力、播种面积、就业人数、有效灌溉面积能较好地解释省内农业总产值不同年度间的变化。

（3）2008—2016 年中国经济增长要素效率异质性检验。2008—2016 年要素效率异质性的检验可由随机效应（变系数）模型分析得到，随机效应模型的结果见表 5-16。

表 5-16　中国省域 2008—2016 年农业经济增长随机效应结果

固定效应	系数	标准误差	t 值	自由度	p 值
截距 1，β_{0j}					
截距 2，γ_{00}	7.0285	0.1702	41.2950	29	0.0000
lnEFER 斜率，β_{1j}					
截距 2，γ_{10}	0.5820	0.1814	3.2090	29	0.0040
lnEPOW 斜率，β_{2j}					
截距 2，γ_{20}	0.1399	0.0610	2.2940	29	0.0290
lnEPIA 斜率，β_{3j}					
截距 2，γ_{30}	1.1277	0.3805	2.9630	29	0.0060
lnEEMP 斜率，β_{4j}					
截距 2，γ_{40}	−0.6769	0.1837	−3.6850	29	0.0010
lnEIRA 斜率，β_{5j}					
截距 2，γ_{50}	0.2472	0.1030	2.4000	29	0.0230

随机效应	标准误差	方差成分	自由度	卡方值	p 值
截距，u_0	0.9482	0.8990	29	507598.6052	0.0000
lnEFER 斜率，u_1	0.8190	0.6708	29	131.6803	0.0000
lnEPOW 斜率，u_2	0.2602	0.0677	29	66.0996	0.0000
lnEIRA 斜率，u_3	1.7934	3.2164	29	131.9898	0.0000
lnEEMP 斜率，u_4	0.8502	0.7228	29	164.4034	0.0000
lnEIRA 斜率，u_5	0.4410	0.1945	29	119.2598	0.0000
层一，r	0.0215	0.0005			

由表 5-16 的固定效应部分可知，化肥施用量、机械化总动力、播种面积、

就业人数、有效灌溉面积的系数与表 5-15 的相应系数有一定的差异，这是由于使用变截距模型与变系数模型的不同造成的，多层统计分析侧重于随机系数模型的结果。在中国省域 2008—2016 年农业经济增长过程中，化肥施用量增加 1%，农业经济增长将增加 0.582%；机械化总动力增加 1%，农业经济增长将增加 0.1399%；播种面积增加 1%，农业经济增长将增加 1.1277%；就业人数增加 1%，农业经济增长将减少 0.6769%；有效灌溉面积增加 1%，农业经济增长将增加 0.2472%。由表 5-16 的随机效应部分可知，化肥施用量、机械化总动力、播种面积、就业人数、有效灌溉面积的效率在各个省之间存在显著性差异，同时表明了截距、lnEFER、lnEPOW、lnEPIA、lnEEMP、lnEIRA 与 lnEY 之间的关系随着省份的不同而显著不同。

（4）2008-2016 年中国省域综合性因素对农业经济增长要素效率的影响分析。综合性因素对要素效率的影响分析可由全模型分析得到，全模型的结果见表 5-17。

表 5-17　中国省域 2008—2016 年农业经济增长全模型结果

固定效应	系数	标准误差	t 值	自由度	p 值
截距 1，β_{0j}					
截距 2，γ_{00}	7.0285	0.0744	94.4200	23	0.0000
MAR，γ_{01}	0.5501	0.0694	7.9260	23	0.0000
FDI，γ_{02}	−0.7455	0.3230	−2.3080	23	0.0300
TS，γ_{03}	1.1840	0.2759	4.2910	23	0.0000
URB，γ_{04}	−4.9571	1.0191	−4.8640	23	0.0000
FS，γ_{05}	1.6478	0.2923	5.6370	23	0.0000
FI，γ_{06}	−1.0186	0.1370	−7.4370	23	0.0000
lnEFER 斜率，β_{1j}					
截距 2，γ_{10}	0.5818	0.1823	3.1920	25	0.0040
MAR，γ_{11}	−0.0299	0.1188	−0.2520	25	0.8030
FDI，γ_{12}	0.0115	0.5488	0.0210	25	0.9840
TS，γ_{13}	0.8233	0.3992	2.0620	25	0.0490
FS，γ_{14}	−0.7585	0.5174	−1.4660	25	0.1550
lnEPOW 斜率，β_{2j}					
截距 2，γ_{20}	0.1281	0.0486	2.6370	25	0.0150

续 表

固定效应	系数	标准误差	t 值	自由度	p 值
IE，γ_{21}	−0.9071	0.3214	−2.8220	25	0.0100
URB，γ_{22}	2.0196	0.7342	2.7510	25	0.0110
FS，γ_{23}	0.9083	0.2146	4.2330	25	0.0000
FI，γ_{24}	−0.1342	0.0714	−1.8800	25	0.0710
lnEPIA 斜率，β_{3j}					
截距 2，γ_{30}	1.1967	0.4138	2.8920	26	0.0080
IE，γ_{31}	2.3027	1.8552	1.2410	26	0.2260
TL，γ_{32}	5.7645	3.3508	1.7200	26	0.0970
FI，γ_{33}	−0.4935	0.4027	−1.2250	26	0.2320
lnEEMP 斜率，β_{4j}					
截距 2，γ_{40}	−0.6823	0.1744	−3.9130	25	0.0010
MAR，γ_{41}	−0.1535	0.1768	−0.8680	25	0.3940
FDI，γ_{42}	0.6164	0.7385	0.8350	25	0.4120
IE，γ_{43}	1.5126	0.8932	1.6940	25	0.1020
TS，γ_{44}	2.0246	2.0148	1.0050	25	0.3250
lnEIRA 斜率，β_{5j}					
截距 2，γ_{50}	0.2251	0.1053	2.1380	25	0.0420
TL，γ_{51}	1.4803	0.9914	1.4930	25	0.1480
URB，γ_{52}	−0.1137	1.2520	−0.0910	25	0.9290
FS，γ_{53}	−0.0385	0.4170	−0.0920	25	0.9280
FI，γ_{54}	−0.0159	0.1413	−0.1120	25	0.9120

随机效应	标准误差	方差成分	自由度	卡方值	p 值
截距，u_0	0.4077	0.1662	23	809.0787	0.0000
lnEFER 斜率，u_1	0.8005	0.6408	25	107.3350	0.0000
lnEPOW 斜率，u_2	0.1717	0.0295	25	67.0227	0.0000
lnEIRA 斜率，u_3	1.9103	1.6494	26	96.9550	0.0000
lnEEMP 斜率，u_4	0.7901	0.6243	25	104.6920	0.0000
lnEIRA 斜率，u_5	0.4372	0.1912	25	136.2110	0.0000
层一，r	0.0211	0.0004			

由表 5-17 的固定效应部分得出以下结论：①综合性因素对截距（剩余全

要素生产率）的影响分析。市场化进程、产业结构高级化、金融结构是正向显著影响因素，表明市场化程度高、产业结构高级化程度高、金融结构水平高的省份剩余全要素生产率高。其具体影响程度为，市场化程度加快 1 个单位，全要素生产率将提高 0.5501；产业结构高级化程度提高 0.1 个单位，全要素生产率将提高 0.1184；金融结构水平提高 0.1 个单位，全要素生产率将提高 0.16478。之所以能促进全要素生产率的提高，是由于市场化进程的推进改善了农业资源配置效率；产业结构高级化有利于农业要素资源在效率差异部门之间流动；金融结构水平的提高可以改善农业资本配置效率。外商直接投资、城市化、金融规模是负向显著影响因素，这表明外商直接投资越多、城市化水平越高、金融规模越大的省份全要素生产率越低。其具体影响程度为，外商直接投资提高 0.1 个单位，全要素生产率将降低 0.07455；城市化提高 0.1 个单位，全要素生产率将降低 0.49571；金融规模扩大 0.1 个单位，全要素生产率将降低 0.10186。之所以会阻碍全要素生产率的提高，是由于外商直接投资对国内农业投资具有一定的挤出效应。

②综合性因素对化肥产出效率的影响分析。产业结构高级化为正向显著影响因素，表明产业结构高级化均值大的省份化肥产出效率均值大。其具体影响程度为，产业结构高级化提高 0.1 个单位，化肥产出效率将提高 0.08233。同时，由于化肥系数与产业结构高级化的系数符号相同，因而产业结构高级化水平的提高将加强化肥与农林牧渔业产值间的正向关系。

③综合性因素对机械化总动力产出效率的影响分析。对外贸易、金融规模为负向显著影响因素，表明对外贸易、金融规模水平高的省份机械化总动力产出效率低。其具体影响程度为，对外贸易提高 0.1 个单位，机械化总动力产出效率将降低 0.09071；金融规模提高 0.1 个单位，机械化总动力产出效率将降低 0.01342。同时，由于机械化总动力系数与对外贸易、金融规模的系数符号相反，因而对外贸易、金融规模水平的提高将削弱机械化总动力与农林牧渔业产值间的正向关系。城市化、金融结构为正向显著影响因素，表明城市化、金融结构均值大的省份机械化总动力产出效率均值大。其具体影响程度为，城市化提高 0.1 个单位，机械化总动力产出效率将提高 0.20196；金融结构提高 0.1 个单位，机械化总动力产出效率将提高 0.09083。同时，由于机械化总动力系数与城市化、金融结构的系数符号相同，因而城市化、金融结构水平的提高将加强机械化总动力与农林牧渔业产值间的正向关系。

④综合性因素对播种面积产出效率的影响分析。产业结构合理化为正向显

著影响因素，表明产业结构合理化均值大的省份播种面积产出效率均值大。其具体影响程度为，产业结构合理化提高 0.1 个单位，播种面积产出效率将提高 0.57645。同时，由于播种面积系数与产业结构合理化的系数符号相同，因而产业结构合理化水平的提高将加强播种面积与农林牧渔业产值之间的正向关系。综合性因素对从业人员、有效灌溉面积产出效率的影响不显著影响。

（5）2008—2016 年中国省域农业经济基本要素方差成分解释程度。由表 5-14 和表 5-15 的随机效应中的层一方差得到表 5-18 的原始总方差和条件总方差，表 5-16 和表 5-17 的随机效应中的层二方差之和得到表 5-18 的原始总方差和条件总方差。层一、层二的方差成分解释程度见表 5-18。

表 5-18　中国省域 2008—2016 年农业经济增长层一、层二的方差成分解释程度

层次	原始总方差	条件总方差	解释程度 /%
层一	0.0152	0.0042	72.36%
层二	5.7712	3.3014	42.79%

由表 5-18 可知，层一方差解释程度为 72.36%，层二方差解释程度为 42.79%，总体上层一解释变量对层一方差，层二解释变量对层二方差都有较好的解释。这表明构建的中国省域 2008—2016 年农业经济增长要素效率影响因素的实证分析模型较为合理。

三、中国省域农业经济增长要素效率综合性影响因素的区域性分析

（一）东部区域分析

1. 描述统计

中国省域东部区域农业经济增长层一的描述统计结果，见表 5-19。层二变量与第四章第一节"变量的选择与数据来源"相同，具体数值见表 4-1 中层二变量部分，在此不再重复列出。

表 5-19　中国省域东部区域的层一变量的样本统计值

变量层次	变量名称	样本数	均值	标准差	最小值	最大值
层一	lnEY	228	6.9200	1.0000	5.0500	8.4400
	lnEFR	228	4.5400	1.2100	2.2100	6.2200
	lnEPOW	228	7.2100	1.3200	4.5600	9.5000
	lnEPIA	228	7.7600	1.2300	5.0200	9.3300
	lnEEMP	228	6.2000	1.3200	3.6100	7.9700
	lnEIRA	228	6.9400	1.1500	4.8600	8.5500

由于数据经过不变价处理且取了对数，因而省内各年度间变量值差异不大。由表 5-19 各层一变量的标准差、最小值、最大值可知，1998—2016 年各省层一变量的农业生产总值、农用化肥施用量、农业机械总动力、农作物总播种面积、农林牧渔业从业人员、有效灌溉面积对数在不同省份之间存在较大的差异。

2. 实证结果分析

（1）东部地区农业经济增长不同省份之间的变异分解。东部地区各省农业经济增长的均值在不同省际是否有显著性差异及差异由层一变量和层二变量所产生的影响各占多大比例仍需运用零模型分析，零模型的结果见表 5-20。

表 5-20　东部农业经济增长均值与变异的分解结果

固定效应	系数	标准误差	t 值	自由度	p 值
截距 1，β_{0j}					
截距 2，γ_{00}	6.9248	0.2800	24.7310	11	0.0000
随机效应	**标准误差**	**方差成分**	**自由度**	**卡方值**	**p 值**
截距，u_0	1.0115	1.0232	11	3499.26456	0.0000
层一，r	0.2476	0.0613			

由表 5-20 可知，东部地区每个省农林牧渔业产值的对数（lnEY）均值为6.9248；由零模型的随机效应部分的卡方检验结构可知，12 个省农林牧渔业产值的对数（lnEY）均值有显著性差异，而差异的度量可由组内相关系数 ρ =1.0232/（1.0232+ 0.0613）=94.35% 给出，即东部地区 12 个省农林牧渔业产值的对数（lnEY）均值的差异有 94.35% 需要用层二变量来解释，只有 5.65% 差

异可以用层一变量来解释，从而说明在研究东部地区农业经济增长时，必须引入层二变量。层二变量为东部地区经济环境中的市场化进程、对外开放、金融发展、城市化、产业结构变迁。

（2）东部地区农业经济增长基本影响要素的作用分析。东部地区基本要素对经济增长的影响，可由固定效应（变截距）模型分析得到，固定效应模型的结果见表5–21。

表5–21　东部农业经济增长变截距模型结果

固定效应	系数	标准误差	t 值	自由度	p 值
截距1，β_{0j}					
截距2，γ_{00}	6.9248	0.2800	24.7310	11	0.0000
lnEFER 斜率，β_{1j}					
截距2，γ_{10}	0.7606	0.1073	7.0860	222	0.0000
lnEPOW 斜率，β_{2j}					
截距2，γ_{20}	0.5293	0.0865	6.1220	222	0.0000
lnEPIA 斜率，β_{3j}					
截距2，γ_{30}	−0.5494	0.2261	−2.4290	222	0.0160
lnEEMP 斜率，β_{4j}					
截距2，γ_{40}	−0.3404	0.1136	−2.9950	222	0.0040
lnEIRA 斜率，β_{5j}					
截距2，γ_{50}	−0.1825	0.1644	−1.1100	222	0.2690
随机效应	标准误差	方差成分	自由度	卡方值	p 值
截距，u_0	1.0128	1.0259	11	20629.3100	0.0000
层一，r	0.1020	0.0104			

由表5–21的固定效应部分可知，基本影响因素 lnEFER、lnEPOW 的系数均为正向显著，即化肥施用量、机械化总动力对东部地区农业经济增长都有显著的促进作用；其中，化肥施用量增加1%，农业经济增长将增加0.7606%；机械化总动力增加1%，农业经济增长将增加0.5293%；而 lnEPIA、lnEEMP 系数均为负向显著影响因素，即播种面积、就业人数对东部地区农业经济增长都有显著的抑制作用；有效灌溉面积的影响不显著。由表5–21的随机效应部分可知，化肥施用量、机械化总动力、播种面积、就业人数、有效灌溉面积引入层一模型中，层一方差得到较好的解释，由零模型结果表5–20的中0.0613

减少到固定效应模型结果表 5-21 中的 0.0104，表明每个省的化肥施用折纯量、机械化总动力、播种面积、就业人数、有效灌溉面积能较好地解释省内农业总产值不同年度间的变化。

（3）东部地区农业经济增长要素效率异质性检验。东部地区要素效率异质性的检验，可由随机效应（变系数）模型分析得到，随机效应模型的结果见表 5-22。

表 5-22 东部农业经济增长随机效应结果

固定效应	系数	标准误差	t 值	自由度	p 值
截距 1，β_{0j}					
截距 2，γ_{00}	6.9248	0.2800	24.731	11	0.0000
lnEFER 斜率，β_{1j}					
截距 2，γ_{10}	0.5615	0.3196	1.757	11	0.1060
lnEPOW 斜率，β_{2j}					
截距 2，γ_{20}	0.3300	0.0966	3.417	11	0.0060
lnEPIA 斜率，β_{3j}					
截距 2，γ_{30}	0.0122	0.1419	0.086	11	0.9340
lnEEMP 斜率，β_{4j}					
截距 2，γ_{40}	−0.5466	0.2877	−1.9	11	0.0830
lnEIRA 斜率，β_{5j}					
截距 2，γ_{50}	−0.0046	0.0591	−0.078	222	0.9380
随机效应	标准误差	方差成分	自由度	卡方值	p 值
截距，u_0	1.0131	1.0263	11	85678.6871	0.0000
lnEFER 斜率，u_1	1.1086	1.2290	11	66.6459	0.0000
lnEPOW 斜率，u_2	0.3094	0.0957	11	44.7603	0.0000
lnEPIA 斜率，u_3	0.4809	0.2313	11	18.9122	0.0620
lnEEMP 斜率，u_4	0.9833	0.9668	11	131.6577	0.0000
层一，r	0.0500	0.0025			

由表 5-22 的固定效应部分可知，化肥施用折纯量、机械化总动力、播种面积、就业人数、有效灌溉面积的系数与表 5-21 的相应系数有一定的差异，这是由于使用变截距模型与变系数模型不同造成的，多层统计分析侧重于随机系数模型的结果。在东部区域农业经济增长过程中，化肥施用量增加 1%，农

业经济增长将增加 0.5615%；机械化总动力增加 1%，农业经济增长将增加 0.33%；就业人数增加 1%，农业经济增长将减少 0.5466%；播种面积、有效灌溉面积影响不显著。由表 5-22 的随机效应部分可知，化肥施用量、机械化总动力、播种面积、就业人数的效率在各个省之间存在显著性差异，同时表明截距、lnEFER、lnEPOW、lnEPIA、lnEEMP 与 lnEY 之间的关系随着省份的不同而显著不同。

（4）东部地区综合性因素对农业经济增长要素效率的影响分析。综合性因素对要素效率的影响分析可由全模型分析得到，全模型的结果见表 5-23。

表 5-23 东部农业经济增长全模型结果

固定效应	系数	标准误差	t 值	自由度	p 值
截距 1，β_{0j}					
截距 2，γ_{00}	6.9248	0.1557	44.4680	5	0.0000
MAR，γ_{01}	0.6270	0.2445	2.5640	5	0.0500
FDI，γ_{02}	−1.9466	0.7091	−2.7450	5	0.0410
TS，γ_{03}	−1.2910	0.9754	−1.3230	5	0.2430
URB，γ_{04}	0.8557	3.8430	0.2230	5	0.8330
FS，γ_{05}	4.2708	1.8438	2.3160	5	0.0670
FI，γ_{06}	−1.2806	0.6344	−2.0190	5	0.0980
lnEFER 斜率，β_{1j}					
截距 2，γ_{10}	0.4912	0.3000	1.6370	7	0.1450
MAR，γ_{11}	−0.3306	0.2808	−1.1770	7	0.2780
FDI，γ_{12}	0.4838	0.8888	0.5440	7	0.6030
TS，γ_{13}	−0.8897	0.8115	−1.0960	7	0.3100
FS，γ_{14}	−0.8705	1.5425	−0.5640	7	0.5900
lnEPOW 斜率，β_{2j}					
截距 2，γ_{20}	0.2958	0.1094	2.7040	7	0.0310
IE，γ_{21}	−0.1830	0.5155	−0.3550	7	0.7330
URB，γ_{22}	−0.4653	1.6925	−0.2750	7	0.7910
FS，γ_{23}	0.1537	0.5306	0.2900	7	0.7800
FI，γ_{24}	0.0369	0.2420	0.1530	7	0.8830

固定效应	系数	标准误差	t 值	自由度	p 值
lnEPIA 斜率，β_{3j}					
截距 2，γ_{30}	−0.0435	0.1506	−0.2890	8	0.7800
IE，γ_{31}	0.1868	0.4794	0.3900	8	0.7070
TL，γ_{32}	2.1138	2.7028	0.7820	8	0.4570
FI，γ_{33}	0.3309	0.1682	1.9680	8	0.0840
lnEEMP 斜率，β_{4j}					
截距 2，γ_{40}	−0.5046	0.3452	−1.4620	7	0.1870
MAR，γ_{41}	0.8355	0.5584	1.4960	7	0.1780
FDI，γ_{42}	1.7081	0.8054	2.1210	7	0.0710
IE，γ_{43}	−3.8861	1.674861	−2.3200	7	0.0530
TS，γ_{44}	0.5622	0.7543	0.7450	7	0.4800
lnEIRA 斜率，β_{5j}					
截距 2，γ_{50}	−0.0177	0.0769	−0.2300	201	0.8190

随机效应	标准误差	方差成分	自由度	卡方值	p 值
截距，u_0	0.5393	0.2909	5	13912.4822	0.0000
lnEFER 斜率，u_1	0.9400	0.8837	7	51.5283	0.0000
lnEPOW 斜率，u_2	0.3198	0.1023	7	31.6498	0.0000
lnEIRA 斜率，u_3	0.3727	0.1389	8	9.2104	0.3240
lnEEMP 斜率，u_4	1.0818	0.3703	7	123.3288	0.0000
层一，r	0.0505	0.0026			

　　由表 5-23 的固定效应部分可得出以下结论：①综合性因素对截距（剩余全要素生产率）的影响分析。市场化进程、金融结构是正向显著影响因素，表明市场化程度高、金融结构水平高的省份剩余全要素生产率高。其具体影响程度为，市场化程度加快 1 个单位，全要素生产率将提高 0.627；金融结构水平提高 0.1 个单位，全要素生产率将提高 0.42708。之所以能促进全要素生产率的提高，是由于市场化进程的推进改善了农业资源配置效率；金融结构水平的提高可以改善农业资本配置效率。外商直接投资、金融规模是负向显著影响因素，表明外商直接投资越多、金融规模越大的省份全要素生产率越低。其具体影响程度为，外商直接投资提高 0.1 个单位，全要素生产率将降低 0.19466；

金融规模扩大 0.1 个单位，全要素生产率将降低 0.12806。之所以会阻碍全要素生产率的提高，是由于外商直接投资对国内农业投资具有一定的挤出效应。综合性因素对化肥施用量、机械化总动力产出效率的影响不显著。

②综合性因素对播种面积产出效率的影响分析。金融规模为正向显著影响因素，表明金融规模均值大的省份播种面积产出效率均值大。其具体影响程度为，金融规模提高 0.1 个单位，播种面积产出效率将提高 0.03309。同时，由于播种面积系数与金融规模的系数符号相反，因而金融规模水平的提高将削弱播种面积与农林牧渔业产值间的负向关系。

③综合性因素对就业人数产出效率的影响分析。外商直接投资为正向显著影响因素，表明外商直接投资均值大的省份就业人数产出效率均值大。其具体影响程度为，外商直接投资提高 0.1 个单位，就业人数产出效率将提高 0.17081。同时，由于就业人数系数与外商直接投资的系数符号相反，因而外商直接投资水平的提高将削弱就业人数与农林牧渔业产值间的负向关系。对外贸易为负向显著影响因素，表明对外贸易水平高的省份劳动力效率低。其具体影响程度为，对外贸易提高 0.1 个单位，就业人数产出效率将降低 0.38861。同时，由于就业人数系数与对外贸易的系数符号相同，因而对外贸易水平的提高将加强就业人数与农林牧渔业产值间的负向关系。

（5）东部地区省域农业经济基本要素方差成分解释程度。由表 5-20 和表 5-21 的随机效应中的层一方差得到表 5-24 的原始总方差和条件总方差，表 5-22 和表 5-23 的随机效应中的层二方差之和得到表 5-24 的原始总方差和条件总方差。层一、层二的方差成分解释程度见表 5-24。

表 5-24　东部地区省域农业经济增长层一、层二的方差成分解释程度

层次	原始总方差	条件总方差	解释程度 /%
层一	0.0613	0.0104	83.03%
层二	3.5491	1.7861	49.67%

由表 5-24 可知，层一方差解释程度为 83.03%，层二方差解释程度为 49.67%，总体上层一解释变量对层一方差，层二解释变量对层二方差都有较好的解释。这表明构建的东部区域农业经济增长要素效率影响因素的实证分析模型较为合理。

（二）中部区域分析

1. 描述统计

中国省域中部区域农业经济增长层一变量的描述统计结果见表 5-25。层二变量与第四章第一节"变量的选择与数据来源"相同，具体数值见表 4-1 中层二部分。

表 5-25　中国省域中部的层一变量的样本统计值

变量层次	变量名称	样本数	均值	标准差	最小值	最大值
	lnEY	171	7.1500	0.5700	5.7900	8.4200
	lnEFER	171	5.3000	0.5500	4.2900	6.5700
层一	lnEPOW	171	7.9800	0.6100	6.6800	9.3700
	lnEPIA	171	8.8900	0.3900	8.1500	9.5800
	lnEEMP	171	6.9900	0.5700	6.2300	8.1800
	lnEIRA	171	7.8100	0.4300	6.9700	8.6900

由于数据经过不变价处理且取了对数，因而省内各年度间变量值差异不大。由表 5-25 各层一变量的标准差、最小值、最大值可知，1998—2016 年中部地区各省层一变量的农业生产总值、农用化肥施用量、农业机械总动力、农作物总播种面积、农林牧渔业从业人员、有效灌溉面积对数在不同省份之间存在较大的差异。

2. 实证结果分析

（1）中部地区农业经济增长不同省份之间的变异分解。中部地区各省农业经济增长的均值在不同省际是否有显著性差异及差异由层一变量和层二变量所产生的影响各占多大比例仍需运用零模型分析，零模型的结果见表 5-26。

表 5-26　中部农业经济增长均值与变异的分解结果

固定效应	系数	标准误差	t 值	自由度	p 值
截距 1，β_{0j}					
截距 2，γ_{00}	7.1500	0.1641	43.5610	8	0.0000
随机效应	标准误差	方差成分	自由度	卡方值	p 值
截距，u_0	0.5182	0.2685	8	507.7117	0.0000
层一，r	0.2858	0.0817			

由表 5-26 可知，中部地区每个省农林牧渔业产值的对数（lnEY）均值为 7.15；由零模型的随机效应部分的卡方检验结构可知，9 个省农林牧渔业产值的对数（lnEY）均值有显著性差异，而差异的度量可由组内相关系数 ρ = 0.2685/（0.2685+ 0.0817）=76.67% 给出，即中部地区 9 个省农林牧渔业产值对数（lnEY）均值的差异有 76.67% 需要用二层变量来解释，只有 23.33% 的差异可以用层一变量来解释，从而说明在研究中部地区农业经济增长时，必须引入层二变量。层二变量为中部地区经济环境中的市场化进程、对外开放、金融发展、城市化、产业结构变迁。

（2）中部地区农业经济增长基本影响要素的作用分析。中部地区基本要素对农业经济增长的影响可由固定效应（变截距）模型分析得到，固定效应模型的结果见表 5-27。

表 5-27　中部农业经济增长变截距模型结果

固定效应	系数	标准误差	t 值	自由度	p 值
截距 1，β_{0j}					
截距 2，γ_{00}	7.1500	0.1641	43.5610	8	0.0000
lnEFER 斜率，β_{1j}					
截距 2，γ_{10}	0.6233	0.1238	5.0340	165	0.0000
lnEPOW 斜率，β_{2j}					
截距 2，γ_{20}	0.2343	0.0584	4.0120	165	0.0000
lnEPIA 斜率，β_{3j}					
截距 2，γ_{30}	−0.1108	0.2989	−0.3710	165	0.7110
lnEEMP 斜率，β_{4j}					
截距 2，γ_{40}	−0.7015	0.1884	−3.7230	165	0.0000
lnEIRA 斜率，β_{5j}					
截距 2，γ_{50}	0.2385	0.1235	1.9300	165	0.0550
随机效应	标准误差	方差成分	自由度	卡方值	p 值
截距，u_0	0.5221	0.2726	8	9506.1970	0.0000
层一，r	0.0660	0.0044			

由表 5-27 的固定效应部分可知，基本影响因素 lnEFER、lnEPOW、lnEIRA 的系数均为正向显著，即化肥施用量、机械化总动力对中部地区农业经济增长都有显著的促进作用；其中，化肥施用量增加 1%，农业经济增长将

增加 0.6233%；机械化总动力增加 1%，农业经济增长将增加 0.2343%；有效灌溉面积增加 1%，农业经济增长将增加 0.2385%。lnEEMP 系数为负向显著，即就业人数对中部地区农业经济增长都有显著的抑制作用；播种面积的影响不显著。由表 5-27 的随机效应部分可知，化肥施用量、机械化总动力、播种面积、就业人数、有效灌溉面积引入层一模型中，层一方差得到较好的解释，由零模型结果表 5-26 的中 0.0817 减少到固定效应模型结果表 5-27 中的 0.0044，表明中部地区每个省的化肥施用量、机械化总动力、播种面积、就业人数、有效灌溉面积能较好地解释省内农业总产值不同年度间的变化。

（3）中部地区农业经济增长要素效率异质性检验。中部地区要素效率异质性的检验可由随机效应（变系数）模型分析得到，随机效应模型的结果见表 5-28。

表 5-28　中部农业经济增长随机效应结果

固定效应	系数	标准误差	t 值	自由度	p 值
截距 1，β_{0j}					
截距 2，γ_{00}	7.1500	0.1641	43.561	8	0.0000
lnEFER 斜率，β_{1j}					
截距 2，γ_{10}	0.5270	0.2470	2.134	8	0.0650
lnEPOW 斜率，β_{2j}					
截距 2，γ_{20}	0.3895	0.1650	2.361	8	0.0460
lnEPIA 斜率，β_{3j}					
截距 2，γ_{30}	−0.2115	0.1604	−1.319	8	0.2240
lnEEMP 斜率，β_{4j}					
截距 2，γ_{40}	−0.1480	0.2314	−0.64	8	0.5400
lnEIRA 斜率，β_{5j}					
截距 2，γ_{50}	0.3246	0.1897	1.711	8	0.1250
随机效应	标准误差	方差成分	自由度	卡方值	p 值
截距，u_0	0.5222	0.2727	8	40354.6065	0.0000
lnEFER 斜率，u_1	0.7533	0.5674	8	67.4654	0.0000
lnEPOW 斜率，u_2	0.5089	0.2590	8	156.4561	0.0000
lnEIRA 斜率，u_3	0.4258	0.1813	8	19.4708	0.0130
lnEEMP 斜率，u_4	0.6662	0.4438	8	13.9315	0.0830

随机效应	标准误差	方差成分	自由度	卡方值	p 值
lnEIRA 斜率，u_5	0.5779	0.3339	8	41.9056	0.0000
层一，r	0.0321	0.0010			

由表 5-28 的固定效应部分可知，化肥施用量、机械化总动力、播种面积、就业人数、有效灌溉面积的系数与表 5-27 的相应系数有一定的差异，这是由于使用变截距模型与变系数模型不同造成的，多层统计分析侧重于随机系数模型的结果。在中部区域农业经济增长过程中，化肥施用量增加 1%，农业经济增长将增加 0.527%；机械化总动力增加 1%，农业经济增长将增加 0.3895%；就业人数、播种面积、有效灌溉面积影响不显著。由表 5-28 的随机效应部分可知，化肥施用量、机械化总动力、播种面积、就业人数、有效灌溉面积的效率在各个省之间存在显著性差异，同时表明截距、lnEFER、lnEPOW、lnEPIA、lnEEMP、lnEIRA 与 lnEY 之间的关系随着省份的不同而显著不同。

（4）中部地区综合性因素对农业经济增长要素效率的影响分析。综合性因素对要素效率的影响分析可由全模型分析得到，全模型的结果见表 5-29。

表 5-29　中部农业经济增长全模型结果

固定效应	系数	标准误差	t 值	自由度	p 值
截距 1，β_{0j}					
截距 2，γ_{00}	7.1500	0.0744	96.118	2	0.0000
MAR，γ_{01}	0.9516	0.1267	7.51	2	0.0000
FDI，γ_{02}	−1.5838	0.7542	−2.1	2	0.1340
TS，γ_{03}	−1.0722	0.6530	−1.642	2	0.2340
URB，γ_{04}	0.6255	0.6900	0.907	2	0.4600
FS，γ_{05}	1.5486	0.6894	2.246	2	0.1100
FI，γ_{06}	−0.8882	0.2695	−3.296	2	0.1700
lnEFER 斜率，β_{1j}					
截距 2，γ_{10}	0.5398	0.2525	2.138	4	0.0960
MAR，γ_{11}	−0.8862	0.5523	−1.605	4	0.1830

固定效应	系数	标准误差	t 值	自由度	p 值
FDI，γ_{12}	−4.0390	3.5611	−1.134	4	0.3200
TS，γ_{13}	−7.2500	3.0867	−2.349	4	0.0750
FS，γ_{14}	2.6978	2.2715	1.188	4	0.3010
lnEPOW 斜率，β_{2j}					
截距 2，γ_{20}	0.4353	0.1370	3.178	4	0.0410
IE，γ_{21}	24.4318	3.3047	7.393	4	0.0000
URB，γ_{22}	0.9958	1.8102	0.55	4	0.6110
FS，γ_{23}	4.1340	1.5799	2.617	4	0.0570
FI，γ_{24}	−1.7509	0.6625	−2.643	4	0.0560
lnEPIA 斜率，β_{3j}					
截距 2，γ_{30}	−0.3119	0.1386	−2.25	5	0.0730
IE，γ_{31}	−9.4034	5.0743	−1.853	5	0.1220
TL，γ_{32}	1.0313	1.5005	0.687	5	0.5220
FI，γ_{33}	−0.4657	0.4265	−1.092	5	0.3250
lnEEMP 斜率，β_{4j}					
截距 2，γ_{40}	−0.0582	0.2757	−0.211	4	0.8430
MAR，γ_{41}	−0.8209	0.4764	−1.723	4	0.1590
FDI，γ_{42}	−6.2292	3.5089	−1.775	4	0.1490
IE，γ_{43}	−2.5287	10.1821	−0.248	4	0.8160
TS，γ_{44}	−1.2922	1.9104	−0.676	4	0.5360
lnEIRA 斜率，β_{5j}					
截距 2，γ_{50}	0.3115	0.3459	0.901	4	0.4190
TL，γ_{51}	−2.1726	4.4556	−0.488	4	0.6510
URB，γ_{52}	−1.0632	5.2769	−0.201	4	0.8500
FS，γ_{53}	−3.0297	3.9335	−0.77	4	0.4840
FI，γ_{54}	0.1359	1.7045	0.08	4	0.9410
随机效应	标准误差	方差成分	自由度	卡方值	p 值
截距，u_0	0.2231	0.0498	2	5341.0178	0.0000
lnEFER 斜率，u_1	0.7122	0.3072	4	47.2489	0.0000
lnEPOW 斜率，u_2	0.3873	0.1500	4	92.3323	0.0000

随机效应	标准误差	方差成分	自由度	卡方值	p 值
lnEIRA 斜率，u_3	0.2890	0.0835	5	7.9929	0.1560
lnEEMP 斜率，u_4	0.6789	0.2609	4	20.6522	0.0010
lnEIRA 斜率，u_5	0.9751	0.2507	4	73.3217	0.0000
层一，r	0.0312	0.0010			

由表 5-29 的固定效应部分可得出以下结论。

①综合性因素对截距（剩余全要素生产率）的影响分析。市场化进程是正向显著影响因素，表明市场化程度高的省份剩余全要素生产率高。其具体影响程度为，市场化程度加快 1 个单位，全要素生产率将提高 0.9516。之所以能促进全要素生产率的提高，是由于市场化进程的推进改善了农业资源配置效率。综合性因素对机械化总动力产出效率的影响不显著。

②综合性因素对化肥施用量产出效率的影响分析。产业结构高级化为负向显著影响因素，表明产业结构高级化水平高的省份化肥施用量产出效率低。其具体影响程度为，产业结构高级化提高 0.1 个单位，化肥施用量产出效率将降低 0.725。同时，由于化肥系数与产业结构高级化的系数符号相反，因而产业结构高级化水平的提高将削弱化肥施用量与农林牧渔业产值间的正向关系。

③综合性因素对机械化总动力产出效率的影响分析。对外贸易、金融结构为正向显著影响因素，表明对外贸易水平高的省份机械化总动力产出效率高。其具体影响程度为，对外贸易提高 0.1 个单位，机械化总动力产出效率将增加2.44318；金融结构提高 0.1 个单位，机械化总动力产出效率将增加 0.4134。同时，由于机械化总动力系数与对外贸易、金融结构的系数符号相同，因而对外贸易、金融结构水平的提高将加强机械化总动力与农林牧渔业产值间的正向关系。金融规模为负向显著影响因素，表明金融规模水平高的省份机械化总动力产出效率低。其具体影响程度为，金融规模提高 0.1 个单位，机械化总动力产出效率将降低 0.17509。同时，由于机械化总动力系数与金融规模的系数符号相反，因而金融规模水平的提高将削弱机械化总动力与农林牧渔业产值间的正向关系。综合性因素对播种面积、就业人数、有效灌溉面积产出效率的影响不显著。

（5）中部地区省域农业经济基本要素方差成分解释程度。由表 5-26 和表5-27 的随机效应中的层一方差得到表 5-30 的原始总方差和条件总方差，表

5-28 和表 5-29 的随机效应中的层二方差之和得到表 5-30 的原始总方差和条件总方差。层一、层二的方差成分解释程度见表 5-30。

表 5-30　中部地区省域农业经济增长层一、层二的方差成分解释程度

层次	原始总方差	条件总方差	解释程度 /%
层一	0.0817	0.0044	94.61%
层二	2.0581	1.1021	46.45%

由表 5-30 可知，层一方差解释程度为 94.61%，层二方差解释程度为 46.45%，总体上层一解释变量对层一方差，层二解释变量对层二方差都有较好的解释。这表明构建的中部区域农业经济增长要素效率影响因素的实证分析模型较为合理。

（三）西部区域分析

1. 描述统计

中国省域西部区域农业经济增长层一变量的描述统计结果见表 5-31。层二变量与第四章第一节"变量的选择与数据来源"相同，具体数值见表 4-1 中层二部分。

表 5-31　中国省域西部的层一变量样本统计值

变量层次	变量名称	样本数	均值	标准差	最小值	最大值
层一	lnEY	171	6.2600	0.9900	4.0800	8.0300
	lnEFER	171	4.3700	1.0000	1.8800	5.5300
	lnEPOW	171	7.0500	0.7000	5.3900	8.3900
	lnEPIA	171	8.0900	0.8400	6.1500	9.1800
	lnEEMP	171	6.5000	0.9500	4.7500	7.9500
	lnEIRA	171	6.9100	0.8400	5.1700	8.5100

由于数据经过不变价处理且取了对数，因而省内各年度间变量值差异不大。由表 5-31 各层一变量的标准差、最小值、最大值可知，西部地区 9 省层一变量的农业生产总值、农用化肥施用量、农业机械总动力、农作物总播种面积、农林牧渔业从业人员、有效灌溉面积对数在不同省份之间存在较大的差异。

2. 实证结果分析

（1）西部地区农业经济增长不同省之间的变异分解。西部地区各省农业经济增长的均值在不同省际是否有显著性差异及差异由层一和层二所产生的影响各占多大比例仍需运用零模型分析，零模型的结果见表5-32。

表5-32　西部农业经济增长均值与变异的分解结果

固定效应	系数	标准误差	t 值	自由度	p 值
截距1，β_{0j}					
截距2，γ_{00}	6.2639	0.3129	20.022	8	0.0000
随机效应	标准误差	方差成分	自由度	卡方值	p 值
截距，u_0	0.9930	0.9860	8	1592.33307	0.0000
层一，r	0.3076	0.0946			

由表5-32可知，西部地区每个省农林牧渔业产值的对数（lnEY）均值为6.2639；由零模型的随机效应部分的卡方检验结构知，9个省农林牧渔业产值的对数（lnEY）均值有显著性差异，而差异的度量可由组内相关系数ρ = 0.9860/（0.9860+ 0.0946）=91.24%给出，即西部地区9个省农林牧渔业产值的对数（lnEY）均值的差异有91.24%需要用层二变量来解释，只有8.76%的差异可以用层一变量来解释，从而说明在研究西部地区农业经济增长时，必须引入层二变量。层二变量为西部地区经济环境中的市场化进程、对外开放、金融发展、城市化、产业结构变迁。

（2）西部地区农业经济增长基本影响要素的作用分析。西部地区基本要素对农业经济增长的影响可由固定效应（变截距）模型分析得到，固定效应模型的结果见表5-33。

表5-33　西部农业经济增长变截距模型结果

固定效应	系数	标准误差	t 值	自由度	p 值
截距1，β_{0j}					
截距2，γ_{00}	6.2639	0.3129	20.0220	8	0.0000
lnEFER 斜率，β_{1j}					
截距2，γ_{10}	0.6299	0.1361	4.6270	165	0.0000

固定效应	系数	标准误差	t 值	自由度	p 值
lnEPOW 斜率，β_{2j}					
截距 2，γ_{20}	0.4302	0.0880	4.8910	165	0.0000
lnEPIA 斜率，β_{3j}					
截距 2，γ_{30}	0.0672	0.1520	0.4420	165	0.6590
lnEEMP 斜率，β_{4j}					
截距 2，γ_{40}	−0.2882	0.1153	−2.5000	165	0.0140
lnEIRA 斜率，β_{5j}					
截距 2，γ_{50}	−0.0878	0.1567	−0.5600	165	0.5760
随机效应	标准误差	方差成分	自由度	卡方值	p 值
截距，u_0	0.9953	0.9906	8	19800.8500	0.0000
层一，r	0.0872	0.0076			

由表 5-33 的固定效应部分可知，基本影响因素 lnEFER、lnEPOW 的系数均为正向显著，即化肥施用量、机械化总动力对西部地区农业经济增长都有显著的促进作用；其中，化肥施用量增加 1%，农业经济增长将增加 0.6299%；机械化总动力增加 1%，农业经济增长将增加 0.4302%；lnEEMP 系数为负向显著，即就业人数对西部地区农业经济增长有显著的抑制作用；播种面积、有效灌溉面积影响不显著。由表 5-33 的随机效应部分可知，化肥施用量、机械化总动力、播种面积、就业人数、有效灌溉面积引入层一模型中，层一方差得到较好的解释，由零模型结果表 5-32 的中 0.0946 减少到固定效应模型结果表 5-33 中的 0.0076，这表明西部地区每个省的化肥施用量、机械化总动力、播种面积、就业人数、有效灌溉面积能较好地解释省内农业总产值不同年度间的变化。

（3）西部地区农业经济增长要素效率异质性检验。西部地区要素效率异质性的检验可由随机效应（变系数）模型分析得到，随机效应模型的结果见表 5-34。

表 5-34　西部农业经济增长随机效应结果

固定效应	系数	标准误差	t 值	自由度	p 值
截距 1，β_{0j}					
截距 2，γ_{00}	6.2639	0.3129	20.0220	8	0.0000

固定效应	系数	标准误差	t 值	自由度	p 值
lnEFER 斜率，β_{1j}					
截距 2，γ_{10}	0.6621	0.1983	3.3390	8	0.0110
lnEPOW 斜率，β_{2j}					
截距 2，γ_{20}	0.4653	0.1138	4.0890	8	0.0040
lnEPIA 斜率，β_{3j}					
截距 2，γ_{30}	0.0421	0.1972	0.2140	8	0.8360
lnEEMP 斜率，β_{4j}					
截距 2，γ_{40}	−0.1515	0.0459	−3.2980	165	0.0020
lnEIRA 斜率，β_{5j}					
截距 2，γ_{50}	0.3570	0.2172	1.6440	8	0.1380
随机效应	标准误差	方差成分	自由度	卡方值	p 值
截距，u_0	0.9954	0.9909	8	85334.27798	0.0000
lnEFER 斜率，u_1	0.5911	0.3494	8	38.90673	0.0000
lnEPOW 斜率，u_2	0.3611	0.1304	8	66.67609	0.0000
lnEPIA 斜率，u_3	0.5503	0.3028	8	37.03603	0.0000
lnEIRA 斜率，u_5	0.6520	0.4251	8	113.7719	0.0000
层一，r	0.0420	0.0017			

由表 5-34 的固定效应部分可知，化肥施用量、机械化总动力、播种面积、就业人数、有效灌溉面积的系数与表 5-33 的相应系数有一定的差异，这是由于使用变截距模型与变系数模型不同造成的，多层统计分析侧重于随机系数模型的结果。在西部区域农业经济增长过程中，化肥施用量增加 1%，农业经济增长将增加 0.6621%；机械化总动力增加 1%，农业经济增长将增加 0.4653%；就业人数增加 1%，农业经济增长将减少 0.1515%；播种面积、有效灌溉面积影响不显著。由表 5-34 的随机效应部分可知，化肥施用量、机械化总动力、播种面积、有效灌溉面积的效率在西部区域各个省之间存在显著性差异，同时表明了截距、lnEFER、lnEPOW、lnEPIA、lnEIRA 与 lnEY 之间的关系随着省份的不同而显著不同。

（4）西部地区综合性因素对农业经济增长要素效率的影响分析。综合性因素对要素效率的影响分析可由全模型分析得到，全模型的结果见表 5-35。

表5-35　西部农业经济增长全模型结果

固定效应	系数	标准误差	t 值	自由度	p 值
截距 1，β_{0j}					
截距 2，γ_{00}	6.2639	0.1446	43.3210	2	0.0000
MAR，γ_{01}	0.5177	0.1636	3.1640	2	0.1500
FDI，γ_{02}	−6.8615	1.9487	−3.5210	2	0.1910
TS，γ_{03}	−1.6758	0.8930	−1.8770	2	0.1800
URB，γ_{04}	−0.4860	2.2239	−0.2190	2	0.8470
FS，γ_{05}	−0.1810	0.8316	−0.2180	2	0.8480
FI，γ_{06}	−1.2538	0.5476	−2.2900	2	0.1040
lnEFER 斜率，β_{1j}					
截距 2，γ_{10}	0.5513	0.2059	2.6780	4	0.0540
MAR，γ_{11}	−0.2197	0.1728	−1.2710	4	0.2730
FDI，γ_{12}	−4.6517	1.7546	−2.6510	4	0.0550
TS，γ_{13}	−0.6249	1.2235	−0.5110	4	0.6360
FS，γ_{14}	−1.9953	0.9569	−2.0850	4	0.1020
lnEPOW 斜率，β_{2j}					
截距 2，γ_{20}	0.4879	0.1280	3.8120	4	0.0300
IE，γ_{21}	−0.4504	1.8559	−0.2430	4	0.8200
URB，γ_{22}	2.5784	1.5880	1.6240	4	0.1790
FS，γ_{23}	0.5591	0.7238	0.7720	4	0.4830
FI，γ_{24}	−0.0613	0.3858	−0.1590	4	0.8820
lnEPIA 斜率，β_{3j}					
截距 2，γ_{30}	−0.0598	0.3245	−0.1840	5	0.8610
IE，γ_{31}	13.7082	5.8309	2.3510	5	0.0640
TL，γ_{32}	3.2568	2.5396	1.2820	5	0.2560
FI，γ_{33}	0.7491	0.7954	0.9420	5	0.3900
lnEEMP 斜率，β_{4j}					
截距 2，γ_{40}	−0.1883	0.0737	−2.5560	144	0.0120

固定效应	系数	标准误差	t 值	自由度	p 值
lnEIRA 斜率，β_{5j}					
截距 2，γ_{50}	0.3568	0.2631	1.3560	4	0.2470
TL，γ_{51}	1.9230	2.3673	0.8120	4	0.4620
URB，γ_{52}	3.8048	4.5819	0.8300	4	0.4530
FS，γ_{53}	−3.9949	1.5432	−2.5890	4	0.0580
FI，γ_{54}	1.8412	1.1344	1.6230	4	0.1790
随机效应	标准误差	方差成分	自由度	卡方值	p 值
截距，u_0	0.4337	0.1881	2	12243.0904	0.0000
lnEFER 斜率，u_1	0.5493	0.3017	4	51.3174	0.0000
lnEPOW 斜率，u_2	0.3503	0.1227	4	56.3723	0.0000
lnEPIA 斜率，u_3	0.9005	0.3110	5	52.3276	0.0000
lnEIRA 斜率，u_5	0.6994	0.2891	4	137.5844	0.0000
层一，r	0.0414	0.0017			

由表 5-35 的固定效应部分可得出以下结论：

①综合性因素对化肥产出效率的影响分析。外商直接投资为负向显著影响因素，表明外商直接投资水平高的省份化肥施用量产出效率低。其具体影响程度为，外商直接投资提高 0.1 个单位，化肥施用量产出效率将降低 0.46517。同时，由于化肥施用量系数与外商直接投资的系数符号相反，因而外商直接投资水平的提高将削弱化肥与农林牧渔业产值间的正向关系。

②综合性因素对播种面积产出效率的影响分析。对外贸易为正向显著影响因素，表明对外贸易均值大的省份播种面积产出效率均值大。其具体影响程度为，对外贸易提高 0.1 个单位，播种面积产出效率将提高 1.37082。同时，由于播种面积系数与对外贸易的系数符号相反，因而对外贸易水平的提高将削弱播种面积与农林牧渔业产值间的负向关系。

③综合性因素对有效灌溉面积产出效率的影响分析。金融结构为负向显著影响因素，表明金融结构水平高的省份有效灌溉面积产出效率低。其具体影响程度为，金融结构提高 0.1 个单位，有效灌溉面积产出效率将降低 0.39949。同时，由于有效灌溉面积的系数与金融结构的系数符号相反，因而金融结构水平的提高将削弱有效灌溉面积与农林牧渔业产值间的正向关系。

另外，其他影响因素不显著。

（5）西部地区省域农业经济基本要素方差成分解释程度。由表 5-32 和表 5-33 的随机效应中的层一方差得到表 5-36 的原始总方差和条件总方差，表 5-34 和表 5-35 的随机效应中的层二方差之和得到表 5-36 的原始总方差和条件总方差。层一、层二的方差成分解释程度见表 5-36。

表 5-36　西部地区省域农业经济增长层一、层二的方差成分解释程度

层次	原始总方差	条件总方差	解释程度 /%
层一	0.0946	0.0076	91.96%
层二	2.1986	1.2126	44.84%

由表 5-36 可知，层一方差解释程度为 91.96%，层二方差解释程度为 44.84%，总体上层一解释变量对层一方差，层二解释变量对层二方差都有较好的解释。这表明构建的西部地区农业经济增长要素效率影响因素的实证分析模型较为合理。

第二节　中国农业经济增长要素效率影响因素的实证分析

一、中国农业经济增长要素综合性效率影响因素的分析

（一）变量选择与数据来源

中国农业经济增长相关变量与数据的来源与本章第一节中的"变量选择与数据来源"相同，但是此处的处理方式与第一节不同。

中国省域农业经济增长要素效率影响因素的实证分析的层一模型的变量值为每个省在一定年度区间中每年的化肥施用量、机械化总动力、播种面积、就业人数、有效灌溉面积，即体现的是一定年度区间中每个省的时间序列特征。中国农业经济增长要素效率影响因素的实证分析的层一模型的变量值为每个年度各省的化肥施用量、机械化总动力、播种面积、就业人数、有效灌溉面积，即体现的是中国各省的截面数据特征。

中国省域农业经济增长要素效率影响因素的实证分析的层二模型的变量值

为每个省在一定年度区间中每年的市场化进程、对外开放、金融发展、城市化、产业结构变迁的均值。中国农业经济增长要素效率影响因素的实证分析的层二模型的变量值为每年各省的市场化进程、对外开放、金融发展、城市化、产业结构变迁的均值。

中国省域农业经济增长要素效率影响因素的实证分析主要关注不同区域间效率的差异及综合性变量对区域间效率的差异的影响。中国农业经济增长要素效率影响因素的实证分析主要关注不同年度间效率的差异及综合性变量对年度间效率的差异的影响。

（二）实证结果分析

1. 中国农业经济增长年度间的变异分解

中国农业经济增长的均值在不同年度之间是否有显著性差异及差异由层一和层二所产生的影响各占多大比例仍需运用零模型分析，零模型的结果见表5-37。

表5-37　中国农业经济增长均值与变异的分解结果

固定效应	系数	标准误差	t 值	自由度	p 值
截距1，β_{0j}					
截距2，γ_{00}	6.7941	0.0585	116.2200	18	0.0000
随机效应	标准误差	方差成分	自由度	卡方值	p 值
截距，u_0	0.1980	0.0392	18	42.04506	0.0010
层一，r	0.9382	0.8803			

由表5-37固定效应部分可知，中国农林牧渔业产值不同年度对数（lnEY）均值为6.7941；由零模型的随机效应部分的卡方检验结构可知，对数（lnEY）均值在不同年度有显著性差异，而差异的度量可由组内相关系数ρ=0.0392/（0.0392+0.8803）=4.26%给出，即各省农林牧渔业产值对数均值在1998年至2016年的差异有4.26%需要用层二变量来解释，由于即使是一个很小的组内相关系数也会导致较大的第I类错误（Barcikowski）。从而说明在研究1998年至2016年中国农业经济增长时，必须引入层二变量。层二变量为中国经济环境中的市场化进程、对外开放、金融发展、城市化、产业结构变迁。

2. 中国农业经济增长基本影响要素的作用分析

基本要素对经济增长的影响可由固定效应（变截距）模型分析得到，固定效应模型的结果见表5-38。

表5-38 中国农业经济增长变截距模型结果

固定效应	系数	标准误差	t 值	自由度	p 值
截距 1，β_{0j}					
截距 2，γ_{00}	6.7941	0.0585	116.2200	18	0.0000
lnEFER 斜率，β_{1j}					
截距 2，γ_{10}	0.9378	0.0245	38.3270	564	0.0000
lnEPOW 斜率，β_{2j}					
截距 2，γ_{20}	−0.1276	0.0180	−7.0850	564	0.0000
lnEPIA 斜率，β_{3j}					
截距 2，γ_{30}	−0.7066	0.0337	−20.9890	564	0.0000
lnEEMP 斜率，β_{4j}					
截距 2，γ_{40}	0.3607	0.0316	11.4120	564	0.0000
lnEIRA 斜率，β_{5j}					
截距 2，γ_{50}	0.3652	0.0321	11.3690	564	0.0000
随机效应	标准误差	方差成分	自由度	卡方值	p 值
截距，u_0	0.2562	0.0656	18	425.0667	0.0000
层一，r	0.2951	0.0870			

由表5-38的固定效应部分可知，基本影响因素 lnEFER、lnEEMP、lnEIRA 的系数均为正向显著，即化肥施用量、就业人数、有效灌溉面积对中国农业经济增长都有显著的促进作用；其中，化肥施用量增加1%，农业经济增长将增加 0.9378%；就业人数增加1%，农业经济增长将增加 0.3607%；有效灌溉面积增加1%，农业经济增长将增加 0.3652%；lnEPOW、lnEPIA 系数均为负向显著影响因素，即机械化总动力、播种面积对中国农业经济增长都有显著的抑制作用。由表5-38的随机效应部分可知，化肥施用量、机械化总动力、播种面积、就业人数、有效灌溉面积引入层一模型中，层一方差得到较好的解释，由零模型结果表5-37中的0.8803减少到固定效应模型结果表5-38中的0.087，这表明每个省的化肥施用量、机械化总动力、播种面积、就业人数、有效灌溉面积能较好地解释农业总产值相同年度不同省之间的变化。

3. 中国农业经济增长要素效率异质性检验。

要素效率异质性检验可由随机效应（变系数）模型分析得到，随机效应模型的结果见表5-39。

表5-39　中国农业经济增长随机效应结果

固定效应	系数	标准误差	t 值	自由度	p 值
截距 1, β_{0j}					
截距 2, γ_{00}	6.7941	0.0585	116.2200	18	0.0000
lnEFER 斜率, β_{1j}					
截距 2, γ_{10}	0.9381	0.0248	37.7550	18	0.0000
lnEPOW 斜率, β_{2j}					
截距 2, γ_{20}	−0.1371	0.0174	−7.8630	18	0.0000
lnEPIA 斜率, β_{3j}					
截距 2, γ_{30}	−0.7034	0.0343	−20.5200	18	0.0000
lnEEMP 斜率, β_{4j}					
截距 2, γ_{40}	0.3644	0.0330	11.0410	18	0.0000
lnEIRA 斜率, β_{5j}					
截距 2, γ_{50}	0.3735	0.0321	11.6370	18	0.0000

随机效应	标准误差	方差成分	自由度	卡方值	p 值
截距, u_0	0.2565	0.0658	18	432.4692	0.0000
lnEFER 斜率, u_1	0.0675	0.0045	18	6.51192	>.500
lnEPOW 斜率, u_2	0.0329	0.0011	18	5.83201	>.500
lnEPIA 斜率, u_3	0.1233	0.0152	18	7.31922	>.500
lnEEMP 斜率, u_4	0.1284	0.0165	18	11.41323	>.500
lnEIRA 斜率, u_5	0.1082	0.0117	18	7.87622	>.500
层一, r	0.2925	0.0855			

由表5-39的固定效应部分可知，化肥施用量、机械化总动力、播种面积、就业人数、有效灌溉面积的系数与表5-38的相应系数有一定的差异，这是由于使用变截距模型与变系数模型不同造成的，多层统计分析侧重于随机系数模型的结果。在中国农业经济增长过程中，化肥施用量增加1%，农业经济增长

将增加 0.9381%；机械化总动力增加 1%，农业经济增长将降低 0.1371%；播种面积增加 1%，农业经济增长将降低 0.7034%；就业人数增加 1%，农业经济增长将增加 0.3644%；有效灌溉面积增加 1%，农业经济增长将增加 0.3735%。由表 5-39 的随机效应部分可知，仅剩余全要素生产率（截距）达到显著，即截距随着省份的不同而显著不同。

4. 中国综合性因素对农业经济增长要素效率的影响分析

综合性因素对要素效率的影响分析，可由全模型分析得到全模型的结果见表 5-40。

表 5-40 中国农业经济增长全模型结果

固定效应	系数	标准误差	t 值	自由度	p 值
截距 1，β_{0j}					
截距 2，γ_{00}	6.7941	0.0024	2863.3810	10	0.0000
MAR，γ_{01}	0.0888	0.0208	4.2700	10	0.0020
FDI，γ_{02}	−0.4230	0.1034	−4.0900	10	0.0020
IE，γ_{03}	−0.3394	0.1657	−2.0490	10	0.0670
TL，γ_{04}	−0.0400	0.2438	−0.1640	10	0.8730
TS，γ_{05}	0.0261	0.0686	0.3800	10	0.7120
URB，γ_{06}	1.3554	0.4449	3.0460	10	0.0130
FS，γ_{07}	0.1022	0.0318	3.2170	10	0.0100
FI，γ_{08}	−0.0671	0.0230	−2.9240	10	0.0160
lnEFER 斜率，β_{1j}					
截距 2，γ_{10}	0.9378	0.0245	38.3270	556	0.0000
lnEPOW 斜率，β_{2j}					
截距 2，γ_{20}	−0.1276	0.0180	−7.0850	556	0.0000
lnEPIA 斜率，β_{3j}					
截距 2，γ_{30}	−0.7066	0.0337	−20.9890	556	0.0000
lnEEMP 斜率，β_{4j}					
截距 2，γ_{40}	0.3607	0.0316	11.4120	556	0.0000
lnEIRA 斜率，β_{5j}					
截距 2，γ_{50}	0.3652	0.0321	11.3690	556	0.0000

随机效应	标准误差	方差成分	自由度	卡方值	p 值
截距，u_0	0.0015	0.0000	10	0.71217	>.500
层一，r	0.2926	0.0856			

由表 5-40 的固定效应部分可知，综合性因素对截距（剩余全要素生产率）影响，市场化进程、城市化、金融结构是正向显著影响因素，表明市场化程度高、城市化水平高、金融结构水平高的年度剩余全要素生产率高。其具体影响程度为，市场化程度加快 1 个单位，全要素生产率将提高 0.0888；城市化提高 0.1 个单位，全要素生产率将提高 0.13554；金融结构水平提高 0.1 个单位，全要素生产率将提高 0.01022。外商直接投资、对外贸易、金融规模是负向显著影响因素，表明外商直接投资越多、对外贸易水平越高、金融规模越大的年度全要素生产率越低。其具体影响程度为，外商直接投资提高 0.1 个单位，全要素生产率将降低 0.0423；对外贸易提高 0.1 个单位，全要素生产率将降低 0.03394；金融规模扩大 0.1 个单位，全要素生产率将降低 0.00671。之所以会阻碍全要素生产率的提高，是由于外商直接投资、对外贸易对国内农业投资具有一定的挤出效应。

5. 方差成分解释程度

由表 5-37 和表 5-38 的随机效应中的层一方差得到表 5-42 的原始总方差和条件总方差，表 5-39 和表 5-40 的随机效应中的层二方差之和得到表 5-41 的原始总方差和条件总方差。层一、层二的方差成分解释程度见表 5-41。

表 5-41　中国农业经济增长层一、层二的方差成分解释程度

层次	原始总方差	条件总方差	解释程度 /%
层一	0.8803	0.0870	90.11%
层二	0.1148	0.0000	100.00%

由表 5-41 可知，层一方差解释程度为 90.11%，层二方差解释程度为 100.00%，总体上层一解释变量对层一方差，层二解释变量对层二方差都有较好的解释。这表明构建的中国省域农业经济增长要素效率影响因素的实证分析模型较为合理。

二、中国农业经济增长要素效率综合性影响因素的区域性分析

（一）东部地区分析

1. 变量的选择与数据来源

中国东部地区农业经济增长相关变量与数据的来源与本章第一节"东部区域分析"中描述统计数据相同，但是此处的处理方式与第一节不同。

2. 实证结果分析

东部地区农业经济增长不同年度之间的变异分解。东部地区农业经济增长的均值在不同年之间是否有显著性差异及差异由层一和层二所产生的影响各占多大比例仍需运用零模型分析，零模型的结果见表5-42。

表5-42　中国东部农业经济增长均值与变异的分解结果

固定效应	系数	标准误差	t 值	自由度	p 值
截距1, β_{0j}					
截距2, γ_{00}	6.9248	0.0485	142.7420	18	0.0000
随机效应	标准误差	方差成分	自由度	卡方值	p 值
截距, u_0	0.0085	0.00007	18	10.1615	>.5000
层一, r	1.0016	1.00333			

由表5-42固定效应部分可知，中国东部地区农林牧渔业产值不同年度对数（lnEY）均值为6.9248；由零模型的随机效应部分的卡方检验结构可知，对数（lnEY）均值在不同年度间的差异没达到显著，并且其组内相关系数ρ=0.00007/（0.00007+1.00333）=0.0070%。因而，中国东部地区农业经济增长无须继续用效率型农业经济增长模型分析。

（二）中部地区分析

1. 变量的选择与数据来源

中国中部地区农业经济增长相关变量与数据的来源与本章第一节"中部区域分析"中描述统计数据相同，但是此处的处理方式与第一节不同。

2. 实证结果分析

（1）中部地区农业经济增长不同年之间的变异分解。中部地区农业经济增

长的均值在不同年之间是否有显著性差异及差异由层一和层二所产生的影响各占多大比例仍需运用零模型分析，零模型的结果见表5-43。

表5-43　中部农业经济增长均值与变异的分解结果

固定效应	系数	标准误差	t 值	自由度	p 值
截距1，β_{0j}					
截距2，γ_{00}	7.1500	0.0628	113.9090	18	0.0000
随机效应	标准误差	方差成分	自由度	卡方值	p 值
截距，u_0	0.2200	0.0484	18	46.4470	0.0000
层一，r	0.5250	0.2756			

由表5-43固定效应部分可知，中国中部区域农林牧渔业产值不同年度对数（lnEY）均值为7.15；由零模型的随机效应部分的卡方检验结构可知，对数（lnEY）均值在不同年有显著性差异，而差异的度量可由组内相关系数ρ=0.0484/（0.0484+0.2756）=14.94%给出，即中国中部区域各省农林牧渔业产值对数均值在1998—2016年的差异有14.94%需用层二变量来解释，由于即使是一个很小的组内相关系数也会导致较大的第I类错误（Barcikowski）。从而说明在研究1998是2016年中国中部区域农业经济增长时，必须引入层二变量。层二变量为中国中部区域经济环境中的市场化进程、对外开放、金融发展、城市化、产业结构变迁。

（2）中部地区农业经济增长基本影响要素的作用分析。基本要素对经济增长的影响可由固定效应（变截距）模型分析得到，固定效应模型的结果见表5-44。

表5-44　中部农业经济增长变截距模型结果

固定效应	系数	标准误差	t 值	自由度	p 值
截距1，$\beta 0j$					
截距2，$\gamma 00$	7.1500	0.0628	113.9090	18	0.0000
lnEFER 斜率，$\beta 1j$					
截距2，$\gamma 10$	0.3955	0.0234	16.9390	165	0.0000
lnEPOW 斜率，$\beta 2j$					
截距2，$\gamma 20$	−0.3668	0.0336	−10.9100	165	0.0000

固定效应	系数	标准误差	t 值	自由度	p 值
lnEPIA 斜率，β_{3j}					
截距 2，γ_{30}	0.3775	0.0661	5.7070	165	0.0000
lnEEMP 斜率，β_{4j}					
截距 2，γ_{40}	0.4030	0.0215	18.7470	165	0.0000
lnEIRA 斜率，β_{5j}					
截距 2，γ_{50}	0.2184	0.0734	2.9750	165	0.0040
随机效应	标准误差	方差成分	自由度	卡方值	p 值
截距，u_0	0.2765	0.0764	18	548.1855	0.0000
层一，r	0.1528	0.0234			

由表 5-44 的固定效应部分可知，基本影响因素 lnEFER、lnEPIA、lnEEMP、lnEIRA 的系数均为正向显著，即化肥施用量、播种面积、就业人数、有效灌溉面积对中国中部区域农业经济增长都有显著的促进作用；其中，化肥施用量增加 1%，农业经济增长将增加 0.3955%；播种面积增加 1%，农业经济增长将增加 0.3775%；就业人数增加 1%，农业经济增长将增加 0.403%；有效灌溉面积增加 1%，农业经济增长将增加 0.2184%；lnEPOW 系数为负向显著，即机械化总动力对中国中部区域农业经济增长有显著的抑制作用。由表 5-44 的随机效应部分可知，化肥施用量、机械化总动力、播种面积、就业人数、有效灌溉面积引入层一模型中，层一方差得到较好的解释，由零模型结果表 5-43 的中 0.2756 减少到固定效应模型结果表 5-44 中 0.0234，表明每个省的化肥施用量、机械化总动力、播种面积、就业人数、有效灌溉面积能较好地解释中部区域农业总产值在相同年度不同省之间的变化。

（3）中部地区农业经济增长要素效率异质性检验。要素效率异质性检验可由随机效应（变系数）模型分析得到，随机效应模型的结果见表 5-45。

表 5-45 中部农业经济增长随机效应结果

固定效应	系数	标准误差	t 值	自由度	p 值
截距 1，β_{0j}					
截距 2，γ_{00}	7.1500	0.0628	113.909	18	0.0000

续　表

固定效应	系数	标准误差	t 值	自由度	p 值
lnEFER 斜率，β_{1j}					
截距 2，γ_{10}	0.3940	0.0186	21.181	18	0.0000
lnEPOW 斜率，β_{2j}					
截距 2，γ_{20}	−0.3359	0.0359	−9.361	18	0.0000
lnEPIA 斜率，β_{3j}					
截距 2，γ_{30}	0.5117	0.0910	5.623	18	0.0000
lnEEMP 斜率，β_{4j}					
截距 2，γ_{40}	0.3608	0.0239	15.127	18	0.0000
lnEIRA 斜率，β_{5j}					
截距 2，γ_{50}	0.1168	0.0865	1.35	18	0.1940

随机效应	标准误差	方差成分	自由度	卡方值	p 值
截距，u_0	0.2772	0.0768	18	621.333	0.0000
lnEFER 斜率，u_1	0.0568	0.0032	18	4.41762	>.5000
lnEPOW 斜率，u_2	0.0551	0.0030	18	13.70325	>.5000
lnEPIA 斜率，u_3	0.3512	0.1233	18	20.1118	0.3260
lnEEMP 斜率，u_4	0.0400	0.0016	18	7.92188	>.5000
lnEIRA 斜率，u_5	0.3417	0.1167	18	18.88012	0.1500
层一，r	0.1435	0.0206			

由表 5-45 的固定效应部分可知，化肥施用量、机械化总动力、播种面积、就业人数、有效灌溉面积的系数与表 5-44 的相应系数有一定的差异，这是由于使用变截距模型与变系数模型不同造成的，多层统计分析侧重于随机系数模型的结果。在中国中部地区农业经济增长过程中，化肥施用量增加 1%，农业经济增长将增加 0.394%；机械化总动力增加 1%，农业经济增长将降低 0.3359%；播种面积增加 1%，农业经济增长将增加 0.5117%；就业人数增加 1%，农业经济增长将增加 0.3608%；有效灌溉面积影响不显著。由表 5-45 的随机效应部分可知，仅剩余全要素生产率（截距）达到显著，即截距随着省份的不同而显著不同。

（4）中部地区综合性因素对农业经济增长要素效率的影响分析。综合性因素对要素效率的影响分析可由全模型分析得到，全模型的结果见表 5-46。

表 5-46　中部农业经济增长全模型结果

固定效应	系数	标准误差	t 值	自由度	p 值
截距 1，β_{0j}					
截距 2，γ_{00}	7.1500	0.0027	2667.65	10	0.0000
MAR，γ_{01}	0.1113	0.0273	4.072	10	0.0030
FDI，γ_{02}	−0.7546	0.2422	−3.115	10	0.0120
IE，γ_{03}	0.2020	0.2327	0.868	10	0.4060
TL，γ_{04}	0.1958	0.0943	2.077	10	0.0640
TS，γ_{05}	−0.0452	0.0602	−0.751	10	0.4700
URB，γ_{06}	1.4227	0.5931	2.399	10	0.0370
FS，γ_{07}	−0.0678	0.0427	−1.59	10	0.1430
FI，γ_{08}	0.0687	0.0467	1.471	10	0.1720
lnEFER 斜率，β_{1j}					
截距 2，γ_{10}	0.3955	0.0234	16.939	157	0.0000
lnEPOW 斜率，β_{2j}					
截距 2，γ_{20}	−0.3668	0.0336	−10.91	157	0.0000
lnEPIA 斜率，β_{3j}					
截距 2，γ_{30}	0.3775	0.0661	5.707	157	0.0000
lnEEMP 斜率，β_{4j}					
截距 2，γ_{40}	0.4030	0.0215	18.747	157	0.0000
lnEIRA 斜率，β_{5j}					
截距 2，γ_{50}	0.2184	0.0734	2.975	157	0.0040
随机效应	标准误差	方差成分	自由度	卡方值	p 值
截距，u_0	0.0012	0.0000	10	1.06025	>.500
层一，r	0.1484	0.0220			

　　由表 5-46 的固定效应部分可知，综合性因素对截距（剩余全要素生产率）的影响，市场化进程、产业结构合理化、城市化是正向显著影响因素，表明市场化进程、产业结构合理化、城市化水平高的年度剩余全要素生产率高。具体影响程度为，市场化程度加快 1 个单位，全要素生产率将提高 0.1113；产业结构合理化程度提高 0.1 个单位，全要素生产率将提高 0.01958；城市化水平提

高 0.1 个单位，全要素生产率将提高 0.14277。之所以能促进全要素生产率的提高，是由于市场化进程的推进改善了农业资源配置效率；产业结构合理化有利于农业要素资源在效率差异部门之间的流动。外商直接投资是负向显著影响因素，表明外商直接投资越多的省份全要素生产率越低。其具体影响程度为，外商直接投资提高 0.1 个单位，全要素生产率将降低 0.07546。之所以会阻碍全要素生产率的提高，是由于外商直接投资对国内农业投资具有一定的挤出效应。

（5）方差成分解释程度。由表 5-43 和表 5-44 的随机效应中的层一方差得到表 5-47 的原始总方差和条件总方差，表 5-45 和表 5-46 的随机效应中的层二方差之和得到表 5-47 的原始总方差和条件总方差。层一、层二的方差成分解释程度见表 5-47。

表 5-47　中部农业经济增长层一、层二的方差成分解释程度

层次	原始总方差	条件总方差	解释程度 /%
层一	0.2756	0.0234	91.51%
层二	0.3246	0.0000	100.00%

由表 5-47 可知，层一方差解释程度为 91.51%，层二方差解释程度为 100.00%，总体上层一解释变量对层一方差，层二解释变量对层二方差都有较好的解释。这表明构建的中国中部区域农业经济增长要素效率影响因素的实证分析模型较为合理。

（三）西部地区分析

1. 变量的选择与数据来源

中国西部地区农业经济增长相关变量与数据的来源与本章第一节"西部区域分析"描述统计数，但是此处的处理方式与第一节不同。

2. 实证结果分析

西部地区农业经济增长不同年度之间的变异分解。西部地区农业经济增长的均值在不同年度之间是否有显著性差异及差异由层一和层二所产生的影响各占多大比例仍需运用零模型分析，零模型的结果见表 5-48。

表 5-48　中国西部农业经济增长均值与变异的分解结果

固定效应	系数	标准误差	t 值	自由度	p 值
截距 1，β_{0j}					
截距 2，γ_{00}	6.2639	0.0679	92.2710	18	0.0000
随机效应	标准误差	方差成分	自由度	卡方值	p 值
截距，u_0	0.1960	0.0004	18	15.34741	>.5000
层一，r	0.9879	0.9750	95		

由表 5-48 固定效应部分可知，中国西部地区农林牧渔业产值不同年度对数（lnEY）均值为 6.2639；由零模型的随机效应部分的卡方检验结构可知，对数（lnEY）均值在不同年差异没达到显著，并且其组内相关系数 ρ = 0.0004/（0.00007+0.9750）=0.041%。因而，中国西部地区农业经济增长继续用效率型农业经济增长模型分析。

第三节　结论与启示

一、结论

在中国向高质量发展转化的过程中，怎样提高农业经济增长要素的效率无疑是一个值得研究的问题。本章基于中国省域农业经济增长相关数据，运用效率型经济增长模型，实证分析了综合性因素（市场化进程、对外开放、金融发展、城市化、产业结构变迁）对中国省域农业经济增长剩余全要素效率及化肥施用量、机械化总动力、播种面积、就业人数、有效灌溉面积产出效率在不同省域、不同年度异质性的影响，得到如下结论。

（一）对不同省域异质性的影响

（1）中国省域各省农林牧渔业产值对数平均值在省份之间的差异有 91.81% 可以用二层变量来解释，从而说明在研究中国省域农业经济增长时，必须引入层二变量。

（2）中国省域农业经济增长各省之间的剩余全要素生产率、化肥施用量、机械化总动力、播种面积、就业人数、有效灌溉面积产出效率存在显著性差异，即存在异质性。

（3）中国省域综合性因素对农业经济增长剩余全要素生产率及基本要素产出效率省份间异质性有较好的解释，具体可解释其差异的36.70%，基本要素能解释层一差异的88.37%。

（4）中国省域综合影响因素在不同时段（1998—2007、2008—2016）对农业经济增长要素产出效率的作用存在差异性，并且在不同区域（东、中、西）中对农业经济增长要素产出效率的作用存在差异性。

（二）对不同年度异质性的影响

（1）中国各省农林牧渔业产值对数平均值在年度之间的差异有4.26%可以用二层变量来解释，从而说明在研究中国农业经济增长时，必须引入层二变量。

（2）中国农业经济增长各年度之间的剩余全要素生产率存在显著性差异，即存在异质性。

（3）中国综合性因素对剩余全要素生产率年度间异质性有较好的解释，具体可解释其差异的100.00%；基本要素能解释层一差异的90.11%。

从以上分析中可以得到，中国农业效率型经济增长模型的作用：能够检验中国农业经济增长研究是否需要引入层二变量；能够检验中国农业经济增长的效率（剩余全要素生产率、化肥施用量产出效率、机械化总动力产出效率、播种面积产出效率、就业人数产出效率、有效灌溉面积产出效率）是否存在异质性；能够较合适地分析中国农业经济增长综合性因素对效率异质性的精确影响，并且能对影响程度给出评价。这为中国农业经济增长提高要素效率提供了理论依据，从而有可能促进中国农业经济高质量增长理论的发展。

二、启示

农业高质量经济增长重点应关注剩余全要素生产率和要素产出效率的提高，具体实践中要关注"两方面动力"：提高剩余全要素生产率，推动农业高质量经济增长；提高化肥施用量、机械化总动力、播种面积、就业人数、有效灌溉面积产出效率，推动农业高质量经济增长。基于实证的结果，提出如下建议：

（1）提高剩余全要素生产率，推动农业高质量经济增长。由于在中国省域农业经济增长过程中，市场化进程、产业结构高级化、金融结构对剩余全要素生产率为正向显著影响；外商直接投资、城市化、金融规模对剩余全要素生产率为负向显著影响。因此，中国农业经济增长应进一步完善要素市场化配置的体制机制，促进要素自由有序流动，尤其是土地资源的流动；通过大力发展生产性服务业，尤其要大力发展农业生产性服务业，提升产业结构高级化的作用；继续深化证券市场的改革，建立适应农业发展的金融体系。同时，通过引导外商投资结构的转变，由制造业转向农业生产服务业来扭转外商直接投资的负向影响；通过加快金融供给的结构性改革，大力支撑农业的发展来扭转金融规模的负向影响；同时，要加大城市化发展力度，重点在于发展有产业支撑的城镇化。

（2）化肥施用量、机械化总动力、播种面积、就业人数、有效灌溉面积产出效率，推动农业高质量经济增长。由于外商直接投资对化肥施用量、就业人数的产出效率为正向显著影响，因此，我国农业应在深入开放的基础上，吸引具有国际先进管理经验的农业公司来华投资，带动国内农业管理水平的提高。由于城市化对有效灌溉面积产出效率为负显著影响，因此，我国在发展城市化时应与农村协调发展，重点加强农村基础设施建设。由于对外贸易对就业人数的产出效率为负向显著影响，因此，我国一方面，要尽量减少农业对外贸易对我国农业的挤出效应；另一方面，要加大对农业人口的培训力度。

第六章 中国工业经济增长要素效率的影响因素研究

2020 年中国工业增加值达 31.3 万亿，已连续 11 年成为世界最大制造业国家，但是中国尚处于全面实现工业化的进程中，工业经济转型发展是实现"双循环"背景下高质量发展的重要一环。学者们已经对工业经济发展进行了较为深入的研究。例如，吴滨、肖尧实证分析得到产业结构、对外开放显著地影响工业全要素生产率；邓沛琦基于实证分析得到金融发展与工业经济增长还没有达到良性互动；倪超军实证分析得到城镇化有利于工业经济发展；孙巍等实证分析得到市场化进程有利于工业经济发展。但是对工业经济增长要素效率的研究还较少，尤其是综合性影响因素对要素效率的作用还少见。因此，本章实证分析了综合性影响因素对工业经济增长要素效率的作用。

第一节 中国省域工业经济增长要素效率影响因素的实证分析

一、中国省域工业经济增长要素效率综合性影响因素的分析

（一）变量的选择与数据来源

选择中国省域（由于数据不全，不包括西藏）30 个省为评价单元，样本区间为 1998—2016 年。

鉴于工业经济数据的可得性，层一变量选择如下：

层一变量：被解释变量，lnEGDP 是用各省 2000 年为不变价的工业总产值（亿元）的对数；解释变量，lnEK 是工业固定资产投资存量的对数；lnEL 是各省工业就业人数的对数；相应的数据来自中国工业统计年鉴、各省统计年鉴。

各变量的描述统计见表 6-1。层二变量与第四章第一节"变量的选择与数据来源"相同，具体数值见表 4-1 中层二变量部分。

表 6-1　中国省域工业的层一变量样本统计值

变量层次	变量名称	样本数	均值	标准差	最小值	最大值
	lnEY	570	7.9500	1.1100	5.2000	9.7000
层一	lnEL	570	5.0700	1.0600	2.3900	7.3600
	lnEK	570	7.8800	0.9900	5.1600	10.2000

由于数据经过不变价处理且取了对数，因而省内各年度间变量值差异不大。由表 6-1 各层一变量的标准差、最小值、最大值可知，1998—2016 年中国省域工业经济增长层一变量的国内生产总值对数、资本投入对数、劳动力投入对数在不同省之间存在较大的差异。

（二）实证结果分析

基于中国省域工业经济增长的数据，运用第三章第一节中"效率型经济增长模型的形式"；依据第三章第二节中效率型经济增长模型的应用步骤，具体按零模型、固定效应模型、随机系数模型、全模型的顺序，对影响中国省域工业经济增长要素效率的综合性因素进行分析，并对综合性影响因素进行分阶段分析及稳健性检验。多层统计模型的结果，是使用专业 HLM7.0 软件分析得到的。其中，层一与层二模型中的解释变量都用组中心化后的数据参与运算。由于层一变量的每个随机系数都需要引入 5 个方面 7 个变量探讨其影响程度，将所有变量都列出来将导致表过于庞大。同时，为了便于从整体性、不同时段、不同区域进行比较，本文将在整体性、不同时段、不同区域只要有一处 t 值大于 1 的变量就在各个表中列出。

1. 中国省域工业经济增长的变异分解

中国省域工业经济增长的均值在不同省之间是否有显著性差异？差异由层一和层二所产生的影响各占多大比例？运用多层统计模型的零模型可以回答上述问题。依据层二所产生影响的占比（组内相关系数）大小决定是否将层二变量引入模型中。依据第三章第二节"效率型经济增长模型的应用步骤"中的零模型，得到零模型的结果见表 6-2。

表6-2　中国省域工业经济增长均值与变异的分解结果

固定效应	系数	标准误差	t 值	自由度	p 值
截距1，β_{0j}					
截距2，γ_{00}	7.9487	0.2006	39.6240	29	0.0000
随机效应	**标准误差**	**方差成分**	**自由度**	**卡方值**	**p 值**
截距，u_0	1.1168	1.2473	29	22266.7699	0.0000
层一，r	0.1758	0.1300			

由表6-2固定效应部分可知，中国省域30个省的对数工业总产值（lnEY）均值为7.9487；由零模型的随机效应部分的卡方检验结构可知，30个省的对数工业总产值均值有显著性差异，而差异的度量可由组内相关系数$\rho = 1.2473/$（1.2473+0.1300）=90.56%给出，即中国省域30个省工业总产值对数平均值的差异有90.56%需要用二层变量来解释，只有9.44%的差异可以用层一变量来解释，从而说明在研究中国省域工业经济增长时，必须引入层二变量。层二变量为中国省域经济环境中的市场化进程、对外开放、金融发展、城市化、产业结构变迁。

2. 中国省域工业经济增长基本影响要素的作用分析

基本影响要素的作用分析可由固定效应（变截距）模型分析得到。依据第三章第二节"效率型经济增长模型的应用步骤"中的固定效应模型，得到固定效应模型的结果，见表6-3。

表6-3　中国省域工业经济增长变截距模型结果

固定效应	系数	标准误差	t 值	自由度	p 值
截距1，β_{0j}					
截距2，γ_{00}	7.9487	0.2006	39.6240	29	0.0000
lnEL 斜率，β_{1j}					
截距2，γ_{10}	−0.1371	0.0694	−1.9770	567	0.0480
lnEK 斜率，β_{2j}					
截距2，γ_{20}	0.2424	0.0330	7.3430	567	0.0000
随机效应	**标准误差**	**方差成分**	**自由度**	**卡方值**	**p 值**
截距，u_0	1.1172	1.2481	29	48069.19	0.0000
层一，r	0.1197	0.0143			

由表 6-3 的固定效应部分可知，基本影响因素 lnEL 的系数均值为负向显著、lnEK 的系数值为正向显著，即劳动力的增加将抑制中国省域工业经济增长，资本投入增加将促进中国省域经济增长。其中，劳动力增加 1%，经济增长将降低 0.1371%；资本投入增加 1%，经济增长将增加 0.2424%。由表 6-3 的随机效应部分可知，将劳动力投入、资本投入引入层一模型中，层一方差得到较好的解释，由零模型结果表 6-2 中的 0.1300 减少到固定效应模型结果表 6-3 的 0.0143，表明中国省域工业的劳动力投入、资本投入能较好地解释省内工业总产值不同年度间的变化。

3. 中国省域工业经济增长要素效率异质性检验

要素效率异质性的检验可由随机效应（变系数）模型分析得到。依据第三章第二节"效率型经济增长模型的应用步骤"中的随机效应模型，得到随机效应模型的结果见表 6-4。

表 6-4　中国省域工业经济增长随机效应结果

固定效应	系数	标准误差	t 值	自由度	p 值
截距 1，β_{0j}					
截距 2，γ_{00}	7.9487	0.2006	39.624	29	0.0000
lnEL 斜率，β_{1j}					
截距 2，γ_{10}	0.0176	0.0686	0.257	29	0.7990
lnEK 斜率，β_{2j}					
截距 2，γ_{20}	0.1847	0.0302	6.124	29	0.0000
随机效应	标准误差	方差成分	自由度	卡方值	p 值
截距，u_0	1.1173	1.2485	29	83176.02	0.0000
lnEL 斜率，u_1	0.3132	0.0981	29	97.57831	0.0000
lnEK 斜率，u_2	0.1506	0.0227	29	170.9159	0.0000
层一，r	0.0910	0.0083			

由表 6-4 的固定效应部分可知，劳动力投入、资本投入的系数与表 6-3 的相应系数有一定的差异，这是由于使用变截距模型与变系数模型的不同造成的，多层统计分析侧重于随机系数模型的结果。在中国省域工业经济增长过程中，资本增加 1%，中国省域工业经济增长将增加 0.1847%；而劳动力对中国省域工业经济增长的影响不显著。由表 6-4 的随机效应部分可知，劳动力

投入、资本投入的效率在各个省之间存在显著性差异，同时表明截距、lnEL、lnEK 与 klnEY 之间的关系随着省份的不同而显著不同。

4. 中国省域综合性因素对工业经济增长要素效率的作用分析

综合性因素对要素效率的作用分析，可由全模型分析得到。依据第三章第二节"效率型经济增长模型的应用步骤"中的全模型，得到全模型的结果见表6-5。

表6-5 中国省域工业经济增长全模型结果

固定效应	系数	标准误差	t 值	自由度	p 值
截距 1，β_{0j}					
截距 2，γ_{00}	7.9487	0.0921	86.3050	24	0.0000
MAR，γ_{01}	0.6209	0.1153	5.3860	24	0.0000
FDI，γ_{02}	−0.9528	0.1787	−5.3300	24	0.0000
IE，γ_{03}	1.1134	0.4538	2.4540	24	0.0220
FS，γ_{04}	0.8994	0.5986	1.5030	24	0.1460
FI，γ_{05}	−0.8056	0.1782	−4.5200	24	0.0000
lnEL 斜率，β_{1j}					
截距 2，γ_{10}	0.0292	0.0565	0.5170	26	0.6090
TL，γ_{11}	−0.9312	0.3231	−2.8800	26	0.0080
URB，γ_{12}	−0.9367	0.6167	−1.5100	26	0.1410
FI，γ_{13}	0.0646	0.0764	0.8400	26	0.4060
lnEK 斜率，β_{2j}					
截距 2，γ_{20}	0.1801	0.0231	7.7850	25	0.0000
MAR，γ_{21}	−0.0896	0.0168	−5.3460	25	0.0000
URB，γ_{22}	0.4861	0.2978	1.6320	25	0.1150
FS，γ_{23}	−0.0119	0.0852	−0.1400	25	0.8900
FI，γ_{24}	−0.0765	0.0348	−2.1900	25	0.0380
随机效应	标准误差	方差成分	自由度	卡方值	p 值
截距，u_0	0.5574	0.3107	24	16934.7714	0.0000
lnEL 斜率，u_1	0.2148	0.0462	26	90.8697	0.0000
lnEK 斜率，u_2	0.1123	0.0126	25	99.2554	0.0000
层一，r	0.0926	0.0086			

由表 6-5 的固定效应部分可得出以下结论：

（1）综合性因素对截距（剩余全要素生产率）的影响分析。市场化进程、对外贸易是正向显著影响因素，表明市场化程度大、对外贸易水平高的省份剩余全要素生产率高。其具体影响程度为，市场化程度加快 1 个单位，全要素生产率将提高 0.6209；对外贸易提高 0.1 个单位，全要素生产率将提高 0.11134。之所以能促进全要素生产率的提高，是由于市场化进程的推进改善了资源配置效率；中间品进口可以通过"干中学"提升工人的技术水平。外商直接投资、金融规模是负向显著影响因素，表明外商直接投资越多、金融规模越大的省份全要素生产率越低。其具体影响程度为，外商直接投资提高 0.1 个单位，全要素生产率将降低 0.09528；金融规模扩大 0.1 个单位，全要素生产率将降低 0.08056。之所以会阻碍全要素生产率的提高，是由于外商直接投资对国内投资具有一定的挤出效应；中国当前以国有大银行为主导的金融体系的发展模式对民营经济发展产生了一定的挤出效应。

（2）综合性因素对劳动力产出效率的影响分析。产业结构合理化为负向显著影响因素，表明产业结构合理化水平高的省份劳动力效率低。其具体影响程度为，产业结构合理化提高 0.1 个单位，劳动力产出效率将降低 0.09312。同时，由于劳动力系数与产业结构合理化的系数符号相反，因而产业结构合理化水平的提高将削弱劳动力与 GDP 间的正向关系。

（3）综合性因素对资本产出效率的影响分析。市场化、金融规模是负向显著影响因素，表明市场化、金融规模程度高的省份资本产出效率低。其具体影响程度为，市场化程度加快 1 个单位，资本产出效率将降低 0.0896；金融规模提高 0.1 个单位，资本产出效率将降低 0.00765。同时，由于资本系数与市场化、金融规模的系数符号相同，因而市场化、金融规模水平的提高将削弱资本与 GDP 间的正向关系。

5. 中国省域工业经济增长的方差成分解释程度

由表 6-2 和表 6-3 的随机效应中的层一方差得到表 6-6 的原始总方差和条件总方差，表 6-4 和表 6-5 的随机效应中的层二方差之和得到表 6-6 的原始总方差和条件总方差。层一、层二的方差成分解释程度见表 6-6。

表6-6　中国省域工业经济增长层一、层二的方差成分解释程度

层次	原始总方差	条件总方差	解释程度 /%
层一	0.1300	0.0143	89.00%
层二	1.3693	0.3695	73.01%

由表 6-6 可知，层一方差解释程度为 89.00%，层二方差解释程度为 73.01%，总体上层一解释变量对层一方差，层二解释变量对层二方差都有较好的解释。这表明构建的中国省域经济增长要素效率影响因素的实证分析模型较为合理。

二、中国省域工业经济增长要素效率综合性影响因素的阶段性分析

（一）1998—2007 时段

1. 描述统计

中国省域 1998-2007 工业经济增长层一变量的描述统计结果见表 6-7。层二变量与第四章第一节中"变量的选择与数据来源"相同，具体数值见表 4-10 中层二部分。

表 6-7 中国省域工业经济增长 1998—2007 年层一变量的样本统计值

变量层次	变量名称	样本数	均值	标准差	最小值	最大值
	lnEY	300	7.8300	1.1200	5.2000	9.5800
层一	lnEL	300	4.9100	0.9900	2.4700	7.1800
	lnEK	300	7.3800	0.8400	5.1600	9.2600

由于数据经过不变价处理且取了对数，因而省内各年度间变量值差异不大。由表 6-7 各层一变量的标准差、最小值、最大值可知，1998—2007 年间中国省域工业经济增长层一变量的国内生产总值对数、资本投入对数、劳动力投入对数在不同省之间存在较大的差异。

2. 实证结果分析

（1）1998-2007 年中国省域工业经济增长的变异分解。1998—2007 年，中国省域工业经济增长的均值在不同省之间是否有显著性差异？差异由层一和层二所产生的影响各占多大比例？运用多层统计模型的零模型可以回答上述问题。依据层二所产生影响的占比（组内相关系数）大小决定是否将层二变量引入模型中。依据第三章第二节"效率型经济增长模型的应用步骤"中的零模型，得到零模型的结果见表 6-8。

表 6-8 中国省域 1998—2007 年工业经济增长均值与变异的分解结果

固定效应	系数	标准误差	t 值	自由度	p 值
截距 1，β_{0j}					
截距 2，γ_{00}	7.8347	0.2032	38.56	29	0.0000
随机效应	标准误差	方差成分	自由度	卡方值	p 值
截距，u_0	1.1313	1.2798	29	25831.1800	0.0000
层一，r	0.1199	0.1144			

由表 6-8 固定效应部分可知，1998-2007 年中国省域 30 个省的对数工业总产值（lnEY）均值为 7.8347；由零模型的随机效应部分的卡方检验结构可知，30 个省的对数工业总产值均值有显著性差异，而差异的度量可由组内相关系数 ρ = 1.2798/（1.2798+ 0.1144）=91.79% 给出，即 1998—2007 年中国省域 30 个省工业总产值对数平均值的差异有 91.79% 需要用二层变量来解释，只有 8.21% 的差异可以用层一变量来解释，从而说明在研究 1998—2007 年中国省域工业经济增长时，必须引入层二变量。层二变量为中国省域经济环境中的市场化进程、对外开放、金融发展、城市化、产业结构变迁。

（2）1998—2007 年中国省域工业经济增长基本影响要素的作用分析。基本影响要素的作用分析可由固定效应（变截距）模型分析得到。依据第三章第二节"效率型经济增长模型的应用步骤"中的固定效应模型，得到固定效应模型的结果，见表 6-9。

表 6-9 中国省域 1998-2007 工业经济增长变截距模型结果

固定效应	系数	标准误差	t 值	自由度	p 值
截距 1，β_{0j}					
截距 2，γ_{00}	7.8347	0.2032	38.5600	29	0.0000
lnEL 斜率，β_{1j}					
截距 2，γ_{10}	−0.1704	0.0574	−2.9700	297	0.0040
lnEK 斜率，β_{2j}					
截距 2，γ_{20}	0.3283	0.0512	6.4070	297	0.0000
随机效应	标准误差	方差成分	自由度	卡方值	p 值
截距，u_0	1.1316	1.2805	29	49751.44	0.0000
层一，r	0.0864	0.0075			

由表 6-9 的固定效应部分可知，基本影响因素 lnEL 的系数均值为负向显著、lnEK 的系数均值为正向显著，即劳动力的增加将抑制中国省域工业经济增长，资本投入增加将促进中国省域经济增长。其中，劳动力增加 1%，经济增长将降低 0.1704%；资本投入增加 1%，经济增长将增加 0.3283%。由表 6-9 的随机效应部分可知，将劳动力投入、资本投入引入层一模型中，层一方差得到较好的解释，由零模型结果表 6-8 中的 0.1144 减少到固定效应模型结果表 6-9 的 0.0075，表明 1998-2007 年中国省域工业的劳动力投入、资本投入能较好地解释省内工业总产值不同年度间的变化。

（3）1998—2007 年中国省域工业经济增长要素效率异质性检验。要素效率异质性的检验可由随机效应（变系数）模型分析得到。依据第三章第二节"效率型经济增长模型的应用步骤"中的随机效应模型，得到随机效应模型的结果，见表 6-10。

表 6-10 中国省域 1998—2007 年工业经济增长随机效应结果

固定效应	系数	标准误差	t 值	自由度	p 值
截距 1，β_{0j}					
截距 2，γ_{00}	7.8347	0.2032	38.56	29	0.0000
lnEL 斜率，β_{1j}					
截距 2，γ_{10}	0.0317	0.0315	1.003	29	0.3240
lnEK 斜率，β_{2j}					
截距 2，γ_{20}	0.3586	0.0572	6.271	29	0.0000
随机效应	标准误差	方差成分	自由度	卡方值	p 值
截距，u_0	1.1318	1.2809	29	136259	0.0000
lnEL 斜率，u_1	0.1397	0.0195	29	44.14316	0.0350
lnEK 斜率，u_2	0.3093	0.0957	29	317.7402	0.0000
层一，r	0.0522	0.0027			

由表 6-10 的固定效应部分可知，劳动力投入、资本投入的系数与表 6-9 的相应系数有一定的差异，这是由于使用变截距模型与变系数模型不同造成的，多层统计分析侧重于随机系数模型的结果。在 1998-2007 年中国省域工业经济增长过程中，资本增加 1%，中国省域工业经济增长将增加 0.3586%；劳动力对中国省域工业经济增长的影响不显著。由表 6-10 的随机效应部分可知，

劳动力投入、资本投入的效率在各个省之间存在显著性差异，同时也表明截距、lnEL、lnEK 与 lnEY 之间的关系随着省份的不同而显著不同。

（4）1998—2007 年中国省域综合性因素对工业经济增长要素效率的作用分析。综合性因素对要素效率的作用分析可由全模型分析得到。依据第三章第二节"效率型经济增长模型的应用步骤"中的全模型，得到全模型的结果，见表6-11。

表6-11　中国省域 1998-2007 工业经济增长全模型结果

固定效应	系数	标准误差	t 值	自由度	p 值
截距 1, β_{0j}					
截距 2, γ_{00}	7.8347	0.0941	83.2800	24	0.0000
MAR, γ_{01}	0.6780	0.1380	4.9120	24	0.0000
FDI, γ_{02}	−0.3488	0.2559	−1.3000	24	0.1860
IE, γ_{03}	0.6064	0.4144	1.4630	24	0.1560
FS, γ_{04}	−0.4712	0.9004	−0.5230	24	0.6050
FI, γ_{05}	−0.7537	0.2828	−2.6660	24	0.0140
lnEL 斜率, β_{1j}					
截距 2, γ_{10}	0.0436	0.0281	1.5500	26	0.1330
TL, γ_{11}	−0.2576	0.3574	−0.7210	26	0.4770
URB, γ_{12}	−0.9620	0.4675	−2.5800	26	0.0490
FI, γ_{13}	0.2581	0.0878	2.9390	26	0.0070
lnEK 斜率, β_{2j}					
截距 2, γ_{20}	0.3498	0.0374	9.3580	25	0.0000
MAR, γ_{21}	−0.2286	0.0473	−4.8350	25	0.0000
URB, γ_{22}	0.7742	0.5123	1.5110	25	0.1430
FS, γ_{23}	−0.2610	0.2022	−1.2910	25	0.2090
FI, γ_{24}	−0.1582	0.1478	−1.7000	25	0.2950
随机效应	标准误差	方差成分	自由度	卡方值	p 值
截距, u_0	0.5738	0.3292	24	29253.99	0.0000
lnEL 斜率, u_1	0.0919	0.0084	26	32.92985	0.1640
lnEK 斜率, u_2	0.2037	0.0415	25	222.9591	0.0000
层一, r	0.0522	0.0027			

由表 6-11 的固定效应部分可得出以下结论：

①综合性因素对截距（剩余全要素生产率）的影响分析。市场化进程是正向显著影响因素，表明市场化程度高的省份剩余全要素生产率高。其具体影响程度为，市场化程度加快 1 个单位，全要素生产率将提高 0.678。之所以能促进全要素生产率的提高，是由于市场化进程的推进改善了资源配置效率。金融规模是负向显著影响因素，表明金融规模越大的省份全要素生产率越低。其具体影响程度为，金融规模扩大 0.1 个单位，全要素生产率将降低 0.07537。之所以会阻碍全要素生产率的提高，是由于中国当前以国有大银行为主导金融体系的发展模式对民营经济的发展产生了一定的挤出效应。

②综合性因素对劳动力产出效率的影响分析。金融规模为正向显著影响因素，表明金融规模均值大的省份劳动力产出效率均值大。其具体影响程度为，金融规模提高 0.1 个单位，劳动力产出效率将提高 0.02581。同时，由于劳动力系数与金融规模的系数符号相同，因而金融规模水平的提高将加强劳动力与 GDP 间的正向关系。城市化是负向显著影响因素，表明城市化程度高的省份劳动力效率低。其具体影响程度为，城市化提高 0.1 个单位，劳动力产出效率将降低 0.0962。同时，由于劳动力系数与城市化的系数符号相反，因而城市化水平的提高将削弱劳动力与 GDP 间的正向关系。

③综合性因素对资本产出效率的影响分析。市场化是负向显著影响因素，表明市场化程度高的省份资本产出效率低。其具体影响程度为，市场化程度加快 1 个单位，资本产出效率将降低 0.2286。同时，由于资本系数与市场化的系数符号相反，因而市场化的水平提高将削弱资本与 GDP 间的正向关系。

（5)1998—2007 年中国省域工业经济方差成分解释程度。由表 6-8 和表 6-9 的随机效应中的层一方差得到表 6-12 的原始总方差和条件总方差；表 6-10 和表 6-11 的随机效应中的层二方差之和得到表 6-12 的原始总方差和条件总方差。层一、层二的方差成分解释程度见表 6-12。

表 6-12　中国省域 1998—2007 年工业经济增长层一、层二的方差成分解释程度

层次	原始总方差	条件总方差	解释程度 /%
层一	0.1144	0.0075	93.44%
层二	1.3961	0.3791	72.84%

由表 6-12 可知，层一方差解释程度为 93.44%，层二方差解释程度为

72.84%，总体上层一解释变量对层一方差，层二解释变量对层二方差都有较好的解释。这表明构建的 1998—2007 年中国省域工业经济增长要素效率影响因素的实证分析模型较为合理。

（二）2008—2016 年时段

1. 描述统计

中国省域 2008—2006 工业经济增长层一、层二的描述统计结果见表 6-13。层二变量与第四章第一节"变量的选择与数据来源"相同，具体数值见表 4-19 中层二部分。

表 6-13　中国省域工业经济增长 2008—2016 年层一变量的样本统计值

变量层次	变量名称	样本数	均值	标准差	最小值	最大值
	lnEY	270	8.0800	1.0900	5.4300	9.7000
层一	lnEL	270	5.2400	1.1000	2.3900	7.3600
	lnEK	270	8.4400	0.8200	5.9700	10.2000

由于数据经过不变价处理且取了对数，因而省内各年度间变量值差异不大。由表 6-13 各层一变量的标准差、最小值、最大值可知，2008—2016 年中国省域工业经济增长层一变量的国内生产总值对数、资本投入对数、劳动力投入对数在不同省之间存在较大的差异。

2. 实证结果分析

（1）2008—2016 年中国省域工业经济增长的变异分解。2008—2016 年，中国省域工业经济增长的均值在不同省之间是否有显著性差异？差异由层一和层二所产生的影响各占多大比例？运用多层统计模型的零模型可以回答上述问题。依据层二所产生影响的占比（组内相关系数）大小决定是否将层二变量引入模型中。依据第三章第二节"效率型经济增长模型的应用步骤"中的零模型，得到零模型的结果，见表 6-14。

表 6-14　中国省域 2008—2016 年工业经济增长均值与变异的分解结果

固定效应	系数	标准误差	t 值	自由度	p 值
截距 1，β_{0j}					
截距 2，γ_{00}	8.0753	0.1988	40.6230	29	0.0000

续　表

随机效应	标准误差	方差成分	自由度	卡方值	p 值
截距，u_0	1.1072	1.2259	29	70994.1400	0.0000
层一，r	0.0672	0.0145			

由表 6-14 固定效应部分可知，2008—2016 年中国省域 30 个省的对数工业总产值（lnEY）均值为 8.0753；由零模型的随机效应部分的卡方检验结构可知，30 个省的对数工业总产值均值有显著性差异，而差异的度量可由组内相关系数 $\rho = 1.2259/（1.2259+ 0.0145）=98.83\%$ 给出，即 1998—2007 年中国省域 30 个省工业总产值对数平均值的差异有 98.83% 需要用二层变量来解释，只有 1.17% 的差异可以用层一变量来解释，从而说明在研究 2008-2016 年中国省域工业经济增长时，必须引入层二变量。层二变量为中国省域经济环境中的市场化进程、对外开放、金融发展、城市化、产业结构变迁。

（2）2008—2016 年中国省域工业经济增长基本影响要素的作用分析。基本影响要素的作用分析，可由固定效应（变截距）模型分析得到。依据第三章第二节"效率型经济增长模型的应用步骤"中的固定效应模型，得到固定效应模型的结果，见表 6-15。

表 6-15　中国省域 2008—2016 年工业经济增长变截距模型结果

固定效应	系数	标准误差	t 值	自由度	p 值
截距 1，β_{0j}					
截距 2，γ_{00}	8.0753	0.1988	40.6230	29	0.0000
lnEL 斜率，β_{1j}					
截距 2，γ_{10}	0.2769	0.0646	4.2870	267	0.0000
lnEK 斜率，β_{2j}					
截距 2，γ_{20}	−0.0949	0.0222	−4.2830	267	0.0000
随机效应	标准误差	方差成分	自由度	卡方值	p 值
截距，u_0	1.1072	1.2259	29	82875.0012	0.0000
层一，r	0.0622	0.0039			

由表 6-15 的固定效应部分可知，基本影响因素 lnEL 的系数均值为正向显著、lnEK 的系数值为负向显著，即劳动力的增加将促进 2008—2016 年中国

省域工业经济增长，资本投入的增加将抑制中国省域经济增长。其中，劳动力增加 1%，经济增长将增加 0.2769%；资本投入增加 1%，经济增长将降低 0.0949%。由表 6-15 的随机效应部分可知，将劳动力投入、资本投入引入层一模型中，层一方差得到较好的解释，由零模型结果表 6-14 中的 0.0145 减少到固定效应模型结果表 6-15 的 0.0039，表明 2008—2016 年中国省域工业的劳动力投入、资本投入能较好地解释省内工业总产值不同年度间的变化。

（3）2008—2016 年中国省域工业经济增长要素效率异质性检验。要素效率异质性的检验可由随机效应（变系数）模型分析得到。依据第三章第二节"效率型经济增长模型的应用步骤"中的随机效应模型，得到随机效应模型的结果，见表 6-16。

表 6-16　中国省域 2008—2016 年工业经济增长随机效应结果

固定效应	系数	标准误差	t 值	自由度	p 值
截距 1，β_{0j}					
截距 2，γ_{00}	8.0753	0.1988	40.6230	29	0.0000
lnEL 斜率，β_{1j}					
截距 2，γ_{10}	0.3668	0.0589	6.2320	29	0.0000
lnEK 斜率，β_{2j}					
截距 2，γ_{20}	−0.1210	0.0224	−5.4200	29	0.0000
随机效应	标准误差	方差成分	自由度	卡方值	p 值
截距，u_0	1.1072	1.2260	29	92837.38	0.0000
lnEL 斜率，u_1	0.2043	0.0417	29	52.2627	0.0050
lnEK 斜率，u_2	0.0797	0.0064	29	43.72337	0.0390
层一，r	0.0587	0.0035			

由表 6-16 的固定效应部分可知，劳动力投入、资本投入的系数与表 6-15 的相应系数有一定的差异，这是由于使用变截距模型与变系数模型不同造成的，多层统计分析侧重于随机系数模型的结果。在 2008—2016 年中国省域工业经济增长过程中，劳动力增加 1%，经济增长将增加 0.3688%；资本投入增加 1%，经济增长将降低 0.1210%。由表 6-15 的随机效应部分可知，劳动力投入、资本投入的效率在各个省之间存在显著性差异，同时表明截距、lnEL、lnEK 与 lnEY 之间的关系在 2008—2016 年随着省份的不同而显著不同。

（4）2008—2016 年中国省域综合性因素对工业经济增长要素效率的作用分析。综合性因素对要素效率的作用分析可由全模型分析得到。依据第三章第二节"效率型经济增长模型的应用步骤"中的全模型，得到全模型的结果，见表6-17。

表6-17　中国省域2008—2016 年工业经济增长全模型结果

固定效应	系数	标准误差	t 值	自由度	p 值
截距1，β_{0j}					
截距2，γ_{00}	8.0753	0.0997	81.0130	24	0.0000
MAR，γ_{01}	0.4596	0.0952	4.8260	24	0.0000
FDI，γ_{02}	−1.5922	0.3055	−5.2120	24	0.0000
IE，γ_{03}	1.5371	0.6840	2.2470	24	0.0340
FS，γ_{04}	1.0602	0.4653	2.2790	24	0.0320
FI，γ_{05}	−0.6695	0.1427	−4.6920	24	0.0000
lnEL 斜率，β_{1j}					
截距2，γ_{10}	0.3939	0.0720	5.4690	26	0.0000
TL，γ_{11}	0.7323	0.2765	2.6480	26	0.0140
URB，γ_{12}	0.3735	0.6453	0.5790	26	0.5670
FI，γ_{13}	−0.0385	0.0554	−0.6950	26	0.4930
lnEK 斜率，β_{2j}					
截距2，γ_{20}	−0.1344	0.0249	−5.4040	25	0.0000
MAR，γ_{21}	−0.0023	0.0151	−0.1490	25	0.8830
URB，γ_{22}	0.0629	0.3866	0.1630	25	0.8720
FS，γ_{23}	0.0761	0.0371	2.0490	25	0.0510
FI，γ_{24}	−0.0191	0.0203	−0.9390	25	0.3570

随机效应	标准误差	方差成分	自由度	卡方值	p 值
截距，u_0	0.6080	0.3696	24	23427.54	0.0000
lnEL 斜率，u_1	0.2339	0.0547	26	51.82585	0.0020
lnEK 斜率，u_2	0.0969	0.0094	25	44.00947	0.0110
层一，r	0.0586	0.0034			

由表 6-17 的固定效应部分可知，①综合性因素对截距（剩余全要素生产率）的影响分析。市场化进程、对外贸易、金融结构是正向显著影响因素，表明市场化程度高、对外贸易水平高、金融结构水平高的省份剩余全要素生产率高。其具体影响程度为，市场化程度加快 1 个单位，全要素生产率将提高 0.4596；对外贸易提高 0.1 个单位，全要素生产率将提高 0.15371；金融结构水平提高 0.1 个单位，全要素生产率将提高 0.10602。之所以能促进全要素生产率的提高，是由于市场化进程的推进改善了资源配置效率；进口可以通过"干中学"提升工人的技术水平；金融结构水平的提高可以改善资本配置效率。外商直接投资、金融规模是负向显著影响因素，表明外商直接投资越多、金融规模越大的省份全要素生产率越低。其具体影响程度为，外商直接投资提高 0.1 个单位，全要素生产率将降低 0.15922；金融规模扩大 0.1 个单位，全要素生产率将降低 0.06695。之所以会阻碍全要素生产率的提高，是由于外商直接投资对国内投资具有一定的挤出效应；中国当前以国有大银行为主导的金融体系的发展模式对民营经济发展产生了一定的挤出效应。

②综合性因素对劳动力产出效率的影响分析。产业结构合理化为正向显著影响因素，表明产业结构合理化均值大的省份劳动力产出效率均值大；具体影响程度为，产业结构合理化程度提高 0.1 个单位，劳动力产出效率将提高 0.07323。同时，由于劳动力系数与产业结构合理化的系数符号相同，因而产业结构合理化水平的提高将加强劳动力与 GDP 间的正向关系。之所以能促进劳动力产出效率的提高，是由于产业结构合理化能促进要素更合理的流动。

③综合性因素对资本产出效率的影响分析。金融结构是正向显著影响因素，表明金融结构程度高的省份资本产出效率高。其具体影响程度为，金融结构提高 0.1 个单位，资本产出效率将增加 0.00761。同时，由于资本系数与金融结构的系数符号相同，因而金融结构水平的提高将加强资本与 GDP 间的正向关系。之所以能促进资本产出效率的提高，是由于金融结构水平的提高能促进资本更合理的流动。

（5）2008—2016 年中国省域工业经济方差成分解释程度。由表 6-14 和表 6-15 的随机效应中的层一方差得到表 6-18 的原始总方差和条件总方差，表 6-16 和表 6-17 的随机效应中的层二方差之和得到表 6-18 的原始总方差和条件总方差。层一、层二的方差成分解释程度见表 6-18。

表6-18　中国省域2008—2016年工业经济增长层一、层二的方差成分解释程度

层次	原始总方差	条件总方差	解释程度/%
层一	0.0145	0.0039	73.10%
层二	1.2741	0.4337	65.96%

由表6-18可知，层一方差解释程度为73.10%，层二方差解释程度为65.96%，总体上层一解释变量对层一方差，层二解释变量对层二方差都有较好的解释。这表明构建的2008—2016年中国省域工业经济增长要素效率影响因素的实证分析模型较为合理。

三、中国省域工业经济增长要素效率综合性影响因素的区域性分析

（一）东部区域分析

1.描述统计

中国省域东部区域工业经济增长层一变量的描述统计结果见表6-19。层二变量与第四章第一节中"变量的选择与数据来源"相同，具体数值见表4-19中层二部分。

表6-19　中国省域东部区域的层一变量的样本统计值

变量层次	变量名称	样本数	均值	标准差	最小值	最大值
	lnEY	228	8.4700	1.1400	5.4300	9.7000
层一	lnEL	228	5.5300	1.1900	2.3900	7.3600
	lnEK	228	8.2600	1.0600	5.1600	10.2000

由于数据经过不变价处理且取了对数，因而省内各年度间变量值差异不大。由表6-19各层一变量的标准差、最小值、最大值可知，1998—2016年中国省域东部工业经济增长层一变量的国内生产总值对数、资本投入对数、劳动力投入对数在不同省之间存在较大的差异。

2.实证结果分析

（1）东部地区工业经济增长不同省之间的变异分解。东部地区各省工业经济增长的均值在不同省之间是否有显著性差异及差异由层一和层二所产生的影响各占多大比例仍需运用零模型分析，零模型的结果见表6-20。

表6-20　东部工业经济增长均值与变异的分解结果

固定效应	系数	标准误差	t 值	自由度	p 值
截距1，β_{0j}					
截距2，γ_{00}	8.4695	0.3260	25.9830	11	0.0000
随机效应	标准误差	方差成分	自由度	卡方值	p 值
截距，u_0	1.1791	1.3903	11	24538.7700	0.0000
层一，r	0.1088	0.0219			

由表6-20固定效应部分可知，中国省域东部12个省的对数工业总产值（lnEY）均值为8.4695；由零模型的随机效应部分的卡方检验结构可知，12个省的对数工业总产值均值有显著性差异，而差异的度量可由组内相关系数 ρ = 1.3903/（1.3903+ 0.0219）=98.45% 给出，即中国省域东部12个省工业总产值对数平均值的差异有98.44%需要用二层变量来解释，只有1.55%差异可以用层一变量来解释，从而说明在研究中国省域东部区域工业经济增长时，必须引入层二变量。层二变量为中国省域东部区域经济环境中的市场化进程、对外开放、金融发展、城市化、产业结构变迁。

（2）东部地区工业经济增长基本影响要素的作用分析。东部地区基本要素对工业经济增长的影响，可由固定效应（变截距）模型分析得到，固定效应模型的结果见表6-21。

表6-21　东部工业经济增长变截距模型结果

固定效应	系数	标准误差	t 值	自由度	p 值
截距1，β_{0j}					
截距2，γ_{00}	8.4695	0.3260	25.9830	11	0.0000
lnEL 斜率，β_{1j}					
截距2，γ_{10}	0.0019	0.0609	0.0310	225	0.9760
lnEK 斜率，β_{2j}					
截距2，γ_{20}	0.1173	0.0452	2.5990	225	0.0100
随机效应	标准误差	方差成分	自由度	卡方值	p 值
截距，u_0	1.1792	1.3906	11	39280.5600	0.0000
层一，r	0.0860	0.0074			

由表6-21的固定效应部分可知，基本影响因素lnEK的系数值为正向显著，即资本投入的增加将促进中国省域东部区域工业经济增长；资本投入增加1%，经济增长将增加0.1173%。劳动力对中国省域东部区域工业经济增长的影响不显著。由表6-21的随机效应部分可知，将劳动力投入、资本投入引入到层一模型中，层一方差得到较好的解释，由零模型结果表6-20中的0.0219减少到固定效应模型结果表6-21的0.0074，表明中国省域东部区域工业的劳动力投入、资本投入能较好地解释省内工业总产值不同年度间的变化。

（3）东部地区工业经济增长要素效率异质性检验。东部地区要素效率异质性的检验可由随机效应（变系数）模型分析得到，随机效应模型的结果见表6-22。

表6-22 东部工业经济增长随机效应结果

固定效应	系数	标准误差	t 值	自由度	p 值
截距1，β_{0j}					
截距2，γ_{00}	8.4695	0.3260	25.9830	11	0.0000
lnEL 斜率，β_{1j}					
截距2，γ_{10}	0.0578	0.0348	1.6590	11	0.1250
lnEK 斜率，β_{2j}					
截距2，γ_{20}	0.0951	0.0377	2.5250	11	0.0280
随机效应	标准误差	方差成分	自由度	卡方值	p 值
截距，u_0	1.1793	1.3908	11	93710.65	0.0000
lnEL 斜率，u_1	0.0640	0.0041	11	23.80804	0.0140
lnEK 斜率，u_2	0.1274	0.0162	11	106.8021	0.0000
层一，r	0.0557	0.0031			

由表6-22的固定效应部分可知，劳动力投入、资本投入的系数与表6-21的相应系数有一定的差异，这是由于使用变截距模型与变系数模型不同造成的，多层统计分析侧重于随机系数模型的结果。在中国省域东部区域工业经济增长过程中，资本增加1%，中国省域东部工业经济增长将增加0.0951%；劳动力对中国省域东部区域工业经济增长的影响不显著。由表6-22的随机效应部分可知，劳动力投入、资本投入的效率在各个省之间存在显著性差异，同时表明了截距、lnEL、lnEK与lnEY之间的关系在中国省域东部区域随着省份的不同而显著不同。

（4）东部地区综合性因素对工业经济增长要素效率的影响分析。综合性因素对要素效率的影响分析可由全模型分析得到，全模型的结果见表6-23。

表6-23　东部工业经济增长全模型结果

固定效应	系数	标准误差	t 值	自由度	p 值
截距 1，β_{0j}					
截距 2，γ_{00}	8.4695	0.1647	51.4260	6	0.0000
MAR，γ_{01}	0.8257	0.2205	3.7440	6	0.0120
FDI，γ_{02}	−1.5470	0.3406	−4.5430	6	0.0040
IE，γ_{03}	0.3481	0.4815	0.7230	6	0.4970
FS，γ_{04}	1.5253	0.8800	1.7330	6	0.1330
FI，γ_{05}	−0.6962	0.2606	−2.6720	6	0.0370
lnEL 斜率，β_{1j}					
截距 2，γ_{10}	0.1114	0.0877	1.2690	8	0.2400
TL，γ_{11}	0.9627	0.6963	1.3830	8	0.2040
URB，γ_{12}	−0.3959	0.9742	−0.4060	8	0.6950
FI，γ_{13}	0.0693	0.1130	0.6130	8	0.5560
lnEK 斜率，β_{2j}					
截距 2，γ_{20}	0.0932	0.0433	2.1540	7	0.0680
MAR，γ_{21}	−0.0419	0.0398	−1.0540	7	0.3270
URB，γ_{22}	−0.4297	0.4893	−0.8780	7	0.4090
FS，γ_{23}	−0.2954	0.1725	−1.7130	7	0.1300
FI，γ_{24}	0.0869	0.0818	1.0620	7	0.3240
随机效应	标准误差	方差成分	自由度	卡方值	p 值
截距，u_0	0.5704	0.3253	6	16410.9800	0.0000
lnEL 斜率，u_1	0.2765	0.0764	8	35.4000	0.0000
lnEK 斜率，u_2	0.1417	0.0201	7	69.8579	0.0000
层一，r	0.0541	0.0029			

由表6-23的固定效应部分可知，（1）综合性因素对截距（剩余全要素生产率）的影响，市场化进程是正向显著影响因素，表明市场化程度高的省份剩余全要素生产率高。其具体影响程度为，市场化程度加快1个单位，全要素生

产率将提高 0.8257。之所以能促进全要素生产率的提高，是由于市场化进程的推进改善了资源配置效率。外商直接投资、金融规模是负向显著影响因素，表明外商直接投资越多、金融规模越大的省份全要素生产率越低。其具体影响程度为，外商直接投资提高 0.1 个单位，全要素生产率将降低 0.1547；金融规模扩大 0.1 个单位，全要素生产率将降低 0.06962。之所以会阻碍全要素生产率的提高，是由于外商直接投资对国内投资具有一定的挤出效应；中国当前以国有大银行为主导金融体系的发展模式对民营经济的发展产生了一定的挤出效应。

（5）东部地区省域工业经济方差成分解释程度。由表 6-20 和表 6-21 的随机效应中的层一方差得到表 6-24 的原始总方差和条件总方差；表 6-22 和表 6-23 的随机效应中的层二方差之和得到表 6-24 的原始总方差和条件总方差。层一、层二的方差成分解释程度见表 6-24。

表 6-24　东部地区省域工业经济增长层一、层二的方差成分解释程度

层次	原始总方差	条件总方差	解释程度 /%
层一	0.0219	0.0074	66.21%
层二	1.4111	0.4218	70.11%

由表 6-24 可知，层一方差解释程度为 66.21%，层二方差解释程度为 70.11%，总体上层一解释变量对层一方差，层二解释变量对层二方差都有较好的解释。这表明构建的中国省域东部区域工业经济增长要素效率影响因素的实证分析模型较为合理。

（二）中部区域分析

1. 描述统计

中国省域中部区域工业经济增长层一变量的描述统计结果见表 6-25。层二变量与第四章第一节中"变量的选择与数据来源"相同，具体数值见表 4-25 中层二变量部分。

表 6-25　中国省域中部区域的层一变量的样本统计值

变量层次	变量名称	样本数	均值	标准差	最小值	最大值
	lnEY	171	8.2000	0.5900	7.0400	9.1600
层一	lnEL	171	5.2500	0.4900	4.2800	6.5900
	lnEK	171	7.9500	0.7000	6.5300	9.7200

由于数据经过不变价处理且取了对数，因而省内各年度间变量值差异不大；由表 6-25 各层一变量的标准差、最小值、最大值可知，1998-2016 年中国省域中部区域工业经济增长层一变量的国内生产总值对数、资本投入对数、劳动力投入对数在不同省之间存在较大的差异。

2. **实证结果分析**

（1）中部地区工业经济增长不同省之间的变异分解。中部地区各省工业经济增长的均值在不同省之间是否有显著性差异及差异由层一和层二所产生的影响各占多大比例仍需运用零模型分析，零模型的结果见表 6-26。

表 6-26　中部工业经济增长均值与变异的分解结果

固定效应	系数	标准误差	t 值	自由度	p 值
截距 1，β_{0j}					
截距 2，γ_{00}	8.1993	0.1856	44.1800	8	0.0000
随机效应	**标准误差**	**方差成分**	**自由度**	**卡方值**	**p 值**
截距，u_0	0.5887	0.3466	8	1275.4560	0.0000
层一，r	0.2039	0.0416			

由表 6-26 固定效应部分可知，中国省域中部 9 个省的对数工业总产值（lnEY）均值为 8.1993；由零模型的随机效应部分的卡方检验结构可知，9 个省的对数工业总产值均值有显著性差异，而差异的度量可由组内相关系数 ρ = 0.3466（0.3466+ 0.0416）=89.28% 给出，即中国省域中部 9 个省工业总产值对数平均值的差异有 89.28% 需要用二层变量来解释，只有 10.72% 的差异可以用层一变量来解释，从而说明在研究中国省域中部区域工业经济增长时，必须引入层二变量。层二变量为中国省域中部区域经济环境中的市场化进程、对外开放、金融发展、城市化、产业结构变迁。

（2）中部地区工业经济增长基本影响要素的作用分析。中部地区基本要素对工业经济增长的影响，可由固定效应（变截距）模型分析得到，固定效应模型的结果见表 6-27。

表6-27　中部工业经济增长变截距模型结果

固定效应	系数	标准误差	t 值	自由度	p 值
截距 1，β_{0j}					
截距 2，γ_{00}	8.1993	0.1856	44.1800	8	0.0000
lnEL 斜率，β_{1j}					
截距 2，γ_{10}	−0.1451	0.1412	−1.0270	168	0.3060
lnEK 斜率，β_{2j}					
截距 2，γ_{20}	0.2924	0.0608	4.8110	168	0.0000
随机效应	标准误差	方差成分	自由度	卡方值	p 值
截距，u_0	0.5899	0.3480	8	3639.7360	0.0000
层一，r	0.1207	0.0046			

　　由表6-27的固定效应部分可知，基本影响因素lnEK的系数值为正向显著，即资本投入增加将促进中国省域中部区域工业经济增长；资本投入增加1%，经济增长将增加0.2924%。劳动力对中国省域中部区域工业经济增长的影响不显著。由表6-27的随机效应部分可知，将劳动力投入、资本投入引入层一模型中，层一方差得到较好解释，由零模型结果表6-26中的0.0416减少到固定效应模型结果表6-27的0.0046，表明中国省域中部区域工业的劳动力投入、资本投入能较好地解释省内工业总产值不同年度间的变化。

　　（3）中部地区工业经济增长要素效率异质性检验。中部地区要素效率异质性的检验可由随机效应（变系数）模型分析得到，随机效应模型的结果见表6-28。

表6-28　中部工业经济增长随机效应结果

固定效应	系数	标准误差	t 值	自由度	p 值
截距 1，β_{0j}					
截距 2，γ_{00}	8.1993	0.1856	44.1800	8	0.0000
lnEL 斜率，β_{1j}					
截距 2，γ_{10}	0.0970	0.2197	0.4420	8	0.6700
lnEK 斜率，β_{2j}					
截距 2，γ_{20}	0.2474	0.0412	5.9980	8	0.0000

续　表

随机效应	标准误差	方差成分	自由度	卡方值	p 值
截距，u_0	0.5902	0.3483	8	6581.893	0.0000
lnEL 斜率，u_1	0.6756	0.4565	8	57.24671	0.0000
$LNEK$ 斜率，u_2	0.1144	0.1309	8	31.39791	0.0000
层一，r	0.0897	0.0081			

由表 6-28 的固定效应部分可知，劳动力投入、资本投入的系数与表 6-27 的相应系数有一定的差异，这是由于使用变截距模型与变系数模型不同造成的，多层统计分析侧重于随机系数模型的结果。在中国省域中部区域工业经济增长过程中，资本增加 1%，中国省域中部工业经济增长将增加 0.2474%；劳动力对中国省域东部区域工业经济增长的影响不显著。由表 6-28 的随机效应部分可知，劳动力投入、资本投入的效率在各个省之间存在显著性差异，同时表明截距、lnEL、lnEK 与 lnEY 之间的关系在中国省域中部区域随着省份的不同而显著不同。

（4）中部地区综合性因素对工业经济增长要素效率的影响分析。综合性因素对要素效率的影响分析可由全模型分析得到，全模型的结果见表 6-29。

表 6-29　中部工业经济增长全模型结果

固定效应	系数	标准误差	t 值	自由度	p 值
截距 1，β_{0j}					
截距 2，γ_{00}	8.1993	0.1763	46.5130	3	0.0000
MAR，γ_{01}	1.2060	0.4085	2.9520	3	0.0670
FDI，γ_{02}	−2.6409	1.7590	−1.5010	3	0.2290
IE，γ_{03}	−12.3168	5.1693	−2.3830	3	0.0870
FS，γ_{04}	−2.8455	2.2194	−1.2820	3	0.2900
FI，γ_{05}	1.8169	1.0842	1.6760	3	0.1900
lnEL 斜率，β_{1j}					
截距 2，γ_{10}	0.1098	0.2159	0.5090	5	0.6320
TL，γ_{11}	4.0920	1.3946	2.9340	5	0.0340
URB，γ_{12}	−4.9131	3.1876	−1.5410	5	0.1840

固定效应	系数	标准误差	t 值	自由度	p 值
FI，γ_{13}	1.6786	0.8126	2.0660	5	0.0920
lnEK 斜率，β_{2j}					
截距 2，γ_{20}	0.2607	0.0559	4.6640	4	0.0090
MAR，γ_{21}	−0.1596	0.0959	−1.6640	4	0.1700
URB，γ_{22}	−0.4252	0.7511	−0.5660	4	0.6010
FS，γ_{23}	−0.8646	0.5553	−1.5570	4	0.1940
FI，γ_{24}	−0.0042	0.2588	−0.0160	4	0.9880
随机效应	标准误差	方差成分	自由度	卡方值	p 值
截距，u_0	0.5285	0.1793	3	122.8799	0.0000
lnEL 斜率，u_1	0.6170	0.2807	5	105.6540	0.0000
lnEK 斜率，u_2	0.1498	0.0224	4	36.0920	0.0000
层一，r	0.0890	0.0079			

由表 6-29 的固定效应部分可得出以下结论：

①综合性因素对截距（剩余全要素生产率）的影响分析。市场化进程是正向显著影响因素，表明市场化程度高的省份剩余全要素生产率高。其具体影响程度为，市场化程度加快 1 个单位，全要素生产率将提高 1.2060。之所以能促进全要素生产率的提高，是由于市场化进程的推进改善了资源配置效率。对外贸易是负向显著影响因素，表明对外贸易水平越高的省份全要素生产率越低。其具体影响程度为，对外贸易提高 0.1 个单位，全要素生产率将降低 1.23168。之所以会阻碍全要素生产率的提高，是由于进口贸易对国内相关生产企业具有一定的挤出效应。

②综合性因素对劳动力产出效率的影响分析。产业结构合理化、金融规模为正向显著影响因素。表明产业结构合理化、金融规模均值大的省份劳动力产出效率均值大。其具体影响程度为，产业结构高级化程度提高 0.1 个单位，劳动产出效率将提高 0.4092；金融规模水平提高 0.1 个单位，劳动产出效率将提高 0.16786。同时，由于劳动力系数与产业结构合理化、金融规模的系数符号相同，因而产业结构合理化、金融规模水平的提高将加强劳动力与 GDP 间的正向关系。

（5）中部地区省域工业经济方差成分解释程度。由表 6-26 和表 6-27 的随机效应中的层一方差得到表 6-30 的原始总方差和条件总方差；表 6-28 和表 6-29 的随机效应中的层二方差之和得到表 6-30 的原始总方差和条件总方差。层一、层二的方差成分解释程度见表 6-30。

表 6-30　中部地区省域工业经济增长层一、层二的方差成分解释程度

层次	原始总方差	条件总方差	解释程度 /%
层一	0.0416	0.0046	88.94%
层二	0.8048	0.4824	40.59%

由表 6-30 可知，层一方差解释程度为 88.94%，层二方差解释程度为 40.59%，总体上层一解释变量对层一方差，层二解释变量对层二方差都有较好的解释。这表明构建的中国省域中部区域工业经济增长要素效率影响因素的实证分析模型较为合理。

（三）西部区域分析

1. 描述统计

中国省域西部区域工业经济增长层一、层二的描述统计结果见表 6-31。层二变量与第四章第一节中"变量的选择与数据来源"相同，具体数值见表 4-1 中层二部分。

表 6-31　中国省域西部区域的层一变量的样本统计值

变量层次	变量名称	样本数	均值	标准差	最小值	最大值
	lnEY	171	7.0000	0.8600	5.2000	8.4700
层一	lnEL	171	4.2800	0.8100	2.6000	5.9700
	lnEK	171	7.3100	0.8600	5.3400	9.3200

由于数据经过不变价处理且取了对数，因而省内各年度间变量值差异不大；由表 6-31 各层一变量的标准差、最小值、最大值可知，1998—2016 年中国省域西部工业经济增长层一变量的国内生产总值对数、资本投入对数、劳动力投入对数在不同省之间存在较大的差异。

2. 实证结果分析

（1）西部地区工业经济增长不同省之间的变异分解。西部地区各省工业经济增长的均值在不同省之间是否有显著性差异及差异由层一和层二所产生的影

响各占多大比例仍需运用零模型分析，零模型的结果见表6-32。

表6-32　西部工业经济增长均值与变异的分解结果

固定效应	系数	标准误差	t 值	自由度	p 值
截距1，β_{0j}					
截距2，γ_{00}	7.0038	0.2783	25.1700	8	0.0000
随机效应	标准误差	方差成分	自由度	卡方值	p 值
截距，u_0	0.8841	0.7816	8	2609.8590	0.0000
层一，r	0.2137	0.1457			

由表6-32固定效应部分可知，中国省域西部9个省的对数工业总产值（lnEY）均值为7.0038；由零模型的随机效应部分的卡方检验结构可知，9个省的对数工业总产值均值有显著性差异，而差异的度量可由组内相关系数$\rho=$ 0.7816/（0.7816+ 0.1457）=84.29% 给出，即中国省域西部9个省工业总产值对数平均值的差异有84.28%需要用二层变量来解释，只有15.71%的差异可以用层一变量来解释，从而说明在研究中国省域西部区域工业经济增长时，必须引入层二变量。层二变量为中国省域西部区域经济环境中的市场化进程、对外开放、金融发展、城市化、产业结构变迁。

（2）西部地区工业经济增长基本影响要素的作用分析。西部地区基本要素对工业经济增长的影响可由固定效应（变截距）模型分析得到，固定效应模型的结果见表6-33。

表6-33　西部工业经济增长变截距模型结果

固定效应	系数	标准误差	t 值	自由度	p 值
截距1，β_{0j}					
截距2，γ_{00}	7.0038	0.2783	25.1700	8	0.0000
lnEL 斜率，β_{1j}					
截距2，γ_{10}	−0.2483	0.0740	−3.3550	168	0.0010
lnEK 斜率，β_{2j}					
截距2，γ_{20}	0.2875	0.0345	8.3460	168	0.0000
随机效应	标准误差	方差成分	自由度	卡方值	p 值
截距，u_0	0.8848	0.7830	8	6196.574	0.0000
层一，r	0.1387	0.0192			

由表 6-33 的固定效应部分可知，基本影响因素 $LNEK$ 的系数值为正向显著，即资本投入增加将促进中国省域西部区域工业经济增长；资本投入增加 1%，经济增长将增加 0.2875%。lnEL 的系数值为负向显著，即劳动力增加将抑制中国省域西部区域工业经济增长；劳动力投入增加 1%，经济增长将降低 0.2483%。由表 6-33 的随机效应部分可知，将劳动力投入、资本投入引入层一模型中，层一方差得到较好的解释，由零模型结果表 6-32 中的 0.1457 减少到固定效应模型结果表 6-33 的 0.0192，表明中国省域西部区域工业的劳动力投入、资本投入能较好地解释省内工业总产值不同年度间的变化。

（3）西部地区工业经济增长要素效率异质性检验。西部地区要素效率异质性的检验可由随机效应（变系数）模型分析得到，随机效应模型的结果见表 6-34。

表 6-34　西部工业经济增长随机效应结果

固定效应	系数	标准误差	t 值	自由度	p 值
截距 1，β_{0j}					
截距 2，γ_{00}	7.0038	0.2783	25.1700	8	0.0000
lnEL 斜率，β_{1j}					
截距 2，γ_{10}	−0.0953	0.1089	−0.8760	8	0.4070
lnEK 斜率，β_{2j}					
截距 2，γ_{20}	0.2425	0.0522	4.6500	8	0.0010
随机效应	标准误差	方差成分	自由度	卡方值	p 值
截距，u_0	0.8850	0.7831	8	7771.481	0.0000
lnEL 斜率，u_1	0.1885	0.0355	8	18.96039	0.0150
lnEK 斜率，u_2	0.1452	0.0211	8	36.21803	0.0000
层一，r	0.1238	0.0153			

由表 6-34 的固定效应部分可知，劳动力投入、资本投入的系数与表 6-33 的相应系数有一定的差异，是由于使用变截距模型与变系数模型不同造成的，多层统计分析侧重于随机系数模型的结果。在中国省域西部区域工业经济增长过程中，资本增加 1%，中国省域西部工业经济增长将增加 0.2425%；劳动力对中国省域西部区域工业经济增长的影响不显著。由表 6-34 的随机效应部分可知，劳动力投入、资本投入的效率在各个省之间存在显著性差异，同时表明截距、lnEL、lnEK 与 lnEY 之间的关系在中国省域西部区域随着省份的不同而显著不同。

（4）西部地区综合性因素对工业经济增长要素效率的影响分析。综合性因素对要素效率的影响分析可由全模型分析得到，全模型的结果见表 6-35。

表 6-35　西部工业经济增长全模型结果

固定效应	系数	标准误差	t 值	自由度	p 值
截距 1，β_{0j}					
截距 2，γ_{00}	7.0038	0.1626	43.0820	3	0.0000
MAR，γ_{01}	0.2445	0.3323	0.7360	3	0.5150
FDI，γ_{02}	−2.6336	3.6040	−0.7310	3	0.5180
IE，γ_{03}	−1.3113	4.2699	−0.3070	3	0.7790
FS，γ_{04}	2.1553	1.7287	1.2470	3	0.3010
FI，γ_{05}	−2.6658	1.1685	−2.2810	3	0.0960
lnEL 斜率，β_{1j}					
截距 2，γ_{10}	−0.0863	0.1696	−0.5090	5	0.6320
TL，γ_{11}	−0.9918	1.9417	−0.5110	5	0.6310
URB，γ_{12}	0.8772	3.6015	0.2440	5	0.8170
FI，γ_{13}	−0.1217	0.5417	−0.2250	5	0.8310
lnEK 斜率，β_{2j}					
截距 2，γ_{20}	0.2168	0.0371	5.8380	4	0.0000
MAR，γ_{21}	−0.1664	0.0684	−2.4320	4	0.0680
URB，γ_{22}	0.4760	0.7932	0.6000	4	0.5800
FS，γ_{23}	0.3428	0.2453	1.3970	4	0.2350
FI，γ_{24}	−0.3675	0.1598	−2.2990	4	0.0790
随机效应	标准误差	方差成分	自由度	卡方值	p 值
截距，u_0	0.4869	0.2371	3	1033.0638	0.0000
lnEL 斜率，u_1	0.3944	0.1555	5	17.0801	0.0050
lnEK 斜率，u_2	0.0556	0.0031	4	8.5785	0.0720
层一，r	0.1215	0.0148			

由表 6-35 的固定效应部分可得出以下结论：

①综合性因素对截距（剩余全要素生产率）的影响分析。金融规模是负向显著影响因素，表明金融规模越大的省份全要素生产率越低。其具体影响程度为，金融规模扩大 0.1 个单位，全要素生产率将降低 0.26658。之所以会阻碍

全要素生产率的提高，是由于中国当前以国有大银行为主导金融体系的发展模式对民营经济的发展产生了一定的挤出效应。

②综合性因素对资本产出效率的影响分析。市场化进程、金融规模是负向显著影响因素，表明市场化进程、金融规模水平高的省份资本产出效率低。其具体影响程度为，市场化进程提高 1 个单位，资本产出效率将降低 0.1664；金融规模提高 0.1 个单位，资本产出效率将降低 0.03675。同时，由于资本系数与市场化进程、金融规模的系数符号相反，因而市场化进程、金融规模的水平的提高将削弱资本与 GDP 间的正向关系。

（5）西部地区省域工业经济增长方差成分解释程度。由表 6-32 和表 6-33 的随机效应中的层一方差得到表 6-36 的原始总方差和条件总方差；表 6-34 和表 6-35 的随机效应中的层二方差之和得到表 6-36 的原始总方差和条件总方差。层一、层二的方差成分解释程度见表 6-36。

表 6-36 西部地区省域工业经济增长层一、层二的方差成分解释程度

层次	原始总方差	条件总方差	解释程度 /%
层一	0.1457	0.0192	86.82%
层二	0.8397	0.3957	52.87%

由表 6-36 可知，层一方差解释程度为 86.82%，层二方差解释程度为 52.87%，总体上层一解释变量对层一方差，层二解释变量对层二方差都有较好的解释。这表明构建的中国省域西部区域工业经济增长要素效率影响因素的实证分析模型较为合理。

第二节 中国工业经济增长要素效率影响因素的实证分析

一、中国工业经济增长要素效率综合性影响因素的分析

（一）变量选择与数据来源

中国工业经济增长相关变量与数据的来源与本章第一节"变量选择与数据来源"相同，但是此处的处理方式与第一节不同。

中国省域工业经济增长要素效率影响因素实证分析层一模型的变量值为每个省在一定年度区间中每年的劳动力投入、资本投入，即体现的是一定年度区间中每个省的时间序列特征。中国工业经济增长要素效率影响因素的实证分析的层一模型的变量值为每个年度各省的劳动力投入、资本投入，即体现的中国各省的截面数据特征。

中国省域工业经济增长要素效率影响因素的实证分析的层二模型的变量值为每个省在一定年度区间中每年的市场化进程、对外开放、金融发展、城市化、产业结构变迁的均值。中国工业经济增长要素效率影响因素的实证分析的层二模型的变量值为每年各省的市场化进程、对外开放、金融发展、城市化、产业结构变迁的均值。

中国省域工业经济增长要素效率影响因素的实证分析主要关注不同区域间效率的差异及综合性变量对区域间效率差异的影响；中国工业经济增长要素效率影响因素的实证分析主要关注不同年度间效率的差异及综合性变量对年度间效率差异的影响。

（二）实证结果分析

中国工业经济增长不同年度间的变异分解。中国工业经济增长的均值在不同年度间是否有显著性差异及差异由层一变量和层二变量所产生的影响各占多大比例仍需运用零模型分析，零模型的结果见表6-37。

表6-37　中国工业经济增长均值与变异的分解结果

固定效应	系数	标准误差	t 值	自由度	p 值
截距1，β_{0j}					
截距2，γ_{00}	7.9487	0.0323	246.224	18	0.0000
随机效应	标准误差	方差成分	自由度	卡方值	p 值
截距，u_0	0.0092	0.0001	18	9.11155	>.500
层一，r	1.1130	1.2387			

由表6-37固定效应部分可知，中国工业总产值不同年度对数（lnEY）均值为7.9487；由零模型的随机效应部分的卡方检验结构可知，对数（lnEY）均值在不同年度间的差异不显著，并且其组内相关系数 ρ =0.0001/（0.0001+1.2387）=0.008%。因而，中国工业经济增长无须继续用效率型工业经济增长模型分析。

二、中国工业经济增长要素效率综合性影响因素的区域性分析

（一）东部地区分析

1. 变量的选择与数据来源

中国东部地区工业经济增长相关变量与数据的来源与本章第一节中"东部区域分析"数据来源相同，但是此处的处理方式与第一节不同。

2. 实证结果分析

东部地区工业经济增长不同年度间的变异分解。东部地区工业经济增长的均值在不同年度间是否有显著性差异及差异由层一和层二所产生的影响各占多大比例仍需运用零模型分析，零模型的结果见表 6-38。

表6-38　中国东部工业经济增长均值与变异的分解结果

固定效应	系数	标准误差	t 值	自由度	p 值
截距1, β_{0j}					
截距2, γ_{00}	8.4695	0.0174	486.938	18	0.0000
随机效应	标准误差	方差成分	自由度	卡方值	p 值
截距, u_0	0.0086	0.0001	18	1.01436	>.500
层一, r	1.1367	1.2920			

由表 6-38 固定效应部分可知，中国东部工业总产值不同年度对数（lnEY）均值为 8.4695；由零模型的随机效应部分的卡方检验结构知，对数（lnEY）均值在不同年度间的差异不显著，且其组内相关系数 ρ =0.0001/（0.0001+1.2920）=0.007%。因而，中国东部区域工业经济增长无须继续用效率型工业经济增长模型分析。

（二）中部地区分析

1. 变量的选择与数据来源

中国中部地区工业经济增长相关变量与数据的来源与本章第一节中"中部区域分析"数据来源相同，但是此处的处理方式与第一节不同。不同的具体解释见本章第二节的说明。

2. 实证结果分析

中部地区工业经济增长不同年度间的变异分解。中部地区工业经济增长的均值在不同年度间是否有显著性差异及差异由层一和层二所产生的影响各占多大比例仍需运用零模型分析，零模型的结果见表6-39。

表6-39　中国中部工业经济增长均值与变异的分解结果

固定效应	系数	标准误差	t 值	自由度	p 值
截距1，β_{0j}					
截距2，γ_{00}	8.1993	0.0422	194.418	18	0.0000
随机效应	标准误差	方差成分	自由度	卡方值	p 值
截距，u_0	0.0136	0.0002	18	16.45093	>.500
层一，r	0.5927	0.3513			

由表6-39固定效应部分可知，中国中部工业总产值不同年度对数（lnEY）均值为8.1993；由零模型的随机效应部分的卡方检验结构可知，对数（lnEY）均值在不同年差异不显著，并且其组内相关系数$\rho = 0.0002/（0.0002+0.3513）$=0.057%。因而，中国中部区域工业经济增长无须继续用效率型工业经济增长模型分析。

（三）西部地区分析

1. 变量的选择与数据来源

中国西部地区工业经济增长相关变量与数据的来源与本章第一节中"西部区域分析"数据来源相同，但是此处的处理方式与第一节不同。不同的具体解释见本章第二节的说明。

2. 实证结果分析

西部地区工业经济增长不同年之间的变异分解。西部地区工业经济增长的均值在不同年度间是否有显著性差异及差异由层一和层二所产生的影响各占多大比例仍需运用零模型分析，零模型的结果见表6-40。

表6-40 中国西部工业经济增长均值与变异的分解结果

固定效应	系数	标准误差	t 值	自由度	p 值
截距1, β_{0j}					
截距2, γ_{00}	7.0038	0.0427	163.959	18	0.0000
随机效应	标准误差	方差成分	自由度	卡方值	p 值
截距, u_0	0.0087	0.0001	18	7.96329	>.500
层一, r	0.8628	0.7445			

由表6-40固定效应部分可知，中国西部工业总产值不同年度对数
（lnEY）均值为7.0038；由零模型的随机效应部分的卡方检验结构知，对
数（lnEY）均值在不同年度间的差异不显著，并且其组内相关系数ρ=0.0001/
（0.0001+0.7445）=0.013%。因而，中国西部区域工业经济增长无须继续用效
率型工业经济增长模型分析。

第三节 结论与启示

一、结论

在中国向高质量发展转化的过程中，怎样提高中国工业经济增长要素的效
率无疑是一个值得研究的问题。本章基于中国省域工业经济增长的相关数据，
运用效率型经济增长模型，实证分析了综合性因素（市场化进程、对外开放、
金融发展、城市化、产业结构变迁）对中国省域工业经济增长剩余全要素效率
以及资本、劳动力、人力资本、技术创新产出效率在不同省域、不同年度异质
性的影响，得到如下的结论。

（一）对不同省域异质性的影响

（1）中国省域各省工业总产值对数平均值在省份之间的差异有90.56%可
以用二层变量来解释，从而说明在研究中国省域工业经济增长时，必须引入层
二变量。

（2）中国省域工业经济增长各省之间的剩余全要素生产率、劳动力效率、
资本效率存在显著性差异，即存在异质性。

（3）中国省域综合性因素对工业经济增长剩余全要素生产率及基本要素产

出效率省份间异质性有较好的解释，具体可解释其差异的73.01%，基本要素能解释层一差异的89.00%。

（4）中国省域综合影响因素在不同时段（1998—2007、2008—2016）对要素产出效率作用存在差异性，并且在不同区域（东、中、西）对要素产出效率作用存在差异性。

（二）对不同年度异质性的影响

中国各省工业总产值对数平均值在不同年度之间的差异不显著，只有0.008%可以用二层变量来解释，从而说明在研究中国工业经济增长时，无须引入层二变量。

从以上分析中可以得到，中国工业效率型经济增长模型的作用：能够检验中国工业经济增长研究是否需要引入层二变量；能够检验中国工业经济增长的效率（剩余全要素生产率、资本效率、劳动力效率）是否存在异质性；能够较合适地分析中国工业经济增长综合性因素对效率异质性的精确影响，并且能对影响程度给出评价。这为中国工业经济增长提高要素效率提供了理论依据，从而有可能促进中国工业经济高质量增长理论的发展。

二、启示

工业高质量经济增长重点应关注全要素生产率和要素产出效率的提高，具体实践中要关注"两方面动力"：提高剩余全要素生产率，推动工业高质量经济增长；提高资本、劳动力产出效率，推动工业高质量经济增长。基于实证的结果，提出如下建议：

（1）提高剩余全要素生产率，推动工业高质量经济增长。由于在中国省域工业经济增长中，市场化进程、对外贸易对剩余全要素生产率为正向显著影响；外商直接投资、金融规模对剩余全要素生产率为负向显著影响。因此，中国工业应进一步完善要素市场化配置的体制机制，促进要素自由有序的流动，尤其应大力推动数据要素在工业产品研发、设计、生产中的应用。同时，通过引导外商投资结构的转变，由制造业转向生产服务业来扭转外商直接投资的负向影响；通过加快金融供给的结构性改革，实现经济的脱虚向实，达到虚实结构合理的目标来扭转金融规模的负向影响。

（2）提高劳动力及资本产出效率，推动工业高质量经济增长。由于产业结构合理化对劳动力产出效率为负向显著影响，因此，中国工业应进一步优化劳动力资源的配置；同时，应通过加大科技投入促进企业升级，向技术密集型企业转型。由于市场化、金融规模对资本产出效率为负向显著影响，因此，中国工业发展必须以市场需求为导向，避免铺摊子造成的大量库存，优化资本的配置；同时，加大金融供给侧结构性改革的力度，尤其是加大对创新型中小微企业的资金支持。

第七章 中国服务业经济增长要素效率的影响因素研究

中国经济已经开始走向高质量发展之路，中国服务业经济也需要走向高质量发展之路。关于服务业的经济增长，学者们进行了深入研究。如，基于服务业的资本投入、劳动力投入、服务业的增加值，利用索罗残差法对服务业全要素生产率进行测算，并进一步基于面板数据模型分析得到市场化进程、对外开放、城市化对服务业全要素生产率有显著的影响（仲伟周、陈晨）。邹琪、田露月认为调整服务业的产业结构有利于提高服务业的效应。丁日佳等实证分析得到：数字普惠金融显著影响服务业的发展。但是对服务业经济增长要素效率的研究还较少，尤其是综合性影响因素对要素效率的作用的研究很少见。因此，本章实证分析综合性影响因素对服务业经济增长要素效率的作用。

第一节 中国省域服务业经济增长要素效率影响因素的实证分析

一、中国省域服务业经济增长要素效率综合性影响因素的分析

（一）变量的选择与数据来源

选择中国省域（由于数据不全，不包括西藏）30 个省为评价单元，样本区间为 1998—2016 年。

鉴于服务业经济数据的可得性，层一变量选择如下：

层一变量：被解释变量，各省服务业增加值对数 lnEY 是用各省 2000 年为不变价的第三产业增加值（亿元）的对数；数据来自中国统计年鉴。解释变量，lnEK 是服务业固定资产投资存量对数，本章沿袭张军等的研究中运用的永续

盘存法来估算资本。其中，服务业的固定资产投资，1998—2005来自固定资产统计年鉴（利用第三产业主要分行业数据合成）与《中国国内生产总值核算历史资料》（1996—2002），2006—2017来自第三产业统计年鉴，已按固定资产投资指数转化为不变价。基年资本存量运用 Harberger（1978）提出的稳态方法估算，本文遵循 Lee&Hong 的做法，将服务业的资本折旧率设为4%。服务业从业人员对数 lnEL 用第三产业从业人员数对数代替；数据来自各省统计年鉴。各变量的描述统计见表7-1。

层二变量与第四章第一节中"变量的选择与数据来源"相同，具体数值见表4-1中层二部分。

表7-1 中国省域服务业的层一变量的样本统计值

变量层次	变量名称	样本数	均值	标准差	最小值	最大值
	lnEY	570	7.6100	1.0600	4.5300	10.0600
层一	lnEL	570	9.1000	1.2200	5.3300	11.5800
	lnEK	570	6.4000	0.8000	4.0300	7.7700

由于数据经过不变价处理且取了对数，因而省内各年度间变量值差异不大；由表7-1各层一变量的标准差、最小值、最大值可知，1998—2016年中国省域服务业经济增长层一变量的国内生产总值对数、资本投入对数、劳动力投入对数在不同省之间存在较大的差异。

（二）实证结果分析

基于中国各省服务业经济增长的数据，运用第三章第一节"效率型经济增长模型构建"；依据第三章第二节"效率型经济增长模型的应用步骤"，具体按零模型、固定效应模型、随机系数模型、全模型的顺序，对影响中国省域服务业经济增长要素效率的综合性因素进行分析，并对综合性影响因素进行分阶段分析及稳健性检验。多层统计模型的结果，是使用专业 HLM7.0 软件分析得到的。其中，层一、层二模型中的解释变量都用组中心化后的数据参与运算。由于层一变量的每个随机系数都需要引入5个方面7个变量探讨其影响程度，将所有变量都列出来将导致表过于庞大。同时，为了便于从整体性、不同时段、不同区域进行比较，本文将在整体性、不同时段、不同区域只要有一处T值大于1的变量就在各个表中列出。

1. 中国省域服务业经济增长不同省之间的变异分解

中国省域服务业经济增长的均值在不同省之间是否有显著性差异？差异由层一和层二所产生的影响各占多大比例？运用多层统计模型的零模型可以回答上述问题。依据层二所产生影响的占比（组内相关系数）大小决定是否将层二变量引入模型中。依据第三章第二节"效率型经济增长模型的应用步骤"中的零模型，得到零模型的结果，见表 7-2。

表 7-2　中国省域服务业经济增长均值与变异的分解结果

固定效应	系数	标准误差	t 值	自由度	p 值
截距 1，β_{0j}					
截距 2，γ_{00}	7.6130	0.1585	48.0310	29	0.0000
随机效应	标准误差	方差成分	自由度	卡方值	p 值
截距，u_0	0.8713	0.7592	29	1102.6740	0.0000
层一，r	0.6242	0.3896			

由表 7-2 固定效应部分可知，中国省域 30 个省的对数服务业总产值（lnEY）均值为 7.6130；由零模型的随机效应部分的卡方检验结构可知，30 个省的对数服务业总产值均值有显著性差异，而差异的度量可由组内相关系数 ρ=0.7592/（0.7592+0.3896）=66.09% 给出，即中国省域 30 个省服务业总产值对数平均值的差异有 66.09% 需要用二层变量来解释，只有 33.91% 的差异可以用层一变量来解释，从而说明在研究中国省域服务业经济增长时，必须引入层二变量。层二变量为中国省域经济环境中的市场化进程、对外开放、金融发展、城市化、产业结构变迁。

2. 中国省域服务业经济增长基本影响要素的作用分析

基本影响要素的作用分析可由固定效应（变截距）模型分析得到。依据第三章第二节"效率型经济增长模型的应用步骤"中的固定效应模型，得到固定效应模型的结果见表 7-3。

表 7-3　中国省域服务业经济增长变截距模型结果

固定效应	系数	标准误差	t 值	自由度	p 值
截距 1，β_{0j}					
截距 2，γ_{00}	7.6130	0.1585	48.031	29	0.0000

固定效应	系数	标准误差	t 值	自由度	p 值
lnEL 斜率，β_{1j}					
截距 2，γ_{10}	0.5755	0.0293	19.623	567	0.0000
lnEK 斜率，β_{2j}					
截距 2，γ_{20}	0.3880	0.1354	2.865	567	0.0050
随机效应	标准误差	方差成分	自由度	卡方值	p 值
截距，u_0	0.8827	0.7792	29	43659.23	0.0000
层一，r	0.0992	0.0098			

由表 7–3 的固定效应部分可知，基本影响因素 lnEL、lnEK 的系数值均为正向显著，即劳动力投入、资本投入将促进中国省域服务业经济增长。其中，劳动力增加 1%，经济增长将增加 0.5755%；资本投入增加 1%，经济增长将增加 0.3880%。由表 7–3 的随机效应部分可知，将劳动力投入、资本投入引入层一模型中，层一方差得到较好的解释，由零模型结果表 7–2 中的 0.3896 减少到固定效应模型结果表 7–3 的 0.0098，表明中国省域服务业的劳动力投入、资本投入能较好地解释省内服务业总产值不同年度间的变化。

3. 中国省域服务业经济增长要素效率异质性检验

要素效率异质性的检验可由随机效应（变系数）模型分析得到。依据第三章第二节"效率型经济增长模型的应用步骤"中的随机效应模型，得到随机效应模型的结果，见表 7–4。

表 7–4　中国省域服务业经济增长随机效应结果

固定效应	系数	标准误差	t 值	自由度	p 值
截距 1，β_{0j}					
截距 2，γ_{00}	7.6130	0.1585	48.0310	29	0.0000
lnEL 斜率，β_{1j}					
截距 2，γ_{10}	0.6154	0.0251	24.4930	29	0.0000
lnEK 斜率，β_{2j}					
截距 2，γ_{20}	0.2726	0.0987	2.7620	29	0.0100

随机效应	标准误差	方差成分	自由度	卡方值	p 值
截距，u_0	0.8829	0.7795	29	150628.8	0.0000
lnEL 斜率，u_1	0.1194	0.0143	29	179.4987	0.0000
lnEK 斜率，u_2	0.4771	0.2276	29	202.7796	0.0000
层一，r	0.0534	0.0029			

由表 7-4 的固定效应部分可知，劳动力投入、资本投入的系数与表 7-3 的相应系数有一定的差异，是由于使用变截距模型与变系数模型不同造成的，多层统计分析侧重于随机系数模型的结果。在中国省域服务业经济增长过程中，劳动力增加 1%，经济增长将增加 0.6154%；资本投入增加 1%，经济增长将增加 0.2726%。由表 7-4 的随机效应部分可知，劳动力投入、资本投入的效率在各个省之间存在显著性差异，同时表明截距、lnEL、lnEK 与 lnEY 之间的关系随着省份的不同而显著不同。

4. 中国省域综合性因素对服务业经济增长要素效率的影响分析

综合性因素对要素效率的作用分析可由全模型分析得到。依据第三章第二节"效率型经济增长模型的应用步骤"中的全模型，得到全模型的结果，见表 7-5。

表 7-5　中国省域服务业经济增长全模型结果

固定效应	系数	标准误差	t 值	自由度	p 值
截距 1，β_{0j}					
截距 2，γ_{00}	7.6130	0.0628	121.2040	23	0.0000
MAR，γ_{01}	0.4919	0.0693	7.0970	23	0.0000
FDI，γ_{02}	−0.9304	0.1825	−5.0980	23	0.0000
IE，γ_{03}	1.2532	0.2756	4.5460	23	0.0000
TS，γ_{04}	0.6810	0.2954	2.3060	23	0.0310
FS，γ_{05}	1.0398	0.4651	2.2360	23	0.0350
FI，γ_{06}	−0.8400	0.1992	−4.2170	23	0.0000
lnEL 斜率，β_{1j}					
截距 2，γ_{10}	0.6369	0.0237	26.8560	24	0.0000
IE，γ_{11}	0.0695	0.0906	0.7670	24	0.4500

续　表

固定效应	系数	标准误差	t 值	自由度	p 值
TS，γ_{12}	0.2231	0.1065	2.0940	24	0.0470
URB，γ_{13}	0.2745	0.1831	1.4990	24	0.1470
FS，γ_{14}	0.3667	0.1104	3.3220	24	0.0030
FI，γ_{15}	−0.1464	0.0534	−2.7420	24	0.0120
lnEK 斜率，β_{2j}					
截距 2，γ_{20}	0.2198	0.0930	2.3630	25	0.0260
IE，γ_{21}	0.4365	0.2763	1.5800	25	0.1260
TS，γ_{22}	−0.9167	0.2888	−3.1740	25	0.0040
FS，γ_{23}	−0.8997	0.3416	−2.6340	25	0.0150
FI，γ_{24}	0.4794	0.2081	2.3040	25	0.0300
随机效应	标准误差	方差成分	自由度	卡方值	p 值
截距，u_0	0.3902	0.1523	23	24118.85	0.0000
lnEL 斜率，u_1	0.0970	0.0094	24	227.8839	0.0000
lnEK 斜率，u_2	0.4711	0.2219	25	149.7767	0.0000
层一，r	0.0529	0.0028			

由表 7-5 的固定效应部分可得出以下结论：

①综合性因素对截距（剩余全要素生产率）的影响分析。市场化进程、对外贸易、产业结构高级化、金融结构是正向显著影响因素，表明市场化程度高、对外贸易水平高、产业结构高级化程度高、金融结构水平高的省份剩余全要素生产率高。其具体影响程度为，市场化程度加快 1 个单位，全要素生产率将提高 0.4919；对外贸易提高 0.1 个单位，全要素生产率将提高 0.12532；产业结构高级化程度提高 0.1 个单位，全要素生产率将提高 0.06810；金融结构水平提高 0.1 个单位，全要素生产率将提高 0.10398。之所以能促进全要素生产率的提高，是由于市场化进程的推进改善了资源配置效率；中间品进口可以通过"干中学"提升工人的技术水平；产业结构高级化有利于要素资源在效率差异部门之间流动；金融结构水平的提高可以改善资本配置效率。外商直接投资、金融规模是负向显著影响因素，表明外商直接投资越多、金融规模越大的省份全要素生产率越低。其具体影响程度为，外商直接投资提高 0.1 个单位，全要素生产率将降低 0.09304；金融规模扩大 0.1 个单位，全要素生产率将降

低 0.0840。之所以会阻碍全要素生产率的提高，是由于外商直接投资对国内投资具有一定的挤出效应。中国当前以国有大银行为主导的金融体系的发展模式对民营经济的发展产生了一定的挤出效应。

②综合性因素对劳动力产出效率的影响分析。产业结构高级化、金融结构为正向显著影响因素，表明产业结构高级化、金融结构均值大的省份劳动力产出效率均值大。其具体影响程度为，产业结构高级化程度提高 0.1 个单位，劳动力产出效率将提高 0.02231；金融结构水平提高 0.1 个单位，劳动力产出效率将提高 0.03667。同时，由于劳动力系数与产业结构高级化、金融结构的系数符号相同，因而产业结构高级化、金融结构水平的提高将加强劳动力与 GDP 之间的正向关系。之所以能促进劳动力产出效率的提高，是由于产业结构高级化能促进要素更合理的流动。金融规模为负向显著影响因素，表明金融规模程度高的省份劳动力效率低。其具体影响程度为，金融规模提高 0.1 个单位，劳动力产出效率将降低 0.01464。同时，由于劳动力系数与金融规模的系数符号相反，因而金融规模水平的提高将削弱劳动力与 GDP 之间的正向关系。之所以会阻碍劳动力产出效率的提高，是由于金融水平的发展导致劳动力资金比的进一步降低。

③综合性因素对资本产出效率的影响分析。产业结构高级化、金融结构是负向显著影响因素，表明产业结构高级化、金融结构水平高的省份资本产出效率低。其具体影响程度为，产业结构高级化程度提高 0.1 个单位，资本产出效率将降低 0.09167；金融结构提高 0.1 个单位，资本产出效率将降低 0.08997。同时，由于资本系数与产业结构高级化、金融结构的系数符号相反，因而产业结构高级化、金融结构的水平提高将削弱资本与 GDP 之间的正向关系。金融规模是正向显著影响因素，表明金融规模程度高的省份资本产出效率高。其具体影响程度为，金融规模提高 0.1 个单位，资本产出效率将增加 0.04794。同时，由于资本系数与金融规模的系数符号相同，因而金融规模水平的提高将加强资本与 GDP 之间的正向关系。

5. 中国省域服务业方差成分解释程度

由表 7-2 和表 7-3 的随机效应中的层一方差得到表 7-6 的原始总方差和条件总方差；表 7-4 和表 7-5 的随机效应中的层二方差之和得到表 7-6 的原始总方差和条件总方差。层一、层二的方差成分解释程度见表 7-6。

表7-6　中国工业经济增长层一、层二的方差成分解释程度

层次	原始总方差	条件总方差	解释程度/%
层一	0.3896	0.0098	97.48%
层二	1.0214	0.3836	62.44%

由表7-6可知，层一方差解释程度为97.48%，层二方差解释程度为62.44%，总体上层一解释变量对层一方差，层二解释变量对层二方差都有较好的解释。这表明构建的中国省域服务业经济增长要素效率影响因素的实证分析模型较为合理。

二、中国省域服务业经济增长要素效率综合性影响因素的阶段性分析

（一）1998—2007时段

1.描述统计

中国省域1998—2007服务业经济增长层一变量的描述统计结果见表7-7。层二变量与第四章第一节中"变量的选择与数据来源"相同，具体数值见表4-10中层二部分。

表7-7　中国省域服务业经济1998—2007年层一变量的描述统计值

变量层次	变量名称	样本数	均值	标准差	最小值	最大值
层一	lnEY	300	7.1100	0.9200	4.5300	9.2300
	lnEL	300	8.3700	0.9900	5.3300	10.5000
	lnEK	300	6.2200	0.7900	4.0300	7.5100

由于数据经过不变价处理且取了对数，因而省内各年度间变量值差异不大；由表7-7各层一变量的标准差、最小值、最大值可知，1998—2007年中国省域服务业经济增长层一变量的国内生产总值对数、资本投入对数、劳动力投入对数在不同省之间存在较大的差异。

2.实证结果分析

（1）1998—2007年中国省域服务业经济增长的变异分解。1998—2007年段，中国省域服务业经济增长的均值在不同省之间是否有显著性差异？差异由层一和层二所产生的影响各占多大比例？运用多层统计模型的零模型可以回答上述

问题。依据层二所产生影响的占比（组内相关系数）大小决定是否将层二变量引入模型中。依据第三章第二节"效率型经济增长模型的应用步骤"中的零模型，得到零模型的结果，见表7-8。

表7-8　中国省域1998—2007年服务业经济增长均值与变异的分解结果

固定效应	系数	标准误差	t 值	自由度	p 值
截距1，β_{0j}					
截距2，γ_{00}	7.1091	0.1577	45.0710	29	0.0000
随机效应	标准误差	方差成分	自由度	卡方值	p 值
截距，u_0	0.8722	0.7607	29	1959.4820	0.0000
层一，r	0.3380	0.1143			

由表7-8固定效应部分可知，1998—2007年中国省域30个省的对数服务业总产值（$LNEY$）均值为7.1091；由零模型的随机效应部分的卡方检验结构可知，30个省的对数服务业总产值均值有显著性差异，而差异的度量可以由组内相关系数 $\rho = 0.7607/(0.7607+0.1143)=86.93\%$ 给出，即1998—2007年中国省域30个省服务业总产值对数平均值的差异有86.93%需要用二层变量来解释，只有13.07%的差异可以用层一变量来解释，从而说明在研究1998—2007年中国省域服务业经济增长时，必须引入层二变量。层二变量为中国省域经济环境中的市场化进程、对外开放、金融发展、城市化、产业结构变迁。

（2）1998—2007年中国省域服务业经济增长基本影响要素的作用分析。基本影响要素的作用分析可由固定效应（变截距）模型分析得到。依据第三章第二节"效率型经济增长模型的应用步骤"中的固定效应模型，得到固定效应模型的结果，见表7-9。

表7-9　中国省域1998—2007年服务业经济增长变截距模型结果

固定效应	系数	标准误差	t 值	自由度	p 值
截距1，β_{0j}					
截距2，γ_{00}	7.1091	0.1577	45.0710	29	0.0000
lnEL 斜率，β_{1j}					
截距2，$\gamma10$	0.6441	0.0345	18.6660	297	0.0000

固定效应	系数	标准误差	t 值	自由度	p 值
lnEK 斜率，β_{2j}					
截距 2，γ_{20}	0.2382	0.1218	1.9560	297	0.0510
随机效应	标准误差	方差成分	自由度	卡方值	p 值
截距，u_0	0.8784	0.7716	29	44081.5500	0.0000
层一，r	0.0713	0.0051			

由表 7-9 的固定效应部分可知，基本影响因素 *LNEL*、*LNEK* 的系数值均为正向显著，即劳动力投入、资本投入将促进中国省域服务业经济增长。其中，劳动力增加 1%，经济增长将增加 0.6441%；资本投入增加 1%，经济增长将增加 0.2382%。由表 7-9 的随机效应部分可知，将劳动力投入、资本投入引入层一模型中，层一方差得到较好的解释，由零模型结果表 7-8 中的 0.1143 减少到固定效应模型结果表 7-9 的 0.0051，表明 1998—2007 年中国省域服务业的劳动力投入、资本投入能较好地解释省内服务业总产值不同年度间的变化。

（3）1998—2007 年中国省域服务业经济增长要素效率异质性检验。要素效率异质性的检验可由随机效应（变系数）模型分析得到。依据第三章第二节"效率型经济增长模型的应用步骤"中的随机效应模型，得到随机效应模型的结果，见表 7-10。

表 7-10 中国省域 1998—2007 年服务业经济增长随机效应结果

固定效应	系数	标准误差	t 值	自由度	p 值
截距 1，β_{0j}					
截距 2，γ_{00}	7.1091	0.1577	45.0710	29	0.0000
lnEL 斜率，β_{1j}					
截距 2，γ_{10}	0.6817	0.0268	25.3980	29	0.0000
lnEK 斜率，β_{2j}					
截距 2，γ_{20}	0.2453	0.0594	4.1320	29	0.0000
随机效应	标准误差	方差成分	自由度	卡方值	p 值
截距，u_0	0.8787	0.7720	29	217535.3	0.0000
lnEL 斜率，u_1	0.1311	0.0172	29	152.655	0.0000
lnEK 斜率，u_2	0.2174	0.0473	29	108.9629	0.0000
层一，r	0.0321	0.0010			

由表 7-10 的固定效应部分可知，劳动力投入、资本投入的系数与表 7-9 的相应系数有一定的差异，是由于使用变截距模型与变系数模型不同造成的，多层统计分析侧重于随机系数模型的结果。在 1998—2007 年中国省域服务业经济增长过程中，劳动力增加 1%，经济增长将增加 0.6817%；资本投入增加 1%，经济增长将增加 0.2453%。由表 7-10 的随机效应部分可知，劳动力投入、资本投入的效率在各个省之间存在显著性差异，同时表明了截距、lnEL、lnEK 与 lnEY 之间的关系随着省份的不同而显著不同。

（4）1998—2007 年中国省域综合性因素对服务业经济增长要素效率的作用分析。综合性因素对要素效率的作用分析可由全模型分析得到。依据第三章第二节"效率型经济增长模型的应用步骤"中的全模型，得到全模型的结果，见表 7-11。

表 7-11　中国省域 1998—2007 年服务业经济增长全模型结果

固定效应	系数	标准误差	t 值	自由度	p 值
截距 1，β_{0j}					
截距 2，γ_{00}	7.1091	0.0709	100.3230	23	0.0000
MAR，γ_{01}	0.4800	0.0979	4.9010	23	0.0000
FDI，γ_{02}	−0.3346	0.2123	−1.5770	23	0.1280
IE，γ_{03}	0.8678	0.2777	3.1240	23	0.0050
TS，γ_{04}	0.4768	0.3678	1.2960	23	0.2080
FS，γ_{05}	−0.3296	0.7279	−0.4530	23	0.6540
FI，γ_{06}	−0.6631	0.2360	−2.8090	23	0.0100
lnEL 斜率，β_{1j}					
截距 2，γ_{10}	0.6868	0.0245	28.0310	24	0.0000
IE，γ_{11}	0.1543	0.0781	1.9770	24	0.0590
TS，γ_{12}	0.0851	0.1387	0.6130	24	0.5450
URB，γ_{13}	0.2605	0.2066	1.2610	24	0.2200
FS，γ_{14}	−0.2780	0.1880	−1.4790	24	0.1520
FI，γ_{15}	0.0286	0.0770	0.3720	24	0.7130
lnEK 斜率，β_{2j}					
截距 2，γ_{20}	0.2356	0.0303	7.7860	25	0.0000

固定效应	系数	标准误差	t 值	自由度	p 值
IE，γ_{21}	0.1600	0.0707	2.2630	25	0.0330
TS，γ_{22}	−0.5103	0.1261	−4.0460	25	0.0010
FS，γ_{23}	1.2254	0.2859	4.2870	25	0.0000
FI，γ_{24}	−0.1065	0.0844	−1.2630	25	0.2190
随机效应	标准误差	方差成分	自由度	卡方值	p 值
截距，u_0	0.4380	0.1919	23	43621.0100	0.0000
lnEL 斜率，u_1	0.1222	0.0149	24	120.1736	0.0000
lnEK 斜率，u_2	0.0523	0.0027	25	42.9542	0.0140
层一，r	0.0322	0.0010			

由表 7-11 的固定效应部分可以得出以下结论：

①综合性因素对截距（剩余全要素生产率）的影响分析。市场化进程、对外贸易是正向显著影响因素，表明市场化程度高、对外贸易水平高的省份剩余全要素生产率高。其具体影响程度为，市场化程度加快 1 个单位，全要素生产率将提高 0.4800；对外贸易提高 0.1 个单位，全要素生产率将提高 0.08678。之所以能促进全要素生产率的提高，是由于市场化进程的推进改善了资源配置效率；中间品进口可以通过"干中学"提升工人的技术水平。金融规模是负向显著影响因素，表明金融规模越大的省份全要素生产率越低。其具体影响程度为，金融规模扩大 0.1 个单位，全要素生产率将降低 0.06631。之所以会阻碍全要素生产率的提高，是由于中国当前以国有大银行为主导的金融体系的发展模式对民营经济的发展产生了一定的挤出效应。

②综合性因素对劳动力产出效率的影响分析。对外贸易为正向显著影响因素，表明对外贸易均值大的省份劳动力产出效率均值大。其具体影响程度为，对外贸易提高 0.1 个单位，劳动产出效率将提高 0.01543。同时，由于劳动力系数与对外贸易的系数符号相同，因而对外贸易水平的提高将加强劳动力与 GDP 之间的正向关系。之所以能促进劳动力产出效率的提高，是由于对外贸易带来的先进的生产管理经验能促进劳动生产率的提高。

③综合性因素对资本产出效率的影响分析。产业结构高级化是负向显著影响因素，表明产业结构高级化程度高的省份资本产出效率低。其具体影响程度为，产业结构高级化程度提高 0.1 个单位，资本产出效率将降低 0.05103。同

时，由于资本系数与产业结构高级化的系数符号相反，因而产业结构高级化的水平的提高将削弱资本与 GDP 之间的正向关系。对外贸易、金融结构是正向显著影响因素，表明对外贸易、金融结构水平高的省份资本产出效率高。其具体影响程度为，对外贸易提高 0.1 个单位，资本产出效率将增加 0.0160；金融结构提高 0.1 个单位，资本产出效率将增加 0.12254。同时，由于资本系数与对外贸易、金融结构的系数符号相同，因而对外贸易、金融结构的水平提高将加强资本与 GDP 间的正向关系。

（5）1998—2007 年中国省域服务业方差成分解释程度。由表 7-8 和表 7-9 的随机效应中的层一方差得到表 7-12 的原始总方差和条件总方差；表 7-10 和表 7-11 的随机效应中的层二方差之和得到表 7-12 的原始总方差和条件总方差。层一、层二的方差成分解释程度见表 7-12。

表 7-12　中国省域 1998—2007 年服务业经济增长层一、层二的方差成分解释程度

层次	原始总方差	条件总方差	解释程度 /%
层一	0.1143	0.0051	95.53%
层二	0.8365	0.2095	74.95%

由表 7-12 可知，层一方差解释程度为 95.53%，层二方差解释程度为 74.95%，总体上层一解释变量对层一方差，层二解释变量对层二方差都有较好的解释。这表明构建的 1998—2007 年中国省域服务业经济增长要素效率影响因素的实证分析模型较为合理。

（二）2008—2016 时段

1. 描述统计

中国省域 2008—2006 服务业经济增长层一变量的描述统计结果见表 7-13。层二变量与第四章第一节 "中变量的选择与数据来源" 相同，具体数值见表 4-19 中层二部分。

表 7-13　中国省域服务业经济增长 2008—2016 年层一变量的样本统计值

变量层次	变量名称	样本数	均值	标准差	最小值	最大值
层一	lnEY	270	8.1700	0.9100	5.5900	10.0600
	lnEL	270	9.9100	0.9000	7.0900	11.5800
	lnEK	270	6.6000	0.7600	4.5200	7.7700

由于数据经过不变价处理且取了对数，因而省内各年度间变量值差异不大；由表 7-13 各层一变量的标准差、最小值、最大值可知，2008—2016 年中国省域服务业经济增长层一变量的国内生产总值对数、资本投入对数、劳动力投入对数在不同省之间存在较大的差异。

2. 实证结果分析

（1）2008—2016 年中国省域服务业经济增长的变异分解。2008—2016 年，中国省域服务业经济增长的均值在不同省与省之间是否有显著性差异？差异由层一和层二所产生的影响各占多大比例？运用多层统计模型的零模型可以回答上述问题。依据层二所产生影响的占比（组内相关系数）大小决定是否将层二变量引入模型中。依据第三章第二节"效率型经济增长模型的应用步骤"中的零模型，得到零模型的结果，见表 7-14。

表 7-14　中国省域 2008—2016 年服务业经济增长均值与变异的分解结果

固定效应	系数	标准误差	t 值	自由度	p 值
截距 1，β_{0j}					
截距 2，γ_{00}	8.1728	0.1597	51.1720	29	0.0000
随机效应	标准误差	方差成分	自由度	卡方值	p 值
截距，u_0	0.8851	0.7834	29	2783.1240	0.0000
层一，r	0.2725	0.0742			

由表 7-14 固定效应部分可知，2008-2016 年中国省域 30 个省的对数服务业总产值（$LNEY$）均值为 8.1728；由零模型的随机效应部分的卡方检验结构可知，30 个省的对数服务业总产值均值有显著性差异，而差异的度量可由组内相关系数 $\rho = 0.7834/（0.7834+ 0.0742）=91.35\%$ 给出，即 1998—2007 年中国省域 30 个省服务业总产值对数平均值的差异有 91.35% 需要用二层变量来解释，只有 8.65% 的差异可以用层一变量来解释，从而说明在研究 2008—2016 年中国省域服务业经济增长时，必须引入层二变量。层二变量为中国省域经济环境中的市场化进程、对外开放、金融发展、城市化、产业结构变迁。

（2）2008—2016 年中国省域服务业经济增长基本影响要素的作用分析。基本影响要素的作用分析可由固定效应（变截距）模型分析得到。依据第三章第二节"效率型经济增长模型的应用步骤"中的固定效应模型，得到固定效应模型的结果，见表 7-15。

表 7-15　中国省域 2008—2016 年服务业经济增长变截距模型结果

固定效应	系数	标准误差	t 值	自由度	p 值
截距 1，β_{0j}					
截距 2，γ_{00}	8.1728	0.1597	51.1720	29	0.0000
lnEL 斜率，β_{1j}					
截距 2，γ_{10}	0.5283	0.0244	21.6110	267	0.0000
lnEK 斜率，β_{2j}					
截距 2，γ_{20}	0.1347	0.1076	1.2510	267	0.2120
随机效应	标准误差	方差成分	自由度	卡方值	p 值
截距，u_0	0.8896	0.7914	29	98303.5568	0.0000
层一，r	0.0459	0.0021			

由表 7-15 的固定效应部分可知，基本影响因素 lnEL 的系数为正向显著，即劳动力的增加将促进 2008—2016 年中国省域服务业经济增长，劳动力增加 1%，经济增长将增加 0.5283%；资本投入对 2008—2016 年中国省域服务业经济增长影响不显著。由表 7-15 的随机效应部分可知，将劳动力投入、资本投入引入层一模型中，层一方差得到较好的解释，由零模型结果表 7-14 中的 0.0742 减少到固定效应模型结果表 7-15 的 0.0021，表明 2008—2016 年中国省域服务业的劳动力投入、资本投入能较好地解释省内服务业总产值不同年度间的变化。

（3）2008—2016 年中国省域服务业经济增长要素效率异质性检验。要素效率异质性的检验可由随机效应（变系数）模型分析得到。依据第三章第二节"效率型经济增长模型的应用步骤"中的随机效应模型，得到随机效应模型的结果，见表 7-16。

表 7-16　中国省域 2008—2016 年服务业经济增长随机效应结果

固定效应	系数	标准误差	t 值	自由度	p 值
截距 1，β_{0j}					
截距 2，γ_{00}	8.1728	0.1597	51.1720	29	0.0000
lnEL 斜率，β_{1j}					
截距 2，γ_{10}	0.6033	0.0368	16.3930	29	0.0000
lnEK 斜率，β_{2j}					
截距 2，γ_{20}	−0.0213	0.1083	−0.1970	29	0.8460

续　表

随机效应	标准误差	方差成分	自由度	卡方值	p 值
截距，u_0	0.8897	0.7916	29	789095.4097	0.0000
lnEL 斜率，u_1	0.1881	0.0354	29	401.0932	0.0000
lnEK 斜率，u_2	0.4885	0.2387	29	119.0622	0.0000
层一，r	0.0162	0.0003			

由表 7-16 的固定效应部分可知，劳动力投入、资本投入的系数与表 7-15 的相应系数有一定的差异，这是由于使用变截距模型与变系数模型不同造成的，多层统计分析侧重于随机系数模型的结果。在 2008—2016 年中国省域服务业经济增长过程中，劳动力增加 1%，经济增长将增加 0.6033% ；资本投入对服务业经济增长影响不显著。由表 7-16 的随机效应部分可知，劳动力投入、资本投入的效率在各个省之间存在显著性差异，同时表明截距、lnEL、lnEK 与 lnEY 之间的关系在 2008—2016 年随着省份的不同而显著不同。

（4）2008—2016 年中国省域综合性因素对服务业经济增长要素效率的作用分析。综合性因素对要素效率的作用分析可由全模型分析得到。依据第三章第二节"效率型经济增长模型的应用步骤"中的全模型，得到全模型的结果，见表 7-17。

表 7-17　中国省域 2008-2016 服务业经济增长全模型结果

固定效应	系数	标准误差	t 值	自由度	p 值
截距 1，β_{0j}					
截距 2，γ_{00}	8.1728	0.0666	122.6820	23	0.0000
MAR，γ_{01}	0.4171	0.0645	6.4630	23	0.0000
FDI，γ_{02}	−1.0418	0.2049	−5.0860	23	0.0000
IE，γ_{03}	1.1470	0.3447	3.3270	23	0.0030
TS，γ_{04}	0.5310	0.1722	3.0840	23	0.0060
FS，γ_{05}	0.9545	0.3643	2.6200	23	0.0160
FI，γ_{06}	−0.6213	0.1311	−4.7390	23	0.0000
lnEL 斜率，β_{1j}					
截距 2，γ_{10}	0.6141	0.0285	21.5620	24	0.0000
IE，γ_{11}	0.3794	0.1790	2.1200	24	0.0440

固定效应	系数	标准误差	t 值	自由度	p 值
TS，γ_{12}	0.1626	0.1415	1.1490	24	0.2620
URB，γ_{13}	0.3796	0.2152	1.7640	24	0.0900
FS，γ_{14}	0.1536	0.1390	1.1050	24	0.2810
FI，γ_{15}	−0.1301	0.0634	−2.0510	24	0.0510
lnEK 斜率，β_{2j}					
截距 2，γ_{20}	−0.0544	0.0860	−0.6330	25	0.5320
IE，γ_{21}	−0.6140	0.4533	−1.3540	25	0.1880
TS，γ_{22}	−1.0094	0.5305	−1.9030	25	0.0680
FS，γ_{23}	−0.2758	0.4141	−0.6660	25	0.5110
FI，γ_{24}	0.5782	0.2814	2.0550	25	0.0500
随机效应	标准误差	方差成分	自由度	卡方值	p 值
截距，u_0	0.4162	0.1732	23	136720.5257	0.0000
lnEL 斜率，u_1	0.1366	0.0187	24	133.5231	0.0000
lnEK 斜率，u_2	0.4345	0.1888	25	98.9690	0.0000
层一，r	0.0162	0.0003			

由表 7-17 的固定效应部分可得出以下结论：

①综合性因素对截距（剩余全要素生产率）的影响分析，市场化进程、对外贸易、产业结构高级化、金融结构是正向显著影响因素，表明市场化程度高、对外贸易水平高、产业结构高级化程度高、金融结构水平高的省份剩余全要素生产率高。其具体影响程度为，市场化程度加快 1 个单位，全要素生产率将提高 0.4171；对外贸易提高 0.1 个单位，全要素生产率将提高 0.1147；产业结构高级化程度提高 0.1 个单位，全要素生产率将提高 0.0531；金融结构水平提高 0.1 个单位，全要素生产率将提高 0.09545。之所以能促进全要素生产率的提高，是由于市场化进程的推进改善了资源配置效率；中间品进口可以通过"干中学"提升工人的技术水平；产业结构高级化有利于要素资源在效率差异部门之间的流动；金融结构水平的提高可以改善资本配置效率。外商直接投资、金融规模是负向显著影响因素，表明外商直接投资越多、金融规模越大的省份全要素生产率越低。其具体影响程度为，外商直接投资提高 0.1 个单位，全要素生产率将降低 0.10418；金融规模扩大 0.1 个单位，全要素生产率将降

低 0.06213。之所以会阻碍全要素生产率的提高，是由于外商直接投资对国内投资具有一定的挤出效应。中国当前以国有大银行为主导的金融体系的发展模式对民营经济的发展产生了一定的挤出效应。

②综合性因素对劳动力产出效率的影响分析。对外贸易、城市化为正向显著影响因素，表明对外贸易、城市化均值大的省份劳动力产出效率均值大。其具体影响程度为，对外贸易提高 0.1 个单位，劳动力产出效率将提高 0.03794；城市化水平提高 0.1 个单位，劳动力产出效率将提高 0.03796。同时，由于劳动力系数与对外贸易、城市化的系数符号相同，因而对外贸易、城市化水平的提高将加强劳动力与 GDP 之间的正向关系。金融规模为负向显著影响因素，表明金融规模程度高的省份劳动力效率低。其具体影响程度为，金融规模提高 0.1 个单位，劳动力产出效率将降低 0.01301。同时，由于劳动力系数与金融规模的系数符号相反，因而金融规模水平的提高将削弱劳动力与 GDP 之间的正向关系。之所以会阻碍劳动力产出效率的提高，是由于金融水平的发展导致了劳动资金比的进一步降低。

③综合性因素对资本产出效率的影响分析。产业结构高级化是负向显著影响因素，表明产业结构高级化程度高的省份资本产出效率低。其具体影响程度为，产业结构高级化程度提高 0.1 个单位，资本产出效率将降低 0.10094。同时，由于资本系数与产业结构高级化的系数符号相同，因而产业结构高级化的水平的提高将加强资本与 GDP 之间的负向关系。金融规模是正向显著影响因素，表明金融规模程度高的省份资本产出效率高。其具体影响程度为，金融规模提高 0.1 个单位，资本产出效率将增加 0.05782。同时，由于资本系数与金融规模的系数符号相同，因而金融规模水平的提高将加强资本与 GDP 之间的正向关系。

（5）2008—2016 年中国省域服务业经济增长方差成分解释程度。由表 7-14 和表 7-15 的随机效应中的层一方差得到表 7-18 的原始总方差和条件总方差，表 7-16 和表 7-17 的随机效应中的层二方差之和得到表 7-18 的原始总方差和条件总方差。层一、层二的方差成分解释程度见表 7-18。

表 7-18　中国省域 2008—2016 年服务业经济增长层一、层二的方差成分解释程度

层次	原始总方差	条件总方差	解释程度 /%
层一	0.0742	0.0021	97.16%
层二	1.0657	0.3807	64.27%

由表 7-18 可知，层一方差解释程度为 97.16%，层二方差解释程度为 64.27%，总体上层一解释变量对层一方差，层二解释变量对层二方差都有较好的解释。这表明构建的 2008-2016 中国省域服务业经济增长要素效率影响因素的实证分析模型较为合理。

三、中国省域服务业经济增长要素效率综合性因素的区域性分析

（一）东部区域分析

1. 描述统计

中国省域东部区域服务业经济增长层一、层二变量的描述统计结果见表 7-19。层二变量与第四章第一节"变量的选择与数据来源"相同，具体数值见表 4-1 中层二部分。

表 7-19　中国省域东部区域的层一变量的样本统计值

变量层次	变量名称	样本数	均值	标准差	最小值	最大值
	lnEY	228	8.1400	0.9900	5.2700	10.0600
层一	lnEL	228	9.6000	1.0900	6.4100	11.5800
	lnEK	228	6.6100	0.7500	4.5600	7.7700

由于数据经过不变价处理且取了对数，因而省内各年度间变量值差异不大；由表 7-19 各层一变量的标准差、最小值、最大值可知，1998—2016 年中国省域东部区域服务业经济增长层一变量的国内生产总值对数、资本投入对数、劳动力投入对数在不同省之间存在较大的差异。

2. 实证结果分析

（1）东部地区服务业经济增长不同省之间的变异分解。东部地区各省服务业经济增长的均值在不同省之间是否有显著性差异及差异由层一和层二所产生的影响各占多大比例仍需运用零模型分析，零模型的结果见表 7-20。

表 7-20　东部服务业经济增长均值与变异的分解结果

固定效应	系数	标准误差	t 值	自由度	p 值
截距 1，β_{0j}					
截距 2，γ_{00}	8.1429	0.2218	36.714	11	0.0000

随机效应	标准误差	方差成分	自由度	卡方值	p 值
截距，u_0	0.7894	0.6231	11	339.1865	0.0000
层一，r	0.6299	0.3968			

由表 7-20 固定效应部分可知，中国省域东部 12 个省的对数服务业总产值（lnEY）均值为 8.1429；由零模型的随机效应部分的卡方检验结构可知，12 个省的对数服务业总产值均值有显著性差异，而差异的度量可由组内相关系数 ρ =0.6231/（0.6231+ 0.3968）=61.09% 给出，即中国省域东部 12 个省服务业总产值对数平均值的差异有 61.09% 需要用二层变量来解释，只有 38.91% 的差异可以用层一变量来解释，从而说明在研究中国省域东部区域服务业经济增长时，必须引入层二变量。层二变量为中国省域东部区域经济环境中的市场化进程、对外开放、金融发展、城市化、产业结构变迁。

（2）东部地区服务业经济增长基本影响要素的作用分析。东部地区基本要素对服务业经济增长的影响可由固定效应（变截距）模型分析得到，固定效应模型的结果见表 7-21。

表 7-21　东部服务业经济增长变截距模型结果

固定效应	系数	标准误差	t 值	自由度	p 值
截距 1，β_{0j}					
截距 2，γ_{00}	8.1429	0.2218	36.7140	11	0.0000
lnEL 斜率，β_{1j}					
截距 2，γ_{10}	0.5398	0.0532	10.1420	225	0.0000
lnEK 斜率，β_{2j}					
截距 2，γ_{20}	0.6688	0.2051	3.2610	225	0.0020
随机效应	标准误差	方差成分	自由度	卡方值	p 值
截距，u_0	0.8021	0.6434	11	13015.41	0.0000
层一，r	0.1017	0.0103			

由表 7-21 的固定效应部分可知，基本影响因素 lnEL、lnEK 的系数值均为正向显著，即劳动力投入、资本投入将促进中国省域东部区域服务业经济的增长。其中，劳动力增加 1%，经济增长将增加 0.5398%；资本投入增加 1%，经济增长将增加 0.6688%。由表 7-21 的随机效应部分可知，将劳动力投入、资

本投入引入层一模型中，层一方差得到较好的解释，由零模型结果表 7-20 中的 0.3968 减少到固定效应模型结果表 7-21 的 0.0103，表明中国省域东部区域服务业的劳动力投入、资本投入能较好地解释省内服务业总产值不同年度间的变化。

（3）东部地区服务业经济增长要素效率异质性检验。东部地区要素效率异质性的检验可由随机效应（变系数）模型分析得到，随机效应模型的结果见表 7-22。

表 7-22　东部服务业经济增长随机效应结果

固定效应	系数	标准误差	t 值	自由度	p 值
截距 1，β_{0j}					
截距 2，γ_{00}	8.1429	0.2218	36.7140	11	0.0000
lnEL 斜率，β_{1j}					
截距 2，γ_{10}	0.6996	0.0747	9.3710	11	0.0000
lnEK 斜率，β_{2j}					
截距 2，γ_{20}	0.3701	0.1174	3.1520	11	0.0100
随机效应	标准误差	方差成分	自由度	卡方值	p 值
截距，u_0	0.8024	0.6438	11	52618.5730	0.0000
lnEL 斜率，u_1	0.2573	0.0662	11	111.1046	0.0000
lnEK 斜率，u_2	0.3608	0.1302	11	34.5694	0.0000
层一，r	0.0506	0.0026			

由表 7-22 的固定效应部分可知，劳动力投入、资本投入的系数与表 7-21 的相应系数有一定的差异，是由于使用变截距模型与变系数模型不同造成的，多层统计分析侧重于随机系数模型的结果。在中国省域东部区域服务业经济增长过程中，劳动力增加 1%，经济增长将增加 0.6996%；资本投入增加 1%，经济增长将增加 0.3701%。由表 7-22 的随机效应部分可知，劳动力投入、资本投入的效率在各个省之间存在显著性差异，同时表明截距、lnEL、lnEK 与 $LNEY$ 之间的关系在中国省域东部区域随着省份的不同而显著不同。

（4）东部地区综合性因素对服务业经济增长要素效率的影响分析。综合性因素对要素效率的影响分析可由全模型分析得到，全模型的结果见表 7-23。

表 7-23　东部服务业经济增长全模型结果

固定效应	系数	标准误差	t 值	自由度	p 值
截距 1，β_{0j}					
截距 2，γ_{00}	8.1429	0.1250	65.1680	5	0.0000
MAR，γ_{01}	0.2648	0.2127	1.2450	5	0.2690
FDI，γ_{02}	−0.8194	0.3130	−2.6180	5	0.0470
IE，γ_{03}	1.0718	0.6674	1.6060	5	0.1690
TS，γ_{04}	−0.2978	0.8350	−0.3570	5	0.7360
FS，γ_{05}	0.5739	0.7261	0.7900	5	0.4650
FI，γ_{06}	−0.2095	0.4728	−0.4430	5	0.6760
lnEL 斜率，β_{1j}					
截距 2，γ_{10}	0.7202	0.0529	13.6140	6	0.0000
IE，γ_{11}	−0.2288	0.2616	−0.8750	6	0.4160
TS，γ_{12}	−0.6405	0.3486	−1.8370	6	0.1150
URB，γ_{13}	0.2450	0.9964	0.2460	6	0.8140
FS，γ_{14}	0.4040	0.3395	1.1900	6	0.2790
FI，γ_{15}	0.3335	0.2726	1.2230	6	0.2670
lnEK 斜率，β_{2j}					
截距 2，γ_{20}	0.3619	0.1248	2.9010	7	0.0240
IE，γ_{21}	0.7362	0.5289	1.3920	7	0.2070
TS，γ_{22}	0.4188	0.6650	0.6300	7	0.5490
FS，γ_{23}	−0.9601	0.6075	−1.5800	7	0.1580
FI，γ_{24}	−0.2642	0.4299	−0.6150	7	0.5580
随机效应	标准误差	方差成分	自由度	卡方值	p 值
截距，u_0	0.4327	0.1872	5	8766.7627	0.0000
lnEL 斜率，u_1	0.1589	0.0253	6	218.1450	0.0000
lnEK 斜率，u_2	0.3494	0.1221	7	21.4946	0.0030
层一，r	0.0502	0.0025			

　　由表 7-23 的固定效应部分可知，在综合性因素对截距（剩余全要素生产率）的影响中，只有外商直接投资是负向显著影响因素，表明外商直接投资越多的省份全要素生产率越低。其具体影响程度为，外商直接投资提高 0.1 个单

位，全要素生产率将降低 0.08194。之所以会阻碍全要素生产率的提高，是由于外商直接投资对国内投资具有一定的挤出效应。另外，在综合性因素对劳动力产出效率、资本产出效率的影响分析中没有达到显著。

（5）东部地区省域服务业经济基本要素方差成分解释程度。由表 7-20 和表 7-21 的随机效应中的层一方差得到表 7-24 的原始总方差和条件总方差，表 7-22 和表 7-23 的随机效应中的层二方差之和得到表 7-24 的原始总方差和条件总方差。层一、层二的方差成分解释程度见表 7-24。

表 7-24　东部地区省域服务业经济增长层一、层二的方差成分解释程度

层次	原始总方差	条件总方差	解释程度 /%
层一	0.3968	0.0103	97.40%
层二	0.8402	0.3346	60.17%

由表 7-24 可知，层一方差解释程度为 97.40%，层二方差解释程度为 60.17%，总体上层一解释变量对层一方差，层二解释变量对层二方差都有较好的解释。这表明构建的中国省域东部区域服务业经济增长要素效率影响因素的实证分析模型较为合理。

（二）中部区域分析

1. 描述统计

中国省域中部区域服务业经济增长层一变量的描述统计结果，见表 7-25。层二变量与第四章第一节"变量的选择与数据来源"相同，具体数值见表 4-1 中层二部分。

表 7-25　中国省域中部区域的层一变量的样本统计值

变量层次	变量名称	样本数	均值	标准差	最小值	最大值
	lnEY	171	7.6700	0.6800	6.1400	9.0300
层一	lnEL	171	9.0900	1.0200	6.6800	11.2000
	lnEK	171	6.6600	0.5000	5.7100	7.6400

由于数据经过不变价处理且取了对数，因而省内各年度间变量值差异不大；由表 7-25 各层一变量的标准差、最小值、最大值可知，1998—2016 年中国省域中部区域服务业经济增长层一变量的国内生产总值对数、资本投入对

数、劳动力投入对数在不同省之间存在较大的差异。

2. 实证结果分析

（1）中部地区服务业经济增长不同省之间的变异分解。中部地区各省服务业经济增长的均值在不同省之间是否有显著性差异及差异由层一和层二所产生的影响各占多大比例仍需运用零模型分析，零模型的结果见表7-26。

表7-26　中部服务业经济增长均值与变异的分解结果

固定效应	系数	标准误差	t 值	自由度	p 值
截距1，β_{0j}					
截距2，γ_{00}	7.6698	0.0987	77.7000	8.0000	0.0000
随机效应	标准误差	方差成分	自由度	卡方值	p 值
截距，u_0	0.2797	0.0782	8	38.5944	0.0000
层一，r	0.6233	0.3885			

由表7-26固定效应部分可知，中国省域中部9个省的对数服务业总产值（$LNEY$）均值为7.6698；由零模型的随机效应部分的卡方检验结构可知，9个省的对数服务业总产值均值有显著性差异，而差异的度量可由组内相关系数$\rho=$0.0782/（0.0782+ 0.3885）=16.76%给出，即中国省域中部9个省服务业总产值对数平均值的差异有16.76%需要用二层变量来解释，由于即使一个很小的组内相关系数也会导致较大的第Ⅰ类错误（Barcikowski）。从而说明在研究中国省域中部区域服务业经济增长时，必须引入层二变量。层二变量为中国省域中部区域经济环境中的市场化进程、对外开放、金融发展、城市化、产业结构变迁。

（2）中部地区服务业经济增长基本影响要素的作用分析。中部地区基本要素对工业经济增长的影响可由固定效应（变截距）模型分析得到，固定效应模型的结果见表7-27。

表7-27　中部服务业经济增长变截距模型结果

固定效应	系数	标准误差	t 值	自由度	p 值
截距1，β_{0j}					
截距2，γ_{00}	7.6698	0.0987	77.7000	8	0.0000
lnEL 斜率，β_{1j}					
截距2，γ_{10}	0.6290	0.0465	13.5210	168	0.0000

续　表

固定效应	系数	标准误差	t 值	自由度	p 值
lnEK 斜率，β_{2j}					
截距 2，γ_{20}	0.0344	0.2092	0.1640	168	0.8700
随机效应	标准误差	方差成分	自由度	卡方值	p 值
截距，u_0	0.3135	0.0983	8	2202.3690	0.0000
层一，r	0.0825	0.0068			

由表 7-27 的固定效应部分可知，基本影响因素 lnEL 的系数值为正向显著，即劳动力投入将促进中国省域中部区域服务业经济增长；劳动力入增加 1%，经济增长将增加 0.6290%。资本投入对中国省域中部区域服务业经济增长的影响不显著。由表 7-27 的随机效应部分可知，将劳动力投入、资本投入引入层一模型中，层一方差得到较好的解释，由零模型结果表 7-26 中的 0.3885 减少到固定效应模型结果表 7-27 的 0.0068，表明中国省域中部区域服务业的劳动力投入、资本投入能较好地解释省内服务业总产值不同年度间的变化。

（3）中部地区服务业经济增长要素效率异质性检验。中部地区要素效率异质性的检验可由随机效应（变系数）模型分析得到，随机效应模型的结果见表 7-28。

表 7-28　中部服务业经济增长随机效应结果

固定效应	系数	标准误差	t 值	自由度	p 值
截距 1，β_{0j}					
截距 2，γ_{00}	7.6698	0.0987	77.7000	8	0.0000
lnEL 斜率，β_{1j}					
截距 2，γ_{10}	0.6497	0.0469	13.8390	8	0.0000
lnEK 斜率，β_{2j}					
截距 2，γ_{20}	−0.1267	0.2426	−0.5220	8	0.6150
随机效应	标准误差	方差成分	自由度	卡方值	p 值
截距，u_0	0.3139	0.0985	8	5531.4077	0.0000
lnEL 斜率，u_1	0.1342	0.0180	8	47.3955	0.0000
lnEK 斜率，u_2	0.7053	0.4974	8	46.3801	0.0000
层一，r	0.0521	0.0027			

由表 7-28 的固定效应部分可知，劳动力投入、资本投入的系数与表 7-27 的相应系数有一定的差异，是由于使用变截距模型与变系数模型不同造成的，多层统计分析侧重于随机系数模型的结果。在中国省域中部区域服务业经济增长过程中，劳动力增加 1%，中国省域中部服务业经济增长将增加 0.6497%；资本对中国省域东部区域服务业经济增长的影响不显著。由表 7-28 的随机效应部分可知，劳动力投入、资本投入的效率在各个省之间存在显著性差异，同时表明截距、lnEL、lnEK 与 lnEY 之间的关系在中国省域中部区域随着省份的不同而显著不同。

（4）中部地区综合性因素对服务业经济增长要素效率的影响分析。综合性因素对要素效率的影响分析可由全模型分析得到，全模型的结果见表 7-29。

表 7-29　中部服务业经济增长全模型结果

固定效应	系数	标准误差	t 值	自由度	p 值
截距 1，β_{0j}					
截距 2，γ_{00}	7.6698	0.0523	146.7740	2	0.0000
MAR，γ_{01}	0.6923	0.0634	10.9150	2	0.0000
FDI，γ_{02}	−3.5636	0.4775	−7.4630	2	0.0000
IE，γ_{03}	−6.6509	2.7934	−2.3810	2	0.0930
TS，γ_{04}	1.8993	0.7901	2.4040	2	0.0910
FS，γ_{05}	−2.2349	1.0164	−2.1990	2	0.0970
FI，γ_{06}	1.1712	0.4353	2.6910	2	0.0880
lnEL 斜率，β_{1j}					
截距 2，γ_{10}	0.6473	0.0655	9.8820	3	0.0000
IE，γ_{11}	1.2976	3.4033	0.3810	3	0.7280
TS，γ_{12}	0.5371	0.9641	0.5570	3	0.6160
URB，γ_{13}	0.3264	0.3038	1.0750	3	0.3620
FS，γ_{14}	0.2140	1.2372	0.1730	3	0.8740
FI，γ_{15}	−0.3843	0.5209	−0.7380	3	0.5140
lnEK 斜率，β_{2j}					
截距 2，γ_{20}	−0.1561	0.4063	−0.3840	4	0.7200
IE，γ_{21}	−10.2214	20.6734	−0.4940	4	0.6460

固定效应	系数	标准误差	t 值	自由度	p 值
TS，γ_{22}	−1.5483	5.9170	−0.2620	4	0.8070
FS，γ_{23}	−2.1767	7.5791	−0.2870	4	0.7880
FI，γ_{24}	1.9970	3.1929	0.6250	4	0.5650
随机效应	标准误差	方差成分	自由度	卡方值	p 值
截距，u_0	0.1563	0.0244	2	651.0915	0.0000
lnEL 斜率，u_1	0.1843	0.0140	3	37.8481	0.0000
lnEK 斜率，u_2	0.1729	0.2757	4	75.4617	0.0000
层一，r	0.0513	0.0026			

由表 7-29 的固定效应部分可知，综合性因素对截距（剩余全要素生产率）影响分析。市场化进程、产业结构高级化、金融规模都是正向显著影响因素，表明市场化程度高、产业结构高级化程度高、金融规模水平高的省份剩余全要素生产率高。其具体影响程度为，市场化程度加快 1 个单位，全要素生产率将提高 0.6923；产业结构高级化提高 0.1 个单位，全要素生产率将提高 0.18993；金融规模提高 0.1 个单位，全要素生产率将提高 0.11712。之所以能促进全要素生产率的提高，是由于市场化进程的推进改善了资源配置效率；产业结构高级化有利于要素资源在效率差异部门之间流动。外商直接投资、对外贸易、金融结构是负向显著影响因素，表明外商直接投资、对外贸易、金融结构水平越高的省份全要素生产率越低。其具体影响程度为，外商直接投资提高 0.1 个单位，全要素生产率将降低 0.35635；对外贸易提高 0.1 个单位，全要素生产率将降低 0.66509；金融结构提高 0.1 个单位，全要素生产率将降低 0.22349。之所以会阻碍全要素生产率的提高，是由于外商直接投资对国内投资具有一定的挤出效应。

（5）中部地区省域服务业经济增长方差成分解释程度。由表 7-26 和表 7-27 的随机效应中的层一方差得到表 7-30 的原始总方差和条件总方差；表 7-28 和表 7-29 的随机效应中的层二方差之和得到表 7-30 的原始总方差和条件总方差。层一、层二的方差成分解释程度见表 7-30。

表 7-30　中部地区省域服务业经济增长层一层二的方差成分解释程度

层次	原始总方差	条件总方差	解释程度 /%
层一	0.3885	0.0068	98.24%
层二	0.6139	0.3141	48.83%

由表 7-30 可知，层一方差解释程度为 98.24%，层二方差解释程度为 48.83%，总体上层一解释变量对层一方差，层二解释变量对层二方差都有较好的解释。这表明构建的中国省域中部区域服务经济增长要素效率影响因素的实证分析模型较为合理。

（三）西部区域分析

1. 描述统计

中国省域西部区域服务业经济增长层一变量的描述统计结果见表 7-31。层二变量与第四章第一节"变量的选择与数据来源"相同，具体数值见表 4-1 中层二部分。

表 7-31　中国省域西部区域的层一变量的样本统计值

变量层次	变量名称	样本数	均值	标准差	最小值	最大值
	lnEY	171	6.8500	1.0200	4.5300	9.0000
层一	lnEL	171	8.4400	1.2500	5.3300	11.1800
	lnEK	171	5.8700	0.8500	4.0300	7.4600

由于数据经过不变价处理且取了对数，因而省内各年度间变量值差异不大；由表 6-31 各层一变量的标准差、最小值、最大值可知，1998—2016 年中国省域西部区域服务业经济增长层一变量的国内生产总值对数、资本投入对数、劳动力投入对数在不同省之间存在较大的差异。

2. 实证结果分析

（1）西部地区服务业经济增长不同省之间的变异分解。西部地区各省服务业经济增长的均值在不同省之间是否有显著性差异及差异由层一和层二所产生的影响各占多大比例仍需运用零模型分析，零模型的结果见表 7-32。

表 7-32　西部服务业经济增长均值与变异的分解结果

固定效应	系数	标准误差	t 值	自由度	p 值
截距 1，β_{0j}					
截距 2，γ_{00}	6.8497	0.2743	24.9700	8	0.0000
随机效应	**标准误差**	**方差成分**	**自由度**	**卡方值**	**p 值**
截距，u_0	0.8613	0.7418	8	303.9111	0.0000
层一，r	0.6173	0.3811			

由表 7-32 固定效应部分可知，中国省域西部 9 个省的对数服务业总产值（*LNEY*）均值为 6.8497；由零模型的随机效应部分的卡方检验结构可知，9 个省的对数服务业总产值均值有显著性差异，而差异的度量可由组内相关系数 ρ = 0.7418/（0.7418+ 0.3811）=66.06% 给出，即中国省域西部 9 个省服务业总产值对数平均值的差异有 66.06% 需要用二层变量来解释，只有 33.94% 的差异可以用层一变量来解释，从而说明在研究中国省域西部区域服务业经济增长时，必须引入层二变量。层二变量为中国省域西部区域经济环境中的市场化进程、对外开放、金融发展、城市化、产业结构变迁。

（2）西部地区服务业经济增长基本影响要素的作用分析。西部地区基本要素对服务业经济增长的影响可由固定效应（变截距）模型分析得到，固定效应模型的结果见表 7-33。

表 7-33　西部服务业经济增长变截距模型结果

固定效应	系数	标准误差	t 值	自由度	p 值
截距 1，β_{0j}					
截距 2，γ_{00}	6.8497	0.2743	24.9700	8	0.0000
lnEL 斜率，β_{1j}					
截距 2，γ_{10}	0.6109	0.0146	41.9180	168	0.0000
lnEK 斜率，β_{2j}					
截距 2，γ_{20}	0.1051	0.0739	1.4220	168	0.1570
随机效应	**标准误差**	**方差成分**	**自由度**	**卡方值**	**p 值**
截距，u_0	0.8727	0.7616	8	23178.2653	0.0000
层一，r	0.0707	0.0050			

由表7-33的固定效应部分可知，基木影响因素 *LNEL* 的系数值为正向显著，即劳动力投入将促进中国省域西部区域服务业经济增长；劳动力投入增加 1%，经济增长将增加 0.6109%；资本投入对中国省域西部区域服务业经济增长的影响不显著。由表 7-33 的随机效应部分可知，将劳动力投入、资本投入引入到层一模型中，层一方差得到较好的解释，由零模型结果表 7-32 中的 0.3811 减少到固定效应模型结果表 7-33 的 0.0050，这表明中国省域西部区域服务业的劳动力投入、资本投入能较好地解释省内服务业总产值不同年度间的变化。

（3）西部地区服务业经济增长要素效率异质性检验。西部地区要素效率异质性的检验可由随机效应（变系数）模型分析得到，随机效应模型的结果见表 7-34。

表 7-34　西部服务业经济增长随机效应结果

固定效应	系数	标准误差	t 值	自由度	p 值
截距 1，β_{0j}					
截距 2，γ_{00}	6.8497	0.2743	24.9700	8	0.0000
lnEL 斜率，β_{1j}					
截距 2，γ_{10}	0.5679	0.0309	18.3730	8	0.0000
lnEK 斜率，β_{2j}					
截距 2，γ_{20}	0.2463	0.1605	1.5340	8	0.1630
随机效应	标准误差	方差成分	自由度	卡方值	p 值
截距，u_0	0.8728	0.7617	8	38474.0722	0.0000
lnEL 斜率，u_1	0.0861	0.0074	8	97.6341	0.0000
lnEK 斜率，u_2	0.4645	0.2158	8	78.9678	0.0000
层一，r	0.0549	0.0030			

由表 7-34 的固定效应部分可知，劳动力投入、资本投入的系数与表 7-33 的相应系数有一定的差异，这是由于使用变截距模型与变系数模型不同造成的，多层统计分析侧重于随机系数模型的结果。在中国省域西部区域服务业经济增长过程中，劳动力投入增加 1%，经济增长将增加 0.5679%。资本投入对中国省域西部区域服务业经济增长的影响不显著。由表 7-34 的随机效应部分可知，劳动力投入、资本投入的效率在各个省之间存在显著性差异，同时表明截距、lnEL、lnEK 与 lnEY 之间的关系在中国省域西部区域随着省份的不同而显著不同。

（4）西部地区综合性因素对服务业经济增长要素效率的影响分析。综合性因素对要素效率的影响分析可由全模型分析得到，全模型的结果见表7-35。

表7-35　西部服务业经济增长全模型结果

固定效应	系数	标准误差	t 值	自由度	p 值
截距1，β_{0j}					
截距2，γ_{00}	6.8497	0.1164	58.8270	2	0.0000
MAR，γ_{01}	0.6507	0.1936	3.3610	2	0.1780
FDI，γ_{02}	−9.3176	3.4875	−2.6720	2	0.0870
IE，γ_{03}	1.3315	3.5390	0.3760	2	0.7420
TS，γ_{04}	−4.9927	2.3749	−2.1020	2	0.1340
FS，γ_{05}	−0.4731	1.5900	−0.2980	2	0.7940
FI，γ_{06}	−1.0362	0.9432	−1.0990	2	0.3860
lnEL 斜率，β_{1j}					
截距2，γ_{10}	0.5733	0.0485	11.8270	3	0.0000
IE，γ_{11}	−0.9464	1.4321	−0.6610	3	0.5560
TS，γ_{12}	0.9357	0.6637	1.4100	3	0.2530
URB，γ_{13}	0.9217	0.3257	2.8300	3	0.0670
FS，γ_{14}	1.0357	0.4585	2.2590	3	0.0990
FI，γ_{15}	−0.5562	0.2789	−1.9940	3	0.1330
lnEK 斜率，β_{2j}					
截距2，γ_{20}	0.2254	0.2681	0.8410	4	0.4480
IE，γ_{21}	0.3463	7.6253	0.0450	4	0.9660
TS，γ_{22}	−2.8365	3.6521	−0.7770	4	0.4810
FS，γ_{23}	−1.5044	2.3467	−0.6410	4	0.5560
FI，γ_{24}	0.7444	1.4704	0.5060	4	0.6390

随机效应	标准误差	方差成分	自由度	卡方值	p 值
截距，u_0	0.3491	0.1219	2	2387.2153	0.0000
lnEL 斜率，u_1	0.1366	0.0187	3	104.1243	0.0000
lnEK 斜率，u_2	0.2755	0.1013	4	76.6537	0.0000
层一，r	0.0531	0.0028			

　　由表 7-35 的固定效应部分可知，综合性因素对截距（剩余全要素生产率）的影响，只有外商直接投资是负向显著影响因素，表明外商直接投资越多的省份全要素生产率越低。其具体影响程度为，外商直接投资提高 0.1 个单位，全要素生产率将降低 0.93176。之所以会阻碍全要素生产率的提高，是由于外商直接投资对国内投资具有一定的挤出效应。

　　综合性因素对劳动力产出效率的影响分析。城市化、金融结构为正向显著影响因素，表明城市化、金融结构均值大的省份劳动力产出效率均值大。其具体影响程度为，城市化提高 0.1 个单位，劳动产出效率将提高 0.09217；金融结构水平提高 0.1 个单位，劳动力产出效率将提高 0.10357。同时，由于劳动力系数与城市化、金融结构的系数符号相同，因而城市化、金融结构水平的提高将加强劳动力与 GDP 之间的正向关系。

　　（5）西部地区省域服务业经济增长方差成分解释程度。由表 7-32 和表 7-33 的随机效应中的层一方差得到表 7-36 的原始总方差和条件总方差；表 7-34 和表 7-35 的随机效应中的层二方差之和得到表 7-36 的原始总方差和条件总方差。层一、层二的方差成分解释程度见表 7-36。

表 7-36　西部地区省域服务业经济增长层一、层二的方差成分解释程度

层次	原始总方差	条件总方差	解释程度 /%
层一	0.3811	0.0050	98.68%
层二	0.9849	0.2419	75.43%

　　由表 7-36 可知，层一方差解释程度为 98.68%，层二方差解释程度为 75.43%，总体上层一解释变量对层一方差，层二解释变量对层二方差都有较好的解释。这表明构建的中国省域西部区域服务经济增长要素效率影响因素的实证分析模型较为合理。

第二节　中国服务业经济增长要素效率影响因素的实证分析

一、中国服务业经济增长要素效率综合性影响因素的分析

（一）变量选择与数据来源

中国服务业经济增长相关变量与数据来源与本章第一节"变量的选择与数据来源"相同，但是此处的处理方式与第一节不同。

中国省域服务业经济增长要素效率影响因素的实证分析的层一模型的变量值为每个省在一定年度区间每年的劳动力投入、资本投入，即体现的是一定年度区间每个省的时间序列特征。中国服务业经济增长要素效率影响因素的实证分析的层一模型的变量值为每个年度各省的劳动力投入、资本投入，即体现的中国各省的截面数据特征。

中国省域服务业经济增长要素效率影响因素的实证分析的层二模型的变量值为每个省在一定年度区间每年的市场化进程、对外开放、金融发展、城市化、产业结构变迁的均值。中国服务业经济增长要素效率影响因素的实证分析的层二模型的变量值为每年各省的市场化进程、对外开放、金融发展、城市化、产业结构变迁的均值。

中国省域服务业经济增长要素效率影响因素的实证分析主要关注不同区域间效率的差异及综合性变量对区域间效率的差异的影响；中国服务业经济增长要素效率影响因素的实证分析主要关注不同年度间效率的差异及综合性变量对年度间效率的差异的影响。

（二）实证结果分析

1. 中国服务业经济增长年度之间的变异分解

中国服务业经济增长的均值在不同年度间是否有显著性差异及差异由层一和层二所产生的影响各占多大比例仍然需要运用零模型分析，零模型的结果见表 7-37。

表 7-37 中国服务业经济增长均值与变异的分解结果

固定效应	系数	标准误差	t 值	自由度	p 值
截距 1, β_{0j}					
截距 2, γ_{00}	7.6130	0.1389	54.8230	18	0.0000
随机效应	**标准误差**	**方差成分**	**自由度**	**卡方值**	p **值**
截距, u_0	0.6006	0.3607	18	266.9021	0.0000
层一, r	0.8846	0.7825			

由表 7-37 固定效应部分可知，中国服务业总产值不同年度对数（lnEY）均值为 7.6130；由零模型的随机效应部分的卡方检验结构知，对数（lnEY）均值在不同年度间有显著性差异，而差异的度量可由组内相关系数 ρ =0.3607/（0.3607+0.7825）=31.55% 给出，即各省服务业总产值对数均值在 1998—2016 年的差异有 31.55% 需要用二层变量来解释，从而说明在研究 1998—2016 年中国服务业经济增长时，必须引入层二变量。层二变量为中国经济环境中的市场化进程、对外开放、金融发展、城市化、产业结构变迁。

2. 中国服务业经济增长基本影响要素的作用分析

基本要素对服务业经济增长的影响可由固定效应（变截距）模型分析得到，固定效应模型的结果见表 7-38。

表 7-38 中国服务业经济增长变截距模型结果

固定效应	系数	标准误差	t 值	自由度	p 值
截距 1, β_{0j}					
截距 2, γ_{00}	7.6130	0.1389	54.8230	18	0.0000
lnEL 斜率, β_{1j}					
截距 2, γ_{10}	0.8638	0.0413	20.8980	567	0.0000
lnEK 斜率, β_{2j}					
截距 2, γ_{20}	0.1824	0.0350	5.2060	567	0.0000
随机效应	**标准误差**	**方差成分**	**自由度**	**卡方值**	p **值**
截距, u_0	0.6209	0.3855	18	5743.0186	0.0000
层一, r	0.1907	0.0364			

由表 7-38 的固定效应部分可知，基本影响因素 lnEL、lnEK 的系数均为正

向显著，即劳动力投入、资本投入对服务业经济增长都有显著的促进作用。其中，劳动力投入增加 1%，经济增长将增加 0.8638%；资本投入增加 1%，经济增长将增加 0.1824%。由表 7-39 的随机效应部分可知，劳动力投入、资本投入引入层一模型中，层一方差得到较好的解释，由零模型结果表 7-37 中的0.7825 减少到固定效应模型结果表 7-38 中的 0.0364，表明每个省的劳动力投入、资本投入能较好地解释服务业总产值在相同年度不同省之间的变化。

3. 中国服务业经济增长要素效率异质性检验

要素效率不同年度的异质性检验可由随机效应（变系数）模型分析得到，随机效应模型的结果见表 7-39。

表 7-39　中国服务业经济增长随机效应结果

固定效应	系数	标准误差	t 值	自由度	p 值
截距 1，β_{0j}					
截距 2，γ_{00}	7.6130	0.1389	54.8230	18	0.0000
lnEL 斜率，β_{1j}					
截距 2，γ_{10}	0.9721	0.0423	23.0030	18	0.0000
lnEK 斜率，β_{2j}					
截距 2，γ_{20}	0.0776	0.0330	2.3550	18	0.0300
随机效应	标准误差	方差成分	自由度	卡方值	p 值
截距，u_0	0.6211	0.3858	18	6758.3675	0.0000
lnEL 斜率，u_1	0.1854	0.0344	18	123.9153	0.0000
lnEK 斜率，u_2	0.1379	0.0190	18	58.6387	0.0000
层一，r	0.1758	0.0309			

由表 7-39 的固定效应部分可知，劳动力投入、资本投入的系数与表 7-38 的相应系数有一定的差异，是由于使用变截距模型与变系数模型的不同造成的，多层统计分析侧重于随机系数模型的结果。在中国服务业经济增长过程中，劳动力投入增加 1%，经济增长将增加 0.9721%；资本投入增加 1%，经济增长将增加 0.0776%。由表 7-39 的随机效应部分可知，劳动力投入、资本投入的效率在不同年度之间存在显著性差异，同时也表明截距、lnEL、lnEK 与lnEY 之间的关系随着年度的不同而显著不同。

4. 中国综合性因素对服务业经济增长要素效率的影响分析

综合性因素对要素效率的影响分析可由全模型分析得到，全模型的结果见表 7-40。

表 7-40　中国服务业经济增长全模型结果

固定效应	系数	标准误差	t 值	自由度	p 值
截距 1，β_{0j}					
截距 2，γ_{00}	7.6130	0.0069	1107.3450	12	0.0000
MAR，γ_{01}	0.0313	0.0286	1.0970	12	0.2950
FDI，γ_{02}	−0.3792	0.1700	−2.2310	12	0.0450
TL，γ_{03}	0.1861	0.5989	0.3110	12	0.7610
URB，γ_{04}	6.9971	0.8257	8.4740	12	0.0000
FS，γ_{05}	0.1682	0.0387	4.3490	12	0.0010
FI，γ_{06}	−0.0944	0.0264	−3.5740	12	0.0040
lnEL 斜率，β_{1j}					
截距 2，γ_{10}	0.9618	0.0086	112.3780	14	0.0000
FDI，γ_{11}	−1.2161	0.0458	−26.5320	14	0.0000
TS，γ_{12}	−0.3347	0.1659	−2.0180	14	0.0630
FS，γ_{13}	0.2302	0.0446	5.1600	14	0.0000
FI，γ_{14}	−0.0914	0.0380	−2.4080	14	0.0310
lnEK 斜率，β_{2j}					
截距 2，γ_{20}	0.0878	0.0071	12.2960	13	0.0000
FDI，γ_{21}	0.9743	0.0476	20.4580	13	0.0000
IE，γ_{22}	0.2566	0.0677	3.7890	13	0.0030
TS，γ_{23}	0.6746	0.1140	5.9160	13	0.0000
FS，γ_{24}	−0.2079	0.0334	−6.2320	13	0.0000
FI，γ_{25}	0.0887	0.0283	3.1290	13	0.0090
随机效应	标准误差	方差成分	自由度	卡方值	p 值
截距，u_0	0.0205	0.0004	12	16.5632	0.1660
lnEL 斜率，u_1	0.0079	0.00006	14	2.5254	>.500
lnEK 斜率，u_2	0.0084	0.0001	13	1.5750	>.500
层一，r	0.1758	0.0309			

由表 7-40 的固定效应部分可得出以下结论：

①综合性因素对截距（剩余全要素生产率）影响，城市化、金融结构是正向显著影响因素，表明城市化、金融结构水平高的年度剩余全要素生产率高。其具体影响程度为，城市化提高 0.1 个单位，全要素生产率将提高 0.69971；金融结构水平提高 0.1 个单位，全要素生产率将提高 0.01682。之所以能促进全要素生产率的提高，是由于市场化促进经济规模效率的提高；金融结构水平的提高可以改善资本配置效率。外商直接投资、金融规模是负向显著影响因素，表明外商直接投资越多、金融规模越大的年度全要素生产率越低。其具体影响程度为，外商直接投资提高 0.1 个单位，全要素生产率将降低 0.03792；金融规模扩大 0.1 个单位，全要素生产率将降低 0.00944。之所以会阻碍全要素生产率的提高，是由于外商直接投资对国内投资具有一定的挤出效应；中国当前以国有大银行为主导的金融体系的发展模式对民营经济的发展产生了一定的挤出效应。

②综合性因素对劳动力产出效率的影响分析。金融结构为正向显著影响因素。表明金融结构均值大的年度劳动力产出效率均值大。其具体影响程度为，金融结构水平提高 0.1 个单位，劳动力产出效率将提高 0.02302。同时，由于劳动力系数与金融结构的系数符号相同，因而金融结构水平的提高将加强劳动力与 GDP 间的正向关系。外商直接投资、产业结构高级化、金融规模为负向显著影响因素，表明外商直接投资多、产业结构高级化水平高、金融规模程度高的年度劳动力效率低。具体影响程度为，外商直接投资提高 0.1 个单位，劳动力产出效率将降低 0.12161；产业结构高级化提高 0.1 个单位，劳动力产出效率将降低 0.03347；金融规模提高 0.1 个单位，劳动力产出效率将降低 0.00914。同时，由于劳动力系数与外商直接投资、产业结构高级化、金融规模的系数符号相反，因此外商直接投资、产业结构高级化、金融规模水平的提高将削弱劳动力与 GDP 之间的正向关系。之所以会阻碍劳动力产出效率的提高，是由于金融水平的发展导致劳动资金比进一步降低。

③综合性因素对资本产出效率的影响分析。金融结构是负向显著影响因素，表明金融结构水平高的年度资本产出效率低。其具体影响程度为，金融结构提高 0.1 个单位，资本产出效率将降低 0.02079。同时，由于资本系数与金融结构的系数符号相反，因而金融结构水平的提高将削弱资本与 GDP 之间的正向关系。外商直接投资、对外贸易、产业结构高级化、金融规模是正向显著影响因素，表明外商直接投资、对外贸易、产业结构高级化、金融规模程度

高的年度资本产出效率高。其具体影响程度为，外商投资提高 0.1 个单位，资本产出效率将增加 0.09743；对外贸易提高 0.1 个单位，资本产出效率将增加 0.02566；产业结构高级化提高 0.1 个单位，资本产出效率将增加 0.06746；金融规模提高 0.1 个单位，资本产出效率将增加 0.00887。同时，由于资本系数与外商直接投资、对外贸易、产业结构高级化、金融规模的系数符号相同，因而外商直接投资、对外贸易、产业结构高级化、金融规模的水平的提高将加强资本与 GDP 之间的正向关系。

5. 服务业经济增长方差成分解释程度

由表 7-37 和表 7-38 的随机效应中的层一方差得到表 7-41 的原始总方差和条件总方差；表 7-39 和表 7-40 的随机效应中的层二方差之和得到表 7-41 的原始总方差和条件总方差。层一、层二的方差成分解释程度见表 7-41。

表 7-41　服务业经济增长层一、层二的方差成分解释程度

层次	原始总方差	条件总方差	解释程度 /%
层一	0.7825	0.0364	95.34%
层二	0.4392	0.0006	99.86%

由表 7-41 可知，层一方差解释程度为 95.34%，层二方差解释程度为 99.86%，总体上层一解释变量对层一方差，层二解释变量对层二方差都有较好的解释。这表明构建的中国服务业经济增长要素效率影响因素的实证分析模型较为合理。

二、中国服务业经济增长要素效率综合性影响因素的区域性分析

（一）东部地区分析

1. 变量的选择与数据来源

中国东部地区服务业经济增长相关变量与数据的来源与本章第一节"东部区域分析"的数据来源相同，但是此处的处理方式与第一节不同。

2. 实证结果分析

（1）中国东部地区服务业经济增长年度之间的变异分解。中国东部地区服务业经济增长的均值在不同年度间是否有显著性差异及差异由层一和层二所产生的影响各占多大比例仍需运用零模型分析，零模型的结果见表 7-42。

表 7-42　中国东部地区服务业经济增长均值与变异的分解结果

固定效应	系数	标准误差	t 值	自由度	p 值
截距 1，β_{0j}					
截距 2，γ_{00}	8.1429	0.1404	58.0070	18	0.0000
随机效应	标准误差	方差成分	自由度	卡方值	p 值
截距，u_0	0.5843	0.3414	18	132.2278	0.0000
层一，r	0.8035	0.6456			

由表 7-42 固定效应部分可知，中国东部地区服务业总产值不同年度对数（lnEY）均值为 8.1429；由零模型的随机效应部分的卡方检验结构知，对数（lnEY）均值在不同年度有显著性差异，而差异的度量可由组内相关系数 ρ =0.3414/（0.3414+0.6456）=34.59% 给出，即东部地区各省服务业总产值对数均值在 1998—2016 年的差异有 34.59% 需要用二层变量来解释，从而说明在研究 1998—2016 年中国东部地区服务业经济增长时，必须引入层二变量。层二变量为中国东部地区经济环境中的市场化进程、对外开放、金融发展、城市化、产业结构变迁。

（2）中国东部地区服务业经济增长基本影响要素的作用分析。基本要素对服务业经济增长的影响可由固定效应（变截距）模型分析得到，固定效应模型的结果见表 7-43。

表 7-43　中国东部地区服务业经济增长变截距模型结果

固定效应	系数	标准误差	t 值	自由度	p 值
截距 1，β_{0j}					
截距 2，γ_{00}	8.1429	0.1404	58.0070	18	0.0000
lnEL 斜率，β_{1j}					
截距 2，γ_{10}	0.8264	0.0392	21.0550	225	0.0000
lnEK 斜率，β_{2j}					
截距 2，γ_{20}	0.2279	0.0329	6.9190	225	0.0000
随机效应	标准误差	方差成分	自由度	卡方值	p 值
截距，u_0	0.6266	0.3926	18	2752.9390	0.0000
层一，r	0.1761	0.0310			

由表 7-43 的固定效应部分可知，基本影响因素 lnEL、lnEK 的系数均为正向显著，即劳动力投入、资本投入对东部地区服务业经济增长都有显著的促进作用。其中，劳动力投入增加 1%，经济增长将增加 0.8264%；资本投入增加 1%，经济增长将增加 0.2279%。由表 7-43 的随机效应部分可知，劳动力投入、资本投入引入层一模型中，层一方差得到较好的解释，由零模型结果表 7-42 中的 0.6456 减少到固定效应模型结果表 7-43 中的 0.0310，表明每个省的劳动力投入、资本投入能较好地解释东部地区服务业总产值在相同年度不同省之间的变化。

（3）中国东部地区服务业经济增长要素效率异质性检验。要素效率不同年度间的异质性的检验可由随机效应（变系数）模型分析得到，随机效应模型的结果见表 7-44。

表 7-44　中国东部地区服务业经济增长随机效应结果

固定效应	系数	标准误差	t 值	自由度	p 值
截距 1，β_{0j}					
截距 2，γ_{00}	8.1429	0.1404	58.0070	18	0.0000
lnEL 斜率，β_{1j}					
截距 2，γ_{10}	0.9842	0.0532	18.5160	18	0.0000
lnEK 斜率，β_{2j}					
截距 2，γ_{20}	0.0760	0.0424	1.7940	18	0.0890
随机效应	标准误差	方差成分	自由度	卡方值	p 值
截距，u_0	0.6271	0.3933	18	3401.4965	0.0000
lnEL 斜率，u_1	0.2330	0.0543	18	89.1476	0.0000
lnEK 斜率，u_2	0.1831	0.0335	18	52.8650	0.0000
层一，r	0.1584	0.0251			

由表 7-44 的固定效应部分可知，劳动力投入、资本投入的系数与表 7-43 的相应系数有一定的差异，是由于使用变截距模型与变系数模型不同造成的，多层统计分析侧重于随机系数模型的结果。在中国东部地区服务业经济增长过程中，劳动力投入增加 1%，经济增长将增加 0.9842%；资本投入增加 1%，经济增长将增加 0.0760%。由表 7-44 的随机效应部分可知，劳动力投入、资本投入的效率在不同年度之间存在显著性差异，同时表明截距、lnEL、lnEK 与 lnEY 之间的关系随着年度的不同而显著不同。

（4）中国东部地区综合性因素对服务业经济增长要素效率的影响分析。综合性因素对要素效率的影响分析可由全模型分析得到，全模型的结果见表7-45。

表7-45　中国东部地区服务业经济增长全模型结果

固定效应	系数	标准误差	t 值	自由度	p 值
截距1，β_{0j}					
截距2，γ_{00}	8.1429	0.0133	614.2560	12	0.0000
MAR，γ_{01}	0.1094	0.0259	4.2230	12	0.0010
FDI，γ_{02}	−0.0819	0.1533	−0.5340	12	0.6030
TL，γ_{03}	−3.8154	1.1270	−3.3850	12	0.0060
URB，γ_{04}	2.6758	0.7496	3.5700	12	0.0040
FS，γ_{05}	−0.1196	0.0842	−1.4210	12	0.1810
FI，γ_{06}	0.0948	0.0429	2.2080	12	0.0470
lnEL 斜率，β_{1j}					
截距2，γ_{10}	0.9656	0.0289	33.4340	14	0.0000
FDI，γ_{11}	−0.7448	0.0970	−7.6810	14	0.0000
TS，γ_{12}	−0.0809	0.3088	−0.2620	14	0.7970
FS，γ_{13}	0.2630	0.1239	2.1230	14	0.0520
FI，γ_{14}	−0.0803	0.1068	−0.7520	14	0.4650
lnEK 斜率，β_{2j}					
截距2，γ_{20}	0.0958	0.0276	3.4780	13	0.0050
FDI，γ_{21}	0.6784	0.0913	7.4280	13	0.0000
IE，γ_{22}	0.1025	0.0233	4.4020	13	0.0010
TS，γ_{23}	0.3634	0.2893	1.2560	13	0.2310
FS，$\gamma 8$	−0.2552	0.1141	−2.2370	13	0.0430
FI，γ_{25}	0.0806	0.0986	0.8180	13	0.4280

随机效应	标准误差	方差成分	自由度	卡方值	p 值
截距，u_0	0.0559	0.0031	12	29.1372	0.0040
lnEL 斜率，u_1	0.0220	0.0005	14	7.8500	>.500
lnEK 斜率，u_2	0.0215	0.0005	13	6.4842	>.500
层一，r	0.1616	0.0261			

由表 7-45 的固定效应部分可得出以下结论：

①综合性因素对截距（剩余全要素生产率）的影响分析。产业结构合理化是负向显著影响因素，表明产业结构合理化水平高的省份全要素生产率越低。其具体影响程度为，产业结构合理化提高 0.1 个单位，全要素生产率将降低 0.38154。市场化进程、城市化、金融规模都是正向显著影响因素，表明市场化进程快、城市化水平高、金融规模的年度剩余全要素生产率高。其具体影响程度为，市场化程度加快 1 个单位，全要素生产率将提高 0.1094；城市化提高 0.1 个单位，全要素生产率将提高 0.26758；金融规模提高 0.1 个单位，全要素生产率将提高 0.00948。之所以能促进全要素生产率的提高，是由于市场化进程的推进改善了资源配置效率。城市化有利于规模经济效率的提高。

②综合性因素对劳动力产出效率的影响分析。金融结构为正向显著影响因素，表明金融结构均值大的省份劳动力产出效率均值大。其具体影响程度为，金融结构水平提高 0.1 个单位，劳动力产出效率将提高 0.0263。同时，由于劳动力系数与金融结构的系数符号相同，因而金融结构水平的提高将加强劳动力与 GDP 之间的正向关系。外商直接投资为负向显著影响因素，表明外商直接投资多的省份劳动力效率低。其具体影响程度为，外商直接投资提高 0.1 个单位，劳动力产出效率将降低 0.07448。同时，由于劳动力系数与外商直接投资的系数符号相反，因而外商直接投资水平的提高将削弱劳动力与 GDP 之间的正向关系。之所以会阻碍劳动力产出效率的提高，是由于外商直接投资对国内的劳动力会产生一定的挤出效应。

③综合性因素对资本产出效率的影响分析。外商直接投资、对外贸易是正向显著影响因素，这表明外商直接投资、对外贸易水平高的省份资本产出效率高。其具体影响程度为，外商直接投资提高 0.1 个单位，资本产出效率将增加 0.06784；对外贸易提高 0.1 个单位，资本产出效率将增加 0.01025。同时，由于资本系数与外商直接投资、对外贸易的系数符号相同，因而外商直接投资、对外贸易水平的提高将加强资本与 GDP 之间的正向关系。金融结构是负向显著影响因素，表明金融结构程度高的省份资本产出效率低。其具体影响程度为，金融结构提高 0.1 个单位，资本产出效率将降低 0.02552。同时，由于资本系数与金融结构的系数符号相反，因而金融结构水平的提高将削弱资本与 GDP 间的正向关系。

（5）东部地区服务业经济增长方差成分解释程度。由表 7-42 和表 7-43 的随机效应中的层一方差得到表 7-46 的原始总方差和条件总方差，表 7-44 和表

7-45 的随机效应中的层二方差之和得到表 7-46 的原始总方差和条件总方差。层一、层二的方差成分解释程度见表 7-46。

表 7-46　中国东部地区服务业经济增长层一、层二的方差成分解释程度

层次	原始总方差	条件总方差	解释程度 /%
层一	0.6456	0.0310	95.19%
层二	0.4811	0.0041	99.14%

由表 7-46 可知，层一方差解释程度为 95.19%，层二方差解释程度为 99.14%，总体上层一解释变量对层一方差，层二解释变量对层二方差都有较好的解释。这表明构建的中国东地区服务业经济增长要素效率影响因素的实证分析模型较为合理。

（二）中部地区分析

1. 变量的选择与数据来源

中国中部地区服务业经济增长相关变量与数据的来源与本章第一节"中部区域分析"数据来源相同，但是此处的处理方式与第一节不同。

2. 实证结果分析

（1）中国中部地区服务业经济增长年度之间的变异分解。中国中部地区服务业经济增长的均值在不同年度之间是否有显著性差异及差异由层一和层二所产生的影响各占多大比例仍需运用零模型分析，零模型的结果见表 7-47。

表 7-47　中国中部地区服务业经济增长均值与变异的分解结果

固定效应	系数	标准误差	t 值	自由度	p 值
截距 1，β_{0j}					
截距 2，γ_{00}	7.6698	0.1385	55.3690	18	0.0000
随机效应	标准误差	方差成分	自由度	卡方值	p 值
截距，u_0	0.6111	0.3734	18	607.4982	0.0000
层一，r	0.3203	0.1026			

由表 7-47 固定效应部分可知，中国中部地区服务业总产值不同年度对数（lnEY）均值为 7.6698；由零模型的随机效应部分的卡方检验结构可知，对

数（lnEY）均值在不同年度有显著性差异，而差异的度量可由组内相关系数ρ = 0.3734/（0.3734+0.1026）=78.45% 给出，即中部地区各省服务业总产值对数均值在 1998—2016 年的差异有 78.45% 需用二层变量来解释，从而说明在研究 1998—2016 年中国中部地区服务业经济增长时，必须引入层二变量。层二变量为中国中部地区经济环境中的市场化进程、对外开放、金融发展、城市化、产业结构变迁。

（2）中国中部地区服务业经济增长基本影响要素的作用分析。基本要素对服务业经济增长的影响可由固定效应（变截距）模型分析得到，固定效应模型的结果见表 7-48。

表 7-48 中国中部地区服务业经济增长变截距模型结果

固定效应	系数	标准误差	t 值	自由度	p 值
截距 1，β_{0j}					
截距 2，γ_{00}	7.6698	0.1385	55.3690	18	0.0000
lnEL 斜率，β_{1j}					
截距 2，γ_{10}	0.7140	0.0289	24.6810	168	0.0000
lnEK 斜率，β_{2j}					
截距 2，γ_{20}	−0.0027	0.0204	−0.1330	168	0.8950
随机效应	标准误差	方差成分	自由度	卡方值	p 值
截距，u_0	0.6189	0.3830	18	3896.105	0.0000
层一，r	0.1265	0.0160			

由表 7-48 的固定效应部分可知，基本影响因素 lnEL 系数均为正向显著，即劳动力投入对中部地区服务业经济增长都有显著的促进作用，劳动力投入增加 1%，经济增长将增加 0.7140%；资本投入对中部地区服务经济增长的影响不显著。由表 7-48 的随机效应部分可知，劳动力投入、资本投入引入层一模型中，层一方差得到较好的解释，由零模型结果表 7-47 中的 0.1026 减少到固定效应模型结果表 7-48 中的 0.0160，表明中部地区服务业经济增长的劳动力投入、资本投入能较好地解释中部地区服务业总产值在相同年度不同省份之间的变化。

（3）中国中部地区服务业经济增长要素效率异质性检验。要素效率不同年度的异质性的检验可由随机效应（变系数）模型分析得到，随机效应模型的结果见表 7-49。

表 7-49　中国中部地区服务业经济增长随机效应结果

固定效应	系数	标准误差	t 值	自由度	p 值
截距 1，β_{0j}					
截距 2，γ_{00}	7.6698	0.1385	55.3690	18	0.0000
lnEL 斜率，β_{1j}					
截距 2，γ_{10}	0.7822	0.0290	27.0080	18	0.0000
$LNEK$ 斜率，β_{2j}					
截距 2，γ_{20}	−0.0447	0.0179	−2.5000	18	0.0230
随机效应	标准误差	方差成分	自由度	卡方值	p 值
截距，u_0	0.6190	0.3831	18	4053.723	0.0000
$LNEL$ 斜率，u_1	0.1204	0.0145	18	6.62155	>.500
$LNEK$ 斜率，u_2	0.0647	0.0042	18	3.28534	>.500
层一，r	0.1240	0.0154			

由表 7-49 的固定效应部分可知，劳动力投入、资本投入的系数与表 7-51 的相应系数有一定的差异，是由于使用变截距模型与变系数模型不同造成的，多层统计分析侧重于随机系数模型的结果。在中国中部地区服务业经济增长的过程中，劳动力投入增加 1%，经济增长将增加 0.7822%；资本增加 1%，经济增长将降低 0.0447%。由表 7-49 的随机效应部分可知，仅截距（剩余全要素生产率）在不同年度之间存在显著性差异，即截距随着年度的不同而显著不同。

（4）中国中部地区综合性因素对服务业经济增长要素效率的影响分析。综合性因素对要素效率的影响分析可由全模型分析得到，全模型的结果见表 7-50。

表 7-50　中国中部地区服务业经济增长全模型结果

固定效应	系数	标准误差	t 值	自由度	p 值
截距 1，β_{0j}					
截距 2，γ_{00}	7.6698	0.0072	1070.6810	12	0.0000
MAR，γ_{01}	0.2207	0.0778	2.8370	12	0.0150
FDI，γ_{02}	−1.9752	0.6859	−2.8800	12	0.0140
TL，γ_{03}	1.1596	0.3571	3.2470	12	0.0080

固定效应	系数	标准误差	t 值	自由度	p 值
URB，γ_{04}	3.6684	1.6445	2.2310	12	0.0450
FS，γ_{05}	−0.1591	0.0681	−2.3380	12	0.0380
FI，γ_{06}	0.1744	0.0744	2.3420	12	0.0370
lnEL 斜率，β_{1j}					
截距 2，γ_{10}	0.7140	0.0289	24.6810	162	0.0000
lnEK 斜率，β_{2j}					
截距 2，γ_{20}	−0.0027	0.0204	−0.1330	162	0.8950
随机效应	标准误差	方差成分	自由度	卡方值	p 值
截距，u_0	0.0027	0.0000	12	10.52459	>.500
层一，r	0.1259	0.0158			

　　由表 7-50 的固定效应部分可知，综合性因素对截距（剩余全要素生产率）的影响分析。市场化进程、产业结构合理化、城市化、金融规模是正向显著影响因素，表明市场化进程、产业结构合理化、城市化、金融规模水平高的年度剩余全要素生产率高。其具体影响程度为，市场化程度加快 1 个单位，全要素生产率将提高 0.2207；产业结构合理化提高 0.1 个单位，全要素生产率将提高 0.11596；城市化提高 0.1 个单位，全要素生产率将提高 0.36684；金融规模水平提高 0.1 个单位，全要素生产率将提高 0.01744。之所以能促进全要素生产率的提高，是由于市场化进程的推进改善了资源配置效率；产业结构合理化有利于要素资源在效率差异部门之间流动。外商直接投资、金融结构是负向显著影响因素，表明外商直接投资、金融结构水平高的省份全要素生产率越低。其具体影响程度为，外商直接投资提高 0.1 个单位，全要素生产率将降低 0.19752；金融结构提高 0.1 个单位，全要素生产率将降低 0.01591。之所以会阻碍全要素生产率的提高，是由于外商直接投资对国内投资具有一定的挤出效应。

　　（5）中部地区服务业经济增长方差成分解释程度。由表 7-47 和表 7-48 的随机效应中的层一方差得到表 7-51 的原始总方差和条件总方差；表 7-49 和表 7-50 的随机效应中的层二方差之和得到表 7-51 的原始总方差和条件总方差。层一、层二的方差成分解释程度见表 7-51。

表 7-51　中国中部地区服务业经济增长层一、层二的方差成分解释程度

层次	原始总方差	条件总方差	解释程度 /%
层一	0.1026	0.0160	84.41%
层二	0.4018	0.0000	100.00%

由表 7-51 可知，层一方差解释程度为 84.41%，层二方差解释程度为 100.00%，总体上层一解释变量对层一方差，层二解释变量对层二方差都有较好的解释。这表明构建的中国中部地区服务经济增长要素效率影响因素的实证分析模型较为合理。

（三）西部地区分析

1. 变量的选择与数据来源

中国西部地区服务业经济增长相关变量与数据的来源与本章第一节"西部区域分析"数据来源相同，但是此处的处理方式与第一节不同。

2. 实证结果分析

（1）中国西部地区服务业经济增长年度之间的变异分解。中国西部地区服务业经济增长的均值在不同年度之间是否有显著性差异及差异由层一和层二所产生的影响各占多大比例仍需运用零模型分析，零模型的结果见表 7-52。

表 7-52　中国西部地区服务业经济增长均值与变异的分解结果

固定效应	系数	标准误差	t 值	自由度	p 值
截距 1，β_{0j}					
截距 2，γ_{00}	6.8497	0.1372	49.9130	18	0.0000
随机效应	标准误差	方差成分	自由度	卡方值	p 值
截距，u_0	0.5410	0.2927	18	79.9372	0.0000
层一，r	0.8749	0.7654			

由表 7-52 固定效应部分可知，中国西部地区服务业总产值不同年度对数（lnEY）均值为 6.8497；由零模型的随机效应部分的卡方检验结构知，对数（lnEY）均值在不同年度有显著性差异，而差异的度量可由组内相关系数 ρ = 0.2927/（0.2927+0.7654）=27.66% 给出，即西部地区各省服务业总产值对数均值在 1998—2016 年的差异有 27.66% 需要用二层变量来解释，从而说明在研究

1998—2016 年中国西部地区服务业经济增长时，必须引入层二变量。层二变量为中国西部地区经济环境中的市场化进程、对外开放、金融发展、城市化、产业结构变迁。

（2）中国西部地区服务业经济增长基本影响要素的作用分析。基本要素对服务业经济增长的影响可由固定效应（变截距）模型分析得到，固定效应模型的结果见表 7-53。

表 7-53　中国西部地区服务业经济增长变截距模型结果

固定效应	系数	标准误差	t 值	自由度	p 值
截距 1，β_{0j}					
截距 2，γ_{00}	6.8497	0.1372	49.9130	18	0.0000
lnEL 斜率，β_{1j}					
截距 2，γ_{10}	0.6842	0.0214	31.9490	168	0.0000
lnEK 斜率，β_{2j}					
截距 2，γ_{20}	0.3209	0.0243	13.2240	168	0.0000
随机效应	标准误差	方差成分	自由度	卡方值	p 值
截距，u_0	0.6129	0.3756	18	3253.4730	0.0000
层一，r	0.1371	0.0188			

由表 7-53 的固定效应部分可知，基本影响因素 lnEL、lnEK 的系数均为正向显著，即劳动力投入、资本投入对西部地区服务业经济增长都有显著的促进作用。其中，劳动力投入增加 1%，经济增长将增加 0.6842%；资本投入增加 1%，经济增长将增加 0.3209%。由表 7-53 的随机效应部分可知，劳动力投入、资本投入引入层一模型中，层一方差得到较好的解释，由零模型结果表 7-52 中的 0.7654 减少到固定效应模型结果表 7-53 中的 0.0188，表明每个省的劳动力投入、资本投入能较好地解释东部地区服务业总产值在相同年度不同省份之间的变化。

（3）中国西部地区服务业经济增长要素效率异质性检验。要素效率不同年度的异质性检验可由随机效应（变系数）模型分析得到，随机效应模型的结果见表 7-54。

表 7-54　中国西部地区服务业经济增长随机效应结果

固定效应	系数	标准误差	t 值	自由度	p 值
截距 1，β_{0j}					
截距 2，γ_{00}	6.8497	0.1372	49.9130	18	0.0000
lnEL 斜率，β_{1j}					
截距 2，γ_{10}	0.6496	0.0229	28.3430	18	0.0000
lnEK 斜率，β_{2j}					
截距 2，γ_{20}	0.3582	0.0254	14.1050	18	0.0000
随机效应	标准误差	方差成分	自由度	卡方值	p 值
截距，u_0	0.6130	0.3757	18	3409.5078	0.0000
lnEL 斜率，u_1	0.0610	0.0037	18	7.7300	>.500
lnEK 斜率，u_2	0.0874	0.0076	18	10.0862	>.500
层一，r	0.1340	0.0180			

由表 7-54 的固定效应部分可知，劳动力投入、资本投入的系数与表 7-53 的相应系数有一定的差异，是由于使用变截距模型与变系数模型不同造成的，多层统计分析侧重于随机系数模型的结果。在中国西部地区服务业经济增长过程中，劳动力投入增加 1%，经济增长将增加 0.6496%；资本投入增加 1%，经济增长将增加 0.3582%。由表 7-54 的随机效应部分可知，仅截距（剩余全要素生产率）在不同年度之间存在显著性差异，即截距随着年度的不同而显著不同。

（4）中国西部地区综合性因素对服务业经济增长要素效率的影响分析。综合性因素对要素效率的影响分析可由全模型分析得到，全模型的结果见表 7-55。

表 7-55　中国西部地区服务业经济增长全模型结果

固定效应	系数	标准误差	t 值	自由度	p 值
截距 1，β_{0j}					
截距 2，γ_{00}	6.8497	0.0075	911.3770	12	0.0000
MAR，γ_{01}	−0.0199	0.0508	−0.3910	12	0.7020
FDI，γ_{02}	0.3920	1.2801	0.3060	12	0.7650
TL，γ_{03}	0.1093	0.3760	0.2910	12	0.7760

固定效应	系数	标准误差	t 值	自由度	p 值
URB, γ_{04}	8.5330	1.4838	5.7510	12	0.0000
FS, γ_{05}	0.1735	0.1378	1.2590	12	0.2320
FI, γ_{06}	−0.1110	0.0960	−1.1560	12	0.2710
lnEL 斜率, β_{1j}					
截距 2, γ_{10}	0.6842	0.0214	31.9490	162	0.0000
lnEK 斜率, β_{2j}					
截距 2, γ_{20}	0.3209	0.0243	13.2240	162	0.0000
随机效应	标准误差	方差成分	自由度	卡方值	p 值
截距, u_0	0.0024	0.0000	12	9.8966	>.500
层一, r	0.1362	0.0185			

由表 7-55 的固定效应部分可知, 综合性因素对截距 (剩余全要素生产率) 的影响, 只有城市化是正向显著影响因素, 表明城市化水平高的年度剩余全要素生产率高。其具体影响程度为, 城市化提高 0.1 个单位, 全要素生产率将提高 0.8533。之所以能促进全要素生产率的提高, 是由于城市化的推进有助于经济规模效率的提高。

（5）西部地区服务业经济增长方差成分解释程度。由表 7-52 和表 7-53 的随机效应中的层一方差得到表 7-56 的原始总方差和条件总方差; 表 7-54 和表 7-55 的随机效应中的层二方差之和得到表 7-56 的原始总方差和条件总方差。层一、层二的方差成分解释程度见表 7-56。

表 7-56　西部地区服务业经济增长层一、层二的方差成分解释程度

层次	原始总方差	条件总方差	解释程度 /%
层一	0.7654	0.0188	97.54%
层二	0.3870	0.0000	100.00%

由表 7-56 可知, 层一方差解释程度为 97.54%, 层二方差解释程度为 100.00%, 总体上层一解释变量对层一方差, 层二解释变量对层二方差都有较好的解释。这表明构建的中国西部地区服务业经济增长要素效率影响因素的实证分析模型较为合理。

第三节　结论与启示

一、结论

在中国向高质量发展转化的过程中，怎样提高中国服务业经济增长要素的效率无疑是一个值得研究的问题。本章基于中国省域服务业经济增长相关数据，运用效率型经济增长模型，实证分析了综合性因素（市场化进程、对外开放、金融发展、城市化、产业结构变迁）对服务业经济增长剩余全要素效率，以及资本、劳动力产出效率在不同省域、不同年度异质性的影响，得到如下的结论。

（一）对不同省域异质性的影响

（1）中国省域各省服务业总产值对数平均值在省份之间的差异有66.08%可以用二层变量来解释，从而说明在研究中国省域经济增长时，必须引入层二变量。

（2）中国省域服务业经济增长各省之间的剩余全要素生产率、资本效率、劳动力效率存在显著性差异，即存在异质性。

（3）中国省域综合性因素对服务业经济增长剩余全要素生产率及基本要素产出效率省份间异质性有较好的解释，具体可解释其差异的62.44%；基本要素能解释层一差异的97.48%。

（4）中国省域综合影响因素在不同时段（1998—2007年、2008—2016年）对服务业经济增长要素产出效率的作用存在差异性；在不同区域（东部、中部、西部）对服务业经济增长要素产出效率的作用存在差异性。

（二）对不同年度异质性的影响

（1）中国各省服务业总产值对数平均值在各年度之间的差异有31.55%可以用二层变量来解释，从而说明在研究中国服务业经济增长时，必须引入层二变量。

（2）中国服务业经济增长各年度之间的剩余全要素生产率、资本效率、劳动力效率存在显著性差异，即存在异质性。

（3）中国综合性因素对剩余全要素生产率及基本要素产出效率各年度间异质性有较好的解释，具体可解释其差异的99.86%，基本要素能解释层一差异的95.34%。

（4）中国综合影响因素在不同区域（东部、中部、西部）对服务业经济增长要素产出效率作用存在差异性。

从以上分析中可以得到，中国服务业效率型经济增长模型的作用：能够检验中国服务业经济增长研究是否需要引入层二变量；能够检验中国服务业经济增长的效率（剩余全要素生产率、资本效率、劳动力效率）是否存在异质性；能够较合适地分析中国服务业经济增长综合性因素对效率异质性的精确影响，并且能对影响程度给出评价。这为中国服务业经济增长提高要素效率提供了理论依据，从而有可能促进中国服务业经济高质量增长理论的发展。

二、启示

服务业高质量经济增长重点应关注剩余全要素生产率和要素产出效率的提高，具体实践中要关注"两方面动力"：提高剩余全要素生产率，推动服务业高质量经济增长；提高资本、劳动力产出效率，推动服务业高质量经济增长。基于实证的结果，提出如下建议：

（1）提高剩余全要素生产率，推动服务业高质量经济增长。由于在中国省域服务业经济增长中，市场化进程、对外贸易、产业结构高级化、金融结构对截距（剩余全要素生产率）为正向显著影响；外商直接投资、金融规模对剩余全要素生产率为负向显著影响。因此，中国服务业应进一步完善要素市场化配置的体制机制，促进要素自由有序流动，尤其是数据要素的自由有序流动；同时，要调整各地区的进出口结构，促进加工贸易向服务贸易转型；通过大力发展生产性服务业提升产业结构高级化的作用；继续深化证券市场的改革，建立适应现代服务业发展的金融体系。另外，中国服务业应通过引导外商投资结构的转变，由制造业转向生产服务业来扭转外商直接投资的负向影响；通过加快金融供给的结构性改革，实现经济的脱虚向实，达到虚实结构合理的目标来扭转金融规模的负向影响。

（2）提高劳动力、资本产出效率，推动服务业高质量经济增长。由于产业结构高级化对劳动力的产出效率为正向显著影响，因而要在加大服务业投资的基础上，提升服务业的发展水平；重点是加大服务业的科技投入，提升服务业的科技水平；核心是大力发展生产服务业，提升生产服务业的竞争力。由于金融规模对劳动力的产出效率为负向显著影响，因而应通过提高劳动力的技术水平来促使劳动资金比的提高，以便扭转金融规模的负向影响。由于产业结构高级化对资本的产出效率为负向显著影响，因而应通过提高服务的业科技含量，尤其是服务业的核心竞争力来提高服务业资本的产出效率。

第八章　泛珠三角区经济增长要素效率的影响因素研究

基于经济规模、与东盟贸易发展水平，泛珠三角区域已经成为中国经济重要的发展区域，在中国经济向高质量转化的过程中，泛珠三角区域经济高质量增长就成为一个值得研究的问题。关于促进泛珠三角区域经济增长，学者们已有较为深入的研究。例如，王珍利用面板数据模型分析了新旧动能转换水平（动力转换、市场活力等）、外商直接投资、城市化、产业结构等对泛珠三角区域一体化进程的影响；彭良军认为产业结构转型升级有利于珠江三角洲区域经济的发展；孔夏宁等运用面板数据模型研究了金融发展对泛珠三角区域实体经济的影响。但是对泛珠三角区域经济增长要素效率的研究还较少，尤其是综合性影响因素对要素效率的作用还较少。因此，本章实证分析综合性影响因素对泛珠三角区域经济增长要素效率的作用。

第一节　泛珠三角区省域经济增长要素效率影响因素的实证分析

一、泛珠三角区省域经济增长要素效率综合性影响因素的分析

（一）变量的选择与数据来源

选择泛珠三角区域9省（福建、广东、广西、贵州、海南、湖南、江西、四川、云南）为评价单元，样本区间为1998—2016年。

层一变量、层二变量的选择和数据来源与第四章第一节一致。各变量的描述统计见表8-1。

表8-1　泛珠三角区省域层一、层二变量的样本统计值

变量层次	变量名称	样本数	均值	标准差	最小值	最大值
层一	lnEGDP	171	8.5500	1.0300	6.1000	10.9700
	lnEK	171	9.5000	1.1500	6.8900	11.8300
	lnEL	171	7.7600	0.7100	5.7700	8.7500
	lnEH	171	2.1200	0.1300	1.7600	2.3500
	lnERDKV	171	4.6000	1.5800	1.0300	8.4300
	lnERDKC	171	4.7400	1.5800	1.1900	8.5800
层二	MAR	9	5.0400	1.1300	3.6300	7.2100
	FDI	9	0.5700	0.6400	0.1100	2.0500
	IE	9	0.2900	0.3900	0.0600	1.2400
	TL	9	0.2800	0.1400	0.1400	0.5400
	TS	9	1.0300	0.3100	0.8100	1.8300
	URB	9	0.3900	0.0800	0.3000	0.5500
	FS	9	0.7600	0.4000	0.4200	1.7100
	FI	9	1.8600	0.6700	1.2500	3.3900

由表8-1各层一变量的标准差、最小值、最大值可知，泛珠三角区1998—2016年各省层一变量的国内生产总值对数、资本投入对数、劳动力投入对数、人力资本对函数、技术创新对数在不同省之间存在较大的差异；层二变量的市场化进程、外商直接投资、贸易开放、产业结构合理化、产业结构高级化、城市化、金融结构、金融规模在不同省之间存在较大的差异。

（二）实证结果分析

基于泛珠三角区9省的数据，运用第三章第一节"效率型经济增长模型构建"；依据第三章第二节"效率型经济增长模型的应用步骤"，具体按零模型、固定效应模型、随机系数模型、全模型的顺序，对影响泛珠三角区高质量经济增长要素效率的综合因素进行分析，并对综合影响因素进行分阶段分析及稳健性检验。多层统计模型的结果，是使用专业HLM7.0软件分析得到的。其中，层一与层二模型中的解释变量都用组中心化后的数据参与运算。由于层一变量的每个随机系数都需要引入5个方面7个变量探讨其影响程度，将所有变量都列出来将导致表过于庞大。同时，为了便于从整体性、不同时段、不同区域进行比较，本书将在整体性、不同时段、不同区域只要有一处 t 值大于1的变量

就在各个表中列出。

1. 泛珠三角区省域经济增长的变异分解

泛珠三角区省域经济增长的均值在不同省之间是否有显著性差异？差异由层一和层二所产生的影响各占多大比例？运用多层统计模型的零模型可以回答上述问题。依据层二所产生影响的占比（组内相关系数）大小决定是否将层二变量引入模型中。基于泛珠三角区省域数据，利用第三章第二节"效率型经济增长模型的应用步骤"中的零模型，得到零模型的结果，见表8-2。

表8-2　泛珠三角区省域经济增长均值与变异的分解结果

固定效应	系数	标准误差	t 值	自由度	p 值
截距1，β_{0j}					
截距2，γ_{00}	8.5489	0.2776	30.7960	8	0.0000
随机效应	标准误差	方差成分	自由度	卡方值	p 值
截距，u_0	0.8717	0.7599	8	306.2285	0.0000
层一，r	0.6223	0.3873			

由表8-2固定效应部分可知，泛珠三角区9个省的对数GDP均值为8.5498；由零模型的随机效应部分的卡方检验结构可知，各省的对数GDP均值有显著性差异，而差异的度量可由组内相关系数 $\rho = 0.7599/（0.7599+ 0.3873）=66.24\%$ 给出，即各省GDP对数平均值的差异有66.24%可以用二层变量来解释，只有33.76%来差异可以用层一变量来解释，从而说明在研究泛珠三角区省域经济增长时，必须引入层二变量。层二变量为泛珠三角区省域经济环境中的市场化进程、对外开放、金融发展、城市化、产业结构变迁。

2. 泛珠三角区省域经济增长基本影响要素的作用分析

基本影响要素的作用分析可由固定效应（变截距）模型分析得到。基于泛珠三角区省域数据，运用第三章第二节"效率型经济增长模型的应用步骤"中的固定效应模型，得到固定效应模型的结果，见表8-3。

表8-3　泛珠三角区省域经济增长变截距模型结果

固定效应	系数	标准误差	t 值	自由度	p 值
截距1，β_{0j}					
截距2，γ_{00}	8.5489	0.2776	30.7960	8	0.0000

续　表

固定效应	系数	标准误差	t 值	自由度	p 值
lnEK 斜率，β_{1j}					
截距 2，γ_{10}	0.3700	0.0715	5.1710	166	0.0000
lnEL 斜率，β_{2j}					
截距 2，γ_{20}	0.0885	0.0682	1.2970	166	0.1970
lnEH 斜率，β_{3j}					
截距 2，γ_{30}	0.5502	0.2459	2.2370	166	0.0270
lnERDKV 斜率，β_{4j}					
截距 2，γ_{40}	0.2439	0.0684	3.5630	166	0.0010
随机效应	标准误差	方差成分	自由度	卡方值	p 值
截距，u_0	0.8832	0.7800	8	25918.7620	0.0000
层一，r	0.0676	0.0046			

由表 8-3 的固定效应部分可知，泛珠三角区省域经济增长的基本影响因素 lnEK、lnEH、lnERDKV 的系数均值为正向显著，即资本投入、人力资本投入、技术创新的增加对经济增长都有显著的促进作用。其中，资本投入增加 1%，经济增长将增加 0.37%；人力资本增加 1%，经济增长将增加 0.5502%；技术创新增加 1%，经济增长将增加 0.2439%；劳动力的影响不显著。由表 8-3 的随机效应部分可知，资本投入、劳动力投入、人力资本、技术创新引入层一模型中，层一方差得到较好的解释，由零模型结果表 8-2 中的 0.3873 减少到固定效应模型结果表 8-3 中的 0.0046，表明泛珠三角区省域的资本投入、劳动力投入、人力资本、技术创新能较好地解释省内 GDP 不同年度间的变化。

3. 泛珠三角地区省域经济增长要素效率异质性检验

要素效率异质性的检验可由随机效应（变系数）模型分析得到。基于泛珠三角地区省域数据，运用第三章第二节"效率型经济增长模型的应用步骤"中的随机效应模型，得到随机效应模型的结果，见表 8-4。

表 8-4　泛珠三角区省域经济增长要素效率异质性结果

固定效应	系数	标准误差	t 值	自由度	p 值
截距 1，β_{0j}					
截距 2，γ_{00}	8.5489	0.2776	30.7960	8	0.0000

续　表

固定效应	系数	标准误差	t 值	自由度	p 值
lnEK 斜率，β_{1j}					
截距 2，γ_{10}	0.2627	0.0468	5.6180	8	0.0000
lnEL 斜率，β_{2j}					
截距 2，γ_{20}	0.6239	0.2580	2.4180	8	0.0420
lnEH 斜率，β_{3j}					
截距 2，γ_{30}	0.2779	0.2706	1.0270	8	0.3350
lnERDKV 斜率，β_{4j}					
截距 2，γ_{40}	0.2800	0.0509	5.5040	8	0.0000
随机效应	标准误差	方差成分	自由度	卡方值	p 值
截距，u_0	0.8833	0.7802	7	70289.4139	0.0000
lnEK 斜率，u_1	0.1271	0.0161	7	16.3727	0.0220
lnEL 斜率，u_2	0.7863	0.6182	7	208.4349	0.0000
lnEH 斜率，u_3	0.7895	0.6233	7	33.6195	0.0000
lnERDKV 斜率，u_4	0.1417	0.0201	7	12.4003	0.0880
层一，r	0.0402	0.0016			

由表 8-4 的固定效应部分可知，泛珠三角区省域的资本投入、劳动力投入、人力资本、技术创新的系数与表 8-3 的相应系数有一定的差异，这是由于使用变截距模型与变系数模型不同造成的，多层统计分析侧重于随机系数模型的结果。在泛珠三角区省域经济增长过程中，资本增加 1%，经济增长将增加 0.2627%；人力资本增加 1%，经济增长将增加 0.2779%；技术创新增加 1%，经济增长将增加 0.28%；劳动力的影响不显著。由表 8-4 的随机效应部分可知，资本投入、劳动力投入、人力资本、技术创新的效率在泛珠三角区省域之间存在显著性差异，同时表明截距、lnEK、lnEL、lnEH、lnRDKV 与 lnEGDP 之间的关系随着省份的不同而显著不同。

4. 泛珠三角区省域综合性因素对要素效率的作用分析

综合性因素对要素效率的作用分析可由全模型分析得到。基于泛珠三角区省域数据，运用第三章第二节"效率型经济增长模型的应用步骤"中的全模型，得到全模型的结果，见表 8-5。

表 8-5　泛珠三角区省域综合性因素的作用结果

固定效应	系数	标准误差	t 值	自由度	p 值
截距 1，β_{0j}					
截距 2，γ_{00}	8.5489	0.0665	128.6140	4	0.0000
MAR，γ_{01}	0.8451	0.0778	10.8640	4	0.0000
FDI，γ_{02}	−1.3803	0.1604	−8.6060	4	0.0000
TL，γ_{03}	1.1634	0.5327	2.1840	4	0.0910
FS，γ_{04}	1.3736	0.2503	5.4890	4	0.0010
lnEK 斜率，β_{1j}					
截距 2，γ_{10}	0.2705	0.0453	5.9650	5	0.0000
MAR，γ_{11}	0.0567	0.0283	2.0000	5	0.1010
TL，γ_{12}	0.4117	0.1690	2.4360	5	0.0580
TS，γ_{13}	−0.2444	0.2067	−1.1820	5	0.2910
lnEL 斜率，β_{2j}					
截距 2，γ_{20}	0.8483	0.2241	3.7850	3	0.0640
IE，γ_{21}	1.0152	0.5385	1.8850	3	0.1500
TS，γ_{22}	1.8976	2.3073	0.8220	3	0.4710
URB，γ_{23}	−5.3406	6.0908	−0.8770	3	0.4450
FS，γ_{24}	3.1033	2.2229	1.3960	3	0.2570
FI，γ_{25}	−1.5405	0.3534	−4.3590	3	0.0350
lnEH 斜率，β_{3j}					
截距 2，γ_{30}	0.1967	0.1187	1.6580	4	0.1720
IE，γ_{31}	−2.5917	0.5561	−4.6610	4	0.0090
TL，γ_{32}	5.0901	1.2861	3.9580	4	0.0270
TS，γ_{33}	−6.3664	1.4310	−4.4490	4	0.0130
FS，γ_{34}	7.8312	1.3660	5.7330	4	0.0000
lnERDKV 斜率，β_{4j}					
截距 2，γ_{40}	0.2628	0.0326	8.0530	6	0.0000
TS，γ_{41}	−0.3646	0.1471	−2.4790	6	0.0470
URB，γ_{42}	−0.8695	0.2101	−4.1380	6	0.0080
随机效应	标准误差	方差成分	自由度	卡方值	p 值
截距，u_0	0.1992	0.0397	3	2642.2492	0.0000

随机效应	标准误差	方差成分	自由度	卡方值	p 值
lnEK 斜率，u_1	0.0860	0.0074	4	11.0998	0.0250
lnEL 斜率，u_2	0.5359	0.2872	2	210.7928	0.0000
lnEH 斜率，u_3	0.0542	0.0029	3	7.0878	0.0680
lnERDKV 斜率，u_4	0.0138	0.0002	5	7.2100	0.2040
层一，r	0.0398	0.0016			

由表 8-5 固定效应部分可得出以下结论。

①泛珠三角区省域综合性因素对截距（剩余全要素生产率）的影响分析。市场化进程、对外贸易、产业结构合理化、金融结构是正向显著影响因素，表明市场化程度高、产业结构合理化程度高、金融结构水平高的省份剩余全要素生产率高。其具体影响程度为，市场化程度加快 1 个单位，全要素生产率将提高 0.8451；产业结构合理化程度提高 0.1 个单位，全要素生产率将提高 0.11634；金融结构水平提高 0.1 个单位，全要素生产率将提高 0.13736。之所以能促进全要素生产率的提高，是由于市场化进程的推进改善了资源配置效率；产业结构合理化有利于要素资源在效率差异部门之间流动；金融结构水平的提高可以改善资本配置效率。外商直接投资是负向显著影响因素，表明外商直接投资越多的省份全要素生产率越低。其具体影响程度为，外商直接投资提高 0.1 个单位，全要素生产率将降低 0.13803。之所以会阻碍全要素生产率的提高，是由于外商直接投资对国内投资具有一定的挤出效应。

②综合性因素对资本产出效率的影响分析。产业结构合理化是正向显著影响因素，表明产业结构合理化程度高的省份资本产出效率高。其具体影响程度为，产业结构合理化程度提高 0.1 个单位，资本产出效率将提高 0.04117。同时，由于资本系数与产业结构合理化的系数符号相同，因而产业结构合理化的水平的提高将加强资本与 GDP 之间的正向关系。之所以能促进资本产出效率的提高，是由于产业结构合理化能促进要素资源更合理的流动。

③综合性因素对劳动力产出效率的影响分析。金融规模为负向显著影响因素，表明金融规模水平高的省份劳动力效率低。其具体影响程度为，金融规模水平提高 0.1 个单位，劳动力产出效率将降低 0.15405。同时，由于劳动力系数与金融规模的系数符号相反，因而金融规模水平的提高将削弱劳动力与 GDP 之间的正向关系。之所以会阻碍劳动力产出效率的提高，是由于金融水平的发

展导致劳动资金比进一步降低。

④综合性因素对人力资本产出效率的影响分析。产业结构合理化、金融结构是正向显著影响因素，表明产业结构合理化、金融结构均值大的省份人力资本产出效率均值大。其具体影响程度为，产业结构合理化程度提高 0.1 个单位，人力资本产出效率将提高 0.50901；金融结构水平提高 0.1 个单位，人力资本产出效率将提高 0.78312。同时，由于人力资本系数与产业结构合理化、金融结构的系数符号相同，因而产业结构合理化、金融结构水平的提高将加强人力资本与 GDP 之间的正向关系。之所以能促进人力资本产出效率的提高，是由于产业结构合理化能促进人力资源更合理的流动。对外贸易为负向显著影响因素，表明对外贸易水平高的省份人力资本产出效率低。其具体影响程度为，对外贸易提高 0.1 个单位，人力资本产出效率将降低 0.25917。同时，由于人力资本系数与对外贸易的系数符号相反，因而对外贸易水平的提高将削弱人力资本与 GDP 之间的正向关系。之所以会阻碍人力资本产出效率的提高，是由于出口产品大部分是劳动和资源密集型产品不需要较高的人力资本。

⑤综合性因素对技术创新产出效率的影响分析。产业结构高级化、城市化为负向显著影响因素，表明产业结构高级化、城市化水平高的省份技术创新产出效率低。其具体影响程度为，产业结构高级化水平提高 0.1 个单位，技术创新产出效率将降低 0.03646；城市化水平提高 0.1 个单位，技术创新产出效率将降低 0.08695。同时，由于技术创新系数与产业结构高级化、城市化的系数符号相反，因而产业结构高级化、城市化水平的提高将削弱技术创新与 GDP 之间的正向关系。之所以会阻碍技术创新产出效率的提高，是由于虚拟经济与实体经济缺乏协调性，土地城市化快于人口城市化。

5. **方差成分解释程度**

由表 8-2 和表 8-3 的随机效应中的层一方差得到表 8-6 的原始总方差和条件总方差；表 8-4 和表 8-5 的随机效应中的层二方差之和得到表 8-6 的原始总方差和条件总方差。层一、层二的方差成分解释程度见表 8-6。

表 8-6　泛珠三角区省域经济增长层一、层二的方差成分解释程度

层次	原始总方差	条件总方差	解释程度 /%
层一	0.3964	0.0047	98.81%
层二	1.5078	0.5376	64.34%

由表 8-6 可知，层一方差解释程度为 98.81%，层二方差解释程度为 64.34%，总体上层一解释变量对层一方差，层二解释变量对层二方差都有较好的解释。这表明构建的中国省域经济增长要素效率影响因素的实证分析模型较为合理。

（三）稳健性检验

因为模型的输出结果既取决于模型的设定形式，也取决于变量的选取。如果模型输出结果对变量指标的选取极其敏感，那么该模型的结果及依据其得出的结论便是不可靠的，为保证估计结果的稳健性，采用变量替代；运用常数折旧率得到的技术创新替代量（RDKC）代替运用变数折旧率得到的技术创新（RDKV），对市场化进程、对外开放、金融体系改革、城市化、产业结构与高质量经济增长的要素效率之间的关系进行稳健性检验。

1. 基本影响要素作用的稳健性检验

基本影响要素作用分析的稳健性检验，可由固定效应（变截距）模型分析得到。基于泛珠江三角区省域数据，运用第三章第二节"效率型经济增长模型的应用步骤"中的固定效应模型，得到稳健性检验的结果见表 8-7。

表 8-7　泛珠三角区省域经济增长变截距模型结果（RDKC 替代）

固定效应	系数	标准误差	t 值	自由度	p 值
截距 1，β_{0j}					
截距 2，γ_{00}	8.5489	0.2776	30.7960	8	0.0000
lnEK 斜率，β_{1j}					
截距 2，γ_{10}	0.3585	0.0745	4.8130	166	0.0000
lnEL 斜率，β_{2j}					
截距 2，γ_{20}	0.0877	0.0680	1.2900	166	0.1990
lnEH 斜率，β_{3j}					
截距 2，γ_{30}	0.5650	0.2404	2.3500	166	0.0200
lnERDKC 斜率，β_{4j}					
截距 2，γ_{40}	0.2531	0.0713	3.5510	166	0.0010
随机效应	标准误差	方差成分	自由度	卡方值	p 值
截距，u_0	0.8832	0.7800	8	26058.4112	0.0000
层一，r	0.0675	0.0046			

由表 8-7 和表 8-3 的固定效应部分可知，二者的资本存量、就业人数、人力资本及技术创新的系数符号与数值几乎相同。因此，从固定效应模型来看，各变量的结果具有稳健性。

2. 要素效率异质性效应的稳健性检验

要素效率异质性效应的稳健性检验可由随机效应模型分析得到。基于泛珠江三角区省域数据，运用第三章第二节"效率型经济增长模型的应用步骤"中的随机效应模型，得到稳健性检验的结果，见表 8-8。

表 8-8　泛珠三角区省域经济增长要素效率异质性结果（RDKC 替代）

固定效应	系数	标准误差	t 值	自由度	p 值
截距 1，β_{0j}					
截距 2，γ_{00}	8.5489	0.2776	30.7960	8	0.0000
lnEK 斜率，β_{1j}					
截距 2，γ_{10}	0.2480	0.0436	5.6900	8	0.0000
lnEL 斜率，β_{2j}					
截距 2，γ_{20}	0.5990	0.2622	2.2840	8	0.0510
lnEH 斜率，β_{3j}					
截距 2，γ_{30}	0.2761	0.2733	1.0100	8	0.3420
lnERDKC 斜率，β_{4j}					
截距 2，γ_{40}	0.2972	0.0677	4.3900	8	0.0020
随机效应	标准误差	方差成分	自由度	卡方值	p 值
截距，u_0	0.8833	0.7802	7	72331.1675	0.0000
lnEK 斜率，u_1	0.1090	0.0119	7	12.4704	0.0850
lnEL 斜率，u_2	0.8002	0.6404	7	202.9454	0.0000
lnEH 斜率，u_3	0.7983	0.6373	7	36.1482	0.0000
lnERDKC 斜率，u_4	0.1961	0.0384	7	17.1418	0.0160
层一，r	0.0396	0.0016			

由表 8-8 和表 8-4 的固定效应部分可知，二者的资本投入、劳动力投入、人力资本、技术创新的系数符号与数值都基本相同；随机效应部分的方差成分数值相差无几，并且卡方检验显著性结果相同。因此，从随机效应模型来看，各变量的结果具有稳健性。

3. 综合性因素作用的稳健性检验

综合性因素作用的稳健性检验可由全模型分析得到。基于泛珠江三角区省域数据，运用第三章第二节"效率型经济增长模型的应用步骤"中的全模型，得到稳健性检验的结果见表 8-9。

表 8-9　综合性因素的作用结果（RDKC 替代）

固定效应	系数	标准误差	t 值	自由度	p 值
截距 1，β_{0j}					
截距 2，γ_{00}	8.5489	0.0673	127.0980	4	0.0000
MAR，γ_{01}	0.8439	0.0793	10.6430	4	0.0000
FDI，γ_{02}	−1.3450	0.1655	−8.1260	4	0.0000
TL，γ_{03}	1.1850	0.5625	2.1070	4	0.1000
FS，γ_{04}	1.3356	0.2612	5.1130	4	0.0030
lnEK 斜率，β_{1j}					
截距 2，γ_{10}	0.2536	0.0477	5.3150	5	0.0010
MAR，γ_{11}	0.0532	0.0285	1.8660	5	0.1200
TL，γ_{12}	0.3501	0.1701	2.0580	5	0.0930
TS，γ_{13}	−0.0799	0.2208	−0.3620	5	0.7320
lnEL 斜率，β_{2j}					
截距 2，γ_{20}	0.8207	0.2254	3.6410	3	0.0690
IE，γ_{21}	1.0508	0.5970	1.7600	3	0.1730
TS，γ_{22}	2.4149	2.3388	1.0330	3	0.3780
URB，γ_{23}	−4.0571	6.2383	−0.6500	3	0.5610
FS，γ_{24}	2.5502	2.2665	1.1250	3	0.3430
FI，γ_{25}	−1.4919	0.3603	−4.1410	3	0.0470
lnEH 斜率，β_{3j}					
截距 2，γ_{30}	0.2024	0.1365	1.4830	4	0.2120
IE，γ_{31}	−2.6937	0.6020	−4.4740	4	0.0130
TL，γ_{32}	5.4205	1.3523	4.0080	4	0.0250
TS，γ_{33}	−6.8744	1.5152	−4.5370	4	0.0110
FS，γ_{34}	8.3083	1.4323	5.8010	4	0.0000

固定效应	系数	标准误差	t 值	自由度	p 值
lnERDKC 斜率，β_{4j}					
截距 2，γ_{40}	0.2804	0.0386	7.2680	6	0.0000
TS，γ_{41}	−0.5196	0.1722	−3.0180	6	0.0250
URB，γ_{42}	−1.0168	0.2310	−4.4020	6	0.0050
随机效应	标准误差	方差成分	自由度	卡方值	p 值
截距，u_0	0.2016	0.0406	3	2774.2729	0.0000
lnEK 斜率，u_1	0.0853	0.0073	4	9.9900	0.0400
lnEL 斜率，u_2	0.5382	0.2896	2	230.4805	0.0000
lnEH 斜率，u_3	0.2117	0.0448	3	8.4911	0.0360
lnERDKC 斜率，u_4	0.0451	0.0020	5	8.4909	0.1300
层一，r	0.0391	0.0015			

由表 8-9 和表 8-5 的固定效应部分可知，二者的全要素生产率、资本效率、劳动力效率、人力资本效率、技术创新效率的影响因素系数符号相同、数值几乎相等；随机效应部分的方差成分数值相差无几，并且卡方检验显著性结果相同。因此，从全模型来看，各变量的结果具有稳健性。

二、泛珠三角区省域经济增长要素效率综合性影响因素的阶段性分析

（一）1998—2007 时段

1. 描述统计

泛珠三角区省域 1998—2007 年经济增长层一、层二的描述统计结果见表8-10。

表 8-10 泛珠三角区省域 1998—2007 年层一、层二变量的描述统计值

变量层次	变量名称	样本数	均值	标准差	最小值	最大值
层一	lnEGDP	171	90	8.0400	0.8900	6.1000
	lnEK	171	90	8.7800	0.8600	6.8900
	lnEL	171	90	7.6900	0.7300	5.7700
	lnEH	171	90	2.0400	0.1200	1.7600
	lnERDKV	171	90	3.8400	1.3700	1.0300
	lnERDKC	171	90	3.9800	1.3600	1.1900
层二	MAR	9	4.3400	1.1100	3.1200	6.3400
	FDI	9	0.7200	0.8300	0.1300	2.5900
	IE	9	0.3000	0.4500	0.0600	1.4100
	TL	9	0.3200	0.1500	0.1600	0.6300
	TS	9	1.0600	0.3000	0.8600	1.8200
	URB	9	0.3100	0.0700	0.2400	0.4400
	FS	9	0.4900	0.3200	0.2900	1.3200
	FI	9	1.4000	0.4900	1.0100	2.5700

由表 8-10 各层一变量的标准差、最小值、最大值可知,泛珠三角区 1998—2007 年各省层一变量的国内生产总值对数、资本投入对数、劳动力投入对数、人力资本对数、技术创新对数在不同省之间存在较大的差异;层二变量的市场化进程、外商直接投资、贸易开放、产业结构合理化、产业结构高级化、城市化、金融结构、金融规模在不同省之间存在较大的差异。

2. 实证结果分析

(1) 1998—2007 年泛珠三角区经济增长不同省之间的变异分解。各省经济增长的均值在不同省之间是否有显著性差异及差异由层一和层二所产生的影响各占多大比例仍需运用零模型分析。零模型的结果见表 8-11。

表 8-11 泛珠三角区 1998—2007 年各省经济增长均值与变异的分解结果

固定效应	系数	标准误差	t 值	自由度	p 值
截距 1, β_{0j}					
截距 2, γ_{00}	8.0427	0.2759	29.1480	8	0.0000

随机效应	标准误差	方差成分	自由度	卡方值	p 值
截距，u_0	0.8723	0.7608	8	614.5327	0.0000
层一，r	0.3168	0.1004			

由表 8-11 的固定效应部分可知，泛珠三角区 1998—2007 年 9 个省的对数 GDP 均值为 8.0427；由零模型的随机效应部分的卡方检验结构可知，各省的对数 GDP 均值有显著性差异，而差异的度量可由组内相关系数 ρ =0.7608/（0.7608+ 0.1004）=88.34% 给出，即泛珠三角区省域 1998—2007 年各省 GDP 对数平均值的差异有 88.34% 可以用二层变量来解释，只有 11.66% 的差异可以用层一变量来解释，从而说明在研究 1998—2007 年泛珠三角区各省经济增长时，必须引入层二变量。层二变量为泛珠三角区省域经济环境中的市场化进程、对外开放、金融发展、城市化、产业结构变迁。

（2）1998—2007 年泛珠三角区省域经济增长基本影响要素的作用分析。基本要素对经济增长的影响可由固定效应（变截距）模型分析得到，固定效应模型的结果见表 8-12。

表 8-12　泛珠三角区 1998—2007 年经济增长变截距模型结果

固定效应	系数	标准误差	t 值	自由度	p 值
截距 1，β_{0j}					
截距 2，γ_{00}	8.0427	0.2759	29.1480	8	0.0000
lnEK 斜率，β_{1j}					
截距 2，γ_{10}	0.7403	0.0974	7.6030	85	0.0000
lnEL 斜率，β_{2j}					
截距 2，γ_{20}	0.9803	0.2298	4.2660	85	0.0000
lnEH 斜率，β_{3j}					
截距 2，γ_{30}	−0.0423	0.1918	−0.2200	85	0.8260
lnERDKV 斜率，β_{4j}					
截距 2，γ_{40}	−0.0406	0.0584	−0.6940	85	0.4890
随机效应	标准误差	方差成分	自由度	卡方值	p 值
截距，u_0	0.8779	0.7707	8	45123.1268	0.0000
层一，r	0.0370	0.0014			

由表 8-12 的固定效应部分可知，泛珠三角区省域经济增长的基本影响因素 lnEK、lnEL 的系数均值为正向显著，即资本投入、劳动力投入的增加对经济增长都有显著的促进作用。其中，资本增加 1%，经济增长将增加 0.7403%；劳动力增加 1%，经济增长将增加 0.9803%；而人力资本、技术创新的影响不显著。由表 8-13 的随机效应部分可知，资本投入、劳动力投入、人力资本、技术创新引入层一模型中，层一方差得到较好的解释，由零模型结果表 8-11 中的 0.1004 减少到固定效应模型结果表 8-13 中的 0.0014，表明泛珠三角区省域的资本投入、劳动力投入、人力资本、技术创新能较好地解释省内 GDP 不同年度间的变化。

（3）1998—2007 年泛珠三角区省域经济增长要素效率异质性检验。要素效率异质性的检验可由随机效应（变系数）模型分析得到，随机效应模型的结果见表 8-13。

表 8-13 泛珠三角区 1998—2007 年经济增长随机效应结果

固定效应	系数	标准误差	t 值	自由度	p 值
截距 1，β_{0j}					
截距 2，γ_{00}	8.0427	0.2759	29.1480	8	0.0000
lnEK 斜率，β_{1j}					
截距 2，γ_{10}	0.8327	0.0614	13.5690	8	0.0000
lnEL 斜率，β_{2j}					
截距 2，γ_{20}	0.2338	0.1368	1.7100	8	0.1250
lnEH 斜率，β_{3j}					
截距 2，γ_{30}	0.0274	0.0976	0.2810	8	0.7860
lnERDKV 斜率，β_{4j}					
截距 2，γ_{40}	−0.0445	0.0459	−0.9710	8	0.3610
随机效应	标准误差	方差成分	自由度	卡方值	p 值
截距，u_0	0.8780	0.7708	7	347009.9732	0.0000
lnEK 斜率，u_1	0.1690	0.0286	7	12.8465	0.0750
lnEL 斜率，u_2	0.4166	0.1735	7	15.1865	0.0330
lnEH 斜率，u_3	0.2609	0.0681	7	18.9690	0.0080
lnERDKV 斜率，u_4	0.1256	0.0158	7	18.6182	0.0100
层一，r	0.0131	0.0002			

由表 8-13 的固定效应部分可知，资本投入、劳动力投入、人力资本、技术创新的系数与表 8-12 的相应系数有一定的差异，这是由于使用变截距模型与变系数模型不同造成的，多层统计分析侧重于随机系数模型的结果。在泛珠三角区省域经济增长过程中，资本增加 1%，经济增长将增加 0.8327%；劳动力、人力资本、技术创新的影响不显著。由表 8-13 的随机效应部分可知，资本投入、劳动力投入、人力资本、技术创新的效率在各个省之间存在显著性差异，同时表明截距、lnEK、lnEL、lnEH、lnERDKV 与 lnEGDP 之间的关系随着省份的不同而显著不同。

（4）1998—2007 年泛珠三角区省域综合性因素对要素效率的影响分析。综合性因素对要素效率的影响分析可由全模型分析得到，全模型的结果见表 8-14。

表 8-14　泛珠三角区 1998—2007 年综合性因素对要素效率的影响结果

固定效应	系数	标准误差	t 值	自由度	p 值
截距 1，β_{0j}					
截距 2，γ_{00}	8.0427	0.1369	58.7290	4	0.0000
MAR，γ_{01}	0.9055	0.2279	3.9730	4	0.0260
FDI，γ_{02}	−1.1193	0.5508	−2.0320	4	0.1090
TL，γ_{03}	1.1049	1.4588	0.5910	4	0.5860
FS，γ_{04}	1.1143	1.5185	0.7340	4	0.5040
lnEK 斜率，β_{1j}					
截距 2，γ_{10}	0.8370	0.0650	12.8800	5	0.0000
MAR，γ_{11}	0.0345	0.0171	2.0190	5	0.0980
TL，γ_{12}	0.4290	0.1228	3.4940	5	0.0230
TS，γ_{13}	0.1041	0.2135	0.4880	5	0.6460
lnEL 斜率，β_{2j}					
截距 2，γ_{20}	0.3359	0.1755	1.9140	3	0.1460
IE，γ_{21}	3.8684	0.9584	4.0360	3	0.0530
TS，γ_{22}	−4.3289	2.7426	−1.5780	3	0.2110
URB，γ_{23}	−35.1572	10.4984	−3.3490	3	0.0710
FS，γ_{24}	13.9798	5.2081	2.6840	3	0.0700
FI，γ_{25}	−6.3607	1.9554	−3.2530	3	0.0700

续　表

固定效应	系数	标准误差	t 值	自由度	p 值
lnEH 斜率，β_{3j}					
截距 2，γ_{30}	0.0123	0.0755	0.1630	4	0.8780
IE，γ_{31}	−0.3232	0.2703	−1.1960	4	0.2980
TL，γ_{32}	−0.4754	0.4772	−0.9960	4	0.3760
TS，γ_{33}	−0.1750	0.9961	−0.1760	4	0.8690
FS，γ_{34}	0.9289	0.9642	0.9630	4	0.3900
lnERDKV 斜率，β_{4j}					
截距 2，γ_{40}	−0.0418	0.0458	−0.9120	6	0.3970
TS，γ_{41}	0.0887	0.1525	0.5810	6	0.5820
URB，γ_{42}	0.1932	0.1671	1.1570	6	0.2920
随机效应	标准误差	方差成分	自由度	卡方值	p 值
截距，u_0	0.4108	0.1688	3	45303.0380	0.0000
lnEK 斜率，u_1	0.1376	0.0189	4	11.5118	0.0210
lnEL 斜率，u_2	0.3252	0.1058	2	7.3382	0.0250
lnEH 斜率，u_3	0.1298	0.0168	3	2.4255	>.500
lnERDKV 斜率，u_4	0.0992	0.0099	5	14.9867	0.0110
层一，r	0.0134	0.0002			

由表 8–15 的固定效应部分可得出以下结论：

①综合性因素对截距（剩余全要素生产率）的影响分析。市场化进程是正向显著影响因素，表明市场化程度高的省份剩余全要素生产率高。其具体影响程度为，市场化程度加快 1 个单位，全要素生产率将提高 0.9055。之所以能促进全要素生产率的提高，是由于市场化进程的推进改善了资源配置效率。

②综合性因素对资本产出效率的影响分析。市场化进程、产业结构合理化是正向显著影响因素，表明市场化进程、产业结构合理化程度高的省份资本产出效率高。其具体影响程度为，市场化进程提高 1 个单位，资本产出效率将提高 0.0345；产业结构合理化程度提高 0.1 个单位，资本产出效率将提高 0.0429。同时，由于资本系数与市场化进程、产业结构合理化的系数符号相同，因而市场化进程、产业结构合理化水平的提高将加强资本与 GDP 之间的正向关系。之所以能促进资本产出效率的提高，是由于市场化能优化要素的配置、产业结

构合理化能促进要素资源更合理的流动。

③综合性因素对劳动力产出效率的影响分析。对外贸易、金融结构为正向显著影响因素，表明对外贸易、金融结构均值大的省份劳动力产出效率均值大。其具体影响程度为，对外贸易水平提高 0.1 个单位，劳动产出效率将提高 0.38684；金融结构提高 0.1 个单位，劳动产出效率将提高 1.39798。同时，由于劳动力系数与对外贸易、金融结构的系数符号相同，因而对外贸易、金融结构水平的提高将加强劳动力与 GDP 之间的正向关系。之所以能促进劳动力产出效率的提高，是由于对外贸易带来的先进管理经验能提升生产效率。城市化、金融规模为负向显著，表明城市化水平高、金融规模大的省份劳动力效率低。其具体影响程度为，城市化水平提高 0.1 个单位，劳动力产出效率将降低 3.51572；金融规模提高 0.1 个单位，劳动力产出效率将降低 0.63607。同时，由于劳动力系数与城市化、金融规模的系数符号相反，因而城市化、金融规模的提高将削弱劳动力与 GDP 之间的正向关系。之所以会阻碍劳动力产出效率的提高，是由于土地城市化快于人口城市化，金融水平的发展导致劳动资金比进一步降低。

在综合性因素对人力资本产出效率、技术创新产出效率的影响分析中，其影响都不显著。

（5）方差成分解释程度。由表 8-11 和表 8-12 的随机效应中的层一方差得到表 8-15 的原始总方差和条件总方差；表 8-13 和表 8-14 的随机效应中的层二方差之和得到表 8-15 的原始总方差和条件总方差。层一、层二的方差成分解释程度见表 8-15。

表 8-15　泛珠三角区 1998—2007 年经济增长层一、层二的方差成分解释程度

层次	原始总方差	条件总方差	解释程度 /%
层一	0.1120	0.0014	98.75%
层二	1.0568	0.2533	76.03%

由表 8-15 可知，层一方差解释程度为 98.75%，层二方差解释程度为 76.03%，总体上层一解释变量对层一方差，层二解释变量对层二方差都有较好的解释。这表明构建的泛珠江三角区省域经济增长要素效率影响因素的实证分析模型较为合理。

3. 稳健性检验

运用常数折旧率得到的技术创新替代量（RDKC）代替运用变数折旧率得到的技术创新（RDKV），对 1998—2007 年泛珠三角区经济带效率型经济增长模型进行稳健性检验。

（1）基本影响要素作用的稳健性检验。基本影响要素作用的稳健性检验可由固定效应模型分析得到。基于泛珠江三角区省域数据，运用第三章第二节"效率型经济增长模型的应用步骤"中的固定效应模型，得到稳健性检验的结果，见表 8-16。

表 8-16　泛珠三角区 1998—2007 年经济增长固定效应模型结果（RDKC 替代）

固定效应	系数	标准误差	t 值	自由度	p 值
截距 1，β_{0j}					
截距 2，γ_{00}	8.0427	0.2759	29.1480	8	0.0000
lnEK 斜率，β_{1j}					
截距 2，γ_{10}	0.7316	0.1028	7.1140	85	0.0000
lnEL 斜率，β_{2j}					
截距 2，γ_{20}	0.9816	0.2296	4.2760	85	0.0000
lnEH 斜率，β_{3j}					
截距 2，γ_{30}	−0.0499	0.1904	−0.2620	85	0.7940
lnERDKC 斜率，β_{4j}					
截距 2，γ_{40}	−0.0341	0.0638	−0.5350	85	0.5940
随机效应	标准误差	方差成分	自由度	卡方值	p 值
截距，u_0	0.8779	0.7707	8	44839.0835	0.0000
层一，r	0.0371	0.0014			

由表 8-16 和表 8-12 的固定效应部分可知，二者的资本投入、劳动力投入、人力资本、技术创新的系数符号与数值几乎相同。因此，从固定效应模型来看，各变量的结果具有稳健性。

（2）要素效率异质性效应的稳健性检验。要素效率异质性效应的稳健性检验可由随机效应模型分析得到。基于泛珠江三角地区省域数据，运用第三章第二节"效率型经济增长模型的应用步骤"中的随机效应模型，得到稳健性检验的结果，见表 8-17。

表8-17 泛珠三角区1998—2007年经济增长随机效应模型结果（RDKC替代）

固定效应	系数	标准误差	t 值	自由度	p 值
截距1，β_{0j}					
截距2，γ_{00}	8.0427	0.2759	29.1480	8	0.0000
lnEK 斜率，β_{1j}					
截距2，γ_{10}	0.8268	0.0637	12.9810	8	0.0000
lnEL 斜率，β_{2j}					
截距2，γ_{20}	0.2242	0.1416	1.5830	8	0.1520
lnEH 斜率，β_{3j}					
截距2，γ_{30}	0.0161	0.0986	0.1640	8	0.8740
lnERDKC 斜率，β_{4j}					
截距2，γ_{40}	−0.0386	0.0474	−0.8140	8	0.4390
随机效应	标准误差	方差成分	自由度	卡方值	p 值
截距，u_0	0.8780	0.7708	7	333590.8899	0.0000
lnEK 斜率，u_1	0.1699	0.0289	7	11.8297	0.1060
lnEL 斜率，u_2	0.4283	0.1834	7	18.2597	0.0110
lnEH 斜率，u_3	0.2637	0.0695	7	17.5458	0.0140
lnERDKC 斜率，u_4	0.1247	0.0156	7	16.5145	0.0210
层一，r	0.0133	0.0002			

由表8-17和表8-13的固定效应部分可知，二者的资本投入、劳动力投入、人力资本、技术创新的系数符号与数值都基本相同；随机效应部分的方差成分数值相差无几，并且卡方检验显著性结果相同。因此，从随机效应模型来看，各变量的结果具有稳健性。

（3）综合性因素作用的稳健性检验。综合性因素作用的稳健性检验可由全模型分析得到。基于泛珠三角区省域数据，运用第三章第二节"效率型经济增长模型的应用步骤"中的全模型，得到稳健性检验的结果，见表8-18。

表8-18 泛珠三角区1998—2007年经济增长随机效应模型结果（RDKC替代）

固定效应	系数	标准误差	t 值	自由度	p 值
截距1，β_{0j}					
截距2，γ_{00}	8.0427	0.1369	58.7290	4	0.0000

固定效应	系数	标准误差	t 值	自由度	p 值
MAR，γ_{01}	0.9055	0.2279	3.9730	4	0.0260
FDI，γ_{02}	−1.1193	0.5508	−2.0320	4	0.1090
TL，γ_{03}	1.1049	1.2479	0.8850	4	0.4260
FS，γ_{04}	1.8314	1.5193	1.2050	4	0.2950
lnEK 斜率，β_{1j}					
截距 2，γ_{10}	0.8370	0.0650	12.8800	5	0.0000
MAR，γ_{11}	0.0345	0.0171	2.0190	5	0.0980
TL，γ_{12}	0.4290	0.1228	3.4940	5	0.0230
TS，γ_{13}	0.1041	0.2135	0.4880	5	0.6460
lnEL 斜率，β_{2j}					
截距 2，γ_{20}	0.3359	0.1755	1.9140	3	0.1460
IE，γ_{21}	3.8684	0.9584	4.0360	3	0.0530
TS，γ_{22}	−4.3289	2.7426	−1.5780	3	0.2110
URB，γ_{23}	−35.1572	10.4984	−3.3490	3	0.0710
FS，γ_{24}	13.9798	5.2081	2.6840	3	0.0700
FI，γ_{25}	−6.3607	1.9554	−3.2530	3	0.0700
lnEH 斜率，β_{3j}					
截距 2，γ_{30}	0.0123	0.0755	0.1630	4	0.8780
IE，γ_{31}	−0.3232	0.2703	−1.1960	4	0.2980
TL，γ_{32}	−0.4754	0.4772	−0.9960	4	0.3760
TS，γ_{33}	−0.1750	0.9961	−0.1760	4	0.8690
FS，γ_{34}	0.9289	0.9642	0.9630	4	0.3900
lnERDKC 斜率，β_{4j}					
截距 2，γ_{40}	−0.0418	0.0458	−0.9120	6	0.3970
TS，γ_{41}	0.0890	0.1500	0.5940	6	0.5740
URB，γ_{42}	0.1932	0.1671	1.1570	6	0.2920
随机效应	标准误差	方差成分	自由度	卡方值	p 值
截距，u_0	0.4108	0.1688	3	45303.0380	0.0000
lnEK 斜率，u_1	0.1376	0.0189	4	11.5118	0.0210
lnEL 斜率，u_2	0.3252	0.1058	2	7.3382	0.0250

续　表

随机效应	标准误差	方差成分	自由度	卡方值	p 值
lnEH 斜率，u_3	0.1298	0.0168	3	2.4255	>.500
lnERDKC 斜率，u_4	0.0992	0.0099	5	14.9867	0.0110
层一，r	0.0134	0.0002			

由表 8-18 和表 8-14 的固定效应部分可知，二者的全要素生产率、资本效率、劳动力效率、人力资本效率、技术创新效率的影响因素系数符号相同、数值几乎相等；随机效应部分的方差成分数值相差无几，并且卡方检验显著性结果相同。因此，从全模型来看，各变量的结果具有稳健性。

（二）2008—2016 时段

1.描述统计

泛珠三角区 2008—2016 年经济增长层一、层二的描述统计结果见表 8-19。

表 8-19　泛珠三角区 2008—2016 年层一、层二变量的描述统计值

变量层次	变量名称	样本数	均值	标准差	最小值	最大值
层一	lnEGDP	81	9.1100	0.8900	7.1200	10.9700
	lnEK	81	10.2900	0.8700	7.8600	11.8300
	lnEL	81	7.8500	0.6900	6.0200	8.7500
	lnEH	81	2.2000	0.0900	1.9700	2.3500
	lnERDKV	81	5.4300	1.3700	2.0900	8.4300
	lnERDKC	81	5.5800	1.3800	2.2400	8.5800
层二	MAR	9	6.0800	1.2400	4.4200	8.4800
	FDI	9	0.4000	0.4300	0.0800	1.4400
	IE	9	0.2700	0.3200	0.0600	1.0500
	TL	9	0.2400	0.1400	0.1000	0.4700
	TS	9	1.0000	0.3500	0.6900	1.8500
	URB	9	0.4800	0.1000	0.3600	0.6700
	FS	9	1.0700	0.5100	0.5600	2.1400
	FI	9	2.3800	0.8800	1.5000	4.2900

由表 8-19 各层一变量的标准差、最小值、最大值可知，泛珠三角区

2008—2016 年各省层一变量的国内生产总值对数、资本投入对数、劳动力投入对数、人力资本对数、技术创新对数在不同省之间存在较大的差异；层二变量泛珠三角区省域的市场化进程、外商直接投资、贸易开放、产业结构合理化、产业结构高级化、城市化、金融结构、金融规模在不同省之间存在较大的差异。

2. 实证结果分析

（1）经济增长不同省之间的变异分解。泛珠三角区 2008—2016 年，各省经济增长的均值在不同省之间是否有显著性差异及差异由层一和层二所产生的影响各占多大比例仍需运用零模型分析。零模型的结果见表 8-20。

表 8-20　泛珠三角区 2008—2016 年各省经济增长均值与变异的分解结果

固定效应	系数	标准误差	t 值	自由度	p 值
截距 1，β_{0j}					
截距 2，γ_{00}	9.1114	0.2796	32.5870	8	0.0000
随机效应	标准误差	方差成分	自由度	卡方值	p 值
截距，u_0	0.8846	0.7825	8	699.9749	0.0000
层一，r	0.2853	0.0814			

由表 8-20 固定效应部分可知，泛珠三角区 2008—2016 年 9 个省的对数 GDP 均值为 9.1114；由零模型的随机效应部分的卡方检验结构可知，各省的对数 GDP 均值有显著性差异，而差异的度量可由组内相关系数 ρ =0.7825/（0.7825+ 0.0814）=90.57% 给出，即泛珠三角区 2008—2016 年各省 GDP 对数平均值的差异有 90.57% 需要用二层变量来解释，只有 9.43% 的差异可以用层一变量来解释，从而说明在研究泛珠三角区 2008—2016 年各省经济增长时，必须引入层二变量。层二变量为泛珠三角区经济环境中的市场化进程、对外开放、金融发展、城市化、产业结构变迁。

（2）2008—2016 年泛珠三角区经济增长基本影响要素的作用分析。基本要素对经济增长的影响可由固定效应（变截距）模型分析得到，固定效应模型的结果见表 8-21。

表 8-21　泛珠三角区 2008—2016 年经济增长变截距模型结果

固定效应	系数	标准误差	t 值	自由度	p 值
截距 1，β_{0j}					
截距 2，γ_{00}	9.1114	0.2796	32.5870	8	0.0000
lnEK 斜率，β_{1j}					
截距 2，γ_{10}	0.3905	0.0429	9.1120	76	0.0000
lnEL 斜率，β_{2j}					
截距 2，γ_{20}	−0.0342	0.0305	−1.1210	76	0.2660
lnEH 斜率，β_{3j}					
截距 2，γ_{30}	0.6643	0.0953	6.9730	76	0.0000
lnERDKV 斜率，β_{4j}					
截距 2，γ_{40}	0.1278	0.0615	2.0790	76	0.0410
随机效应	标准误差	方差成分	自由度	卡方值	p 值
截距，u_0	0.8896	0.7915	8	65884.7724	0.0000
层一，r	0.0294	0.0009			

　　由表 8-21 的固定效应部分可知，基本影响因素 lnEK、lnEH、lnERDKV 的系数均值为正向显著，即资本投入、人力资本投入、技术创新的增加对泛珠三角区省域经济增长都有显著的促进作用。其中，资本增加 1%，经济增长将增加 0.3905%；人力资本增加 1%，经济增长将增加 0.6643%；技术创新增加 1%，经济增长将增加 0.1278%。lnEL 的影响因素为负向不显著，表明劳动力增加对经济增长几乎没有影响。由表 8-21 的随机效应部分可知，资本投入、劳动力投入、人力资本、技术创新引入层一模型中，层一方差得到较好的解释，由零模型结果表 8-20 中的 0.0814 减少到固定效应模型结果表 8-21 中的 0.0009，表明泛珠三角区省域的资本投入、劳动力投入、人力资本、技术创新能较好地解释本省 GDP 年度间的变化。

　　（3）2008—2016 年泛珠三角区经济增长要素效率异质性检验。要素效率异质性的检验可由随机效应（变系数）模型分析得到，随机效应模型的结果见表 8-22。

表 8-22 泛珠三角区 2008—2016 年经济增长随机效应结果

固定效应	系数	标准误差	t 值	自由度	p 值
截距 1, β_{0j}					
截距 2, γ_{00}	9.1114	0.2796	32.5870	8	0.0000
lnEK 斜率, β_{1j}					
截距 2, γ_{10}	0.3680	0.0173	21.2150	8	0.0000
lnEL 斜率, β_{2j}					
截距 2, γ_{20}	0.0402	0.1404	0.2870	8	0.7820
lnEH 斜率, β_{3j}					
截距 2, γ_{30}	0.4611	0.1130	4.0810	76	0.0000
lnERDKV 斜率, β_{4j}					
截距 2, γ_{40}	0.1746	0.0188	9.3010	76	0.0000
随机效应	标准误差	方差成分	自由度	卡方值	p 值
截距, u_0	0.8897	0.7915	7	140247.0518	0.0000
lnEK 斜率, u_1	0.0371	0.0014	7	25.7433	0.0010
lnEL 斜率, u_2	0.4125	0.1702	7	21.5756	0.0030
层一, r	0.0197	0.0004			

由表 8-22 的固定效应部分可知，资本投入、劳动力投入、人力资本、技术创新的系数与表 8-21 的相应系数有一定的差异，是由于使用变截距模型与变系数模型不同造成的，多层统计分析侧重于随机系数模型的结果。在泛珠三角区省域经济增长过程中，资本投入增加 1%，经济增长将增加 0.368%；人力资本增加 1%，经济增长将增加 0.4611%；技术创新增加 1%，经济增长将增加 0.1746%；劳动力投入影响不显著。由表 8-22 的随机效应部分知，资本投入、劳动力投入的效率在各个省之间存在显著性差异，同时也表明截距、lnEK、lnEL 与 lnEGDP 之间的关系随着省份的不同而显著不同。

（4）2008—2016 年泛珠三角区综合性因素对要素效率的影响分析。综合性因素对要素效率的影响分析可由全模型分析得到，全模型的结果见表 8-23。

表 8-23　泛珠三角区 2008—2016 年综合性因素对要素效率的影响结果

固定效应	系数	标准误差	t 值	自由度	p 值
截距 1，β_{0j}					
截距 2，γ_{00}	9.1114	0.0593	153.6450	4	0.0000
MAR，γ_{01}	0.6065	0.0852	7.1180	4	0.0000
FDI，γ_{02}	−1.8041	0.3783	−4.7690	4	0.0070
TL，γ_{03}	0.1661	0.9090	0.1830	4	0.8640
FS，γ_{04}	0.8404	0.2902	2.8960	4	0.0470
lnEK 斜率，β_{1j}					
截距 2，γ_{10}	0.1572	0.0493	3.1900	5	0.0280
MAR，γ_{11}	−0.0310	0.0422	−0.7350	5	0.4950
TL，γ_{12}	0.0548	0.2700	0.2030	5	0.8470
TS，γ_{13}	−0.1206	0.1035	−1.1650	5	0.2970
lnEL 斜率，β_{2j}					
截距 2，γ_{20}	0.4205	0.1419	2.9630	3	0.0670
IE，γ_{21}	1.0444	1.0613	0.9840	3	0.3980
TS，γ_{22}	−6.3327	1.6243	−3.8990	3	0.0600
URB，γ_{23}	−18.5652	4.2004	−4.4200	3	0.0310
FS，γ_{24}	3.0404	0.9024	3.3690	3	0.0710
FI，γ_{25}	1.1809	0.4151	2.8450	3	0.0670
lnEH 斜率，β_{3j}					
截距 2，γ_{30}	0.4057	0.0855	4.7440	64	0.0000
lnERDKV 斜率，β_{4j}					
截距 2，γ_{40}	0.3857	0.0498	7.7370	64	0.0000
随机效应	标准误差	方差成分	自由度	卡方值	p 值
截距，u_0	0.1778	0.0316	3	3864.4745	0.0000
lnEK 斜率，u_1	0.0592	0.0035	4	45.1073	0.0000
lnEL 斜率，u_2	0.2668	0.0712	2	44.7646	0.0000
层一，r	0.0164	0.0003			

由表 8-23 的固定效应部分可得出以下结论：

①综合性因素对截距（剩余全要素生产率）的影响分析。市场化进程、金

融结构是正向显著影响因素，表明市场化程度高金融结构水平高的省份剩余全要素生产率高。其具体影响程度为，市场化程度加快 1 个单位，全要素生产率将提高 0.6065；金融结构水平提高 0.1 个单位，全要素生产率将提高 0.08404。之所以能促进全要素生产率的提高，是由于市场化进程的推进改善了资源配置效率；金融结构水平的提高可以改善资本配置效率。外商直接投资负向显著影响因素，表明外商直接投资越多的省份全要素生产率越低。其具体影响程度为，外商直接投资提高 0.1 个单位，全要素生产率将降低 0.18041。之所以会阻碍全要素生产率的提高，是由于外商直接投资对国内投资具有一定的挤出效应。

②综合性因素对劳动力产出效率的影响分析。金融结构、金融规模为正向显著影响因素，表明金融结构、金融规模均值大的省份劳动力产出效率均值大。其具体影响程度为，金融结构水平提高 0.1 个单位，劳动产出效率将提高 0.30404；金融规模提高 0.1 个单位，劳动产出效率将提高 0.11809。同时，由于劳动力系数与金融结构、金融规模的系数符号相同，因而金融结构、金融规模水平的提高将加强劳动力与 GDP 之间的正向关系。产业结构高级化、城市化为负向显著影响因素，表明产业结构高级化、城市化水平高的省份劳动力效率低。其具体影响程度为，城市化水平提高 0.1 个单位，劳动力产出效率将降低 1.85652；产业结构高级化水平提高 0.1 个单位，劳动力产出效率将降低 0.63327。同时，由于劳动力系数与产业结构高级化、城市化的系数符号相反，因而产业结构高级化、城市化水平的提高将削弱劳动力与 GDP 之间的正向关系。之所以会阻碍劳动力产出效率的提高，是由于在 2008—2016 年间服务业的劳动力效率还低于制造业的劳动效率，土地城市化快于人口城市化，金融水平的发展导致劳动资金比进一步降低。

另外，综合性因素对资本产出效率、人力资本产出效率、技术创新产出效率的影响不显著。

（5）方差成分解释程度。由表 8-20 和表 8-21 的随机效应中的层一方差得到表 8-24 的原始总方差和条件总方差，表 8-22 和表 8-23 的随机效应中的层二方差之和得到表 8-24 的原始总方差和条件总方差。层一、层二的方差成分解释程度见表 8-24。

表 8-24　泛珠三角区 2008—2016 年经济增长层一、层二的方差成分解释程度

层次	原始总方差	条件总方差	解释程度 /%
层一	0.0814	0.0009	98.89%

层次	原始总方差	条件总方差	解释程度 /%
层二	0.9631	0.1063	88.96%

由表 8-24 可知，层一方差解释程度为 98.89%，层二方差解释程度为
88.96%，总体上层一解释变量对层一方差，层二解释变量对层二方差都有较好
的解释。这表明构建的泛珠三角区 2008—2016 省域经济增长要素效率影响因
素的实证分析模型较为合理。

3. 稳健性检验

运用常数折旧率得到的技术创新替代量（RDKC）代替运用变数折旧率得
到的技术创新（RDKV），对 2008—2016 年泛珠三角区经济带效率型经济增长
模型进行稳健性检验。

（1）基本影响要素作用的稳健性检验。基本影响要素作用的稳健性检验可
由固定效应模型分析得到。基于泛珠三角区省域数据，运用第三章第二节"效
率型经济增长模型的应用步骤"中的固定效应模型，得到稳健性检验的结果，
见表 8-25。

表 8-25　泛珠三角区 2008—2016 年经济增长固定效应模型结果（RDKC 替代）

固定效应	系数	标准误差	t 值	自由度	p 值
截距 1，β_{0j}					
截距 2，γ_{00}	9.1114	0.2796	32.5870	8	0.0000
lnEK 斜率，β_{1j}					
截距 2，γ_{10}	0.3850	0.0438	8.7900	76	0.0000
lnEL 斜率，β_{2j}					
截距 2，γ_{20}	−0.0331	0.0312	−1.0590	76	0.2930
lnEH 斜率，β_{3j}					
截距 2，γ_{30}	0.6615	0.0959	6.8960	76	0.0000
lnERDKV 斜率，β_{4j}					
截距 2，γ_{40}	0.1318	0.0601	2.1920	76	0.0310
随机效应	标准误差	方差成分	自由度	卡方值	p 值
截距，u_0	0.8896	0.7915	8	66680.4706	0.0000
层一，r	0.0292	0.0009			

由表 8-25 和表 8-21 的固定效应部分可知，二者的资本投入、劳动力投入、人力资本、技术创新的系数符号与数值几乎相同。因此，从固定效应模型来看，各变量的结果具有稳健性。

（2）要素效率异质性效应的稳健性检验。要素效率异质性效应的稳健性检验可由随机效应模型分析得到。基于泛珠三角区省域数据，运用第三章第二节"效率型经济增长模型的应用步骤"中的随机效应模型，得到稳健性检验的结果，见表 8-26。

表 8-26 泛珠三角区 2008—2016 年经济增长随机效应模型结果（RDKC 替代）

固定效应	系数	标准误差	t 值	自由度	p 值
截距 1，β_{0j}					
截距 2，γ_{00}	9.1114	0.2796	32.5870	8	0.0000
lnEK 斜率，β_{1j}					
截距 2，γ_{10}	0.3649	0.0186	19.5670	8	0.0000
lnEL 斜率，β_{2j}					
截距 2，γ_{20}	0.0334	0.1368	0.2440	8	0.8130
lnEH 斜率，β_{3j}					
截距 2，γ_{30}	0.4654	0.1143	4.0700	76	0.0000
lnERDKV 斜率，β_{4j}					
截距 2，γ_{40}	0.1744	0.0194	9.0060	76	0.0000
随机效应	标准误差	方差成分	自由度	卡方值	p 值
截距，u_0	0.8897	0.7915	7	138105.8138	0.0000
lnEK 斜率，u_1	0.0375	0.0014	7	25.6918	0.0010
lnEL 斜率，u_2	0.4016	0.1612	7	19.1347	0.0080
层一，r	0.0198	0.0004			

由表 8-26 和表 8-22 的固定效应部分可知，二者的资本投入、劳动力投入、人力资本、技术创新的系数符号与数值都基本相同；随机效应部分的方差成分数值相差无几，并且卡方检验显著性结果相同。因此，从随机效应模型来看，各变量的结果具有稳健性。

（3）综合性因素作用的稳健性检验。综合性因素作用的稳健性检验可由全模型分析得到。基于泛珠三角区省域数据，运用第三章第二节"效率型经济增长模型的应用步骤"中的全模型，得到稳健性检验的结果，见表8-27。

表8-27　泛珠三角区2008—2016年经济增长随机效应模型结果（RDKC替代）

固定效应	系数	标准误差	t值	自由度	p值
截距1，β_{0j}					
截距2，γ_{00}	9.1114	0.0598	152.4590	4	0.0000
MAR，γ_{01}	0.6090	0.0863	7.0540	4	0.0000
FDI，γ_{02}	−1.7885	0.3923	−4.5600	4	0.0110
TL，γ_{03}	0.1858	0.9208	0.2020	4	0.8500
FS，γ_{04}	0.8300	0.3015	2.7530	4	0.0510
lnEK斜率，β_{1j}					
截距2，γ_{10}	0.1105	0.0527	2.0980	5	0.0880
MAR，γ_{11}	−0.0495	0.0435	−1.1390	5	0.3070
TL，γ_{12}	−0.0099	0.2812	−0.0350	5	0.9740
TS，γ_{13}	−0.1421	0.1065	−1.3340	5	0.2400
lnEL斜率，β_{2j}					
截距2，γ_{20}	0.3851	0.1354	2.8450	3	0.0670
IE，γ_{21}	1.1909	1.0542	1.1300	3	0.3410
TS，γ_{22}	−6.1541	1.5275	−4.0290	3	0.0530
URB，γ_{23}	−18.2913	4.0035	−4.5690	3	0.0240
FS，γ_{24}	2.8365	0.8517	3.3310	3	0.0710
FI，γ_{25}	1.2126	0.4039	3.0020	3	0.0670
lnEH斜率，β_{3j}					
截距2，γ_{30}	0.4165	0.0833	5.0030	64	0.0000
lnERDKC斜率，β_{4j}					
截距2，γ_{40}	0.4301	0.0525	8.1960	64	0.0000
随机效应	标准误差	方差成分	自由度	卡方值	p值
截距，u_0	0.1792	0.0321	3	4068.3016	0.0000
lnEK斜率，u_1	0.0637	0.0041	4	55.4855	0.0000
lnEL斜率，u_2	0.2500	0.0625	2	54.0840	0.0000
层一，r	0.0160	0.0003			

由表 8-27 和表 8-23 的固定效应部分可知，二者的全要素生产率、资本效率、劳动力效率、人力资本效率、技术创新效率的影响因素系数符号相同、数值几乎相等；随机效应部分的方差成分数值相差无几，并且卡方检验显著性结果相同。因此，从全模型来看，各变量的结果具有稳健性。

第二节　泛珠三角区经济增长要素效率影响因素的实证分析

一、泛珠三角区经济增长要素效率综合性影响因素的分析

泛珠三角区经济增长相关变量与本章第一节"变量选择与数据来源"相同，但是此处的处理方式与第一节不同。

泛珠三角区省域经济增长要素效率影响因素的实证分析的层一模型的变量值为每个省在一定年度区间中每年的资本投入、劳动力投入、人力资本、技术创新，即体现的是一定年度区间中每个省的时间序列特征。泛珠三角区经济增长要素效率影响因素的实证分析的层一模型的变量值为每个年度各省的资本投入、劳动力投入、人力资本、技术创新，即体现的是中国各省的截面数据特征。

泛珠三角区省域经济增长要素效率影响因素的实证分析的层二模型的变量值为每个省在一定年度区间每年的市场化进程、对外开放、金融发展、城市化、产业结构变迁的均值。泛珠三角区经济增长要素效率影响因素的实证分析的层二模型的变量值为每年各省的市场化进程、对外开放、金融发展、城市化、产业结构变迁的均值。

泛珠三角区省域经济增长要素效率影响因素的实证分析主要关注不同区域间效率的差异及综合性变量对区域间效率的差异的影响；泛珠三角区经济增长要素效率影响因素的实证分析主要关注不同年度间效率的差异及综合性变量对年度间效率差异的影响。

（一）描述统计

层二变量的描述统计结果见表 8-28，层一数据的描述统计结果见表 8-1。

表8-28　泛珠三角区层二变量的描述统计值

变量层次	变量名称	样本数	均值	标准差	最小值	最大值
层二	FS	19	0.8000	0.6000	0.2100	2.3000
	TL	19	0.2800	0.0400	0.2100	0.3400
	URB	19	0.3900	0.1000	0.2100	0.5400
	FI	19	1.8600	0.7900	1.0800	4.2200
	TS	19	1.0300	0.0900	0.9200	1.2100
	IE	19	0.2900	0.0400	0.2200	0.3500
	MAR	19	5.1300	1.0900	3.3400	6.6500
	FDI	19	0.5700	0.2700	0.2600	1.0400

由表 8-28 可知，层二变量的市场化进程、外商直接投资、贸易开放、产业结构合理化、产业结构高级化、城市化、金融结构、金融规模在不同年度之间存在较大的差异。

（二）实证结果分析

1. 泛珠三角区经济增长不同年之间的变异分解

泛珠三角区经济增长的均值在不同年度之间是否有显著性差异及差异由层一和层二所产生的影响各占多大比例仍需运用零模型分析。零模型的结果见表8-29。

表8-29　泛珠三角区经济增长均值与变异的分解结果

固定效应	系数	标准误差	t 值	自由度	p 值
截距 1，β_{0j}					
截距 2，γ_{00}	8.5489	0.1388	61.6000	18	0.0000
随机效应	标准误差	方差成分	自由度	卡方值	p 值
截距，u_0	0.5472	0.2995	18	80.0891	0.0000
层一，r	0.8839	0.7813			

由表 8-29 固定效应部分可知，泛珠三角区 9 省的对数 GDP 均值为 8.5489；由零模型的随机效应部分的卡方检验结构可知，对数 GDP 均值在不同年度具有显著性差异，而差异的度量可由组内相关系数 ρ =0.2995/（0.2995+0.7813）=27.71% 来解释，即泛珠三角区各省 GDP 对数平均值在 1998—2016 年的差异

有 27.71% 需要用二层变量来解释，从而说明在研究 1998—2016 年中国经济增长时，必须引入层二变量。层二变量为泛珠三角区经济环境中的市场化进程、对外开放、金融发展、城市化、产业结构变迁。

2. 泛珠三角区经济增长基本影响要素的作用分析

泛珠三角区基本要素对经济增长的影响可由固定效应（变截距）模型分析得到，固定效应模型的结果见表 8-30。

表 8-30　泛珠三角区经济增长变截距模型结果

固定效应	系数	标准误差	t 值	自由度	p 值
截距 1，β_{0j}					
截距 2，γ_{00}	8.5489	0.1388	61.6000	18	0.0000
lnEK 斜率，β_{1j}					
截距 2，γ_{10}	0.5853	0.0311	18.8290	166	0.0000
lnEL 斜率，β_{2j}					
截距 2，γ_{20}	−0.0472	0.0254	−1.8600	166	0.0640
lnEH 斜率，β_{3j}					
截距 2，γ_{30}	0.7163	0.0607	11.7950	166	0.0000
lnERDKV 斜率，β_{4j}					
截距 2，γ_{40}	0.3226	0.0228	14.1620	166	0.0000
随机效应	标准误差	方差成分	自由度	卡方值	p 值
截距，u_0	0.6208	0.3854	18	7553.9318	0.0000
层一，r	0.0910	0.0083			

由表 8-30 的固定效应部分可知，基本影响因素 lnEK、lnEL、lnEH、lnERDKV 的系数均值为正向显著，即资本投入、劳动力投入、人力资本、技术创新对泛珠三角区经济增长都有显著的促进作用。其中，资本增加 1%，经济增长将增加 0.5853%；人力资本增加 1%，经济增长将增加 0.7163%；技术创新增加 1%，经济增长将增加 0.3226%；劳动力为负向显著，劳动力投入增加 1%，经济增长将降低 0.0472%。由表 8-30 的随机效应部分可知，资本投入、劳动力投入、人力资本、技术创新引入层一模型中，层一方差得到较好的解释，由零模型结果表 8-29 中的 0.7813 减少到固定效应模型结果表 8-30 中的 0.0083，表明泛珠三角区省域的资本投入、劳动力投入、人力资本、技术创

新能较好地解释 GDP 相同年度不同省之间的变化。

3. 泛珠三角区经济增长要素效率异质性检验

要素效率不同年度间的异质性检验可由随机效应（变系数）模型分析得到，随机效应模型的结果见表8-31。

表8-31　泛珠三角区经济增长随机效应模型结果

固定效应	系数	标准误差	t 值	自由度	p 值
截距 1，β_{0j}					
截距 2，γ_{00}	8.5489	0.1388	61.6000	18	0.0000
lnEK 斜率，β_{1j}					
截距 2，γ_{10}	0.6258	0.0237	26.4210	166	0.0000
lnEL 斜率，β_{2j}					
截距 2，γ_{20}	−0.0901	0.0231	−3.8970	18	0.0010
lnEH 斜率，β_{3j}					
截距 2，γ_{30}	0.6402	0.0571	11.2030	166	0.0000
lnERDKV 斜率，β_{4j}					
截距 2，γ_{40}	0.3212	0.0211	15.2340	18	0.0000
随机效应	标准误差	方差成分	自由度	卡方值	p 值
截距，u_0	0.6209	0.3855	18	9265.2800	0.0000
lnEL 斜率，u_1	0.0785	0.0062	18	35.7201	0.0080
lnERDKV 斜率，u_2	0.0548	0.0030	18	33.3550	0.0150
层一，r	0.0822	0.0068			

由表8-31的固定效应部分可知，资本投入、劳动力投入、人力资本、技术创新的系数与表8-30的相应系数有一定的差异，是由于使用变截距模型与变系数模型的不同造成的，多层统计分析侧重于随机系数模型的结果。在泛珠三角区经济增长过程中，资本增加 1%，经济增长将增加 0.6258%；劳动力增加 1%，经济增长将降低 0.0901%；人力资本增加 1%，经济增长将增加 0.6402%；技术创新增加 1%，经济增长将增加 0.3212%。由表8-31的随机效应部分可知，全要素生产率、劳动力投入、人力资本、技术创新的效率在各个省之间存在显著性差异，同时表明截距 lnEL、lnERDKV 与 lnEGDP 之间的关系随着省份的不同而显著不同。

4. 泛珠三角区综合性因素对要素效率的影响分析

泛珠三角区综合性因素对要素效率的影响分析可由全模型分析得到，全模型的结果见表8-32。

表8-32　泛珠三角区经济增长全模型结果

固定效应	系数	标准误差	t 值	自由度	p 值
截距 1，β_{0j}					
截距 2，γ_{00}	8.5489	0.0125	684.3430	12	0.0000
FS，γ_{01}	0.0452	0.0235	1.9270	12	0.0780
URB，γ_{02}	1.5228	0.6039	2.5210	12	0.0270
TS，γ_{03}	−0.6916	0.1924	−3.5950	12	0.0040
IE，γ_{04}	−4.2198	0.6521	−6.4710	12	0.0000
MAR，γ_{05}	0.2942	0.0490	6.0050	12	0.0000
FDI，γ_{06}	−0.4291	0.0654	−6.5590	12	0.0000
lnEK 斜率，β_{1j}					
截距 2，γ_{10}	0.6272	0.0260	24.0810	153	0.0000
lnEL 斜率，β_{2j}					
截距 2，γ_{20}	−0.0923	0.0194	−4.7590	14	0.0000
FS，γ_{21}	−0.1811	0.0219	−8.2840	14	0.0000
URB，γ_{22}	−0.6629	0.1402	−4.7270	14	0.0000
FI，γ_{23}	0.1632	0.0167	9.7790	14	0.0000
FDI，γ_{24}	0.1309	0.0331	3.9570	14	0.0020
lnEH 斜率，β_{3j}					
截距 2，γ_{30}	0.6329	0.0550	11.4980	153	0.0000
lnERDKV 斜率，β_{4j}					
截距 2，γ_{40}	0.3218	0.0090	35.5760	15	0.0000
TL，γ_{41}	0.2829	0.0842	3.3610	15	0.0050
URB，γ_{42}	0.6505	0.0492	13.2260	15	0.0000
FI，γ_{43}	−0.0077	0.0036	−2.1420	15	0.0490
随机效应	标准误差	方差成分	自由度	卡方值	p 值
截距，u_0	0.3855	0.0040	12	78.3830	0.0000
lnEL 斜率，u_1	0.0062	0.0000	14	4.6671	>.500

随机效应	标准误差	方差成分	自由度	卡方值	p 值
lnERDKV 斜率，u_2	0.0030	0.0000	15	2.0718	>.500
层一，r	0.0804	0.0065			

由表 8-32 的固定效应部分知可以得出以下结论。

①综合性因素对于剩余全要素生产率的影响分析。产业结构高级化、对外贸易、外商直接投资是负向显著影响因素，表明产业结构高级化、对外贸易、外商直接投资水平越高的年度全要素生产率越低。其具体影响程度为，产业结构高级化提高 0.1 个单位，全要素生产率将降低 0.06916；对外贸易提高 0.1 个单位，全要素生产率将降低 0.42198；外商直接投资提高 0.1 个单位，全要素生产率将降低 0.04291。之所以会阻碍全要素生产率的提高，是由于外商直接投资对国内投资具有一定的挤出效应。金融结构、城市化、市场化进程是正向显著影响因素，表明金融结构、城市化、市场化水平高的年度剩余全要素生产率高。其具体影响程度为，金融结构提高 0.1 个单位，全要素生产率将提高 0.00452；城市化提高 0.1 个单位，全要素生产率将提高 0.15228；市场化进程加快 1 个单位，全要素生产率将提高 0.2942。之所以能促进全要素生产率的提高，是由于城市化能够提高经济规模效率，市场化能够促进经济结构的调整。

②综合性因素对劳动力产出效率的影响分析。外商直接投资、金融规模为正向显著影响因素。表明外商直接投资、金融规模均值大的年度劳动力产出效率均值大。其具体影响程度为，外商直接投资水平提高 0.1 个单位，劳动产出效率将提高 0.01309；金融规模提高 0.1 个单位，劳动产出效率将提高 0.01632。同时，由于劳动力系数与外商直接投资、金融规模的系数符号相同，因而外商直接投资、金融规模水平的提高将加强劳动力与 GDP 之间的正向关系。之所以能促进劳动力产出效率的提高，是由于外商直接投资带来的先进管理经验能提升生产效率。城市化、金融结构为负向显著影响因素，表明城市化、金融结构水平高的年度劳动力产出效率低。其具体影响程度为，城市化水平提高 0.1 个单位，劳动力产出效率将降低 0.06629；金融结构水平提高 0.1 个单位，劳动力产出效率将降低 0.01811。同时，由于劳动力系数与城市化、金融结构的系数符号相反，因而城市化、金融结构水平的提高将削弱劳动力与 GDP 之间的正向关系。之所以会阻碍劳动力产出效率的提高，是由于土地城市化快于人口城市化，金融发展水平导致劳动资金比进一步降低。

③综合性因素对技术创新产出效率的影响分析。产业结构合理化、城市化为正向显著影响因素，表明产业结构合理化、城市化均值大的年度技术创新产出效率均值大。其具体影响程度为，产业结构合理化提高 0.1 个单位，技术创新产出效率将提高 0.02829；城市化水平提高 0.1 个单位，技术创新产出效率将提高 0.06505。同时，由于技术创新系数与产业结构合理化、城市化的系数符号相同，因而产业结构合理化、城市化水平的提高将加强技术创新与 GDP 之间的正向关系。之所以能促进技术创新产出效率的提高，是由于产业结构合理化的提高更有利于技术要素的合理流动，城市化进程能促进技术转化效率的提高。金融规模为负向显著影响因素，表明金融规模程度高的年度技术创新产出效率低。其具体影响程度为，金融规模提高 0.1 个单位，技术创新产出效率将降低 0.00077。同时，由于技术创新系数与金融规模的系数符号相反，因而金融规模的提高将削弱技术创新与 GDP 之间的正向关系。之所以会阻碍技术创新产出效率的提高，是由于目前我国以银行为主的金融体系还难以适应风险较大的创新体系的发展。

5. **方差成分解释程度**

由表 8-29 和表 8-30 的随机效应中的层一方差得到表 8-33 的原始总方差和条件总方差；表 8-31 和表 8-32 的随机效应中的层二方差之和得到表 8-33 的原始总方差和条件总方差。层一、层二的方差成分解释程度见表 8-33。

表 8-33 泛珠三角区经济增长层一、层二的方差成分解释程度

层次	原始总方差	条件总方差	解释程度 /%
层一	0.7813	0.0083	98.93%
层二	0.3947	0.0040	98.98%

由表 8-33 可知，层一方差解释程度为 98.93%，层二方差解释程度为 98.98%，总体上层一解释变量对层一方差，层二解释变量对层二方差都有较好的解释。这表明构建的泛珠三角区经济增长要素效率影响因素的实证分析模型较为合理。

二、稳健性检验

运用常数折旧率得到的技术创新替代量（RDKC）代替运用变数折旧率得

到的技术创新（RDKV），对泛珠三角区效率型经济增长模型进行稳健性检验。

（一）基本影响要素作用的稳健性检验

泛珠三角区基本影响要素作用的稳健性检验可由固定效应模型分析得到。基于泛珠三角区省域数据，运用第三章第二节"效率型经济增长模型的应用步骤"中的固定效应模型，得到稳健性检验的结果，见表8-34。

表8-34 泛珠三角区经济增长变截距模型结果 (RDKC)

固定效应	系数	标准误差	t 值	自由度	p 值
截距 1, β_{0j}					
截距 2, γ_{00}	8.5489	0.1388	61.6	18	0.0000
lnEK 斜率, β_{1j}					
截距 2, γ_{10}	0.5897	0.0307	19.211	166	0.0000
lnEL 斜率, β_{2j}					
截距 2, γ_{20}	−0.0498	0.0251	−1.985	166	0.0480
lnEH 斜率, β_{3j}					
截距 2, γ_{30}	0.7223	0.0605	11.935	166	0.0000
lnERDKV 斜率, β_{4j}					
截距 2, γ_{40}	0.3222	0.0223	14.443	166	0.0000
随机效应	标准误差	方差成分	自由度	卡方值	p 值
截距, u_0	0.6208	0.3854	18	7607.3559	0.0000
层一, r	0.0907	0.0082			

由表8-34和表8-30的固定效应部分可知，二者的资本投入、劳动力投入、人力资本、技术创新的系数符号与数值几乎相同。因此，从固定效应模型来看，各变量的结果具有稳健性。

（二）要素效率异质性效应的稳健性检验

泛珠三角区基本要素效率异质性效应的稳健性检验，可由随机效应模型分析得到。基于泛珠三角区省域数据，运用第三章第二节"效率型经济增长模型的应用步骤"中的随机效应模型，得到稳健性检验的结果，见表8-35。

表 8-35　泛珠三角区经济增长随机效应结果

固定效应	系数	标准误差	t 值	自由度	p 值
截距 1，β_{0j}					
截距 2，γ_{00}	8.5489	0.1388	61.6	18	0.0000
lnEK 斜率，β_{1j}					
截距 2，γ_{10}	0.6303	0.0234	26.931	166	0.0000
lnEL 斜率，β_{2j}					
截距 2，γ_{20}	−0.0936	0.0233	−4.014	18	0.0010
lnEH 斜率，β_{3j}					
截距 2，γ_{30}	0.6475	0.0566	11.433	166	0.0000
lnERDKV 斜率，β_{4j}					
截距 2，γ_{40}	0.3210	0.0210	15.261	18	0.0000
随机效应	标准误差	方差成分	自由度	卡方值	p 值
截距，u_0	0.6209	0.3856	18	9262.9246	0.0000
lnEL 斜率，u_2	0.0804	0.0065	18	35.9780	0.0070
lnERDKV 斜率，u_4	0.0561	0.0032	18	34.1142	0.0120
层一，r	0.0822	0.0068			

由表 8-35 和表 8-31 的固定效应部分可知，二者的资本投入、劳动力投入、人力资本、技术创新的系数符号与数值都基本相同；随机效应部分的方差成分数值相差无几，并且卡方检验显著性结果相同。因此，从随机效应模型来看，各变量的结果具有稳健性。

（三）综合性因素作用的稳健性检验

泛珠三角区综合性因素作用的稳健性检验可由全模型分析得到。基于泛珠三角区省域数据，运用第三章第二节"效率型经济增长模型的应用步骤"中的全模型，得到稳健性检验的结果，见表 8-36。

表 8-36　泛珠三角区经济增长全模型结果

固定效应	系数	标准误差	t 值	自由度	p 值
截距 1，β_{0j}					
截距 2，γ_{00}	8.5489	0.0125	684.3060	12	0.0000
FS，γ_{01}	0.0451	0.0235	1.9240	12	0.0780

续　表

固定效应	系数	标准误差	t 值	自由度	p 值
URB，γ_{02}	1.5287	0.5864	2.6070	12	0.0230
TS，γ_{03}	−0.6943	0.1924	−3.6090	12	0.0040
IE，γ_{04}	−4.2268	0.6520	−6.4830	12	0.0000
MAR，γ_{05}	0.2935	0.0475	6.1770	12	0.0000
FDI，γ_{06}	−0.4293	0.0647	−6.6320	12	0.0000
lnEK 斜率，β_{1j}					
截距 2，γ_{10}	0.6318	0.0257	24.5880	153	0.0000
lnEL 斜率，β_{2j}					
截距 2，γ_{20}	−0.0955	0.0194	−4.9150	14	0.0000
FS，γ_{21}	−0.1747	0.0205	−8.5070	14	0.0000
URB，γ_{22}	−0.6943	0.1313	−5.2880	14	0.0000
FI，γ_{23}	0.1571	0.0157	9.9970	14	0.0000
FDI，γ_{24} .	0.1256	0.0309	4.0670	14	0.0010
lnEH 斜率，β_{3j}					
截距 2，γ_{30}	0.6403	0.0549	11.6630	153	0.0000
lnERDKV 斜率，β_{4j}					
截距 2，γ_{40}	0.3214	0.0085	37.6240	15	0.0000
TL，γ_{41}	0.3013	0.0802	3.7550	15	0.0020
URB，γ_{42}	0.6644	0.0473	14.0540	15	0.0000
FI，γ_{43}	−0.0071	0.0036	−1.9760	15	0.0660

随机效应	标准误差	方差成分	自由度	卡方值	p 值
截距，u_0	0.0629	0.0040	12	78.8552	0.0000
lnEL 斜率，u_1	0.0041	0.0000	14	4.2320	>.500
lnERDKV 斜率，u_2	0.0051	0.0000	15	1.9508	>.500
层一，r	0.0802	0.0064			

由表 8-36 和表 8-32 的固定效应部分可知，二者的全要素生产率、资本效率、劳动力效率、人力资本效率、技术创新效率的影响因素系数符号相同、数值几乎相等；随机效应部分的方差成分数值相差无几，并且卡方检验显著性结果相同。因此，从全模型来看，各变量的结果具有稳健性。

第三节 结论与启示

一、结论

在中国向高质量发展转化的过程中，怎样提高泛珠三角区经济增长要素的效率无疑是一个值得研究的问题。本章基于泛珠三角区省域经济增长相关数据，运用效率型经济增长模型，实证分析了综合性因素（市场化进程、对外开放、金融发展、城市化、产业结构变迁）对泛珠三角区经济增长剩余全要素效率及资本、劳动力、人力资本、技术创新产出效率在不同省域、不同年度异质性的影响，得到如下结论。

（一）对不同省域异质性的影响

（1）泛珠三角区省域各省 GDP 对数平均值在省份之间的差异有 66.24% 可以用二层变量来解释，从而说明在研究泛珠三角区省域经济增长时，必须引入层二变量。

（2）泛珠三角区省域经济增长各省之间的剩余全要素生产率、资本效率、人力资本效率、劳动力效率、技术创新效率存在显著性差异，即存在异质性。

（3）泛珠三角区省域综合性因素对剩余全要素生产率及基本要素产出效率省份间异质性有较好的解释，具体可解释其差异的 64.34%，基本要素能解释层一差异的 98.81%。

（4）泛珠三角区省域综合影响因素在不同时段（1998—2007、2008—2016）对要素产出效率的作用存在差异性。

（二）对不同年度异质性的影响

（1）泛珠三角区各省 GDP 对数平均值在 1998—2016 年的差异有 27.71% 可以用二层变量来解释，从而说明在研究 1998—2016 年中国经济增长时，必须引入层二变量。

（2）泛珠三角区经济增长各年度之间的剩余全要素生产率、劳动力效率、人力资本、技术创新效率存在显著性差异，即存在异质性。

（3）泛珠三角区综合性因素对剩余全要素生产率及基本要素产出效率年度间异质性有较好的解释，具体可解释其差异的 98.98%，基本要素能解释层一差异的 98.93%。

从以上分析中可以得到，泛珠三角区效率型经济增长模型的作用：能够检验泛珠三角区经济增长研究是否需要引入层二变量；能够检验泛珠三角区经济增长的效率（剩余全要素生产率、资本效率、人力资本效率、劳动力效率、技术创新效率）是否存在异质性；能够较合适地分析泛珠三角区经济增长综合性因素对效率异质性的精确影响，并且能对影响程度给出评价。这为泛珠三角区经济增长提高要素效率提供了理论依据，从而有可能促进泛珠三角区经济高质量增长理论的发展。

二、启示

泛珠三角区高质量经济增长重点应关注技术创新和要素产出效率的提高，具体实践中要关注"三方面动力"：提高科技进步水平及产出效率，推动泛珠三角区高质量经济增长；提高剩余全要素生产率，推动泛珠三角区高质量经济增长；提高资本、劳动力、人力资本产出效率，推动泛珠三角区高质量经济增长。基于实证的结果，提出如下建议：

（1）提高科技进步水平及产出效率，推动高质量经济增长。加大 R&D 的投入力度，在大幅度增加 R&D 经费投入的同时，保持合理的 R&D 投入结构，实现 R&D 资源的优化配置，提高对科技基础资源的有效利用。由于在泛珠三角区省域经济增长中，产业结构高级化、城市化对技术创新产出效率为负向显著影响。因此，泛珠三角区应通过大力发展生产性服务业来减少产业结构高级化的负向影响；同时，应进一步推进以人口城市化进程为主的城镇化，以扭转土地城市化过快造成的负面影响。

（2）提高剩余全要素生产率，推动泛珠三角区高质量经济增长。由于在泛珠三角区省域经济增长中，市场化进程、对外贸易、产业结构合理化、金融结构对剩余全要素生产率为正向显著影响；外商直接投资对剩余全要素生产率为负向显著影响。因此，泛珠三角区应进一步完善要素市场化配置的体制机制，促进要素资源自由有序的流动；同时，要调整与东盟的贸易结构，促进加工贸易向服务贸易转型；通过大力发展生产性服务业提升产业结构高级化的作用；继续深化证券市场的改革，建立适应创新发展的金融体系。另外，泛珠三角区通过引导外商投资结构的转变，由制造业转向生产服务业来扭转外商直接投资的负向影响。

（3）提高资本、劳动力、人力资本产出效率，推动高质量经济增长。由于产业结构合理化对资本、人力资本的产出效率为正向显著影响，因而泛珠三角区一方面，要在资本、人力资本无障碍流动上下功夫；另一方面，要在加大服务业投资的基础上，提升服务业的发展水平；重点是加大服务业的科技投入，提升服务业的科技水平；核心是大力发展生产服务业，提升生产服务业的竞争力。由于对外贸易对人力资本的产出效率为负向显著影响，因而要调整贸易结构，由劳动和资源密集型产品向技术密集型产品转化。由于金融规模对劳动力产出效率为负向显著影响，因而泛珠三角区需要进一步加强金融供给侧的结构性改革，一方面，实现经济的脱虚向实，达到虚实结构合理的目标来增加劳动资金比；另一方面，通过加大对中小微企业的资金支持，以扭转金融规模的负向作用。

第九章 长江经济带经济增长要素效率的影响因素研究

基于经济规模及区位优势，长江经济带已经成为中国经济重要的发展区域，在中国经济向高质量转化的过程中，长江经济带经济高质量增长就成为一个值得研究的问题。关于促进长江经济带经济增长，学者们已经有较为深入的研究。例如，靖学青基于面板数据模型分析了城市化进程、产业结构变动、制度创新对长江经济带经济增长的促进作用；汪发元、郑军基于空间面板数据模型得到，金融发展对本地实体经济的发展有正向影响，开放程度对相邻地区产生了显著的正向效应；刘晗等运用门槛回归模型得到FDI对长江经济带经济增长产生了积极影响。但是对长江经济带经济增长要素效率的研究还较少，尤其是综合性影响因素对要素效率的作用还较少。因此，本章实证分析综合性影响因素对长江经济带经济增长要素效率的作用。

第一节 长江经济带省域经济增长要素效率影响因素的实证分析

一、长江经济带省域经济增长要素效率综合性影响因素的分析

（一）变量的选择与数据来源

选择长江经济带省域（四川、云南、贵州、重庆、湖南、湖北、安徽、江西、江苏、浙江、上海）11个省市为评价单元，样本区间为1998—2016年。

层一变量、层二变量的选择和数据来源与第四章第一节一致。各变量的描述统计见表9-1。

表 9-1　长江经济带省域层一、层二变量的样本统计值

变量层次	变量名称	样本数	均值	标准差	最小值	最大值
层一	lnEGDP	209	8.8200	0.8500	6.7700	10.8300
	lnEK	209	9.7400	1.0200	7.4800	12.2100
	lnEL	209	7.8800	0.4800	6.5100	8.4900
	lnEH	209	2.1400	0.1500	1.7600	2.5100
	lnERDKV	209	5.2400	1.3500	2.1800	8.2700
	lnERDKC	209	5.3800	1.3500	2.3500	8.4200
层二	MAR	11	5.4700	1.2900	3.6300	7.4200
	FDI	11	0.4300	0.4500	0.1100	1.6100
	IE	11	0.3000	0.3800	0.0600	1.2800
	TL	11	0.2400	0.1500	0.0400	0.5400
	TS	11	0.9400	0.1700	0.7700	1.3800
	URB	11	0.4500	0.1500	0.3000	0.8400
	FS	11	0.6800	0.2500	0.4200	1.3500
	FI	11	1.9100	0.7600	1.2600	4.0200

由于数据经过不变价处理且取了对数，因而省内各年度间变量值差异不大，因此，由表 9-1 各层一变量的标准差、最小值、最大值可知，1998—2016年长江经济带各省层一变量的国内生产总值对数、资本投入对数、劳动力投入对数、人力资本对数、技术创新对数在不同省之间存在较大的差异；层二变量的市场化进程、外商直接投资、贸易开放、产业结构合理化、产业结构高级化、城市化、金融结构、金融规模在不同省之间存在较大的差异。

（二）实证结果分析

基于长江经济带 11 个省市的数据，运用第三章第一节"效率型经济增长模型构建"；依据第三章第二节"效率型经济增长模型的应用步骤"，具体按零模型、固定效应模型、随机系数模型、全模型的顺序，对影响长江经济带高质量经济增长要素效率的综合性影响因素进行分析，并对综合性影响因素进行分阶段分析及稳健性检验。多层统计模型的结果，是使用专业 HLM7.0 软件分析得到的。其中，层一与层二模型中的解释变量都用组中心化后的数据参与运算。由于层一变量的每个随机系数都需要引入 5 个方面 7 个变量探讨其影响程度，将所有变量都列出来将导致表过于庞大，同时，为了便于从整体性、不同

时段、不同区域进行比较，本章将在整体性、不同时段、不同区域只要有一处 t 值大于 1 的变量就在各个表中列出。

1. 长江经济带省域经济增长的变异分解

长江经济带各省经济增长的均值在不同省之间是否有显著性差异？差异由层一和层二所产生的影响各占多大比例？运用多层统计模型的零模型可以回答上述问题。依据层二所产生影响的占比（组内相关系数）大小决定是否将层二变量引入模型中。零模型的结果见表 9-2。

表 9-2　长江经济带省域经济增长均值与变异的分解结果

固定效应	系数	标准误差	t 值	自由度	p 值
截距 1，β_{0j}					
截距 2，γ_{00}	8.8191	0.1776	49.6530	10	0.0000
随机效应	标准误差	方差成分	自由度	卡方值	p 值
截距，u_0	0.6010	0.3611	10	185.4129	0.0000
层一，r	0.6254	0.3912			

由表 9-2 固定效应部分可知，长江经济带 11 个省的对数 GDP 均值为 8.8191；由零模型的随机效应部分的卡方检验结构可知，各省的对数 GDP 均值有显著性差异，而差异的度量可由组内相关系数 $\rho = 0.3611/(0.3611 + 0.3912)$ =48.00% 给出，即各省 GDP 对数平均值的差异有 48.00% 可以用二层变量来解释，只有 52.00% 的差异可以用层一变量来解释，从而说明在研究长江经济带省域经济增长时，必须引入层二变量。层二变量为经济环境中的市场化进程、对外开放、金融发展、城市化、产业结构变迁。

2. 长江经济带省域经济增长基本影响要素的作用分析

基本影响要素的作用分析可由固定效应模型分析得到。依据第三章第二节"效率型经济增长模型的应用步骤"中的固定效应模型，得到固定效应模型的结果，见表 9-3。

表 9-3　长江经济带省域经济增长变截距模型结果

固定效应	系数	标准误差	t 值	自由度	p 值
截距 1，β_{0j}					
截距 2，γ_{00}	8.8191	0.1776	49.6530	10	0.0000

续　表

固定效应	系数	标准误差	t 值	自由度	p 值
lnEK 斜率，β_{1j}					
截距 2，γ_{10}	0.4024	0.0868	4.6360	204	0.0000
lnEL 斜率，β_{2j}					
截距 2，γ_{20}	0.1360	0.1554	0.8750	204	0.3830
lnEH 斜率，β_{3j}					
截距 2，γ_{30}	0.3188	0.2109	1.5120	204	0.1320
lnERDKV 斜率，β_{4j}					
截距 2，γ_{40}	0.2205	0.0894	2.4660	204	0.0150
随机效应	标准误差	方差成分	自由度	卡方值	p 值
截距，u_0	0.6177	0.3815	10	16430.09	0.0000
层一，r	0.0664	0.0044			

由表 9-3 的固定效应部分可知，长江经济带省域经济增长基本影响因素 lnEK、lnERDKV 的系数均值为正向显著，即资本投入、技术创新的增加对经济增长都有显著的促进作用。其中，资本投入增加 1%，经济增长将增加 0.4024%；技术创新增加 1%，经济增长将增加 0.2205%；劳动力投入、人力资本影响不显著。由随机效应部分可知，资本投入、劳动力投入、人力资本、技术创新引入层一模型中，层一方差得到较好的解释，由零模型结果表 9-2 的 0.3912 减少到固定效应模型结果表 9-3 的 0.0044，表明长江经济带各省的资本投入、劳动力投入、人力资本、技术创新能较好地解释省内 GDP 不同年度间的变化。

3. 长江经济带省域经济增长要素效率异质性检验

要素效率异质性的检验可由随机效应（变系数）模型分析得到。依据第三章第二节"效率型经济增长模型的应用步骤"中的随机效应模型，得到随机效应模型的结果，见表 9-4。

表 9-4　长江经济带省域经济增长要素效率异质性结果

固定效应	系数	标准误差	t 值	自由度	p 值
截距 1，β_{0j}					
截距 2，γ_{00}	8.8191	0.1776	49.6530	10	0.0000

固定效应	系数	标准误差	t 值	自由度	p 值
lnEK 斜率，β_{1j}					
截距 2，γ_{10}	0.2198	0.0354	6.2170	10	0.0000
lnEL 斜率，β_{2j}					
截距 2，γ_{20}	0.2884	0.1784	1.6170	10	0.1370
lnEH 斜率，β_{3j}					
截距 2，γ_{30}	0.1263	0.1114	1.1340	204	0.2590
lnERDKV 斜率，β_{4j}					
截距 2，γ_{40}	0.4063	0.0424	9.5830	10	0.0000
随机效应	标准误差	方差成分	自由度	卡方值	p 值
截距，u_0	0.6178	0.3817	9	78376.24	0.0000
lnEK 斜率，u_1	0.1059	0.0112	9	17.10158	0.0470
lnEL 斜率，u_2	0.5863	0.3438	9	83.47476	0.0000
lnERDKV 斜率，u_4	0.1204	0.0145	9	44.71469	0.0000
层一，r	0.0302	0.0009			

由表 9-4 的固定效应部分可知，长江经济带省域的资本投入、劳动力投入、人力资本、技术创新的系数与表 9-3 的相应系数有一定的差异，是由于使用变截距模型与变系数模型不同造成的，多层统计分析侧重于随机系数模型的结果。在长江经济带省域经济增长过程中，资本、技术创新对经济增长有显著影响，资本增加 1%，经济增长将增加 0.2198%；技术创新增加 1%，经济增长将增加 0.4063%；劳动力、人力资本影响不显著。由表 9-4 的随机效应部分可知，资本投入、劳动力以及技术创新的效率在长江经济带各省之间存在显著性差异，同时表明截距、lnEK、lnEL、lnERDKV 与 lnEGDP 之间的关系随着省份的不同而显著不同。

4. 长江经济带省域综合性因素对要素效率的作用分析

综合性因素对要素效率的作用分析可由全模型分析得到。依据第三章第二节"效率型经济增长模型的应用步骤"中的全模型，得到全模型的结果，见表 9-5。

表9-5　长江经济带省域经济增长全模型结果

固定效应	系数	标准误差	t 值	自由度	p 值
截距 1，β_{0j}					
截距 2，γ_{00}	8.8191	0.0727	121.3550	6	0.0000
MAR，γ_{01}	0.8084	0.1191	6.7880	6	0.0000
TL，γ_{02}	3.3702	1.0351	3.2560	6	0.0200
FS，γ_{03}	1.6402	0.4908	3.3420	6	0.0180
FI，γ_{04}	−0.7444	0.1652	−4.5060	6	0.0040
lnEK 斜率，β_{1j}					
截距 2，γ_{10}	0.2210	0.0274	8.0580	4	0.0000
FDI，γ_{11}	−0.6014	0.3303	−1.8210	4	0.1410
IE，γ_{12}	0.7791	0.3865	2.0160	4	0.1110
TL，γ_{13}	−0.0207	0.1639	−0.1260	4	0.9060
URB，γ_{14}	−0.8374	0.2067	−4.0500	4	0.0240
FS，γ_{15}	−0.1277	0.1236	−1.0330	4	0.3600
FI，γ_{16}	0.1492	0.0558	2.6740	4	0.0540
lnEL 斜率，β_{2j}					
截距 2，γ_{20}	0.3986	0.1537	2.5930	6	0.0410
IE，γ_{21}	1.1049	0.6363	1.7370	6	0.1320
TS，γ_{22}	2.8204	1.4310	1.9710	6	0.0950
FS，γ_{23}	−1.3334	0.9872	−1.3510	6	0.2260
FI，γ_{24}	−1.0453	0.4255	−2.4560	6	0.0490
lnEH 斜率，β_{3j}					
截距 2，γ_{30}	0.1263	0.0688	1.8360	186	0.0680
lnERDKV 斜率，β_{4j}					
截距 2，γ_{40}	0.4025	0.0261	15.4240	6	0.0000
MAR，γ_{41}	0.1612	0.0298	5.4180	6	0.0000
FDI，γ_{42}	1.2142	0.2334	5.2030	6	0.0010
IE，γ_{43}	−1.9338	0.3173	−6.0950	6	0.0000
TS，γ_{44}	0.7904	0.1832	4.3160	6	0.0060
随机效应	标准误差	方差成分	自由度	卡方值	p 值
截距，u_0	0.2409	0.0581	5	6026.5976	0.0000

随机效应	标准误差	方差成分	自由度	卡方值	p 值
lnEK 斜率，u_1	0.0554	0.0031	3	8.0746	0.0440
lnEL 斜率，u_2	0.4616	0.2131	5	81.2870	0.0000
lnERDKV 斜率，u_4	0.0550	0.0030	5	12.7990	0.0250
层一，r	0.0299	0.0009			

由表 9-5 固定效应部分可得出以下结论：

①综合性因素对截距（剩余全要素生产率）的影响分析。市场化进程、产业结构合理化、金融结构的回归系数显著为正，表明市场化进程、产业结构合理化、金融结构均值大的省份剩余全要素生产率均值大。其具体影响程度为，市场化程度加快 1 个单位，全要素生产率将提高 0.8084；产业结构合理化水平提高 0.1 个单位，全要素生产率将提高 0.33702；金融结构水平提高 0.1 个单位，全要素生产率将提高 0.16402。之所以能促进全要素生产率的提高，是由于市场化进程的推进改善了资源配置效率；产业结构合理化有利于要素资源的优化配置；金融结构水平的提高可以改善资本配置效率。金融规模是负向显著影响因素，表明金融规模越大的省份全要素生产率越低。其具体影响程度为，金融规模扩大 0.1 个单位，全要素生产率将降低 0.07444。之所以会阻碍全要素生产率的提高，是由于中国当前以国有大银行为主导的金融体系的发展模式对民营经济的发展产生了一定的挤出效应。

②综合性因素对资本产出效率的影响分析。金融规模是正向显著影响因素，表明金融规模大的省份资本产出效率高。其具体影响程度为，金融规模提高 0.1 个单位，资本产出效率将提高 0.01492。同时，由于资本系数与金融规模的系数符号相同，因而金融规模加大将加强资本与 GDP 之间的正向关系。城市化为负向显著影响因素，表明城市化水平高的省份资本产出效率低。其具体影响程度为，城市化水平提高 0.1 个单位，资本产出效率将降低 0.08374。同时，由于资本系数与城市化的系数符号相反，因而城市化水平的提高将削弱资本与 GDP 之间的正向关系。之所以会阻碍资本产出效率的提高，是由于土地城市化快于人口城市化。

③综合性因素对劳动力产出效率的影响分析。产业结构高级化为正向显著影响因素，表明产业结构高级化均值大的省份劳动力产出效率均值大。具体影响程度为，产业结构高级化程度提高 0.1 个单位，劳动力产出效率将提高

0.28204。同时，由于劳动力系数与产业结构高级化的系数符号相同，因而产业结构高级化水平的提高将加强劳动力与 GDP 之间的正向关系。之所以能促进劳动力产出效率的提高，是由于产业结构高级化能促进要素资源更合理的流动。金融规模为负向显著影响因素，表明金融规模大的省份劳动力产出效率低，其具体影响程度为，金融规模提高 0.1 个单位，劳动力产出效率将降低0.10453。同时，由于劳动力系数与金融规模的系数符号相反，因而金融规模的扩大将削弱劳动力与 GDP 之间的正向关系。之所以会阻碍劳动力产出效率的提高，是由于金融规模水平的发展导致劳动资金比进一步降低。

④综合性因素对技术创新产出效率的影响分析。市场化进程、外商直接投资、产业结构高级化为是正向显著影响因素，表明市场化进程、外商直接投资、产业结构高级化均值大的省份技术创新产出效率均值大，其具体影响程度为，市场化程度加快 1 个单位，技术创新产出效率将提高 0.1612；外商直接投资提高 0.1 个单位，技术创新产出效率将提高 0.12142；产业结构高级化提高0.1 个单位，技术创新产出效率将提高 0.07904。同时，由于技术创新系数与市场化进程、外商直接投资、产业结构高级化的系数符号相同，因而市场化进程、外商直接投资、产业结构高级化的提高将加强技术创新与 GDP 之间的正向关系。之所以能促进技术创新产出效率的提高，是由于市场化发展更有利于激发长江经济带省域的创新动力，对提高技术创新有较大作用的生产服务业在长江经济带有较好的发展。对外贸易为负向显著影响因素，表明对外贸易水平高的省份技术创新产出效率低。其具体影响程度为，对外贸易水平提高 0.1 个单位，技术创新产出效率将降低 0.19338。同时，由于技术创新系数与对外贸易的系数符号相反，因而对外贸易水平的提高将削弱技术创新与 GDP 之间的正向关系。之所以会阻碍技术创新产出效率的提高，是由于大部分对外贸易的技术含量不高。

5. 基本因素与综合性因素对方差的解释程度

由表 9-2 和表 9-3 的随机效应中的层一方差得到表 9-6 的原始总方差和条件总方差；表 9-4 和表 9-5 的随机效应中的层二方差之和得到表 9-6 的原始总方差和条件总方差。层一、层二的方差成分解释程度见表 9-6。

表 9-6　长江经济带省域经济增长层一、层二的方差成分解释程度

层次	原始总方差	条件总方差	解释程度 /%
层一	0.3912	0.0044	98.87%

层次	原始总方差	条件总方差	解释程度 /%
层二	0.7512	0.2773	63.08%

由表 9-6 可知，层一方差解释程度为 98.87%，层二方差解释程度为 63.08%，总体上层一解释变量对层一方差，层二解释变量对层二方差都有较好的解释。这表明构建的长江经济带省域经济增长要素效率影响因素的实证分析模型较为合理。

（三）稳健性检验

因为模型的输出结果既取决于模型的设定形式，也取决于变量的选取。如果模型输出结果对变量指标的选取极其敏感，那么该模型的结果及依据其得出的结论便是不可靠的。为保证估计结果的稳健性，模型输出结果采用变量替代，即对长江经济带省域的技术创新变量运用常数折旧率得到的技术创新替代量（RDKC）代替运用变数折旧率得到的技术创新（RDKV），对市场化进程、对外开放、金融发展、城市化、产业结构变迁与长江经济带省域经济增长的要素效率之间的关系进行稳健性检验。

1. 基本影响要素作用的稳健性检验

基本影响要素的作用分析的稳健性检验可由固定效应（变截距）模型分析得到。依据第三章第二节"效率型经济增长模型的应用步骤"中的固定效应模型，得到稳健性检验的结果，见表 9-7。

表 9-7　长江经济带省域经济增长变截距模型结果（RDKC 替代）

固定效应	系数	标准误差	t 值	自由度	p 值
截距 1，β_{0j}					
截距 2，γ_{00}	8.8191	0.1776	49.6530	10	0.0000
lnEK 斜率，β_{1j}					
截距 2，γ_{10}	0.3999	0.0920	4.3470	204	0.0000
lnEL 斜率，β_{2j}					
截距 2，γ_{20}	0.1336	0.1570	0.8510	204	0.3960
lnEH 斜率，β_{3j}					
截距 2，γ_{30}	0.3324	0.2083	1.5950	204	0.1120

固定效应	系数	标准误差	t 值	自由度	p 值
lnERDKV 斜率，β_{4j}					
截距 2，γ_{40}	0.2214	0.0953	2.3220	204	0.0210
随机效应	标准误差	方差成分	自由度	卡方值	p 值
截距，u_0	0.6177	0.3815	10	16157.3765	0.0000
层一，r	0.0670	0.0045			

由表 9-7 和表 9-3 的固定效应部分可知，二者的资本存量、就业人数、人力资本、技术创新的系数符号与数值几乎相同。因此，从固定效应模型来看，各变量的结果具有稳健性。

2. **要素效率异质性效应的稳健性检验**

要素效率异质性效应的稳健性检验可由随机效应模型分析得到。依据第三章第二节"效率型经济增长模型的应用步骤"中的随机效应模型，得到稳健性检验的结果，见表 9-8。

表 9-8 长江经济带省域经济增长随机效应结果（RDKC 替代）

固定效应	系数	标准误差	t 值	自由度	p 值
截距 1，β_{0j}					
截距 2，γ_{00}	8.8191	0.1776	49.6530	10	0.0000
lnEK 斜率，β_{1j}					
截距 2，γ_{10}	0.1858	0.0361	5.1440	10	0.0000
lnEL 斜率，β_{2j}					
截距 2，γ_{20}	0.2577	0.1778	1.4490	10	0.1780
lnEH 斜率，β_{3j}					
截距 2，γ_{30}	0.1354	0.1143	1.1850	204	0.2380
lnERDKV 斜率，β_{4j}					
截距 2，γ_{40}	0.4394	0.0427	10.2940	10	0.0000
随机效应	标准误差	方差成分	自由度	卡方值	p 值
截距，u_0	0.6178	0.3817	9	78190.6082	0.0000
lnEK 斜率，u_1	0.1053	0.0111	9	18.7415	0.0410
lnEL 斜率，u_2	0.5865	0.3440	9	80.7781	0.0000

随机效应	标准误差	方差成分	自由度	卡方值	p 值
lnERDKV 斜率, u_4	0.1173	0.0138	9	35.8476	0.0000
层一, r	0.0302	0.0009			

由表 9-8 和表 9-4 的固定效应部分可知，二者的资本投入、劳动力投入、人力资本、技术创新的系数符号与数值都基本相同；随机效应部分的方差成分数值相差无几，并且卡方检验显著性结果相同。因此，从随机效应模型来看，各变量的结果具有稳健性。

3. 综合性因素作用的稳健性检验

综合性因素作用的稳健性检验可由全模型分析得到。依据第三章第二节"效率型经济增长模型的应用步骤"中的全模型，得到稳健性检验的结果，见表 9-9。

表 9-9　长江经济带省域经济增长全模型结果（RDKC 替代）

固定效应	系数	标准误差	t 值	自由度	p 值
截距 1, β_{0j}					
截距 2, γ_{00}	8.8191	0.0724	121.7730	6	0.0000
MAR, γ_{01}	0.8078	0.1202	6.7180	6	0.0000
TL, γ_{02}	3.3388	1.0458	3.1930	6	0.0210
FS, γ_{03}	1.6353	0.4928	3.3190	6	0.0190
FI, γ_{04}	−0.7518	0.1661	−4.5260	6	0.0040
lnEK 斜率, β_{1j}					
截距 2, γ_{10}	0.1849	0.0297	6.2150	4	0.0000
FDI, γ_{11}	−0.5210	0.3787	−1.3760	4	0.2410
IE, γ_{12}	0.6568	0.4337	1.5150	4	0.2040
TL, γ_{13}	0.0070	0.1667	0.0420	4	0.9690
URB, γ_{14}	−0.8397	0.2203	−3.8120	4	0.0300
FS, γ_{15}	−0.1109	0.1270	−0.8730	4	0.4320
FI, γ_{16}	0.1585	0.0572	2.7710	4	0.0500
lnEL 斜率, β_{2j}					
截距 2, γ_{20}	0.3710	0.1502	2.4700	6	0.0480

固定效应	系数	标准误差	t 值	自由度	p 值
IE，γ_{21}	1.1207	0.6377	1.7580	6	0.1290
TS，γ_{22}	2.9160	1.4331	2.0350	6	0.0870
FS，γ_{23}	−1.2529	0.9845	−1.2730	6	0.2510
FI，γ_{24}	−1.1178	0.4271	−2.6170	6	0.0400
lnEH 斜率，β_{3j}					
截距 2，γ_{30}	0.1323	0.0689	1.9190	186	0.0560
lnERDKV 斜率，β_{4j}					
截距 2，γ_{40}	0.4374	0.0278	15.7420	6	0.0000
MAR，γ_{41}	0.1612	0.0311	5.1890	6	0.0010
FDI，γ_{42}	1.1844	0.2569	4.6110	6	0.0030
IE，γ_{43}	−1.8864	0.3345	−5.6400	6	0.0000
TS，γ_{44}	0.7701	0.1890	4.0750	6	0.0080
随机效应	标准误差	方差成分	自由度	卡方值	p 值
截距，u_0	0.2401	0.0577	5	5959.9167	0.0000
lnEK 斜率，u_1	0.0601	0.0036	3	7.2272	0.0640
lnEL 斜率，u_2	0.4482	0.2009	5	78.5421	0.0000
lnERDKV 斜率，u_4	0.0562	0.0032	5	10.6070	0.0590
层一，r	0.0299	0.0009			

由表9-9和表9-5的固定效应部分可知，二者的全要素生产率、资本效率、劳动力效率、人力资本效率、技术创新效率的影响因素系数符号相同、数值几乎相等；随机效应部分的方差成分数值相差无几，并且卡方检验显著性结果相同。因此，从全模型来看，各变量的结果具有稳健性。

二、长江经济带省域经济增长要素效率综合性影响因素的阶段性分析

（一）1998—2007 时段

1.描述统计

长江经济带省域1998—2007年经济增长层一、层二变量的描述统计结果

见表 9-10。

表 9-10　长江经济带省域 1998—2007 年层一、层二变量的样本统计值

变量层次	变量名称	样本数	均值	标准差	最小值	最大值
层一	lnEGDP	110	8.3100	0.6700	6.7700	9.9400
	lnEK	110	9.0100	0.6700	7.4800	10.7600
	lnEL	110	7.8000	0.4800	6.5100	8.4600
	lnEH	110	2.0600	0.1500	1.7600	2.4500
	lnERDKV	110	4.4600	1.0700	2.1800	6.7400
	lnERDKC	110	4.6000	1.0700	2.3500	6.8600
层二	MAR	11	4.5200	1.0600	3.1200	6.3700
	FDI	11	0.4700	0.4900	0.1300	1.7800
	IE	11	0.2800	0.3800	0.0600	1.2500
	TL	11	0.2800	0.1600	0.0700	0.6300
	TS	11	0.9300	0.1300	0.6700	1.1000
	URB	11	0.3800	0.1600	0.2400	0.7900
	FS	11	0.4200	0.1800	0.2800	0.8900
	FI	11	1.4100	0.4700	1.0100	2.7300

由于数据经过不变价处理且取了对数，因而省内各年度间变量值差异不大，因此，由表 9-10 各层一变量的标准差、最小值、最大值可知，长江经济带省域 1998—2007 年各省层一变量的国内生产总值对数、资本投入对数、劳动力投入对数、人力资本对数、技术创新对数在不同省之间存在较大的差异；层二变量的市场化进程、外商直接投资、贸易开放、产业结构合理化、产业结构高级化、城市化、金融结构、金融规模在长江经济带不同省之间存在较大的差异。

2. 实证结果分析

（1）1998—2007 年长江经济带省域经济增长不同省之间的变异分解。各省经济增长的均值在不同省之间是否有显著性差异及差异由层一和层二所产生的影响各占多大比例仍需运用零模型分析。零模型的结果见表 9-11。

表 9-11 长江经济带 1998—2007 年省域经济增长均值与变异的分解结果

固定效应	系数	标准误差	t 值	自由度	p 值
截距 1，β_{0j}					
截距 2，γ_{00}	8.3117	0.1792	46.3740	10	0.0000
随机效应	标准误差	方差成分	自由度	卡方值	p 值
截距，u_0	0.6151	0.3783	10	374.7652	0.0000
层一，r	0.3221	0.1037			

由表 9-11 的固定效应可知，1998—2007 年长江经济带 11 个省的对数 GDP 均值为 8.3117；由零模型的随机效应部分的卡方检验结构可知，各省的对数 GDP 均值有显著性差异，而差异的度量可由组内相关系数 $\rho = 0.3783/$（0.3783+ 0.1037）=78.49% 给出，即 1998—2007 年长江经济带各省 GDP 对数平均值的差异有 78.49% 可以用二层变量来解释，只有 21.51% 的差异可以用层一变量来解释，从而说明在研究 1998—2007 年长江经济带各省经济增长时，必须引入层二变量。层二变量为长江经济带省域经济环境中的市场化进程、对外开放、金融发展、城市化、产业结构变迁。

（2）1998—2007 年长江经济带省域经济增长基本影响要素的作用分析。基本要素对经济增长的影响可由固定效应（变截距）模型分析得到，固定效应模型的结果见表 9-12。

表 9-12 长江经济带 1998—2007 年省域经济增长变截距模型结果

固定效应	系数	标准误差	t 值	自由度	p 值
截距 1，β_{0j}					
截距 2，γ_{00}	8.3117	0.1792	46.3740	10	0.0000
lnEK 斜率，β_{1j}					
截距 2，γ_{10}	0.4937	0.1210	4.0800	105	0.0000
lnEL 斜率，β_{2j}					
截距 2，γ_{20}	0.4921	0.2281	2.1570	105	0.0330
lnEH 斜率，β_{3j}					
截距 2，γ_{30}	0.2783	0.2296	1.2120	105	0.2290
lnERDKV 斜率，β_{4j}					
截距 2，γ_{40}	0.1461	0.0929	1.5720	105	0.1190

续　表

随机效应	标准误差	方差成分	自由度	卡方值	p 值
截距，u_0	0.6233	0.3885	10	20179.7809	0.0000
层一，r	0.0439	0.0019			

由表 9-12 的固定效应部分可知，基本影响因素 lnEK、lnEL 的系数均值为正向显著，即资本投入、劳动力投入的增加对经济增长都有显著的促进作用。其中，资本投入增加 1%，经济增长将增加 0.4937%；劳动力投入增加 1%，经济增长将增加 0.4921%；人力资本、技术创新影响不显著，表明人力资本、技术创新对经济增长几乎没有影响。由随机效应部分可知，资本投入、劳动力投入、人力资本、技术创新引入层一模型中，层一方差得到较好的解释，由零模型结果表 9-11 中的 0.1037 减少到固定效应模型结果表 9-12 中的 0.0019，表明长江经济带省域的资本投入、劳动力投入、人力资本、技术创新能较好地解释省内 GDP 不同年度间的变化。

（3）1998—2007 年长江经济带省域经济增长要素效率异质性检验。要素效率异质性检验可由随机效应（变系数）模型分析得到，随机效应模型的结果见表 9-13。

表 9-13　长江经济带 1998—2007 年省域经济增长随机效应结果

固定效应	系数	标准误差	t 值	自由度	p 值
截距 1，β_{0j}					
截距 2，γ_{00}	8.3117	0.1792	46.3740	10	0.0000
lnEK 斜率，β_{1j}					
截距 2，γ_{10}	0.6570	0.1067	6.1560	10	0.0000
lnEL 斜率，β_{2j}					
截距 2，γ_{20}	0.2358	0.1138	2.0730	10	0.0650
lnEH 斜率，β_{3j}					
截距 2，γ_{30}	0.0284	0.0465	0.6110	105	0.5420
lnERDKV 斜率，β_{4j}					
截距 2，γ_{40}	0.0766	0.0846	0.9060	10	0.3870

随机效应	标准误差	方差成分	自由度	卡方值	p 值
截距，u_0	0.6235	0.3887	9	322970.8243	0.0000

续　表

随机效应	标准误差	方差成分	自由度	卡方值	p 值
lnEK 斜率，u_1	0.3593	0.1291	9	296.0552	0.0000
lnEL 斜率，u_2	0.3409	0.1162	9	44.8943	0.0000
lnERDKV 斜率，u_4	0.2967	0.0880	9	218.4086	0.0000
层一，r	0.0109	0.0001			

由表9-13的固定效应部分可知，长江经济带省域的资本投入、劳动力投入、人力资本、技术创新的系数与表9-12的相应系数有一定的差异，是由于使用变截距模型与变系数模型不同造成的，多层统计分析侧重于随机系数模型的结果。在长江经济带省域经济增长过程中，资本投入、劳动力投入对经济增长的影响达到显著，资本增加1%，经济增长将增加0.6570%；劳动力增加1%，经济增长将增加0.2358%；人力资本、技术创新对经济增长的影响不显著。由表9-13的随机效应部分可知，长江经济带省域的资本投入、劳动力投入、技术创新的效率在各个省之间存在显著性差异，同时表明截距、lnEK、lnEL、lnERDKV与lnEGDP之间的关系随着省份的不同而显著不同。

（4）1998—2007年长江经济带省域综合性因素对要素效率的影响分析。综合性因素对要素效率的影响分析可由全模型分析得到，全模型的结果见表9-14。

表9-14　长江经济带1998—2007年省域经济增长全模型结果

固定效应	系数	标准误差	t 值	自由度	p 值
截距1，β_{0j}					
截距2，γ_{00}	8.3117	0.0831	99.9960	6	0.0000
MAR，γ_{01}	0.8390	0.1799	4.6640	6	0.0030
TL，γ_{02}	2.1689	1.2152	1.7850	6	0.1240
FS，γ_{03}	2.9407	1.2195	2.4110	6	0.0520
FI，γ_{04}	−1.5322	0.4656	−3.2910	6	0.0190
lnEK 斜率，β_{1j}					
截距2，γ_{10}	0.5930	0.1039	5.7080	4	0.0000
FDI，γ_{11}	−2.8962	1.2005	−2.4120	4	0.0700
IE，γ_{12}	3.2146	1.4874	2.1610	4	0.0930

续 表

固定效应	系数	标准误差	t 值	自由度	p 值
TL，γ_{13}	1.1926	0.2174	5.4870	4	0.0010
URB，γ_{14}	0.8448	0.2701	3.1280	4	0.0420
FS，γ_{15}	1.3290	0.3035	4.3780	4	0.0150
FI，γ_{16}	−0.3459	0.0745	−4.6450	4	0.0090
lnEL 斜率，β_{2j}					
截距 2，γ_{20}	0.3399	0.1049	3.2390	6	0.0200
IE，γ_{21}	−1.4569	0.6498	−2.2420	6	0.0650
TS，γ_{22}	−4.0576	1.9950	−2.0340	6	0.0870
FS，γ_{23}	4.5297	1.4006	3.2340	6	0.0200
FI，γ_{24}	−0.1039	0.5259	−0.1980	6	0.8500
lnEH 斜率，β_{3j}					
截距 2，γ_{30}	0.0065	0.0401	0.1630	87	0.8710
lnERDKV 斜率，β_{4j}					
截距 2，γ_{40}	0.1192	0.0762	1.5640	6	0.1690
MAR，γ_{41}	0.1316	0.0275	4.7920	6	0.0020
FDI，γ_{42}	2.4626	0.8492	2.9000	6	0.0280
IE，γ_{43}	−3.1158	1.1050	−2.8200	6	0.0310
TS，γ_{44}	−0.3263	0.1842	−1.7720	6	0.1260

随机效应	标准误差	方差成分	自由度	卡方值	p 值
截距，u_0	0.2757	0.0760	5	37954.8471	0.0000
lnEK 斜率，u_1	0.3161	0.0999	3	58.9041	0.0000
lnEL 斜率，u_2	0.1716	0.0294	5	6.3382	0.2740
lnERDKV 斜率，u_4	0.2313	0.0535	5	72.8155	0.0000
层一，r	0.0109	0.0001			

由表 9-14 的固定效应部分可得出以下结论。

①综合性因素对截距（剩余全要素生产率）的影响分析。市场化进程、金融结构的回归系数显著为正，表明市场化进程、金融结构均值大的省份剩余全要素生产率均值大。其具体影响程度为，市场化程度加快 1 个单位，全要素生产率将提高 0.8390；金融结构水平提高 0.1 个单位，全要素生产率将提高

0.29407。之所以能促进全要素生产率的提高，是由于市场化进程的推进改善了资源配置效率，金融结构水平的提高可以改善资本配置效率。金融规模是负向显著影响因素，表明金融规模越大的省份全要素生产率越低。其具体影响程度为，金融规模扩大 0.1 个单位，全要素生产率将降低 0.15322。之所以会阻碍全要素生产率的提高，是由于中国当前以国有大银行为主导金融体系的发展模式对民营经济的发展产生了一定的挤出效应。

②综合性因素对资本产出效率的影响分析。对外贸易、产业结构合理化、城市化、金融结构是正向显著影响因素，表明对外贸易、产业结构合理化、城市化、金融结构水平高的省份资本产出效率高。其具体影响程度为，对外贸易提高 0.1 个单位，资本产出效率将提高 0.32146；产业结构合理化程度提高 0.1 个单位，资本产出效率将提高 0.11926；城市化提高 0.1 个单位，资本产出效率将提高 0.08448；金融结构水平提高 0.1 个单位，资本产出效率将提高 0.1329。同时，由于资本系数与对外贸易、产业结构合理化、城市化、金融结构的系数符号相同，因而对外贸易、产业结构合理化、城市化、金融结构水平的提高将加强资本与 GDP 之间的正向关系。之所以能促进资本产出效率的提高，是由于对外贸易能扩大市场规模、产业结构合理化能促进要素更合理的流动。外商直接投资、金融规模为负向显著影响因素，表明外商直接投资、金融规模均值大的省份资本产出效率低。其具体影响程度为，外商直接投资提高 0.1 个单位，资本产出效率将降低 0.28962；金融规模提高 0.1 个单位，资本产出效率将降低 0.03459。同时，由于资本系数与外商直接投资、金融规模的系数符号相反，因而外商直接投资、金融规模的提高将削弱资本与 GDP 之间的正向关系。之所以会阻碍资本产出效率的提高，是由于外商直接投资对国内投资具有一定的挤出效应。

③综合性因素对劳动力产出效率的影响分析。对外贸易、产业结构高级化为负向显著影响因素，表明对外贸易、产业结构高级化均值大的省份劳动力产出效率均值小。其具体影响程度为，对外贸易提高 0.1 个单位，劳动产出效率将降低 0.14569；产业结构高级化程度提高 0.1 个单位，劳动产出效率将降低 0.40576。同时，由于劳动力系数与对外贸易、产业结构高级化的系数符号相反，因而对外贸易、产业结构高级化水平的提高将削弱劳动力与 GDP 之间的正向关系。金融结构为正向显著，表明金融结构水平高的省份劳动力效率高。其具体影响程度为，金融结构提高 0.1 个单位，劳动力产出效率将提高 0.45297。同时，由于劳动力系数与金融结构的系数符号相同，因而金融结构

水平的提高将加强劳动力与 GDP 之间的正向关系。

④综合性因素对技术创新产出效率的影响分析。市场化进程、外商直接投资为正向显著影响因素，表明市场化进程、外商直接投资均值大的省份技术创新产出效率均值大。其具体影响程度为，市场化程度加快 1 个单位，技术创新产出效率将提高 0.1316；外商直接投资提高 0.1 个单位，技术创新产出效率将提高 0.24626。同时，由于技术创新系数与市场化进程、外商直接投资的系数符号相同，因而市场化进程、外商直接投资的提高将加强技术创新与 GDP 之间的正向关系。之所以能促进技术创新产出效率的提高，是由于市场化的发展更有利于激发长江经济带省域的创新动力。对外贸易为负向显著影响因素，表明对外贸易水平高的省份技术创新产出效率低。其具体影响程度为，对外贸易水平提高 0.1 个单位，技术创新产出效率将降低 0.31158。同时，由于技术创新系数与对外贸易的系数符号相反，因而对外贸易水平的提高将削弱技术创新与 GDP 之间的正向关系。之所以会阻碍技术创新产出效率的提高，是由于大部分贸易的技术含量不高。

（5）方差成分解释程度。由表 9-11 和表 9-12 的随机效应中的层一方差得到表 9-15 的原始总方差和条件总方差；表 9-13 和表 9-14 的随机效应中的层二方差之和得到表 9-15 的原始总方差和条件总方差。层一、层二的方差成分解释程度见表 9-15。

表 9-15　长江经济带 1998—2007 年省域经济增长层一、层二的方差成分解释程度

层次	原始总方差	条件总方差	解释程度 /%
层一	0.1037	0.0019	98.16%
层二	0.7220	0.2588	64.15%

由表 9-16 可知，层一方差解释程度为 98.16%，层二方差解释程度为 64.15%，总体上层一解释变量对层一方差，层二解释变量对层二方差都有较好的解释。这表明构建的长江经济带 1998—2007 省域经济增长要素效率影响因素的实证分析模型较为合理。

3. 稳健性检验

运用常数折旧率得到的技术创新替代量（RDKC）代替运用变数折旧率得到的技术创新（RDKV），对 1998—2007 年的长江经济带省域效率型经济增长模型进行稳健性检验。

（1）基本影响要素作用的稳健性检验。基本影响要素作用的稳健性检验可由固定效应模型分析得到。依据第三章第二节"效率型经济增长模型的应用步骤"中的固定效应模型，得到稳健性检验的结果，见表9-16。

表9-16　长江经济带1998—2007年经济增长固定效应模型结果（RDKC替代）

固定效应	系数	标准误差	t值	自由度	p值
截距1，β_{0j}					
截距2，γ_{00}	8.3117	0.1792	46.3740	10	0.0000
lnEK斜率，β_{1j}					
截距2，γ_{10}	0.4823	0.1254	3.8460	105	0.0000
$lnLE$斜率，β_{2j}					
截距2，γ_{20}	0.4728	0.2220	2.1300	105	0.0350
lnEH斜率，β_{3j}					
截距2，γ_{30}	0.2739	0.2290	1.1960	105	0.2350
lnERDKC斜率，β_{4j}					
截距2，γ_{40}	0.1595	0.1001	1.5940	105	0.1140
随机效应	标准误差	方差成分	自由度	卡方值	p值
截距，u_0	0.6233	0.3885	10	20408.0373	0.0000
层一，r	0.0436	0.0019			

由表9-16和表9-12的固定效应部分可知，二者的资本投入、劳动力投入、人力资本、技术创新的系数符号与数值几乎相同。因此，从固定效应模型来看，各变量的结果具有稳健性。

（2）要素效率异质性效应的稳健性检验。要素效率异质性效应的稳健性检验，可由随机效应模型分析得到。对长江经济带省域数据，依据第三章第二节"效率型经济增长模型的应用步骤"中的随机效应模型，得到稳健性检验的结果见表9-17。

表9-17　长江经济带1998—2007年经济增长随机效应模型结果（RDKC替代）

固定效应	系数	标准误差	t值	自由度	p值
截距1，β_{0j}					
截距2，γ_{00}	8.3117	0.1792	46.3740	10	0.0000

固定效应	系数	标准误差	t 值	自由度	p 值
lnEK 斜率，β_{1j}					
截距 2，γ_{10}	0.6572	0.1144	5.7460	10	0.0000
lnEL 斜率，β_{2j}					
截距 2，γ_{20}	0.2159	0.1141	1.8920	10	0.0870
lnEH 斜率，β_{3j}					
截距 2，γ_{30}	0.0224	0.0483	0.4630	105	0.6440
lnERDKC 斜率，β_{4j}					
截距 2，γ_{40}	0.0788	0.0920	0.8570	10	0.4120
随机效应	标准误差	方差成分	自由度	卡方值	p 值
截距，u_0	0.6235	0.3887	9	313332.4889	0.0000
lnEK 斜率，u_1	0.3849	0.1482	9	295.4110	0.0000
lnEL 斜率，u_2	0.3370	0.1136	9	39.9727	0.0000
lnERDKC 斜率，u_4	0.3230	0.1043	9	211.2093	0.0000
层一，r	0.0111	0.0001			

由表 9-17 和表 9-13 的固定效应部分可知，二者的资本投入、劳动力投入、人力资本、技术创新的系数符号与数值都基本相同；随机效应部分的方差成分数值相差无几，并且卡方检验显著性结果相同。因此，从随机效应模型来看，各变量的结果具有稳健性。

（3）综合性因素作用的稳健性检验。综合性因素作用的稳健性检验可由全模型分析得到。对长江经济带省域数据，依据第三章第二节"效率型经济增长模型的应用步骤"中的全模型，得到稳健性检验的结果，见表 9-18。

表 9-18　长江经济带 1998—2007 年经济增长随机效应模型结果（RDKC 替代）

固定效应	系数	标准误差	t 值	自由度	p 值
截距 1，β_{0j}					
截距 2，γ_{00}	8.3117	0.0834	99.6880	6	0.0000
MAR，γ_{01}	0.8379	0.1820	4.6040	6	0.0030
TL，γ_{02}	2.1310	1.2402	1.7180	6	0.1360
FS，γ_{03}	2.9043	1.2359	2.3500	6	0.0560
FI，γ_{04}	-1.5228	0.4707	-3.2350	6	0.0200

固定效应	系数	标准误差	t 值	自由度	p 值
lnEK 斜率，β_{1j}					
截距 2，γ_{10}	0.5825	0.1138	5.1170	4	0.0030
FDI，γ_{11}	−3.0059	1.3009	−2.3110	4	0.0780
IE，γ_{12}	3.2769	1.6228	2.0190	4	0.1110
TL，γ_{13}	1.1791	0.2267	5.2010	4	0.0020
URB，γ_{14}	0.9264	0.2922	3.1700	4	0.0420
FS，γ_{15}	1.3782	0.3286	4.1940	4	0.0200
FI，γ_{16}	−0.3357	0.0775	−4.3310	4	0.0160
lnEL 斜率，β_{2j}					
截距 2，γ_{20}	0.3015	0.1073	2.8090	6	0.0310
IE，γ_{21}	−1.2758	0.6861	−1.8600	6	0.1110
TS，γ_{22}	−3.7935	2.0804	−1.8230	6	0.1170
FS，γ_{23}	4.3463	1.5494	2.8050	6	0.0320
FI，γ_{24}	−0.2178	60.53085	−0.4100	6	0.6950
lnEH 斜率，β_{3j}					
截距 2，γ_{30}	−0.0016	0.0407	−0.0380	87	0.9700
lnERDKC 斜率，β_{4j}					
截距 2，γ_{40}	0.1336	0.0852	1.5680	6	0.1680
MAR，γ_{41}	0.1287	0.0296	4.3500	6	0.0050
FDI，γ_{42}	2.6023	0.9496	2.7400	6	0.0340
IE，γ_{43}	−3.2693	1.2362	−2.6450	6	0.0380
TS，γ_{44}	−0.3951	0.2045	−1.9320	6	0.1010
随机效应	标准误差	方差成分	自由度	卡方值	p 值
截距，u_0	0.2765	0.0765	5	36888.1386	0.0000
lnEK 斜率，u_1	0.3448	0.1189	3	57.6192	0.0000
lnEL 斜率，u_2	0.1760	0.0310	5	6.5224	0.2580
lnERDKC 斜率，u_4	0.2564	0.0657	5	66.5396	0.0000
层一，r	0.0111	0.0001			

由表 9–18 和表 9–14 的固定效应部分可知，二者的全要素生产率、资本效

率、劳动力效率、人力资本效率、技术创新效率的影响因素系数符号相同、数值几乎相等；随机效应部分的方差成分数值相差无几，并且卡方检验显著性结果相同。因此，从全模型来看，各变量的结果具有稳健性。

（二）2008—2016 时段

1. 描述统计

长江经济带 2008—2016 年经济增长层一、层二变量的描述统计结果见 9-19。

表9-19　长江经济带 2008—2016 年经济增长层一、层二变量的描述统计值

变量层次	变量名称	样本数	均值	标准差	最小值	最大值
层一	lnEGDP	99	9.3800	0.6500	7.8000	10.8300
	lnEK	99	10.5500	0.6700	8.8800	12.2100
	lnEL	99	7.9700	0.4600	6.8000	8.4900
	lnEH	99	2.2200	0.1200	1.9700	2.5100
	lnERDKV	99	6.1000	1.0800	3.7400	8.2700
	lnERDKC	99	6.2400	1.0800	3.8800	8.4200
层二	MAR	11	6.8500	1.6900	4.4200	9.4200
	FDI	11	0.3800	0.4000	0.0800	1.4300
	IE	11	0.3200	0.3800	0.0600	1.3100
	TL	11	0.2000	0.1400	0.0030	0.4700
	TS	11	0.9500	0.2800	0.6900	1.6800
	URB	11	0.5300	0.1500	0.3600	0.8900
	FS	11	0.9700	0.3500	0.5300	1.8500
	FI	11	2.4600	1.1000	1.5500	5.4500

由于数据经过不变价处理且取了对数，因而省内各年度间变量值差异不大，因此，由表9-19各层一变量的标准差、最小值、最大值可知，长江经济带 2008—2016 年各省层一变量的国内生产总值对数、资本投入对数、劳动力投入对数、人力资本对数、技术创新对数在不同省之间存在较大的差异；层二变量的市场化进程、外商直接投资、贸易开放、产业结构合理化、产业结构高级化、城市化、金融结构、金融规模在不同省之间存在较大的差异。

2. 实证结果分析

（1）经济增长不同省之间的变异分解。长江经济带2008—2016年，各省经济增长的均值在不同省之间是否有显著性差异及差异由层一和层二所产生的影响各占多大比例仍需运用零模型分析。零模型的结果见表9-20。

表9-20　长江经济带2008—2016年各省经济增长均值与变异的分解结果

固定效应	系数	标准误差	t值	自由度	p值
截距1，β_{0j}					
截距2，γ_{00}	9.3829	0.1764	53.2000	10	0.0000
随机效应	标准误差	方差成分	自由度	卡方值	p值
截距，u_0	0.6061	0.3673	10	415.2130	0.0000
层一，r	0.2856	0.0816			

由表9-20固定效应部分可知，长江经济带2008—2016年11个省的对数GDP均值为9.3829；由零模型的随机效应部分的卡方检验结构可知，各省的对数GDP均值有显著性差异，而差异的度量可由组内相关系数ρ = 0.3673/（0.3673+ 0.0816）=81.82%来解释，即长江经济带2008—2016年各省GDP对数平均值的差异有81.82%可以用二层变量来解释，只有18.18%的差异可以用层一变量来解释，从而说明在研究2008—2016年长江经济带各省经济增长时，必须引入层二变量。层二变量为长江经济带省域经济环境中的市场化进程、对外开放、金融发展、城市化、产业结构变迁。

（2）2008—2016年长江经济带省域经济增长基本影响要素的作用分析。基本要素对经济增长的影响可由固定效应（变截距）模型分析得到，固定效应模型的结果见表9-21。

表9-21　长江经济带2008-2016经济增长变截距模型结果

固定效应	系数	标准误差	t值	自由度	p值
截距1，β_{0j}					
截距2，γ_{00}	9.3829	0.1764	53.2000	10	0.0000
lnEK斜率，β_{1j}					
截距2，γ_{10}	0.2794	0.0470	5.9430	94	0.0000

固定效应	系数	标准误差	t 值	自由度	p 值
lnEL 斜率，β_{2j}					
截距 2，γ_{20}	−0.0011	0.1229	−0.0090	94	0.9930
lnEH 斜率，β_{3j}					
截距 2，γ_{30}	−0.0524	0.2096	−0.2500	94	0.8030
lnERDKV 斜率，β_{4j}					
截距 2，γ_{40}	0.3323	0.0638	5.2050	94	0.0000
随机效应	标准误差	方差成分	自由度	卡方值	p 值
截距，u_0	0.6134	0.3762	10	25005.8826	0.0000
层一，r	0.0368	0.0014			

由表 9–21 的固定效应部分可知，长江经济带省域经济增长基本影响因素 lnEK、lnERDKV 的系数均值为正向显著，即资本投入、技术创新对经济增长都有显著的促进作用。其中，资本增加 1%，经济增长将增加 0.2794%；技术创新增加 1%，经济增长将增加 0.3323%。劳动力、人力资本对经济增长的影响不显著，表明劳动力、人力资本的增加对经济增长几乎没有影响。由随机效应部分可知，资本投入、劳动力投入、人力资本、技术创新引入层一模型中，层一方差得到较好的解释，由零模型结果表 9–20 中的 0.0816 减少到固定效应模型结果表 9–21 中的 0.0014，表明长江经济带省域的资本投入、劳动力投入、人力资本、技术创新能较好地解释本省 GDP 年度间的变化。

（3）2008—2016 年长江经济带省域经济增长要素效率异质性检验。要素效率异质性检验可由随机效应（变系数）模型分析得到，随机效应模型的结果见表 9–22。

表 9–22　长江经济带 2008—2016 年经济增长随机效应结果

固定效应	系数	标准误差	t 值	自由度	p 值
截距 1，β_{0j}					
截距 2，γ_{00}	9.3829	0.1764	53.2000	10	0.0000
lnEK 斜率，β_{1j}					
截距 2，γ_{10}	0.1098	0.0272	4.0360	94	0.0000

续　表

固定效应	系数	标准误差	t 值	自由度	p 值
lnEL 斜率，β_{2j}					
截距 2，γ_{20}	0.3105	0.1113	2.7900	10	0.0200
lnEH 斜率，β_{3j}					
截距 2，γ_{30}	0.1897	0.1309	1.4490	10	0.1780
lnERDKV 斜率，β_{4j}					
截距 2，γ_{40}	0.4671	0.0327	14.2750	10	0.0000
随机效应	标准误差	方差成分	自由度	卡方值	p 值
截距，u_0	0.6135	0.3764	9	184229.0797	0.0000
lnEK 斜率，u_1	0.3398	0.1154	9	33.8116	0.0000
lnEL 斜率，u_2	0.3859	0.1489	9	20.6130	0.0140
lnERDKV 斜率，u_3	0.0894	0.0080	9	127.5065	0.0000
层一，r	0.0134	0.0002			

由表 9-22 的固定效应部分可知，资本投入、劳动力投入、人力资本、技术创新的系数与表 9-21 的相应系数有一定的差异，是由于使用变截距模型与变系数模型不同造成的，多层统计分析侧重于随机系数模型的结果。其中，资本投入、劳动力投入、技术创新的系数达到正向显著影响，即在长江经济带省域经济增长过程中，资本增加 1%，经济增长将增加 0.1098%；劳动力增加 1%，经济增长将增加 0.3105%；技术创新增加 1%，经济增长将增加 0.4671%；人力资本对经济增长的影响不显著。由表 9-22 的随机效应部分可知，资本投入、劳动力投入、技术创新的效率在长江经济带各个省之间存在显著性差异，同时也表明截距、lnEK、lnEL、lnERDKV 与 lnEGDP 之间的关系随着省份的不同而显著不同。

（4）2008—2016 年长江经济带省域综合性因素对要素效率的影响分析。综合性因素对要素效率的影响分析可由全模型分析得到，全模型的结果见表 9-23。

表 9-23　长江经济带 2008—2016 年综合性因素对要素效率的影响结果

固定效应	系数	标准误差	t 值	自由度	p 值
截距 1，β_{0j}					
截距 2，γ_{00}	9.3829	0.0731	128.3800	6	0.0000

－ 279 －

续　表

固定效应	系数	标准误差	t 值	自由度	p 值
MAR，γ_{01}	0.4331	0.0634	6.8360	6	0.0000
TL，γ_{02}	0.9511	0.6585	1.4440	6	0.1990
FS，γ_{03}	0.9130	0.1361	6.7100	6	0.0000
FI，γ_{04}	−0.4320	0.0631	−6.8510	6	0.0000
lnEK 斜率，β_{1j}					
截距 2，γ_{10}	0.1031	0.0275	3.7480	81	0.0010
lnEL 斜率，β_{2j}					
截距 2，γ_{20}	0.2911	0.1675	1.7380	6	0.1320
IE，γ_{21}	1.0923	0.6717	1.6260	6	0.1550
TS，γ_{22}	−0.8500	0.8271	−1.0280	6	0.3440
FS，γ_{23}	−1.0457	0.3796	−2.7550	6	0.0340
FI，γ_{24}	0.0559	0.2780	0.2010	6	0.8480
lnEH 斜率，β_{3j}					
截距 2，γ_{30}	0.1780	0.1114	1.5970	9	0.1440
URB，γ_{31}	−1.8504	0.7131	−2.5950	9	0.0290
lnERDKV 斜率，β_{4j}					
截距 2，γ_{40}	0.4696	0.0407	11.5290	6	0.0000
MAR，γ_{41}	−0.0037	0.0288	−0.1270	6	0.9040
FDI，γ_{42}	0.5009	0.3151	1.5900	6	0.1630
IE，γ_{43}	−0.6958	0.4826	−1.4420	6	0.1990
TS，γ_{44}	0.2488	0.2023	1.2300	6	0.2650

随机效应	标准误差	方差成分	自由度	卡方值	p 值
截距，u_0	0.2424	0.0587	5	18097.1954	0.0000
lnEL 斜率，u_1	0.5240	0.2746	5	26.1146	0.0000
lnEH 斜率，u_3	0.3188	0.1017	8	13.1968	0.1050
lnERDKV 斜率，u_4	0.0870	0.0076	5	71.6119	0.0000
层一，r	0.0126	0.0002			

由表 9-23 的固定效应部分可知

①综合性因素对截距（剩余全要素生产率）的影响分析。市场化进程、金融结构的回归系数显著为正，表明市场化进程、金融结构均值大的省份剩余

全要素生产率均值大。其具体影响程度为，市场化程度加快 1 个单位，全要素生产率将提高 0.4331；金融结构水平提高 0.1 个单位，全要素生产率将提高 0.0913。之所以能促进全要素生产率的提高，是由于市场化进程的推进改善了资源配置效率，金融结构水平的提高可以改善资本配置效率。金融规模是负向显著影响因素，表明金融规模越大的省份全要素生产率越低。具体影响程度为，金融规模扩大 0.1 个单位，全要素生产率将降低 0.0432。之所以会阻碍全要素生产率的提高，是由于中国当前以国有大银行为主导金融体系的发展模式对民营经济发展产生了一定的挤出效应。

②综合性因素对劳动力产出效率的影响分析。金融结构为负向显著影响因素，表明金融结构水平高的省份劳动力效率低。其具体影响程度为，金融结构水平提高 0.1 个单位，劳动力产出效率将降低 0.10457。同时，由于劳动力系数与金融结构的系数符号相反，因而金融结构水平的提高将削弱劳动力与 GDP 之间的正向关系。之所以会阻碍劳动力产出效率的提高，是由于金融水平的发展导致了劳动资金比的进一步降低。

③综合性因素对人力资本产出效率的影响分析。城市化为负向显著影响因素，表明城市化水平高的省份人力资本产出效率低。其具体影响程度为，城市化提高 0.1 个单位，人力资本产出效率将降低 0.18504。同时，由于人力资本系数与城市化的系数符号相反，因而城市化水平的提高将削弱人力资本与 GDP 之间的正向关系。之所以能阻碍人力资本产出效率的提高，是由于土地城市化快于人口城市化。另外，综合性因素对技术创新效率的影响不显著。

（5）方差成分解释程度。由表 9-20 和表 9-21 的随机效应中的层一方差得到表 9-24 的原始总方差和条件总方差；表 9-22 和表 9-23 的随机效应中的层二方差之和得到表 9-24 的原始总方差和条件总方差。层一、层二的方差成分解释程度见表 9-24。

表 9-24 长江经济带 2008—2016 经济增长层一、层二的方差成分解释程度

层次	原始总方差	条件总方差	解释程度 /%
层一	0.0816	0.0014	93.25%
层二	0.6487	0.4426	56.48%

由表 9-24 可知，层一方差解释程度为 93.25%，层二方差解释程度为 56.48%，总体上层一解释变量对层一方差，层二解释变量对层二方差都有较好

的解释。这表明构建的长江经济带2008—2016省域经济增长要素效率影响因素的实证分析模型较为合理。

3. 稳健性检验

运用常数折旧率得到的技术创新替代量（RDKC）代替运用变数折旧率得到的技术创新（RDKV），对2008—2016年长江经济带省域效率型经济增长模型进行稳健性检验。

（1）基本影响要素作用的稳健性检验。基本影响要素作用的稳健性检验可由固定效应模型分析得到。对长江经济带省域数据，依据第三章第二节"效率型经济增长模型的应用步骤"中的固定效应模型，得到稳健性检验的结果，见表9–25。

表9-25　长江经济带2008—2016年经济增长固定效应模型结果（RDKC替代）

固定效应	系数	标准误差	t 值	自由度	p 值
截距1，β_{0j}					
截距2，γ_{00}	9.3829	0.1764	53.2000	10	0.0000
lnEK 斜率，β_{1j}					
截距2，γ_{10}	0.2798	0.0505	5.5390	94	0.0000
lnEL 斜率，β_{2j}					
截距2，γ_{20}	0.0039	0.1232	0.0310	94	0.9750
lnEH 斜率，β_{3j}					
截距2，γ_{30}	−0.0619	0.2130	−0.2900	94	0.7720
lnERDKC 斜率，β_{4j}					
截距2，γ_{40}	0.3253	0.0663	4.9060	94	0.0000
随机效应	标准误差	方差成分	自由度	卡方值	p 值
截距，u_0	0.6134	0.3762	10	24980.1517	0.0000
层一，r	0.0368	0.0014			

由表9-25和表9-21的固定效应部分可知，二者的资本投入、劳动力投入、人力资本、技术创新的系数符号与数值都几乎相同。因此，从固定效应模型来看，各变量的结果具有稳健性。

（2）要素效率异质性效应的稳健性检验。要素效率异质性效应的稳健性检验可由随机效应模型分析得到。对长江经济带省域数据，依据第三章第二节"效率型经济增长模型的应用步骤"中的随机效应模型，得到稳健性检验的结果，见表9-26。

表9-26　长江经济带2008—2016年经济增长随机效应模型结果（RDKC替代）

固定效应	系数	标准误差	t值	自由度	p值
截距1，β_{0j}					
截距2，γ_{00}	9.3829	0.1764	53.2000	10	0.0000
lnEK斜率，β_{1j}					
截距2，γ_{10}	0.0905	0.0282	3.2160	94	0.0020
lnEL斜率，β_{2j}					
截距2，γ_{20}	0.2981	0.1028	2.8990	10	0.0160
lnEH斜率，β_{3j}					
截距2，γ_{30}	0.1881	0.1317	1.4280	10	0.1840
lnERDKC斜率，β_{4j}					
截距2，γ_{40}	0.4809	0.0331	14.5450	10	0.0000
随机效应	标准误差	方差成分	自由度	卡方值	p值
截距，u_0	0.6135	0.3764	9	191698.6788	0.0000
lnEL斜率，u_1	0.3122	0.0975	9	32.0050	0.0000
lnEH斜率，u_3	0.3904	0.1524	9	20.4804	0.0150
lnERDKC斜率，u_4	0.0911	0.0083	9	144.5625	0.0000
层一，r	0.0132	0.0002			

由表9-26和表9-22的固定效应部分可知，二者的资本投入、劳动力投入、人力资本、技术创新的系数符号与数值都基本相同；随机效应部分的方差成分数值相差无几，并且卡方检验显著性结果相同。因此，从随机效应模型来看，各变量的结果具有稳健性。

（3）综合性因素作用的稳健性检验。综合性因素作用的稳健性检验可由全模型分析得到。对长江经济带省域数据，依据第三章第二节"效率型经济增长模型的应用步骤"中的全模型，得到稳健性检验的结果，见表9-27。

表 9-27 长江经济带 2008-2016 年经济增长随机效应模型结果（RDKC 替代）

固定效应	系数	标准误差	t 值	自由度	p 值
截距 1，β_{0j}					
截距 2，γ_{00}	9.3829	0.0723	129.7470	6	0.0000
MAR，γ_{01}	0.4453	0.0606	7.3450	6	0.0000
TL，γ_{02}	1.1399	0.6320	1.8040	6	0.1210
FS，γ_{03}	0.9017	0.1269	7.1080	6	0.0000
FI，γ_{04}	−0.4314	0.0600	−7.1950	6	0.0000
lnEK 斜率，β_{1j}					
截距 2，γ_{10}	0.0901	0.0278	3.2420	81	0.0020
lnEL 斜率，β_{2j}					
截距 2，γ_{20}	0.2756	0.1686	1.6350	6	0.1530
IE，γ_{21}	1.0172	0.6736	1.5100	6	0.1820
TS，γ_{22}	−0.9051	0.8315	−1.0890	6	0.3190
FS，γ_{23}	−0.9802	0.3736	−2.6240	6	0.0390
FI，γ_{24}	0.0850	0.2757	0.3080	6	0.7680
lnEH 斜率，β_{3j}					
截距 2，γ_{30}	0.1761	0.1149	1.5330	9	0.1590
URB，γ_{31}	−1.8458	0.7204	−2.5620	9	0.0310
lnERDKC 斜率，β_{4j}					
截距 2，γ_{40}	0.4758	0.0403	11.8220	6	0.0000
MAR，γ_{41}	0.0009	0.0273	0.0340	6	0.9740
FDI，γ_{42}	0.5218	0.3021	1.7270	6	0.1340
IE，γ_{43}	−0.7587	0.4628	−1.6390	6	0.1520
TS，γ_{44}	0.2787	0.1952	1.4270	6	0.2030

随机效应	标准误差	方差成分	自由度	卡方值	p 值
截距，u_0	0.2398	0.0575	5	18126.4085	0.0000
lnEL 斜率，u_1	0.5285	0.2793	5	26.2713	0.0000
lnEH 斜率，u_3	0.3338	0.1114	8	13.9147	0.0830
lnERDKC 斜率，u_4	0.0851	0.0073	5	79.0323	0.0000
层一，r	0.0124	0.0002			

由表 9-27 和表 9-23 的固定效应部分可知，二者的全要素生产率、资本效率、劳动力效率、人力资本效率、技术创新效率的影响因素系数符号相同、数值几乎相等；随机效应部分的方差成分数值相差无几，并且卡方检验显著性结果相同。因此，从全模型来看，各变量的结果具有稳健性。

第二节　长江经济带经济增长要素效率影响因素的实证分析

一、长江经济带经济增长要素效率综合性影响因素的分析

长江经济带经济增长相关变量与本章第一节"变量的选择与数据来源"相同，但是此处的处理方式与第一节不同。

长江经济带省域经济增长要素效率影响因素的实证分析的层一模型的变量值为每个省在一定年度区间每年的资本投入、劳动力投入、人力资本、技术创新，即体现的是一定年度区间每个省的时间序列特征。长江经济带经济增长要素效率影响因素的实证分析的层一模型的变量值为每个年度各省的资本投入、劳动力投入、人力资本、技术创新，即体现的是中国各省的截面数据特征。

长江经济带省域经济增长要素效率影响因素的实证分析的层二模型的变量值为每个省在一定年度区间每年的市场化进程、对外开放、金融发展、城市化、产业结构变迁的均值。长江经济带经济增长要素效率影响因素的实证分析的层二模型的变量值为每年各省的市场化进程、对外开放、金融发展、城市化、产业结构变迁的均值。

长江经济带省域经济增长要素效率影响因素的实证分析主要关注不同区域间效率的差异及综合性变量对区域间效率差异的影响；长江经济带经济增长要素效率影响因素的实证分析主要关注不同年度间效率的差异及综合性变量对年度间效率的差异的影响。

（一）描述统计

层二变量的描述统计结果见表 9-28，层一数据的描述统计结果见表 9-1。

表9-28　长江经济带层二变量的样本统计值

变量层次	变量名称	样本数	均值	标准差	最小值	最大值
层二	FS	19	0.6800	0.5400	0.1600	2.2200
	TL	19	0.2400	0.0500	0.1800	0.3200
	URB	19	0.4500	0.0900	0.2800	0.5800
	FI	19	1.9100	0.8500	1.1600	4.5800
	TS	19	0.9400	0.0900	0.8400	1.1800
	IE	19	0.3000	0.0700	0.1600	0.4000
	MAR	19	5.5800	1.4200	3.2800	7.5000
	FDI	19	0.4300	0.0600	0.3400	0.5000

由表9-28可知，层二变量的市场化进程、外商直接投资、贸易开放、产业结构合理化、产业结构高级化、城市化、金融结构、金融规模在不同年度之间存在较大的差异。

（二）实证结果分析

1. 长江经济带经济增长不同年度之间的变异分解

长江经济带经济增长的均值在不同年度之间是否有显著性差异及差异由层一和层二所产生的影响各占多大比例仍需运用零模型分析。零模型的结果见表9-29。

表9-29　长江经济带经济增长均值与变异的分解结果

固定效应	系数	标准误差	t 值	自由度	p 值
截距1, β_{0j}					
截距2, γ_{00}	8.8191	0.1393	63.3260	18	0.0000
随机效应	**标准误差**	**方差成分**	**自由度**	**卡方值**	**p 值**
截距, u_0	0.5950	0.3541	18	200.5611	0.0000
层一, r	0.6197	0.3840			

由表9-29固定效应可知，长江经济带11个省的对数GDP均值为8.8191；由零模型的随机效应部分的卡方检验结构可知，对数GDP均值在不同年度有显著性差异，而差异的度量可由组内相关系数 ρ = 0.3541/（0.3541+0.3840）=47.97% 来解释，即各省GDP对数平均值在1998—2016年的差异有47.97%

需要用二层变量来解释，从而说明在研究 1998—2016 年长江经济带经济增长时，必须引入层二变量。层二变量为长江经济带经济环境中的市场化进程、对外开放、金融发展、城市化、产业结构变迁。

2. 长江经济带经济增长基本影响要素的作用分析

长江经济带基本要素对经济增长的影响可由固定效应（变截距）模型分析得到，固定效应模型的结果见表 9-30。

表 9-30 长江经济带经济增长变截距模型结果

固定效应	系数	标准误差	t 值	自由度	p 值
截距 1，β_{0j}					
截距 2，γ_{00}	8.8191	0.1393	63.3260	18	0.0000
lnEK 斜率，β_{1j}					
截距 2，γ_{10}	0.5789	0.0408	14.1890	204	0.0000
lnEL 斜率，β_{2j}					
截距 2，γ_{20}	0.1832	0.0211	8.6610	204	0.0000
lnEH 斜率，β_{3j}					
截距 2，γ_{30}	0.5867	0.0910	6.4480	204	0.0000
lnERDKV 斜率，β_{4j}					
截距 2，γ_{40}	0.2518	0.0300	8.4000	204	0.0000
随机效应	标准误差	方差成分	自由度	卡方值	p 值
截距，u_0	0.6229	0.3880	18	7139.2730	0.0000
层一，r	0.1039	0.0108			

由表 9-30 的固定效应部分可知，基本影响因素 lnEK、lnEL、lnEH、lnERDKV 的系数均值为正向显著，即资本投入、劳动力投入、人力资本、技术创新的增加对经济增长都有显著的促进作用。其中，资本增加 1%，经济增长将增加 0.5789%；劳动力增加 1%，经济增长将增加 0.1832%；人力资本增加 1%，经济增长将增加 0.5867%；技术创新增加 1%，经济增长将增加 0.2518%。由表 9-30 的随机效应部分可知，资本投入、劳动力投入、人力资本、技术和创新引入层一模型中，层一方差得到较好的解释，由零模型结果表 9-29 中的 0.3840 减少到固定效应模型结果表 9-30 中的 0.0108，表明长江经济带各省的资本投入、劳动力投入、人力资本、技术创新能较好地解释 GDP 相

同年度不同省之间的变化。

3. 长江经济带经济增长要素效率年度间异质性检验

要素效率不同年之间的异质性检验可由随机效应（变系数）模型分析得到，随机效应模型的结果见表9-31。

表9-31　长江经济带经济增长随机效应模型结果

固定效应	系数	标准误差	t 值	自由度	p 值
截距 1，β_{0j}					
截距 2，γ_{00}	8.8191	0.1393	63.3260	18	0.0000
lnEK 斜率，β_{1j}					
截距 2，γ_{10}	0.5876	0.0305	19.2860	18	0.0000
lnEL 斜率，β_{2j}					
截距 2，γ_{20}	0.2001	0.0226	8.8520	204	0.0000
lnEH 斜率，β_{3j}					
截距 2，γ_{30}	0.6050	0.0889	6.8070	204	0.0000
lnERDKV 斜率，β_{4j}					
截距 2，γ_{40}	0.2352	0.0271	8.6910	18	0.0000
随机效应	标准误差	方差成分	自由度	卡方值	p 值
截距，u_0	0.6231	0.3882	18	9235.4757	0.0000
lnEK 斜率，u_1	0.1577	0.0249	18	56.2474	0.0000
lnERDKV 斜率，u_2	0.0899	0.0081	18	66.6238	0.0000
层一，r	0.0913	0.0083			

由表9-31的固定效应部分可知，长江经济带的资本投入、劳动力投入、人力资本、技术创新的系数与表9-30的相应系数有一定的差异，是由于使用变截距模型与变系数模型不同造成的，多层统计分析侧重于随机系数模型的结果，即在长江经济带经济增长过程中，资本增加1%，经济增长将增加0.5876%；劳动力增加1%，经济增长将增加0.2001%；人力资本增加1%，经济增长将增加0.6050%；技术创新增加1%，经济增长将增加0.2352%。由表9-31的随机效应部分可知，资本投入以及技术创新的效率在长江经济带不同年度之间存在显著性差异，同时也表明截距、lnEK、lnERDKV 与 lnEGDP 之间的关系随着年度的不同而显著不同。

4. 长江经济带综合性因素对要素效率的影响分析

长江经济带综合性因素对要素效率的影响分析，综合性因素对要素效率的影响分析可由全模型分析得到，全模型的结果见表 9-32。

表 9-32　长江经济带经济增长全模型结果

固定效应	系数	标准误差	t 值	自由度	p 值
截距 1，β_{0j}					
截距 2，γ_{00}	8.8191	0.0069	1275.9060	12	0.0000
FS，γ_{01}	−0.1449	0.0572	−2.5360	12	0.0260
URB，γ_{02}	1.7460	0.8334	2.0950	12	0.0580
TS，γ_{03}	0.1253	0.0448	2.7990	12	0.0170
IE，γ_{04}	−0.7887	0.2117	−3.7250	12	0.0030
MAR，γ_{05}	0.2863	0.0420	6.8170	12	0.0000
FDI，γ_{06}	−1.4226	0.3740	−3.8040	12	0.0030
lnEK 斜率，β_{1j}					
截距 2，γ_{10}	0.5729	0.0115	49.7520	14	0.0000
URB，γ_{11}	−2.9029	0.2933	−9.8980	14	0.0000
TS，γ_{12}	0.5304	0.1596	3.3240	14	0.0050
IE，γ_{13}	0.7218	0.1960	3.6830	14	0.0030
FDI，γ_{14}	−1.3412	0.2424	−5.5330	14	0.0000
lnEL 斜率，β_{2j}					
截距 2，γ_{20}	0.2132	0.0232	9.2070	191	0.0000
lnEH 斜率，β_{3j}					
截距 2，γ_{30}	0.6475	0.0933	6.9420	191	0.0000
lnERDK 斜率，β_{4j}					
截距 2，γ_{40}	0.2369	0.0094	25.1000	15	0.0000
URB，γ_{41}	1.4646	0.1019	14.3710	15	0.0000
TS，γ_{42}	−0.2796	0.0590	−4.7410	15	0.0000
FDI，γ_{43}	0.7186	0.1030	6.9780	15	0.0000
随机效应	标准误差	方差成分	自由度	卡方值	p 值
截距，u_0	0.0267	0.0007	12	23.6552	0.0220
lnEK 斜率，u_1	0.0065	0.0000	14	1.5203	>.500

随机效应	标准误差	方差成分	自由度	卡方值	p 值
lnERDKV 斜率，u_2	0.0020	0.0000	15	2.1785	>.500
层一，r	0.0896	0.0080			

由表 9-32 的固定效应部分可得出以下结论。

（1）综合性因素对剩余全要素生产率的影响分析。金融结构、对外贸易、外商直接投资是负向显著影响因素，表明金融结构、对外贸易、外商直接投资水平越高的年度全要素生产率越低。其具体影响程度为，金融结构提高 0.1 个单位，全要素生产率将降低 0.01449；对外贸易提高 0.1 个单位，全要素生产率将降低 0.07887；外商直接投资提高 0.1 个单位，全要素生产率将降低 0.14226。之所以会阻碍全要素生产率的提高，是由于外商直接投资对国内投资具有一定的挤出效应。城市化、产业结构高级化、市场化进程是正向显著影响因素，表明市城市化、产业结构高级化、市场化水平高的年度剩余全要素生产率高。其具体影响程度为，城市化提高 0.1 个单位，全要素生产率将提高 0.1746；产业结构高级化提高 0.1 个单位，全要素生产率将提高 0.01253；市场化进程加快 1 个单位，全要素生产率将提高 0.2863。之所以能促进全要素生产率的提高，是由于城市化能够提高经济规模的效率，市场化能够促进经济结构的调整，产业结构高级化有利于要素资源在效率差异部门之间的流动。

（2）综合性因素对资本产出效率的影响分析。城市化、外商直接投资为负向显著影响因素，表明城市化、外商直接投资水平高的年度资本产出效率低。其具体影响程度为，城市化提高 0.1 个单位，资本产出效率将降低 0.29029；外商直接投资提高 0.1 个单位，资本产出效率将降低 0.13412。同时，由于资本系数与城市化、外商直接投资的系数符号相反，因而城市化、外商直接投资水平的提高将削弱资本与 GDP 之间的正向关系。之所以会阻碍资本产出效率的提高，是由于外商直接投资对国内投资具有一定的挤出效应。对外贸易、产业结构高级化是正向显著影响因素，表明对外贸易水平高、产业结构高级化程度高的年度资本产出效率高，其具体影响程度为，对外贸易提高 0.1 个单位，资本产出效率将提高 0.07218；产业结构高级化程度提高 0.1 个单位，资本产出效率将提高 0.05304。同时，由于资本系数与对外贸易、产业结构高级化的系数符号相同，因而对外贸易、产业结构高级化水平的提高将加强资本与 GDP 之间的正向关系。之所以能促进资本产出效率的提高，是由于对外贸易能扩大市场规模、产业结构高级化能促进要素更合理的流动。

（3）综合性因素对技术创新产出效率的影响分析。城市化、外商直接投资为正向显著影响因素，表明城市化、外商直接投资均值大的年度技术创新产出效率均值大。其具体影响程度为，城市化水平提高 0.1 个单位，技术创新产出效率将提高 0.14646；外商直接投资提高 0.1 个单位，技术创新产出效率将提高 0.07186。同时，由于技术创新系数与城市化、外商直接投资的系数符号相同，因而城市化、外商直接投资水平的提高将加强技术创新与 GDP 之间的正向关系。之所以能促进技术创新产出效率的提高，是由于城市化进程能促进技术转化效率的提高。产业结构高级化为负向显著影响因素，表明产业结构高级化水平高的年度技术创新产出效率低。其具体影响程度为，产业结构高级化水平提高 0.1 个单位，技术创新产出效率将降低 0.02796。同时，由于技术创新系数与产业结构高级化的系数符号相反，因而产业结构高级化水平的提高将削弱技术创新与 GDP 之间的正向关系。之所以会阻碍技术创新产出效率的提高，是由于 1998—2016 年间长江经济带的生产服务业的发展还不完善。

5. 方差成分解释程度

由表 9-29 和表 9-30 的随机效应中的层一方差得到表 9-33 的原始总方差和条件总方差；表 9-31 和表 9-32 的随机效应中的层二方差之和得到表 9-33 的原始总方差和条件总方差。层一、层二的方差成分解释程度见表 9-33。

表 9-33　长江经济带经济增长层一、层二的方差成分解释程度

层次	原始总方差	条件总方差	解释程度 /%
层一	0.3840	0.0108	97.18%
层二	0.4212	0.0007	99.83%

由表 9-33 可知，层一方差解释程度为 97.18%，层二方差解释程度为 99.83%，总体上层一解释变量对层一方差，层二解释变量对层二方差都有较好的解释。这表明构建的长江经济带经济增长要素效率影响因素的实证分析模型较为合理。

二、稳健性检验

运用常数折旧率得到的技术创新替代量（RDKC）代替运用变数折旧率得

到的技术创新（RDKV），对长江经济带效率型经济增长模型进行稳健性检验。

（一）基本影响要素作用的稳健性检验

长江经济带基本影响要素作用的稳健性检验可由固定效应模型分析得到。依据第三章第二节"效率型经济增长模型的应用步骤"中的固定效应模型，得到稳健性检验的结果，见表9-34。

表9-34　长江经济带经济增长变截距模型结果

固定效应	系数	标准误差	t 值	自由度	p 值
截距1，β_{0j}					
截距2，γ_{00}	8.8191	0.1393	63.3260	18	0.0000
lnEK 斜率，β_{1j}					
截距2，γ_{10}	0.5850	0.0408	14.3400	204	0.0000
lnEL 斜率，β_{2j}					
截距2，γ_{20}	0.1845	0.0213	8.6760	204	0.0000
lnEH 斜率，β_{3j}					
截距2，γ_{30}	0.6007	0.0903	6.6540	204	0.0000
lnERDKV 斜率，β_{4j}					
截距2，γ_{40}	0.2479	0.0300	8.2670	204	0.0000
随机效应	标准误差	方差成分	自由度	卡方值	p 值
截距，u_0	0.6229	0.3880	18	7043.4200	0.0000
层一，r	0.1046	0.0109			

由表9-34和表9-30的固定效应部分可知，二者的资本投入、劳动力投入、人力资本、技术创新的系数符号与数值几乎相同。因此，从固定效应模型来看，各变量的结果具有稳健性。

（二）要素效率异质性效应的稳健性检验

长江经济带要素效率异质性效应的稳健性检验可由随机效应模型分析得到。依据第三章第二节"效率型经济增长模型的应用步骤"中的随机效应模型，得到稳健性检验的结果，见表9-35。

表 9-35　长江经济带经济增长随机效应结果

固定效应	系数	标准误差	t 值	自由度	p 值
截距 1，β_{0j}					
截距 2，γ_{00}	8.8191	0.1393	63.3260	18	0.0000
lnEK 斜率，β_{1j}					
截距 2，γ_{10}	0.5937	0.0305	19.4400	18	0.0000
lnEL 斜率，β_{2j}					
截距 2，γ_{20}	0.2010	0.0228	8.8050	204	0.0000
lnEH 斜率，β_{3j}					
截距 2，γ_{30}	0.6161	0.0887	6.9430	204	0.0000
lnERDKV 斜率，β_{4j}					
截距 2，γ_{40}	0.2314	0.0272	8.5150	18	0.0000
随机效应	标准误差	方差成分	自由度	卡方值	p 值
截距，u_0	0.6231	0.3882	18	9177.1109	0.0000
lnEK 斜率，u_1	0.1591	0.0253	18	57.0322	0.0000
lnERDKV 斜率，u_2	0.0913	0.0083	18	67.8850	0.0000
层一，r	0.0916	0.0084			

由表 9-35 和表 9-31 的固定效应部分可知，二者的资本投入、劳动力投入、人力资本、技术创新的系数符号与数值都基本相同；随机效应部分的方差成分数值相差无几，并且卡方检验显著性结果相同。因此，从随机效应模型来看，各变量的结果具有稳健性。

（三）综合性因素作用的稳健性检验

长江经济带综合性因素作用的稳健性检验可由全模型分析得到。依据第三章第二节"效率型经济增长模型的应用步骤"中的全模型，得到稳健性检验的结果，见表 9-36。

表 9-36　长江经济带经济增长全模型结果

固定效应	系数	标准误差	t 值	自由度	p 值
截距 1，β_{0j}					
截距 2，γ_{00}	8.8191	0.0069	1275.9030	12	0.0000
FS，γ_{01}	−0.1448	0.0571	−2.5350	12	0.0260

续　表

固定效应	系数	标准误差	t 值	自由度	p 值
URB，γ_{02}	1.7467	0.8329	2.0970	12	0.0580
TS，γ_{03}	0.1252	0.0447	2.7990	12	0.0170
IE，γ_{04}	−0.7890	0.2117	−3.7280	12	0.0030
MAR，γ_{05}	0.2863	0.0420	6.8210	12	0.0000
FDI，γ_{06}	−1.4223	0.3738	−3.8050	12	0.0030
lnEK 斜率，β_{1j}					
截距 2，γ_{10}	0.5795	0.0116	50.0400	14	0.0000
URB，γ_{11}	−2.8945	0.2909	−9.9490	14	0.0000
TS，γ_{12}	0.5172	0.1594	3.2450	14	0.0060
IE，γ_{13}	0.7373	0.1955	3.7720	14	0.0020
FDI，γ_{14}	−1.2894	0.2437	−5.2920	14	0.0000
lnEL 斜率，β_{2j}					
截距 2，γ_{20}	0.2142	0.0232	9.2210	191	0.0000
lnEH 斜率，β_{3j}					
截距 2，γ_{30}	0.6600	0.0927	7.1180	191	0.0000
lnERDKV 斜率，β_{4j}					
截距 2，γ_{40}	0.2327	0.0090	25.8370	15	0.0000
URB，γ_{41}	1.4588	0.1011	14.4300	15	0.0000
TS，γ_{42}	−0.2705	0.0587	−4.6090	15	0.0000
FDI，γ_{43}	0.6804	0.1027	6.6240	15	0.0000
随机效应	标准误差	方差成分	自由度	卡方值	p 值
截距，u_0	0.0266	0.0007	12	23.4717	0.0240
lnEK 斜率，u_1	0.0071	0.0001	14	1.4965	>.500
lnERDKV 斜率，u_2	0.0023	0.0000	15	2.0449	>.500
层一，r	0.0899	0.0081			

由表 9−36 和表 9−32 的固定效应部分可知，二者的全要素生产率、资本效率、劳动力效率、人力资本效率、技术创新效率的影响因素系数符号相同、数值几乎相等；随机效应部分的方差成分数值相差无几，并且卡方检验显著性结果相同。因此，从全模型来看，各变量的结果具有稳健性。

第三节 结论与启示

一、结论

在中国向高质量发展转化的过程中，怎样提高长江经济带经济增长要素的效率无疑是一个值得研究的问题。本章基于长江经济带省域经济增长相关数据，运用效率型经济增长模型，实证分析了综合性因素（市场化进程、对外开放、金融发展、城市化、产业结构变迁）对长江经济带剩余全要素效率，以及资本、劳动力、人力资本、技术创新产出效率在不同省域、不同年度异质性的影响，得到如下结论。

（一）对不同省域异质性的影响

（1）长江经济带省域各省 GDP 对数平均值在省份之间的差异有 48.00% 可以用二层变量来解释，从而说明在研究中国省域经济增长时，必须引入层二变量。

（2）长江经济带省域经济增长各省之间的剩余全要素生产率、资本效率、劳动效率、技术创新效率存在显著性差异，即存在异质性。

（3）长江经济带省域综合性因素对剩余全要素生产率及基本要素产出效率省份间异质性有较好的解释，具体可解释其差异的 63.08%，基本要素能解释层一差异的 98.87%。

（4）长江经济带省域综合影响因素在不同时段（1998—2007、2008—2016）对要素产出效率的作用存在差异性。

（二）对不同年度异质性的影响

（1）长江经济带各省 GDP 对数平均值在年度之间的差异有 31.09% 可以用二层变量来解释，从而说明在研究中国经济增长时，必须引入层二变量。

（2）长江经济带经济增长各年度之间的剩余全要素生产率、技术创新效率存在显著性差异，即存在异质性。

（3）长江经济带综合性因素对剩余全要素生产率及基本要素产出效率年度间异质性有较好的解释，具体可解释其差异的 99.83%，基本要素能解释层一差异的 97.18%。

从以上分析中可以得到，长江经济带效率型经济增长模型的作用：能够检验长江经济带经济增长研究是否需要引入层二变量；能够检验长江经济带经济增长的效率（剩余全要素生产率、资本效率、人力资本效率、劳动效率、技术创新效率）是否存在异质性；能够较合适地分析长江经济带经济增长综合性因素对效率异质性的精确影响，并且能对影响程度给出评价。这为长江经济带经济增长提高要素效率提供了理论依据，从而有可能促进长江经济带经济高质量增长理论的发展。

二、启示

长江经济带高质量经济增长重点应关注技术创新和要素产出效率的提高，具体实践中要关注"三方面动力"：提高科技进步水平及产出效率，推动长江经济带高质量经济增长；提高剩余全要素生产率，推动长江经济带高质量经济增长；提高资本、劳动力、人力资本产出效率，推动长江经济带高质量经济增长。基于实证的结果，提出如下建议：

（1）提高科技进步水平及产出效率，推动长江经济带高质量经济增长。加大 R&D 的投入力度，在大幅度增加 R&D 经费投入的同时，保持合理的 R&D 投入结构，实现 R&D 资源的优化配置，提高对科技基础资源的有效利用。由于在长江经济带省域经济增长中，市场化进程、外商直接投资、产业结构高级化对技术创新产出效率为正向显著影响；对外贸易对技术创新产出效率为负向显著影响。因此，长江经济带应进一步扩大技术市场的规模来加强市场化进程的正向影响；进一步优化外商直接投资的结构，提高技术投资的占比；进一步大力发展服务业，尤其是生产性服务业的发展；坚决促进贸易转型，由较低的传统劳动密集产品转向资本技术密集型产品。

（2）提高剩余全要素生产率，推动长江经济带高质量经济增长。由于在长江经济带省域经济增长中，市场化进程、产业结构合理化、金融结构对截距（剩余全要素生产率）为正向显著影响；金融规模对剩余全要素生产率为负向显著影响。因此，长江经济带应进一步完善要素市场化配置的体制机制，促进要素资源自由有序流动；通过大力发展生产性服务业提升产业结构合理化的作用；继续深化证券市场的改革，建立适应效率提高的金融体系。同时，长江经济带应通过加快金融供给侧结构性改革，实现经济的脱虚向实，达到虚实结构合理的目标来扭转金融规模的负向影响。

（3）提高资本、劳动力产出效率，推动高质量经济增长。由于产业结构高级化对劳动力的产出效率为正向显著影响，因此，长江经济带要在加大服务业投资的基础上，提升服务业的发展水平；重点是加大服务业的科技投入，提升服务业的科技水平；核心是大力发展生产服务业，提升生产服务业的竞争力。由于城市化对资本产出效率为负向显著影响。因此，长江经济带一方面要加快人口城市化的步伐，扭转土地城市化带来的负向影响；另一方面要协调好长江经济带城市群的发展。由于金融规模对资本的产出效率为正向显著影响，但是从时段上看1998—2007年是负向显著，2008—2016年不显著，因此，长江经济带应加快推进金融市场化发展。

第十章 丝绸之路经济带经济增长要素 效率的影响因素研究

建设丝绸之路经济带是我国当前和今后一个时期的对外合作倡议，丝绸之路经济带沿线省份已经成为该倡议的受益者，丝绸之路经济带已经成为中国经济发展的独特区域。在中国经济向高质量转化的过程中，丝绸之路经济带经济高质量增长成为一个值得研究的问题。关于促进丝绸之路经济带经济增长，学者们已有较为深入的研究。例如，段鑫等运用面板数据模型分析得到产业结构优化、市场化进程、城镇化水平有助于丝绸之路经济带经济高质量发展；谢红等运用面板数据模型研究对外开放对丝绸之路经济带经济增长的影响；婷婷、赵莺基于丝绸之路经济带，运用面板数据模型研究金融发展对经济增长的驱动作用。但对丝绸之路经济带经济增长要素效率的研究还较少，尤其是综合性影响因素对要素效率的作用还少见。因此，本章实证分析综合性影响因素对丝绸之路经济带经济增长要素效率的作用。

第一节 丝绸之路省域经济增长要素效率影响因素的 实证分析

一、丝绸之路省域经济增长要素效率综合性影响因素的分析

（一）变量的选择与数据来源

选择丝绸之路经济带省域（陕西、甘肃、青海、宁夏、新疆、重庆、四川、云南、广西）9个省市为评价单元，样本区间为1998—2016年。

层一变量、层二变量的选择和数据来源与第四章第一节一致。各变量的描述统计见表10-1。

表 10-1　丝绸之路经济带层一、层二变量的样本统计值

变量层次	变量名称	样本数	均值	标准差	最小值	最大值
层一	lnEGDP	171	7.8800	1.0500	5.4100	10.0300
	lnEK	171	9.0700	1.1300	6.3800	11.4800
	lnEL	171	7.1700	0.9000	5.5600	8.4900
	lnEH	171	2.0900	0.1600	1.3900	2.3800
	lnERDKV	171	4.0500	1.4400	1.0300	7.0200
	lnERDKC	171	4.2000	1.4400	1.1900	7.1800
层二	MAR	9	4.0000	1.1100	2.5100	5.5800
	FDI	9	0.2000	0.0800	0.0700	0.2900
	IE	9	0.1100	0.0400	0.0500	0.1900
	TL	9	0.3800	0.1100	0.2100	0.5400
	TS	9	0.9000	0.0600	0.8000	0.9700
	URB	9	0.3800	0.0600	0.3200	0.4800
	FS	9	0.6600	0.2500	0.4200	1.0700
	FI	9	1.9800	0.4600	1.2500	2.8100

由于数据经过不变价处理且取了对数，因而省内各年度间变量值差异不大，因此，由表 10-1 各层一变量的标准差、最小值、最大值可知，1998—2016 年各省层一变量的国内生产总值对数、资本投入对数、劳动力投入对数、人力资本对数、技术创新对数在不同省之间存在较大的差异；层二变量的市场化进程、外商直接投资、贸易开放、产业结构合理化、产业结构高级化、城市化、金融结构、金融规模在不同省之间存在较大的差异。

（二）实证结果分析

基于丝绸之路经济带 9 个省的数据，运用第三章第一节"效率型经济增长模型构建"；依据第三章第二节"效率型经济增长模型的应用步骤"，具体按零模型、固定效应模型、随机系数模型、全模型的顺序，对影响丝绸之路经济带高质量经济增长要素效率的综合因素进行分析，并对综合影响因素进行分阶段分析及稳健性检验；多层统计模型的结果是使用专业 HLM7.0 软件分析得到的。其中，层一与层二模型中的解释变量都用组中心化后的数据参与运算。由于层一变量的每个随机系数都需要引入 5 个方面 7 个变量探讨其影响程度，将

所有变量都列出来将导致表过于庞大，同时，为了便于从整体性、不同时段、不同区域进行比较，本文将在整体性、不同时段、不同区域只要有一处 t 值大于 1 的变量就在各个表中列出。

1. 丝绸之路经济带省域经济增长的变异分解

丝绸之路经济带各省经济增长的均值在不同省之间是否有显著性差异？差异由层一和层二所产生的影响各占多大比例？运用多层统计模型的零模型可以回答上述问题。依据层二所产生影响的占比（组内相关系数）大小决定是否将层二变量引入模型中。基于丝绸之路经济带省域数据，运用第三章第二节"效率型经济增长模型的应用步骤"中的零模型，得到零模型的结果，见表 10-2。

表 10-2　丝绸之路经济带各省经济增长均值与变异的分解结果

固定效应	系数	标准误差	t 值	自由度	p 值
截距 1，β_{0j}					
截距 2，γ_{00}	7.8759	0.2856	27.5730	8	0.0000
随机效应	标准误差	方差成分	自由度	卡方值	p 值
截距，u_0	0.8975	0.8055	8	321.2796	0.0000
层一，r	0.6252	0.3908			

由表 10-2 的固定效应部分可知，丝绸之路经济带 9 个省的对数 GDP 均值为 7.8759；由零模型的随机效应部分的卡方检验结构可知，9 个省的对数 GDP 均值有显著性差异，而差异的度量可由组内相关系数 ρ = 0.8055/（0.8055+0.3908）=67.33% 给出，即丝绸之路经济带 9 省 GDP 对数平均值的差异有 67.33% 可以用二层变量来解释，只有 32.67% 的差异可以用层一变量来解释，从而说明在研究各省经济增长时，必须引入层二变量。层二变量为丝绸之路经济带经济环境中的市场化进程、对外开放、金融发展、城市化、产业结构变迁。

2. 丝绸之路经济带省域经济增长基本影响要素的作用分析

基本影响要素的作用分析可由固定效应模型分析得到。基于丝绸之路经济带省域数据，运用第三章第二节"效率型经济增长模型的应用步骤"中的固定效应模型，得到固定效应模型的结果，见表 10-3。

表 10-3　丝绸之路经济带经济增长变截距模型结果

固定效应	系数	标准误差	t 值	自由度	p 值
截距 1, β_{0j}					
截距 2, γ_{00}	7.8759	0.2856	27.5730	8	0.0000
ln$K$ 斜率, β_{1j}					
截距 2, γ_{10}	0.5320	0.0319	16.6780	166	0.0000
lnEL 斜率, β_{2j}					
截距 2, γ_{20}	0.0115	0.0639	0.1800	166	0.8580
lnEH 斜率, β_{3j}					
截距 2, γ_{30}	0.0726	0.0673	1.0770	166	0.2830
lnERDKV 斜率, β_{4j}					
截距 2, γ_{40}	0.1524	0.0313	4.8630	166	0.0000
随机效应	标准误差	方差成分	自由度	卡方值	p 值
截距, u_0	0.9088	0.8260	8	48037.9805	0.0000
层一, r	0.0511	0.0026			

由表 10-3 的固定效应部分可知，基本影响因素 lnEK、lnERDKV 的系数均值为正向显著，即资本投入、技术创新的增加对经济增长都有显著的促进作用。其中，资本投入增加 1%，经济增长将增加 0.532%；技术创新增加 1%，经济增长将增加 0.1524%；劳动力投入、人力资本的影响不显著，是由于丝绸之路经济带省域中一般劳动力人数过多，但高素质的劳动力过少导致的。由随机效应部分可知，资本投入、劳动力投入、人力资本、技术创新引入层一模型中，层一方差得到较好的解释，由零模型表 10-2 的 0.3908 减少到固定效应模型的 0.0026，表明每个省的资本投入、劳动力投入、人力资本、技术创新能较好地解释省内 GDP 不同年度间的变化。

3. 丝绸之路经济带省域经济增长要素效率异质性检验

要素效率异质性的检验可由随机效应（变系数）模型分析得到。基于丝绸之路经济带省域数据，运用第三章第二节"效率型经济增长模型的应用步骤"中的随机效应模型，得到随机效应模型的结果，见表 10-4。

表 10-4　丝绸之路经济带经济增长要素效率异质性结果

固定效应	系数	标准误差	t 值	自由度	p 值
截距 1，β_{0j}					
截距 2，γ_{00}	7.8759	0.2856	27.5730	8	0.0000
lnEK 斜率，β_{1j}					
截距 2，γ_{10}	0.3327	0.0554	6.0020	8	0.0000
lnEL 斜率，β_{2j}					
截距 2，γ_{20}	0.4328	0.2226	1.9440	8	0.0870
lnEH 斜率，β_{3j}					
截距 2，γ_{30}	0.1507	0.0707	2.1310	166	0.0340
lnERDKV 斜率，β_{4j}					
截距 2，γ_{40}	0.3531	0.0506	6.9850	8	0.0000
随机效应	标准误差	方差成分	自由度	卡方值	p 值
截距，u_0	0.9089	0.8260	7	85613.8526	0.0000
lnEK 斜率，u_1	0.1505	0.0227	7	44.8656	0.0000
lnEL 斜率，u_2	0.6263	0.3923	7	164.3738	0.0000
lnERDKV 斜率，u_4	0.1410	0.0199	7	46.5433	0.0000
层一，r	0.0339	0.0012			

　　由表 10-4 的固定效应部分可知，资本投入、劳动力投入、人力资本、技术创新的系数与表 10-3 的相应系数有一定的差异，是由于使用变截距模型与变系数模型不同造成的，多层统计分析侧重于随机系数模型的结果，即在中国经济增长的过程中，资本投入增加 1%，经济增长将增加 0.3327%；劳动力投入增加 1%，经济增长将增加 0.4328%；人力资本增加 1%，经济增长将增加 0.1507%；技术创新增加 1%，经济增长将增加 0.3531%。由表 10-4 的随机效应部分可知，资本投入、劳动力投入、技术创新的效率在各个省之间存在显著性差异，同时表明截距、lnEK、lnEL、lnRDK 与 lnEGDP 之间的关系随着省份的不同而显著不同。

　　4. 丝绸之路经济带省域综合性因素对要素效率的作用分析

　　综合性因素对要素效率的作用分析可由全模型分析得到。基于丝绸之路经济带省域数据，运用第三章第二节"效率型经济增长模型的应用步骤"中的全模型，得到全模型的结果，见表 10-5。

表 10-5　丝绸之路经济带省域综合性因素的作用结果

固定效应	系数	标准误差	t 值	自由度	p 值
截距 1，β_{0j}					
截距 2，γ_{00}	7.8759	0.0981	80.2450	2	0.0000
MAR，γ_{01}	1.5570	0.1538	10.1270	2	0.0000
FDI，γ_{02}	−7.0217	0.6822	−10.2930	2	0.0000
TL，γ_{03}	7.8537	0.8691	9.0370	2	0.0000
URB，γ_{04}	3.4348	1.3397	2.5640	2	0.0840
FS，γ_{05}	4.2688	0.6949	6.1430	2	0.0010
FI，γ_{06}	−1.7944	0.2478	−7.2400	2	0.0000
lnEK 斜率，β_{1j}					
截距 2，γ_{10}	0.3313	0.0565	5.8640	7	0.0000
IE，γ_{11}	2.8255	1.2929	2.1850	7	0.0650
lnEL 斜率，β_{2j}					
截距 2，γ_{20}	0.5699	0.2444	2.3320	6	0.0580
MAR，γ_{21}	0.1787	0.1985	0.9000	6	0.4030
IE，γ_{22}	−12.9003	6.0497	−2.1320	6	0.0760
lnEH 斜率，β_{3j}					
截距 2，γ_{30}	0.1873	0.0752	2.4910	153	0.0140
lnERDK 斜率，β_{4j}					
截距 2，γ_{40}	0.3522	0.0833	4.2300	4	0.0190
IE，γ_{41}	−2.4946	1.5858	−1.5730	4	0.1900
TS，γ_{42}	−0.5246	0.2521	−2.0810	4	0.1030
FS，γ_{43}	0.5395	0.1461	3.6920	4	0.0330
FI，γ_{44}	−0.2937	0.0764	−3.8440	4	0.0300

随机效应	标准误差	方差成分	自由度	卡方值	p 值
截距，u_0	0.2944	0.0866	1	9562.6255	0.0000
lnEK 斜率，u_1	0.1447	0.0209	6	38.7075	0.0000
lnEL 斜率，u_2	0.5854	0.3427	5	337.5136	0.0000
lnERDKV 斜率，u_3	0.2315	0.0536	3	75.5202	0.0000
层一，r	0.0330	0.0011			

由表 10-5 的固定效应部分可得出以下结论。①综合性因素对截距（剩余

全要素生产率）的影响分析。丝绸之路经济带省域市场化进程、产业结构合理化、城市化、金融结构是正向显著影响因素，表明市场化程度高、产业结构合理化程度高、城市化程度高、金融结构水平高的省份剩余全要素生产率高。其具体影响程度为，市场化程度加快 1 个单位，全要素生产率将提高 0.1557；产业结构合理化程度提高 0.1 个单位，全要素生产率将提高 0.78537；城市化水平提高 0.1 个单位，全要素生产率将提高 0.34348；金融结构水平提高 0.1 个单位，全要素生产率将提高 0.42688。之所以能促进全要素生产率的提高，是由于市场化进程的推进改善了资源配置效率；产业结构合理化有利于要素资源在效率差异部门之间的流动更加合理；金融结构水平的提高可以改善资本配置效率等。

外商直接投资、金融规模是负向显著影响因素，表明丝绸之路经济带省域外商直接投资越多、金融规模越大的省份全要素生产率越低。其具体影响程度为，外商直接投资提高 0.1 个单位，全要素生产率将降低 0.70217；金融规模扩大 0.1 个单位，全要素生产率将降低 0.17944。之所以会阻碍全要素生产率的提高，是由于外商直接投资对国内投资具有一定的挤出效应；中国当前以国有大银行为主导的金融体系的发展模式对民营经济的发展产生了一定的挤出效应。

②综合性因素对资本产出效率的影响分析。对外贸易是正向显著影响因素。表明对外贸易水平高的省份资本产出效率高。其具体影响程度为，对外贸易提高 0.1 个单位，资本产出效率将提高 0.28255。同时，由于资本系数与对外贸易的系数符号相同，因而对外贸易水平的提高将加强丝绸之路经济带省域资本与 GDP 之间的正向关系。之所以能促进资本产出效率的提高，是由于对外贸易能扩大市场规模能促进要素资源更合理的流动。

③综合性因素对劳动力产出效率的影响分析。对外贸易为负向显著影响因素，表明对外贸易水平高的省份劳动力产出效率低。其具体影响程度为，对外贸易水平提高 0.1 个单位，劳动力产出效率将降低 1.29003。同时，由于劳动力系数与对外贸易的系数符号相反，因而对外贸易水平的提高将削弱劳动力与 GDP 之间的正向关系。之所以会阻碍劳动力产出效率的提高，是由于对外贸易对中国劳动力具有一定的挤出效应。

④综合性因素对技术创新产出效率的影响分析。金融结构是正向显著影响因素，表明金融结构水平均值大的省份技术创新产出效率均值大。其具体影响程度为，金融结构水平提高 0.1 个单位，技术创新产出效率将提高 0.05395。

同时，由于技术创新系数与金融结构的系数符号相同，因而金融结构的水平的提高将加强技术创新与 GDP 之间的正向关系。金融规模是负向显著影响因素，表明金融规模水平高的省份技术创新产出效率低。其具体影响程度为，金融规模水平提高 0.1 个单位，技术创新产出效率将降低 0.02937。同时，由于技术创新系数与金融规模的系数符号相反，因而金融规模水平的提高将削弱技术创新与 GDP 之间的正向关系。

5. 基本因素与综合性因素对方差的解释程度

由表 10-2 和表 10-3 的随机效应中的层一方差得到表 10-6 的原始总方差和条件总方差，由表 10-4 和表 10-5 的随机效应中的层二方差之和得到表 10-6 的原始总方差和条件总方差。层一、层二的方差成分解释程度见表 10-6。

表 10-6　丝绸之路经济带层一、层二的方差成分解释程度

层次	原始总方差	条件总方差	解释程度 /%
层一	0.3908	0.0026	99.33%
层二	1.2609	0.5038	60.04%

由表 10-6 可知，层一方差解释程度为 99.33%，层二方差解释程度为 60.04%，总体上层一解释变量对层一方差，层二解释变量对层二方差都有较好的解释。这表明构建的丝绸之路经济带省域经济增长要素效率影响因素的实证分析模型较为合理。

（三）稳健性检验

因为模型的输出结果既取决于模型的设定形式，也取决于变量的选取。如果模型输出结果对变量指标的选取极其敏感，那么该模型的结果及依据其得出的结论便是不可靠的。为了保证估计结果的稳健性，模型采用变量替代，即运用常数折旧率得到的技术创新替代量（RDKC）代替运用变数折旧率得到的技术创新（RDKV），对市场化进程、对外开放、金融发展、城市化、产业结构变迁与经济增长要素效率之间的关系进行稳健性检验。

1. 基本影响要素作用的稳健性检验

基本影响要素的作用分析的稳健性检验可由固定效应模型分析得到。基于丝绸之路经济带省域数据，运用第三章第二节"效率型经济增长模型的应用步骤"中的固定效应模型，得到稳健性检验的结果，见表 10-7。

表 10-7　丝绸之路经济带经济增长变截距模型结果（RDKC 替代）

固定效应	系数	标准误差	t 值	自由度	p 值
截距 1，β_{0j}					
截距 2，γ_{00}	7.8759	0.2856	27.5730	8	0.0000
lnEK 斜率，β_{1j}					
截距 2，γ_{10}	0.5310	0.0335	15.8530	166	0.0000
lnEL 斜率，β_{2j}					
截距 2，γ_{20}	0.0136	0.0647	0.2100	166	0.8340
lnEH 斜率，β_{3j}					
截距 2，γ_{30}	0.0785	0.0666	1.1780	166	0.2410
lnERDKV 斜率，β_{4j}					
截距 2，γ_{40}	0.1525	0.0327	4.6590	166	0.0000
随机效应	标准误差	方差成分	自由度	卡方值	p 值
截距，u_0	0.9088	0.8260	8	47006.9538	0.0000
层一，r	0.0517	0.0027			

由表 10-7 和表 10-3 的固定效应部分可知，二者的资本存量、就业人数、人力资本、技术创新的系数符号与数值几乎相同。因此，从固定效应模型来看，各变量的结果具有稳健性。

2. 要素效率异质性效应的稳健性检验

要素效率异质性效应的稳健性检验可由随机效应模型分析得到。基于丝绸之路经济带省域数据，运用第三章第二节"效率型经济增长模型的应用步骤"中的随机效应模型，得到稳健性检验的结果，见表 10-8。

表 10-8　丝绸之路经济带经济增长要素效率异质性结果（RDKC 替代）

固定效应	系数	标准误差	t 值	自由度	p 值
截距 1，β_{0j}					
截距 2，γ_{00}					
lnEK 斜率，β_{1j}	7.8759	0.2856	27.5730	8	0.0000
截距 2，γ_{10}					
lnEL 斜率，β_{2j}	0.3042	0.0628	4.8400	8	0.0010

固定效应	系数	标准误差	t 值	自由度	p 值
截距 2，γ_{20}					
lnEH 斜率，β_{3j}	0.4334	0.2337	1.8540	8	0.1000
截距 2，γ_{30}					
lnERDKV 斜率，β_{4j}	0.1496	0.0735	2.0350	166	0.0430
截距 2，γ_{40}					
随机效应	标准误差	方差成分	自由度	卡方值	p 值
截距，u_0	0.9089	0.8260	7	87360.9283	0.0000
lnEK 斜率，u_1	0.1744	0.0304	7	47.3055	0.0000
lnEL 斜率，u_2	0.6619	0.4382	7	171.9852	0.0000
lnERDKV 斜率，u_3	0.1642	0.0270	7	48.2910	0.0000
层一，r	0.0336	0.0011			

由表 10-8 和表 10-4 的固定效应部分可知，二者的资本投入、劳动力投入、人力资本、技术创新的系数符号与数值都基本相同；随机效应部分的方差成分数值相差无几，并且卡方检验显著性结果相同。因此，从随机效应模型来看，各变量的结果具有稳健性。

3. 综合性因素作用的稳健性检验

综合性因素作用的稳健性检验可由全模型分析得到。基于丝绸之路经济带省域数据，运用第三章第二节"效率型经济增长模型的应用步骤"中的全模型，得到稳健性检验的结果，见表 10-9。

表 10-9　综合性因素的作用结果（RDKC 替代）

固定效应	系数	标准误差	t 值	自由度	p 值
截距 1，β_{0j}					
截距 2，γ_{00}	7.8759	0.0983	80.1560	2	0.0000
MAR，γ_{01}	1.5648	0.1487	10.5250	2	0.0000
FDI，γ_{02}	-7.0179	0.6681	-10.5040	2	0.0000
TL，γ_{03}	7.8425	0.8444	9.2880	2	0.0000
URB，γ_{04}	3.3404	1.3448	2.4840	2	0.0860

固定效应	系数	标准误差	t 值	自由度	p 值
FS，γ_{05}	4.2863	0.6920	6.1940	2	0.0000
FI，γ_{06}	−1.7776	0.2403	−7.3970	2	0.0000
lnEK 斜率，β_{1j}					
截距 2，γ_{10}	0.3002	0.0636	4.7220	7	0.0020
IE，γ_{11}	3.1849	1.4483	2.1990	7	0.0630
lnEL 斜率，β_{2j}					
截距 2，γ_{20}	0.5835	0.2488	2.3450	6	0.0570
MAR，γ_{21}	0.1736	0.2028	0.8560	6	0.4250
IE，γ_{22}	−13.6725	6.1187	−2.2350	6	0.0660
lnEH 斜率，β_{3j}					
截距 2，γ_{30}	0.1848	0.0746	2.4780	153	0.0150
lnERDKV 斜率，β_{4j}					
截距 2，γ_{40}	0.3872	0.0929	4.1670	4	0.0210
IE，γ_{41}	−2.9150	1.8112	−1.6090	4	0.1820
TS，γ_{42}	−0.5119	0.2752	−1.8600	4	0.1340
FS，γ_{43}	0.5840	0.1568	3.7240	4	0.0330
FI，γ_{44}	−0.3120	0.0799	−3.9070	4	0.0280
随机效应	标准误差	方差成分	自由度	卡方值	p 值
截距，u_0	0.2947	0.0868	1	9808.5457	0.0000
lnEK 斜率，u_1	0.1666	0.0278	6	40.3992	0.0000
lnEL 斜率，u_2	0.5994	0.3593	5	352.5303	0.0000
lnERDKV 斜率，u_3	0.2603	0.0677	3	75.9128	0.0000
层一，r	0.0326	0.0011			

　　由表 10-9 和表 10-5 的固定效应部分可知，二者的全要素生产率、资本效率、劳动力效率、人力资本效率、技术创新效率的影响因素系数符号相同、数值几乎相等；随机效应部分的方差成分数值相差无几，并且卡方检验显著性结果相同。因此，从全模型来看，各变量的结果具有稳健性。

二、丝绸之路省域经济增长要素效率综合性影响因素的阶段性分析

（一）1998—2007 时段

1.描述统计

丝绸之路经济带 1998—2007 年经济增长层一、层二的描述统计结果见表 10-10。

表 10-10　丝绸之路经济带 1998—2007 年经济增长层一、层二变量的描述统计值

变量层次	变量名称	样本数	均值	标准差	最小值	最大值
层一	lnEGDP	90	7.3700	0.9000	5.4100	9.0700
	lnEK	90	8.3300	0.7900	6.3800	9.7700
	lnEL	90	7.1100	0.9200	5.5600	8.4600
	lnEH	90	1.9900	0.1500	1.3900	2.2900
	lnERDKV	90	3.3800	1.2900	1.0300	5.8400
	lnERDKC	90	3.5300	1.2900	1.1900	5.9800
层二	MAR	9	3.4600	0.8800	2.5100	4.6300
	FDI	9	0.2500	0.1100	0.0700	0.4100
	IE	9	0.1000	0.0300	0.0600	0.1800
	TL	9	0.4000	0.1200	0.2700	0.6300
	TS	9	0.9600	0.0600	0.8800	1.0900
	URB	9	0.3200	0.0700	0.2400	0.4100
	FS	9	0.4400	0.1800	0.2800	0.7400
	FI	9	1.5700	0.4000	1.0100	2.3200

由表 10-10 各层一变量的标准差、最小值、最大值可知，1998—2007 年丝绸之路经济带各省层一变量的国内生产总值对数、资本投入对数、劳动力投入对数、人力资本对函数、技术创新对数在不同省之间存在较大的差异；层二变量的市场化进程、外商直接投资、贸易开放、产业结构合理化、产业结构高级化、城市化、金融结构、金融规模在不同省之间存在较大的差异。

2. 实证结果分析

（1）1998—2007 年丝绸之路经济带经济增长不同省之间的变异分解。各省经济增长的均值在不同省之间是否有显著性差异及差异由层一和层二所产生的影响各占多大比例仍需运用零模型分析。零模型的结果见表 10-11。

表 10-11　丝绸之路经济带 1998—2007 年各省经济增长均值与变异的分解结果

固定效应	系数	标准误差	t 值	自由度	p 值
截距 1，β_{0j}					
截距 2，γ_{00}	7.3687	0.2831	26.0330	8	0.0000
随机效应	标准误差	方差成分	自由度	卡方值	p 值
截距，u_0	0.8952	0.8014	8	659.1336	0.0000
层一，r	0.3138	0.0985			

由表 10-11 固定效应部分可知，1998—2007 年 9 个省的对数 GDP 均值为 7.3687；由零模型的随机效应部分的卡方检验结构可知，各省的对数 GDP 均值有显著性差异，而差异的度量可由组内相关系数 $\rho = 0.8014/(0.8014+ 0.0985)$ =89.05% 给出，即 1998—2007 年丝绸之路经济带各省 GDP 对数平均值的差异有 89.05% 可以用二层变量来解释，只有 11.95% 的差异可以用层一变量来解释，从而说明在研究 1998—2007 年丝绸之路经济带各省经济增长时，必须引入层二变量。层二变量为经济环境中的市场化进程、对外开放、金融发展、城市化、产业结构变迁。

（2）1998—2007 年丝绸之路经济带经济增长基本影响要素的作用分析。基本要素对经济增长的影响可由固定效应（变截距）模型分析得到，固定效应模型的结果见表 10-12。

表 10-12　丝绸之路经济带 1998—2007 年经济增长变截距模型结果

固定效应	系数	标准误差	t 值	自由度	p 值
截距 1，β_{0j}					
截距 2，γ_{00}	7.3687	0.2831	26.0330	8	0.0000
lnEK 斜率，β_{1j}					
截距 2，γ_{10}	0.7526	0.0306	24.5790	85	0.0000

续　表

固定效应	系数	标准误差	t 值	自由度	p 值
lnEL 斜率，β_{2j}					
截距 2，γ_{20}	0.1525	0.0836	1.8240	85	0.0710
lnEH 斜率，β_{3j}					
截距 2，γ_{30}	−0.1339	0.0419	−3.1990	85	0.0020
lnERDKV 斜率，β_{4j}					
截距 2，γ_{40}	0.0257	0.0160	1.6130	85	0.1100
随机效应	标准误差	方差成分	自由度	卡方值	p 值
截距，u_0	0.9007	0.8112	8	150425.4236	0.0000
层一，r	0.0208	0.0004			

由表 10-12 的固定效应部分可知，基本影响因素 lnEK、lnEL 的系数均值为正向显著，即资本投入、劳动力投入的增加对经济增长都有显著的促进作用。其中，资本增加 1%，经济增长将增加 0.7526%；劳动力增加 1%，经济增长将增加 0.1525%。lnERDKV 的系数均值接近正向显著，即技术创新增加 1%，经济增长将增加 0.0257%。lnEH 的系数为负向显著，表明人力资本增加将阻碍经济增长，人力资本增加 1%，经济增长将降低 0.1339%。由随机效应部分可知，资本投入、劳动力投入、人力资本、技术创新引入层一模型中，层一方差得到较好的解释，由零模型表 10-11 中的 0.0985 减少到固定效应模型表 10-12 中的 0.0004，表明丝绸之路经济带各省的资本投入、劳动力投入、人力资本、技术创新能较好地解释省内 GDP 不同年度间的变化。

（3）1998—2007 年丝绸之路经济带经济增长要素效率异质性检验。要素效率异质性检验可由随机效应（变系数）模型分析得到，随机效应模型的结果见表 10-13。

表 10-13　丝绸之路经济带 1998—2007 年经济增长随机效应结果

固定效应	系数	标准误差	t 值	自由度	p 值
截距 1，β_{0j}					
截距 2，γ_{00}	7.3687	0.2831	26.0330	8	0.0000
lnEK 斜率，β_{1j}					
截距 2，γ_{10}	0.7196	0.0842	8.5450	8	0.0000

固定效应	系数	标准误差	t 值	自由度	p 值
lnEL 斜率，β_{2j}					
截距 2，γ_{20}	−0.0789	0.1591	−0.4960	8	0.6330
lnEH 斜率，β_{3j}					
截距 2，γ_{30}	−0.0652	0.0447	−1.4570	85	0.1490
lnERDKV 斜率，β_{4j}					
截距 2，γ_{40}	0.0852	0.0693	1.2300	8	0.2540
随机效应	标准误差	方差成分	自由度	卡方值	p 值
截距，u_0	0.9007	0.8112	7	331116.6528	0.0000
lnEK 斜率，u_1	0.2378	0.0566	7	39.1068	0.0000
lnEL 斜率，u_2	0.4231	0.1790	7	16.5747	0.0200
lnERDKV 斜率，u_3	0.2037	0.0415	7	93.1760	0.0000
层一，r	0.0124	0.0002			

由表 10-13 的固定效应部分可知，资本投入、劳动力投入、人力资本、技术创新的系数与表 10-12 的相应系数有一定的差异，是由于使用变截距模型与变系数模型不同造成的，多层统计分析侧重于随机系数模型的结果。在丝绸之路经济带经济增长过程中，只有资本变量对经济增长达到了正向显著，资本增加 1%，经济增长将增加 0.7196%；劳动力、人力资本、技术创新变量影响不显著，是由于丝绸之路经济带各省的一般劳动力过多，人才相对过少，技术创新能力相对较弱导致的。由表 10-13 的随机效应部分可知，资本投入、劳动力投入、技术创新的效率在各个省之间存在显著性差异，同时表明截距、lnEK、lnEL、lnERDKV 与 lnEGDP 之间的关系随着省份的不同而显著不同。

（4）1998—2007 年丝绸之路经济带综合性因素对要素效率的影响分析。综合性因素对要素效率的影响分析可由全模型分析得到，全模型的结果见表 10-14。

表 10-14　丝绸之路经济带 1998—2007 年综合性因素对要素效率的影响结果

固定效应	系数	标准误差	t 值	自由度	p 值
截距 1，β_{0j}					
截距 2，γ_{00}	7.3687	0.2825	26.0880	2	0.0000
MAR，γ_{01}	−0.3162	0.3445	−0.9180	2	0.4550

固定效应	系数	标准误差	t 值	自由度	p 值
FDI，γ_{02}	−3.6927	1.4665	−2.5180	2	0.0850
TL，γ_{03}	−5.9624	1.6256	−3.6680	2	0.1930
URB，γ_{04}	−7.7078	2.8609	−2.6940	2	0.0880
FS，γ_{05}	−11.7144	1.9176	−6.1090	2	0.0010
FI，γ_{06}	3.6574	0.9890	3.6980	2	0.1920
lnEK 斜率，β_{1j}					
截距 2，γ_{10}	0.6867	0.0616	11.1400	7	0.0000
IE，γ_{11}	−6.9305	1.5233	−4.5500	7	0.0020
lnEL 斜率，β_{2j}					
截距 2，γ_{20}	−0.0072	0.1332	−0.0540	6	0.9590
MAR，γ_{21}	0.6233	0.1562	3.9910	6	0.0090
IE，γ_{22}	18.5079	4.6646	3.9680	6	0.0100
lnEH 斜率，β_{3j}					
截距 2，γ_{30}	−0.0419	0.0464	−0.9030	72	0.3700
lnERDKV 斜率，β_{4j}					
截距 2，γ_{40}	0.1081	0.0686	1.5770	4	0.1890
IE，γ_{41}	5.2591	1.3530	3.8870	4	0.0280
TS，γ_{42}	−0.5632	0.6083	−0.9260	4	0.4070
FS，γ_{43}	0.3899	0.4254	0.9170	4	0.4120
FI，γ_{44}	−0.2023	0.2020	−1.0020	4	0.3740

随机效应	标准误差	方差成分	自由度	卡方值	p 值
截距，u_0	0.8474	0.3180	1	319055.6802	0.0000
lnEK 斜率，u_1	0.1569	0.0246	6	24.2012	0.0010
lnEL 斜率，u_2	0.2176	0.0474	5	5.8677	0.3190
lnERDKV 斜率，u_4	0.1900	0.0361	3	79.8449	0.0000
层一，r	0.0115	0.0001			

　　由表 10-14 的固定效应部分可知，对于全要素生产率，外商直接投资、城市化、金融结构是负向显著影响因素，这表明外商直接投资多、城市化水平高、金融结构水平高的省份全要素生产率低。其具体影响程度为，外商直接投

资提高 0.1 个单位，全要素生产率将降低 0.36927；城市化水平提高 0.1 个单位，全要素生产率将降低 0.77078；金融结构水平提高 0.1 个单位，全要素生产率将降低 1.17144。之所以会阻碍全要素生产率的提高，是由于土地城市化快于人口城市化，金融水平的发展导致劳动资金比进一步降低等。

对于资本效率，对外贸易是负向显著影响因素，这表明对外贸易水平高的省份资本效率低。其具体影响程度为，对外贸易水平提高 0.1 个单位，资本效率将降低 0.69305。又由于资本系数与对外贸易的系数符号相反，因而对外贸易水平的提高将削弱资本与 GDP 之间的正向关系。之所以会阻碍资本产出效率的提高，是由于对外贸易对丝绸之路经济带的国内投资具有一定的挤出效应。

对于劳动力产出效率，市场化进程、对外贸易是正向显著影响因素，表明市场化程度、对外贸易水平高的省份劳动力产出效率高。其具体影响程度为，市场化进程增加 1 个单位，劳动力效率将提高 0.6233；对外贸易水平提高 0.1 个单位，劳动力效率将提高 1.8507。同时，由于劳动力系数与市场化进程、对外贸易的系数符号相同，因而市场化进程、对外贸易水平的提高将加强劳动力与 GDP 之间的正向关系。之所以能促进劳动力产出效率的提高，是由于市场化推进能激发劳动潜力，对外贸易带来的先进管理经验能提升生产效率。

对技术创新产出效率，对外贸易是正向显著影响因素，表明对外贸易越大的省份技术创新效率越高。其具体影响程度为，对外贸易水平提高 0.1 个单位，技术创新效率将增加 0.52591。同时，由于技术创新系数与对外贸易的系数符号相同，因而对外贸易水平的提高将加强技术创新与 GDP 之间的正向关系。之所以能促进技术创新产出效率的提高，是由于丝绸之路经济带对外贸易能带来相对先进的技术。

（5）方差成分解释程度。由表 10-11 和表 10-12 的随机效应中的层一方差得到表 10-15 的原始总方差和条件总方差，表 10-13 和表 10-14 的随机效应中的层二方差之和得到表 10-15 的原始总方差和条件总方差。层一、层二的方差成分解释程度见表 10-15。

表 10-15　丝绸之路经济带 1998—2007 年经济增长层一、层二的方差成分解释程度

层次	原始总方差	条件总方差	解释程度 /%
层一	0.0985	0.0004	99.59%
层二	1.0883	0.4261	60.84%

由表 10-15 可知，层一方差解释程度为 99.59%，层二方差解释程度为 60.84%，总体上层一解释变量对层一方差，层二解释变量对层二方差都有较好的解释。这表明构建的丝绸之路经济带省域经济增长要素效率综合性影响因素的实证分析模型较为合理。

3. 稳健性检验

运用常数折旧率得到的技术创新替代量（RDKC）代替运用变数折旧率得到的技术创新（RDKV），对 1998—2007 时间段的丝绸之路经济带效率型经济增长模型进行稳健性检验。

（1）基本影响要素作用的稳健性检验。基本影响要素作用的稳健性检验可由固定效应模型分析得到。依据第三章第二节"效率型经济增长模型的应用步骤"中的固定效应模型，得到稳健性检验的结果，见表 10-16。

表 10-16　丝绸之路经济带 1998—2007 年经济增长固定效应模型结果（RDKC 替代）

固定效应	系数	标准误差	t 值	自由度	p 值
截距 1，β_{0j}					
截距 2，γ_{00}	7.3687	0.2831	26.0330	8	0.0000
lnEK 斜率，β_{1j}					
截距 2，γ_{10}	0.7475	0.0307	24.3560	85	0.0000
lnEL 斜率，β_{2j}					
截距 2，γ_{20}	0.1554	0.0828	1.8770	85	0.0630
lnEH 斜率，β_{3j}					
截距 2，γ_{30}	−0.1345	0.0419	−3.2120	85	0.0020
lnERDKC 斜率，β_{4j}					
截距 2，γ_{40}	0.0309	0.0159	1.9400	85	0.0550
随机效应	标准误差	方差成分	自由度	卡方值	p 值
截距，u_0	0.9007	0.8112	8	151404.7186	0.0000
层一，r	0.0207	0.0004			

由表 10-16 和表 10-12 的固定效应部分可知，二者的资本投入、劳动力投入、人力资本、技术创新的系数符号与数值几乎相同。因此，从固定效应模型来看，各变量的结果具有稳健性。

（2）要素效率异质性效应的稳健性检验。要素效率异质性效应的稳健性检验可由随机效应模型分析得到。依据第三章第二节"效率型经济增长模型的应用步骤"中的随机效应模型，得到稳健性检验的结果，见表10-17。

表10-17　丝绸之路经济带1998—2007年经济增长随机效应模型结果（RDKC替代）

固定效应	系数	标准误差	t 值	自由度	p 值
截距1，β_{0j}					
截距2，γ_{00}	7.3687	0.2831	26.0330	8	0.0000
lnEK斜率，β_{1j}					
截距2，γ_{10}	0.7084	0.0854	8.2970	8	0.0000
lnEL斜率，β_{2j}					
截距2，γ_{20}	−0.0722	0.1504	−0.4800	8	0.6430
lnEH斜率，β_{3j}					
截距2，γ_{30}	−0.0614	0.0449	−1.3670	85	0.1750
lnERDKC斜率，β_{4j}					
截距2，γ_{40}	0.0989	0.0732	1.3510	8	0.2140
随机效应	标准误差	方差成分	自由度	卡方值	p 值
截距，u_0	0.9007	0.8112	7	321557.5844	0.0000
lnEK斜率，u_1	0.2387	0.0570	7	36.2179	0.0000
lnEL斜率，u_2	0.3904	0.1524	7	15.3482	0.0310
lnERDKC斜率，u_3	0.2129	0.0453	7	88.1427	0.0000
层一，r	0.0126	0.0002			

由表10-17和表10-13的固定效应部分可知，二者的资本投入、劳动力投入、人力资本、技术创新的系数符号与数值都基本相同；随机效应部分的方差成分数值相差无几，并且卡方检验显著性结果相同。因此，从随机效应模型来看，各变量的结果具有稳健性。

（3）综合性因素作用的稳健性检验。综合性因素作用的稳健性检验可由全模型分析得到。依据第三章第二节"效率型经济增长模型的应用步骤"中的全模型，得到稳健性检验的结果，见表10-18。

表 10-18　丝绸之路经济带 1998—2007 年经济增长随机效应模型结果（RDKC 替代）

固定效应	系数	标准误差	t 值	自由度	p 值
截距 1，β_{0j}					
截距 2，γ_{00}	7.3687	0.2864	25.7300	2	0.0000
MAR，γ_{01}	−0.3752	0.3483	−1.0770	2	0.3940
FDI，γ_{02}	−3.6184	1.4691	−2.4630	2	0.0870
TL，γ_{03}	−5.9921	1.6534	−3.6240	2	0.1930
URB，γ_{04}	−7.8344	2.8940	−2.7070	2	0.0890
FS，γ_{05}	−11.6469	1.9217	−6.0610	2	0.0010
FI，γ_{06}	3.6325	0.9934	3.6570	2	0.1930
lnEK 斜率，β_{1j}					
截距 2，γ_{10}	0.6794	0.0664	10.2270	7	0.0000
IE，γ_{11}	−6.8442	1.6163	−4.2350	7	0.0040
lnEL 斜率，β_{2j}					
截距 2，γ_{20}	−0.0218	0.1392	−0.1560	6	0.8810
MAR，γ_{21}	0.6449	0.1585	4.0700	6	0.0080
IE，γ_{22}	18.2068	4.7738	3.8140	6	0.0120
lnEH 斜率，β_{3j}					
截距 2，γ_{30}	−0.0384	0.0468	−0.8190	72	0.4160
lnERDKC 斜率，β_{4j}					
截距 2，γ_{40}	0.1201	0.0753	1.5950	4	0.1850
IE，γ_{41}	5.3361	1.4922	3.5760	4	0.0360
TS，γ_{42}	−0.5730	0.6298	−0.9100	4	0.4150
FS，γ_{43}	0.4306	0.4363	0.9870	4	0.3800
FI，γ_{44}	−0.2233	0.2066	−1.0800	4	0.3410
随机效应	标准误差	方差成分	自由度	卡方值	p 值
截距，u_0	0.8592	0.3382	1	317141.8265	0.0000
lnEK 斜率，u_1	0.1699	0.0289	6	24.7207	0.0010
lnEL 斜率，u_2	0.2436	0.0593	5	6.8897	0.2280
lnERDKC 斜率，u_4	0.2086	0.0435	3	81.1954	0.0000
层一，r	0.0116	0.0001			

由表 10-18 和表 10-14 的固定效应部分可知,二者的全要素生产率、资本效率、劳动力效率、人力资本效率、技术创新效率的影响因素系数符号相同、数值几乎相等;随机效应部分的方差成分数值相差无几,并且卡方检验显著性结果相同。因此,从全模型来看,各变量的结果具有稳健性。

(二)2008—2016 时段

1. 描述统计

丝绸之路经济带 2008—2016 年经济增长层一、层二的描述统计结果,见 10-19。

表 10-19　丝绸之路经济带 2008—2016 年层一、层二变量的描述统计值

变量层次	变量名称	样本数	均值	标准差	最小值	最大值
层一	lnEGDP	81	8.4400	0.9200	6.5200	10.0300
	lnEK	81	9.8800	0.8500	7.8500	11.4800
	lnEL	81	7.2300	0.8700	5.7100	8.4900
	lnEH	81	2.1900	0.0900	1.9600	2.3800
	lnERDKV	81	4.8000	1.2000	2.4100	7.0200
	lnERDKC	81	4.9500	1.2100	2.5600	7.1800
层二	MAR	9	4.8700	1.3800	2.8300	6.9000
	FDI	9	0.1500	0.0700	0.0600	0.3000
	IE	9	0.1300	0.0600	0.0400	0.2300
	TL	9	0.3500	0.1200	0.1500	0.5300
	TS	9	0.8400	0.1100	0.6700	1.0100
	URB	9	0.4600	0.0600	0.3900	0.5600
	FS	9	0.9000	0.3900	0.5300	1.6700
	FI	9	2.4300	0.6200	1.5000	3.6100

由表 10-19 各层一变量的标准差、最小值、最大值可知,2008—2016 年丝绸之路经济带各省层一变量的国内生产总值对数、资本投入对数、劳动力投入对数、人力资本对数、技术创新对数在不同省之间存在较大的差异;丝绸之路经济带层二变量各省的市场化进程、外商直接投资、贸易开放、产业结构合理化、产业结构高级化、城市化、金融结构、金融规模在不同省之间存在较大的差异。

2. 实证结果分析

（1）经济增长不同省之间的变异分解。丝绸之路经济带 2008—2016 年，各省经济增长的均值在不同省之间是否有显著性差异及差异由层一和层二所产生的影响各占多大比例仍需运用零模型分析。零模型的结果见表 10-20。

表 10-20　丝绸之路经济带 2008—2016 年各省经济增长均值与变异的分解结果

固定效应	系数	标准误差	t 值	自由度	p 值
截距 1，β_{0j}					
截距 2，γ_{00}	8.4395	0.2891	29.1880	8	0.0000
随机效应	标准误差	方差成分	自由度	卡方值	p 值
截距，u_0	0.9148	0.8369	8	709.7419	0.0000
层一，r	0.2930	0.0859			

由表 10-20 固定效应部分可知，丝绸之路经济带 2008—2016 年 9 个省的对数 GDP 均值为 8.4395；由零模型的随机效应部分的卡方检验结构可知，各省的对数 GDP 均值有显著性差异，而差异的度量可由组内相关系数 ρ =0.8369/（0.8369+ 0.0859）=90.69% 给出，即丝绸之路经济带 2008—2016 年各省 GDP 对数平均值的差异有 90.69% 可以用二层变量来解释，只有 9.31% 差异可以用层一变量解释，从而说明在研究丝绸之路经济带 2008—2016 年各省经济增长时，必须引入层二变量。层二变量为经济环境中的市场化进程、对外开放、金融发展、城市化、产业结构变迁。

（2）2008—2016 年丝绸之路经济带经济增长基本影响要素的作用分析。基本要素对经济增长的影响可由固定效应（变截距）模型分析得到，固定效应模型的结果见表 10-21。

表 10-21　丝绸之路经济带 2008—2016 年经济增长变截距模型结果

固定效应	系数	标准误差	t 值	自由度	p 值
截距 1，β_{0j}					
截距 2，γ_{00}	8.4395	0.2891	29.1880	8	0.0000
lnEK 斜率，β_{1j}					
截距 2，γ_{10}	0.3556	0.0382	9.3070	76	0.0000

续　表

固定效应	系数	标准误差	t 值	自由度	p 值
lnEL 斜率，β_{2j}					
截距 2，γ_{20}	0.0144	0.0173	0.8320	76	0.4080
lnEH 斜率，β_{3j}					
截距 2，γ_{30}	0.0252	0.1315	0.1910	76	0.8490
lnERDKV 斜率，β_{4j}					
截距 2，γ_{40}	0.2692	0.0594	4.5290	76	0.0000
随机效应	标准误差	方差成分	自由度	卡方值	p 值
截距，u_0	0.9200	0.8464	8	69920.09	0.0000
层一，r	0.0295	0.0009			

由表 10-21 的固定效应部分可知，基本影响因素 lnEK、lnERDKV 的系数均值为正向显著，即资本投入、技术创新的增加对经济增长都有显著的促进作用。其中，资本增加 1%，经济增长将增加 0.3556%；技术创新增加 1%，经济增长将增加 0.2692%；lnEL、lnEH 的系数为正向不显著，表明劳动力、人力资本增加对经济增长几乎没有影响。由随机效应部分可知，资本投入、劳动力投入、人力资本、技术创新引入层一模型中，层一方差得到较好的解释，由零模型表 10-20 的 0.0859 减少到表 10-21 的 0.0009，表明每个省的资本投入、劳动力投入、人力资本、技术创新能较好地解释本省 GDP 年度间的变化。

（3）2008—2016 年丝绸之路经济带经济增长要素效率异质性检验。要素效率异质性检验可由随机效应（变系数）模型分析得到，随机效应模型的结果见表 10-22。

表 10-22　丝绸之路经济带 2008—2016 年经济增长随机效应结果

固定效应	系数	标准误差	t 值	自由度	p 值
截距 1，β_{0j}					
截距 2，γ_{00}	8.4395	0.2891	29.1880	8	0.0000
lnEK 斜率，β_{1j}					
截距 2，γ_{10}	0.2247	0.0803	2.7990	8	0.0240
lnEL 斜率，β_{2j}					
截距 2，γ_{20}	0.0934	0.0690	1.3530	8	0.2130

固定效应	系数	标准误差	t 值	自由度	p 值
lnEH 斜率，β_{3j}					
截距 2，γ_{30}	0.3206	0.1392	2.3030	8	0.0500
lnERDKV 斜率，β_{4j}					
截距 2，γ_{40}	0.4067	0.1105	3.6810	8	0.0070
随机效应	标准误差	方差成分	自由度	卡方值	p 值
截距，u_0	0.9200	0.8464	7	142534.7	0.0000
lnEK 斜率，u_1	0.2370	0.0562	7	19.06269	0.0080
lnEL 斜率，u_2	0.2134	0.0456	7	26.86452	0.0010
lnEH 斜率，u_3	0.3871	0.1498	7	12.17654	0.0940
lnERDKV 斜率，u_4	0.3271	0.1070	7	24.76765	0.0010
层一，r	0.0183	0.0003			

由表 10-22 的固定效应部分可知，资本投入、劳动力投入、人力资本、技术创新的系数与表 10-21 的相应系数有一定的差异，是由于使用变截距模型与变系数模型不同造成，多层统计分析侧重于变系数模型的结果。其中，资本投入、人力资本、技术创新的系数达到正向显著，即在丝绸之路经济带经济增长过程中，资本增加 1%，经济增长将增加 0.2247%；人力资本增加 1%，经济增长将减少 0.3206%；技术创新增加 1%，经济增长将增加 0.4067%；劳动力系数影响不显著。由表 10-22 的随机效应部分可知，丝绸之路经济带经济增长过程中，资本投入、劳动力投入、技术创新的效率在各个省之间存在显著性差异，同时表明截距、lnEK、lnEL、lnERDKV 与 lnEGDP 之间的关系随着省份的不同而显著不同。

（4）2008—2016 年丝绸之路经济带综合性因素对要素效率的影响分析。综合性因素对要素效率的影响分析可由全模型分析得到，全模型的结果见表 10-23。

表 10-23　丝绸之路经济带 2008-2016 综合性因素对要素效率的影响结果

固定效应	系数	标准误差	t 值	自由度	p 值
截距 1，β_{0j}					
截距 2，γ_{00}	8.4395	0.1143	73.8590	2	0.0000
MAR，γ_{01}	0.3713	0.0936	3.9660	2	0.1710

续　表

固定效应	系数	标准误差	t 值	自由度	p 值
FDI，γ_{02}	16.5206	2.2025	7.5010	2	0.0000
TL，γ_{03}	4.8248	1.0137	4.7600	2	0.0520
URB，γ_{04}	−10.2098	0.6448	−15.8350	2	0.0000
FS，γ_{05}	3.4943	0.4507	7.7530	2	0.0000
FI，γ_{06}	−1.2576	0.1872	−6.7180	2	0.0000
lnEK 斜率，β_{1j}					
截距 2，γ_{10}	0.0660	0.1008	0.6540	7	0.5340
IE，γ_{11}	2.2736	0.6102	3.7260	7	0.0090
lnEL 斜率，β_{2j}					
截距 2，γ_{20}	0.2237	0.1206	1.8560	6	0.1120
MAR，γ_{21}	0.0030	0.0590	0.0500	6	0.9620
IE，γ_{22}	2.7082	1.3593	1.9920	6	0.0930
lnEH 斜率，β_{3j}					
截距 2，γ_{30}	0.4046	0.0730	5.5400	5	0.0000
MAR，γ_{31}	0.2154	0.0792	2.7190	5	0.0420
IE，γ_{32}	−3.7334	1.5953	−2.3400	5	0.0650
URB，γ_{33}	−5.8221	1.1423	−5.0970	5	0.0020
ln$ERDKV$ 斜率，β_{4j}					
截距 2，γ_{40}	0.5825	0.1589	3.6650	4	0.0340
IE，γ_{41}	−4.5386	0.8862	−5.1220	4	0.0030
TS，γ_{42}	−0.7575	0.1943	−3.8990	4	0.0280
FS，γ_{43}	0.0254	0.1464	0.1730	4	0.8710
FI，γ_{44}	−0.0632	0.0613	−1.0300	4	0.3620

随机效应	标准误差	方差成分	自由度	卡方值	p 值
截距，u_0	0.3428	0.1175	1	26651.58	0.0000
lnEK 斜率，u_1	0.2762	0.0763	6	29.08741	0.0000
lnEL 斜率，u_2	0.3171	0.1006	5	189.8287	0.0000
lnEH 斜率，u_3	0.0780	0.0061	4	5.01735	0.2850
ln$ERDKV$ 斜率，u_4	0.4541	0.2062	3	87.34254	0.0000
层一，r	0.0167	0.0003			

由表 10-23 的固定效应部分知，（1）综合性因素对于全要素生产率影响分析，外商直接投资、产业结构合理化、金融结构是正向显著影响因素，这表明外商直接投资、产业结构合理化、金融结构水平高的省份全要素生产率高；具体影响程度为，外商直接投资提高 0.1 个单位，全要素生产率将提高 1.6526；产业结构合理化提高 0.1 个单位，全要素生产率将提高 0.48248；金融结构提高 0.1 个单位，全要素生产率将提高 0.34943。之所以能促进全要素生产率的提高，是由于产业结构合理化水平提高能促进要素更加合理的流动，金融结构水平提高可改善资本配置效率等。

城市化、金融规模是负向显著影响因素，这表明城市化水平高、金融规模大的省份全要素生产率低；具体影响程度为，城市化水平提高 0.1 个单位，全要素生产率将降低 1.02098；金融规模扩大 0.1 个单位，全要素生产率将降低 0.12576。之所以能阻碍全要素生产率的提高，是由于土地城市化快于人口城市化；中国当前以国有大银行为主导金融体系的发展模式对民营经济发展产生了一定的挤出效应。

（2）综合性因素对于资本效率影响分析，对外贸易是正向显著影响因素；这表明在丝绸之路经济对外贸易水平高的省份资本产出效率高；具体影响程度为，对外贸易提高 0.1 个单位，资本产出效率将提高 0.22736。又由于资本系数与对外贸易的系数符号相同，因而对外贸易水平提高将加强资本与 GDP 间的正向关系。之所以能促进资本产出效率的提高，是由于对外贸易能扩大市场规模。

（3）综合性因素对于劳动效率影响分析，对外贸易是正向显著影响因素；这表明在丝绸之路经济对外贸易水平高的省份劳动产出效率高；具体影响程度为，对外贸易提高 0.1 个单位，劳动产出效率将提高 0.27082。又由于资本系数与劳动力的系数符号相同，因而对外贸易水平提高将加强劳动力与 GDP 间的正向关系。之所以能促进资本产出效率的提高，是由于对外贸易可带来先进的生产管理经验。

④综合性因素对人力资本产出效率的影响分析。市场化进程是正向显著影响因素，表明市场化进程均值大的省份人力资本产出效率均值大。其具体影响程度为，市场化进程提高 1 个单位，人力资本产出效率将提高 0.2514。同时，由于人力资本系数与市场化进程的系数符号相同，因而市场化进程的加快将加强人力资本与 GDP 之间的正向关系。之所以能促进人力资本产出效率的提高，是由于市场化进程能加强人才市场的竞争。

对外贸易、城市化为负向显著影响因素，表明对外贸易、城市化水平高的省份人力资本产出效率低。其具体影响程度为，对外贸易水平提高 0.1 个单位，人力资本产出效率将降低 0.37334；城市化水平提高 0.1 个单位，人力资本产出效率将降低 0.58221。同时，由于人力资本系数与对外贸易、城市化的系数符号相反，因而对外贸易、城市化水平的提高将削弱人力资本与 GDP 之间的正向关系。之所以会阻碍人力资本产出效率的提高，是由于土地城市化快于人口城市化，出口产品大部分是劳动和资源密集型产品，不需要较高的人力资本。

⑤综合性因素对技术创新产出效率的影响分析。对外贸易、产业结构高级化为负向显著影响因素，表明对外贸易、产业结构高级化水平高的省份技术创新产出效率低。其具体影响程度为，对外贸易提高 0.1 个单位，技术创新产出效率将降低 0.4538；产业结构高级化水平提高 0.1 个单位，技术创新产出效率将降低 0.07575。同时，由于技术创新系数与对外贸易、产业结构高级的系数符号相反，因而对外贸易、产业结构高级化水平的提高将削弱技术创新与 GDP 之间的正向关系。之所以会阻碍技术创新产出效率的提高，是由于高技术的贸易还较少、虚拟经济与实体经济缺乏协调性。

（5）方差成分解释程度。由表 10-20 和表 10-21 的随机效应中的层一方差得到表 10-24 的原始总方差和条件总方差，表 10-22 和表 10-23 随机效应中的层二方差之和得到表 10-24 的原始总方差和条件总方差。层一、层二的方差成分解释程度见表 10-24。

表 10-24　丝绸之路经济带 2008—2016 年经济增长层一、层二的方差成分解释程度

层次	原始总方差	条件总方差	解释程度 /%
层一	0.0859	0.0009	98.95%
层二	1.2050	0.5067	57.95%

由表 10-24 可知，层一方差解释程度为 98.95%，层二方差解释程度为 57.95%，总体上层一解释变量对层一方差，层二解释变量对层二方差都有较好的解释。这表明构建的丝绸之路经济带省域 2008—2016 经济增长要素效率综合性影响因素的实证分析模型较为合理。

3. 稳健性检验

运用常数折旧率得到的技术创新替代量（RDKC）代替运用变数折旧率得到的技术创新（EDKV），对 2008—2016 时间段上的丝绸之路经济带效率型经

济增长模型进行稳健性检验。

（1）基本影响要素作用的稳健性检验。基本影响要素作用的稳健性检验可由固定效应模型分析得到。依据第三章第二节"效率型经济增长模型的应用步骤"中的固定效应模型，得到稳健性检验的结果，见表 10-25。

表 10-25　丝绸之路经济 2008—2016 年经济增长固定效应模型结果（RDKC 替代）

固定效应	系数	标准误差	t 值	自由度	p 值
截距 1，β_{0j}					
截距 2，γ_{00}	8.4395	0.2891	29.1880	8	0.0000
lnEK 斜率，β_{1j}					
截距 2，γ_{10}	0.3512	0.0430	8.1630	76	0.0000
lnEL 斜率，β_{2j}					
截距 2，γ_{20}	0.0155	0.0193	0.8010	76	0.4260
lnEH 斜率，β_{3j}					
截距 2，γ_{30}	0.0321	0.1329	0.2410	76	0.8100
lnERDKC 斜率，β_{4j}					
截距 2，γ_{40}	0.2685	0.0628	4.2730	76	0.0000
随机效应	标准误差	方差成分	自由度	卡方值	p 值
截距，u_0	0.9200	0.8464	8	68713.8067	0.0000
层一，r	0.0298	0.0009			

由表 10-25 和表 10-21 的固定效应部分可知，二者的资本投入、劳动力投入、人力资本、技术创新的系数符号与数值几乎相同。因此，从固定效应模型来看，各变量的结果具有稳健性。

（2）要素效率异质性效应的稳健性检验。要素效率异质性效应的稳健性检验可由随机效应模型分析得到。依据第三章第二节"效率型经济增长模型的应用步骤"中的随机效应模型，得到稳健性检验的结果，见表 10-26。

表 10-26　丝绸之路经济带 2008—2016 年经济增长随机效应模型结果（RDKC 替代）

固定效应	系数	标准误差	t 值	自由度	p 值
截距 1，β_{0j}					
截距 2，γ_{00}	8.4395	0.2891	29.1880	8	0.0000

续　表

固定效应	系数	标准误差	t 值	自由度	p 值
lnEK 斜率，β_{1j}					
截距 2，γ_{10}	0.2097	0.0841	2.4920	8	0.0370
lnEL 斜率，β_{2j}					
截距 2，γ_{20}	0.0940	0.0682	1.3790	8	0.2050
lnEH 斜率，β_{3j}					
截距 2，γ_{30}	0.3161	0.1446	2.1870	8	0.0600
lnERDKC 斜率，β_{4j}					
截距 2，γ_{40}	0.4193	0.1151	3.6420	8	0.0080
随机效应	标准误差	方差成分	自由度	卡方值	p 值
截距，u_0	0.9200	0.8464	7	148319.8590	0.0000
lnEK 斜率，u_1	0.2499	0.0625	7	20.0361	0.0060
lnEL 斜率，u_2	0.2099	0.0440	7	27.0662	0.0010
lnEH 斜率，u_3	0.4067	0.1654	7	12.8495	0.0750
lnERDKC 斜率，u_4	0.3434	0.1179	7	24.2403	0.0010
层一，r	0.0179	0.0003			

由表 10-26 和表 10-22 的固定效应部分可知，二者的资本投入、劳动力投入、人力资本、技术创新的系数符号与数值都基本相同；随机效应部分的方差成分数值相差无几，并且卡方检验显著性结果相同。因此，从随机效应模型来看，各变量的结果具有稳健性。

（3）综合性因素作用的稳健性检验。综合性因素作用的稳健性检验可由全模型分析得到。依据第三章第二节"效率型经济增长模型的应用步骤"中的全模型，得到稳健性检验的结果，见表 10-27。

表 10-27　丝绸之路经济带 2008—2016 年经济增长随机效应模型结果（RDKC 替代）

固定效应	系数	标准误差	t 值	自由度	p 值
截距 1，β_{0j}					
截距 2，γ_{00}	8.4395	0.1152	73.2800	2	0.0000
MAR，γ_{01}	0.3908	0.0907	4.3100	2	0.1180
FDI，γ_{02}	16.4185	2.1430	7.6610	2	0.0000

固定效应	系数	标准误差	t 值	自由度	p 值
TL，γ_{03}	4.8763	0.9778	4.9870	2	0.0300
URB，γ_{04}	−9.9941	0.6512	−15.3470	2	0.0000
FS，γ_{05}	3.5858	0.4533	7.9100	2	0.0000
FI，γ_{06}	−1.2824	0.1951	−6.5730	2	0.0000
lnEK 斜率，β_{1j}					
截距 2，γ_{10}	0.0531	0.0971	0.5470	7	0.6010
IE，γ_{11}	1.9957	0.6150	3.2450	7	0.0160
lnEL 斜率，β_{2j}					
截距 2，γ_{20}	0.2071	0.1111	1.8650	6	0.1110
MAR，γ_{21}	−0.0060	0.0589	−0.1030	6	0.9220
IE，γ_{22}	2.8932	1.3120	2.2050	6	0.0690
lnEH 斜率，β_{3j}					
截距 2，γ_{30}	0.3946	0.0687	5.7460	5	0.0000
MAR，γ_{31}	0.2403	0.0788	3.0500	5	0.0310
IE，γ_{32}	−3.6704	1.6089	−2.2810	5	0.0700
URB，γ_{33}	−6.0107	1.1414	−5.2660	5	0.0010
lnERDKC 斜率，β_{4j}					
截距 2，γ_{40}	0.5902	0.1549	3.8100	4	0.0300
IE，γ_{41}	−4.0990	0.8963	−4.5730	4	0.0100
TS，γ_{42}	−0.7794	0.2066	−3.7720	4	0.0310
FS，γ_{43}	0.0490	0.1526	0.3210	4	0.7640
FI，γ_{44}	−0.0657	0.0626	−1.0490	4	0.3500

随机效应	标准误差	方差成分	自由度	卡方值	p 值
截距，u_0	0.3455	0.1193	1	27320.5940	0.0000
lnEK 斜率，u_1	0.2631	0.0692	6	25.8751	0.0000
lnEL 斜率，u_2	0.2879	0.0829	5	158.0480	0.0000
lnEH 斜率，u_3	0.0444	0.0020	4	5.8135	0.2120
lnERDKC 斜率，u_4	0.4415	0.1949	3	65.3677	0.0000
层一，r	0.0166	0.0003			

由表 10-27 和表 10-23 的固定效应部分可知，二者的全要素生产率、资本效率、劳动力效率、人力资本效率、技术创新效率的影响因素系数符号相同、数值几乎相等；随机效应部分的方差成分数值相差无几，并且卡方检验显著性结果相同。因此，从全模型来看，各变量的结果具有稳健性。

第二节　丝绸之路经济增长要素效率影响因素的实证分析

一、丝绸之路经济带经济增长要素效率综合性影响因素的分析

丝绸之路经济带经济增长相关变量与本章第一节"变量的选择与数据来源"相同，但是此处的处理方式与第一节不同。

丝绸之路经济带省域经济增长要素效率影响因素的实证分析的层一模型的变量值为每个省在一定年度区间每年的资本投入、劳动力投入、人力资本、技术创新，即体现的是一定年度区间每个省的时间序列特征。丝绸之路经济带经济增长要素效率影响因素的实证分析的层一模型的变量值为每个年度各省的资本投入、劳动力投入、人力资本、技术创新，即体现的是中国各省的截面数据特征。

丝绸之路经济带省域经济增长要素效率影响因素的实证分析的层二模型的变量值为每个省在一定年度区间每年的市场化进程、对外开放、金融发展、城市化、产业结构变迁的均值。丝绸之路经济带经济增长要素效率影响因素的实证分析的层二模型的变量值为每年各省的市场化进程、对外开放、金融发展、城市化、产业结构变迁的均值。

丝绸之路经济带省域经济增长要素效率影响因素的实证分析主要关注不同区域间效率的差异，以及综合性变量对区域间效率差异的影响；丝绸之路经济带经济增长要素效率影响因素的实证分析主要关注不同年度间效率的差异，以及综合性变量对年度间效率差异的影响。

（一）描述统计

丝绸之路经济带经济增长层二变量的描述统计结果见表 10-28，层一变量数据的描述统计结果见表 10-1。

表 10-28　层一、层二变量的描述统计值

变量层次	变量名称	样本数	均值	标准差	最小值	最大值
层一	lnEGDP	171	7.8800	1.0500	5.4100	10.0300
	lnEK	171	9.0700	1.1300	6.3800	11.4800
	lnEL	171	7.1700	0.9000	5.5600	8.4900
	lnEH	171	2.0900	0.1600	1.3900	2.3800
	lnERDKV	171	4.0500	1.4400	1.0300	7.0200
	lnERDKC	171	4.2000	1.4400	1.1900	7.1800
层二	FS	19	0.6600	0.4900	0.1500	1.6500
	TL	19	0.3800	0.0400	0.3100	0.4400
	URB	19	0.3800	0.0800	0.2700	0.5100
	FI	19	1.9800	0.7100	1.1900	3.9700
	TS	19	0.9000	0.1200	0.7200	1.0800
	IE	19	0.1100	0.0200	0.0700	0.1500
	MAR	19	4.0900	0.9300	2.4700	5.2800
	FDI	19	0.2000	0.0500	0.1300	0.2800

由表 10-28 各层一变量的标准差、最小值、最大值可知，丝绸之路经济带各层一变量的国内生产总值对数、资本投入对数、劳动力投入对数、人力资本对数、技术创新对数在不同年之间存在较大的差异，层二变量的市场化进程、外商直接投资、贸易开放、产业结构合理化、产业结构高级化、城市化、金融结构、金融规模在不同年之间存在较大的差异。

（二）实证结果分析

1. 丝绸之路经济带经济增长不同年之间的变异分解

丝绸之路经济带经济增长的均值在不同年之间是否有显著性差异及差异由层一和层二所产生的影响各占多大比例仍需运用零模型分析。零模型的结果见表 10-29。

表 10-29　丝绸之路经济带经济增长均值与变异的分解结果

固定效应	系数	标准误差	t 值	自由度	p 值
截距 1，β_{0j}					
截距 2，γ_{00}	7.8759	0.1392	56.5790	18	0.0000
随机效应	标准误差	方差成分	自由度	卡方值	p 值
截距，u_0	0.5446	0.2966	18	75.9912	0.0000
层一，r	0.9102	0.8285			

由表 10-29 固定效应部分可知，丝绸之路经济带经济增长不同年度对数 GDP 均值为 7.8759；由零模型的随机效应部分的卡方检验结构可知，对数 GDP 均值在不同年有显著性差异，而差异的度量可由组内相关系数 ρ =0.2966/（0.2966+0.8285）=26.36% 给出，即各省 GDP 对数均值在 1998—2016 年的差异有 26.36% 可以用二层变量来解释，从而说明在研究 1998—2016 年丝绸之路经济带经济增长时，必须引入层二变量。层二变量为经济环境中的市场化进程、对外开放、金融发展、城市化、产业结构变迁。

2. 丝绸之路经济带经济增长基本影响要素的作用分析

丝绸之路经济带基本要素对经济增长的影响可由固定效应（变截距）模型分析得到，固定效应模型的结果见表 10-30。

表 10-30　丝绸之路经济带经济增长变截距模型结果

固定效应	系数	标准误差	t 值	自由度	p 值
截距 1，β_{0j}					
截距 2，γ_{00}	7.8759	0.1392	56.5790	18	0.0000
lnEK 斜率，β_{1j}					
截距 2，γ_{10}	0.9426	0.0293	32.1180	166	0.0000
lnEL 斜率，β_{2j}					
截距 2，γ_{20}	0.1446	0.0211	6.8510	166	0.0000
lnEH 斜率，β_{3j}					
截距 2，γ_{30}	−0.1490	0.0473	−3.1530	166	0.0020
lnERDKV 斜率，β_{4j}					
截距 2，γ_{40}	0.0896	0.0029	30.8350	166	0.0000

续　表

随机效应	标准误差	方差成分	自由度	卡方值	p 值
截距，u_0	0.6225	0.3876	18	6593.0936	0.0000
层一，r	0.0977	0.0096			

由表 10-30 的固定效应部分可知，丝绸之路经济带基本影响因素 lnEK、lnEL、lnERDKV 的系数均值为正向显著，即资本投入、劳动力投入、技术创新的增加对经济增长都有显著的促进作用。其中，资本增加 1%，经济增长将增加 0.9426%；劳动力增加 1%，经济增长将增加 0.1446%；技术创新增加 1%，经济增长将增加 0.0896%。lnEH 的系数为负向显著，表明人力资本增加对经济增长有抑制作用，人力资本增加 1%，经济增长将降低 0.149%。同时，由随机效应部分可知，资本投入、劳动力投入、人力资本、技术创新引入到层一模型中，层一方差得到较好的解释，由零模型结果表 10-29 的 0.8285 减少到固定效应模型结果表 10-30 的 0.0096，表明丝绸之路经济带各省的资本投入、劳动力投入、人力资本、技术创新能较好地解释 GDP 同一年度不同省之间的变化。

3. 丝绸之路经济带经济增长要素效率异质性检验

要素效率不同年间的异质性的检验可由随机效应（变系数）模型分析得到，随机效应模型的结果见表 10-31。

表 10-31　丝绸之路经济带经济增长随机效应模型结果

固定效应	系数	标准误差	t 值	自由度	p 值
截距 1，β_{0j}					
截距 2，γ_{00}	7.8759	0.1392	56.5790	18	0.0000
lnEK 斜率，β_{1j}					
截距 2，γ_{10}	0.9378	0.0322	29.1080	18	0.0000
lnEL 斜率，β_{2j}					
截距 2，γ_{20}	0.1433	0.0231	6.2060	18	0.0000
lnEK 斜率，β_{3j}					
截距 2，γ_{30}	−0.1505	0.0487	−3.0880	18	0.0070
lnERDKV 斜率，β_{4j}					
截距 2，γ_{40}	0.0960	0.0034	28.2670	18	0.0000

续　表

随机效应	标准误差	方差成分	自由度	卡方值	p 值
截距，u_0	0.6226	0.3876	18	6768.7479	0.0000
lnEK 斜率，u_1	0.0568	0.0032	18	11.5545	>.500
lnEL 斜率，u_2	0.0448	0.0020	18	9.4627	>.500
lnEH 斜率，u_3	0.0256	0.0007	18	5.0731	>.500
lnERDKV 斜率，u_4	0.0060	0.0000	18	2.4572	>.500
层一，r	0.0964	0.0093			

由表 10-31 的固定效应部分可知，丝绸之路经济带资本投入、劳动力投入、人力资本、技术创新的系数与表 10-30 的相应系数有一定的差异，是由于使用变截距模型与变系数模型不同造成的，多层统计分析侧重于随机系数模型的结果，即在丝绸之路经济带经济增长过程中，资本增加 1%，经济增长将增加 0.9378%；劳动力增加 1%，经济增长将增加 0.1433%；人力资本增加 1%，经济增长将减少 0.1505%；技术创新增加 1%，经济增长将增加 0.096%。由表 10-31 的随机效应部分可知，只有截距在各个年度之间存在显著性差异，也就是说，截距随着年度的不同而显著不同。

4. 丝绸之路经济带综合性因素对要素效率的影响分析

丝绸之路经济带综合性因素对要素效率的影响分析可由全模型分析得到，全模型的结果见表 10-32。

表 10-32　丝绸之路经济带经济增长全模型结果

固定效应	系数	标准误差	t 值	自由度	p 值
截距 1，β_{0j}					
截距 2，γ_{00}	7.6416	0.0657	116.2800	14	0.0000
FS，γ_{01}	0.0194	0.0119	1.6320	14	0.1250
URB，γ_{02}	6.6604	0.2194	30.3620	14	0.0000
TS，γ_{03}	0.2591	0.0703	3.6850	14	0.0030
FDI，γ_{04}	−1.9587	0.4098	−4.7790	14	0.0000
lnEK 斜率，β_{1j}					
截距 2，γ_{10}	0.9426	0.0293	32.1180	162	0.0000

固定效应	系数	标准误差	t 值	自由度	p 值
lnEL 斜率，β_{2j}					
截距 2，γ_{20}	0.1446	0.0211	6.8510	162	0.0000
lnEH 斜率，β_{3j}					
截距 2，γ_{30}	−0.1490	0.0473	−3.1530	162	0.0020
lnERDKV 斜率，β_{4j}					
截距 2，γ_{40}	0.0896	0.0029	30.8350	162	0.0000
随机效应	标准误差	方差成分	自由度	卡方值	p 值
截距，u_0	0.0022	0.0000	14	12.4997	>.500
层一，r	0.0972	0.0095			

由表 10-32 的固定效应部分可知，对于全要素生产率，城市化、产业结构高级化是正向显著影响因素，表明城市化、产业结构高级化水平高的年度全要素生产率高。其具体影响程度为，城市化水平提高 0.1 个单位，全要素生产率将提高 0.66604；产业结构高级化水平提高 0.1 个单位，全要素生产率将提高 0.02591。之所以能促进全要素生产率的提高，是由于城市化更有利于规模效率的提高，产业结构高级化水平的提高更有利于要素资源的优化配置。外商直接投资是负向显著影响因素，表明外商直接投资越多的年度全要素生产率越低。其具体影响程度为，外商直接投资提高 0.1 个单位，全要素生产率将降低 0.19587。之所以会阻碍全要素生产率的提高，是由于外商直接投资对国内投资具有一定的挤出效应。

5. **方差成分解释程度**

由表 10-29 和表 10-30 的随机效应中的层一方差得到表 10-33 的原始总方差和条件总方差，表 10-31 和表 10-32 的随机效应中的层二方差之和得到表 10-33 的原始总方差和条件总方差。层一、层二的方差成分解释程度见表 10-33。

表 10-33　丝绸之路经济带经济增长层一、层二的方差成分解释程度

层次	原始总方差	条件总方差	解释程度 /%
层一	0.1120	0.0096	91.43%
层二	0.3935	0.0000	100.00%

由表 10-33 可知，层一方差解释程度为 91.43%，层二方差解释程度为 100.00%，总体上层一解释变量对层一方差，层二解释变量对层二方差都有较好的解释。这表明构建的丝绸之路经济带经济增长要素效率影响因素的实证分析模型较为合理。

二、稳健性检验

运用常数折旧率得到的技术创新替代量（RDKC）代替运用变数折旧率得到的技术创新（RDKV），对丝绸之路经济带效率型经济增长模型进行稳健性检验。

（一）基本影响要素作用的稳健性检验

丝绸之路经济带基本影响要素作用的稳健性检验可由固定效应模型分析得到。依据第三章第二节"效率型经济增长模型的应用步骤"中的固定效应模型，得到稳健性检验的结果，见表 10-34。

表 10-34　丝绸之路经济带经济增长变截距模型结果 (RDKC)

固定效应	系数	标准误差	t 值	自由度	p 值
截距 1，β_{0j}					
截距 2，γ_{00}	7.8759	0.1392	56.5790	18	0.0000
lnEK 斜率，β_{1j}					
截距 2，γ_{10}	0.9433	0.0291	32.4160	166	0.0000
lnEL 斜率，β_{2j}					
截距 2，γ_{20}	0.1445	0.0209	6.9190	166	0.0000
lnEH 斜率，β_{3j}					
截距 2，γ_{30}	−0.1490	0.0471	−3.1610	166	0.0020
lnERDKC 斜率，β_{4j}					
截距 2，γ_{40}	0.0892	0.0029	30.9770	166	0.0000
随机效应	标准误差	方差成分	自由度	卡方值	p 值
截距，u_0	0.6225	0.3876	18	6606.7085	0.0000
层一，r	0.0976	0.0090	53		

由表 10-34 和表 10-30 的固定效应部分可知，二者的资本投入、劳动力投入、人力资本、技术创新的系数符号与数值几乎相同。因此，从固定效应模型

来看，各变量的结果具有稳健性。

（二）要素效率异质性效应的稳健性检验

丝绸之路经济带要素效率异质性效应的稳健性检验可由随机效应模型分析得到。依据第三章第二节"效率型经济增长模型的应用步骤"中的随机效应模型，得到稳健性检验的结果，见表10-35。

表10-35 丝绸之路经济带经济增长随机效应结果

固定效应	系数	标准误差	t 值	自由度	p 值
截距1，β_{0j}					
截距2，γ_{00}	7.8759	0.1392	56.5790	18	0.0000
lnEK 斜率，β_{1j}					
截距2，γ_{10}	0.9385	0.0319	29.4550	18	0.0000
lnEL 斜率，β_{2j}					
截距2，γ_{20}	0.1437	0.0228	6.2990	18	0.0000
lnEH 斜率，β_{3j}					
截距2，γ_{30}	−0.1488	0.0485	−3.0660	18	0.0070
lnERDKC 斜率，β_{4j}					
截距2，γ_{40}	0.0951	0.0033	28.6240	18	0.0000
随机效应	标准误差	方差成分	自由度	卡方值	p 值
截距，u_0	0.6226	0.3876	18	6774.1949	0.0000
lnEK 斜率，u_1	0.0548	0.0030	18	11.2340	>.500
lnEL 斜率，u_2	0.0437	0.0019	18	9.2340	>.500
lnEH 斜率，u_3	0.0255	0.0007	18	5.0480	>.500
lnERDKC 斜率，u_4	0.0057	0.0000	18	2.4230	>.500
层一，r	0.0964	0.0093			

由表10-35和表10-31的固定效应部分可知，二者的资本投入、劳动力投入、人力资本、技术创新的系数符号与数值都基本相同；随机效应部分的方差成分数值相差无几，并且卡方检验显著性结果相同。因此，从随机效应模型来看，各变量的结果具有稳健性。

（三）综合性因素作用的稳健性检验

丝绸之路经济带综合性因素作用的稳健性检验可由全模型分析得到。依据第三章第二节"效率型经济增长模型的应用步骤"中的全模型，得到稳健性检验的结果，见表10-36。

表10-36　丝绸之路经济带经济增长全模型结果

固定效应	系数	标准误差	t 值	自由度	p 值
截距1，β_{0j}					
截距2，γ_{00}	7.6416	0.0657	116.2800	14	0.0000
FS，γ_{01}	0.0194	0.0119	1.6320	14	0.1250
URB，γ_{02}	6.6604	0.2194	30.3620	14	0.0000
TS，γ_{03}	0.2591	0.0703	3.6850	14	0.0030
FDI，γ_{04}	−1.9587	0.4098	−4.7790	14	0.0000
lnEK斜率，β_{1j}					
截距2，γ_{10}	0.9433	0.0291	32.4160	162	0.0000
lnEL斜率，β_{2j}					
截距2，γ_{20}	0.1445	0.0209	6.9190	162	0.0000
lnEH斜率，β_{3j}					
截距2，γ_{30}	−0.1490	0.0471	−3.1610	162	0.0020
lnERDKC斜率，β_{4j}					
截距2，γ_{40}	0.0892	0.0029	30.9770	162	0.0000
随机效应	标准误差	方差成分	自由度	卡方值	p 值
截距，u_0	0.0022	0.0000	14	12.5236	>.500
层一，r	0.0971	0.0094			

由表10-36和表10-32的固定效应部分可知，二者的全要素生产率、资本效率、劳动力效率、人力资本效率及技术创新效率的影响因素系数符号相同、数值几乎相等；随机效应部分的方差成分数值相差无几，并且卡方检验显著性结果相同。因此，从全模型来看，各变量的结果具有稳健性。

第三节　结论与启示

一、结论

在中国向高质量发展转化的过程中，怎样提高丝绸之路经济带经济增长要素的效率无疑是一个值得研究的问题。本章基于丝绸之路经济带省域经济增长相关数据，运用效率型经济增长模型，实证分析了综合性因素（市场化进程、对外开放、金融发展、城市化、产业结构变迁）对丝绸之路经济带经济增长剩余全要素效率以及资本、劳动力、人力资本、技术创新产出效率在不同省域、不同年度异质性的影响，得到如下结论。

（一）对不同省域异质性的影响

（1）丝绸之路经济带省域各省 GDP 对数平均值在省份之间的差异有67.33% 可以用二层变量来解释，从而说明在研究中国省域经济增长时，必须引入层二变量。

（2）丝绸之路经济带省域经济增长各省之间的剩余全要素生产率、资本效率、劳动力效率、技术创新效率存在显著性差异，即存在异质性。

（3）丝绸之路经济带省域综合性因素对剩余全要素生产率及基本要素产出效率省份间异质性有较好的解释，具体可解释其差异的 60.04%，基本要素能解释层一差异的 99.33%。

（4）丝绸之路经济带省域综合影响因素在不同时段（1998—2007 年、2008—2016 年）对要素产出效率作用存在差异性。

（二）对不同年度异质性的影响

（1）丝绸之路经济带各省 GDP 对数平均值在年度之间的差异有 26.36% 可以用二层变量来解释，从而说明在研究中国经济增长时，必须引入层二变量。

（2）丝绸之路经济带经济增长各年度之间的剩余全要素生产率、技术创新效率存在显著性差异，即存在异质性。

（3）丝绸之路经济带综合性因素对剩余全要素生产率及基本要素产出效率年度间异质性有较好的解释，具体可解释其差异的 100%，基本要素能解释层一差异的 91.43%。

从以上分析中可以得到，丝绸之路经济带效率型经济增长模型的作用：能够检验丝绸之路经济带经济增长研究是否需要引入层二变量；能够检验丝绸之路经济带经济增长的效率（剩余全要素生产率、资本效率、人力资本效率、劳动力效率、技术创新效率）是否存在异质性；能够较合适地分析丝绸之路经济带经济增长综合性因素对效率异质性的精确影响，并且能对影响程度给出评价。这为丝绸之路经济带经济增长提高要素效率提供了理论依据，从而有可能促进丝绸之路经济带经济高质量增长理论的发展。

二、启示

丝绸之路经济带高质量经济增长重点应关注技术创新和要素产出效率的提高，具体实践中要关注"三方面动力"：提高科技进步水平及产出效率，推动丝绸之路经济带高质量经济增长；提高剩余全要素生产率，推动丝绸之路经济带高质量经济增长；提高资本、劳动力、人力资本产出效率，推动丝绸之路经济带高质量经济增长。基于实证的结果，提出如下建议：

（1）提高科技进步水平及产出效率，推动丝绸之路经济带高质量经济增长。加大 R&D 的投入力度，在大幅度增加 R&D 经费投入的同时，保持合理的 R&D 投入结构，实现 R&D 资源的优化配置，提高对科技基础资源的有效利用。由于在丝绸之路经济带省域经济增长中，金融结构对技术创新产出效率为正向显著影响；金融规模对技术创新产出效率为负向显著影响。因此，丝绸之路经济带应加快金融供给侧结构性改革；在发挥银行为主的金融体系作用的同时，应更好地发挥直接融资体系的作用；要充分利用北京证券交易所为中小型创新企业提供的平台。

（2）提高剩余全要素生产率，推动丝绸之路经济带高质量经济增长。由于在丝绸之路经济带省域经济增长中，市场化进程、产业结构合理化、城市化、金融结构对截距（剩余全要素生产率）为正向显著影响；外商直接投资、金融规模对剩余全要素生产率为负向显著影响。因此，丝绸之路经济带应进一步完善要素市场化配置的体制机制，促进要素资源自由有序的流动。一方面，丝绸之路经济带应通过大力发展生产性服务业提升产业结构合理化的作用；另一方面，丝绸之路经济带应针对区域服务的特点，将自主研发能力的培养和引进与吸收国外的先进技术经验结合起来，建立融于"一带一路"的现代服务业；继续深化证券市场的改革，建立适应创新发展的金融体系。同时，丝绸之路经济带应通过引导外商投资结构的转变，由制造业转向生产服务业来扭转外商直接投资的负向影响；通过加快金融供给侧结构性改革，实现经济的脱虚向实，达到虚实结构合理的目标来扭转金融规模的负向影响。

（3）提高资本、劳动力产出效率，推动丝绸之路经济带高质量经济增长。由于对外贸易对资本产出效率为正向显著影响、对劳动力产出效率为负向显著影响，因此，丝绸之路经济带应继续将贸易规模做大，同时应注意调整贸易结构，由劳动密集和资源密集向资本密集和技术密集转化。

参 考 文 献

[1] 阿尔弗雷德·马歇尔.经济学原理 [M].章洞易,译.北京:北京联合出版公司,2015.

[2] 蔡昉.中国经济增长如何转向全要素生产率驱动型 [J].中国社会科学,2013(1):56-71.

[3] 钞小静,沈坤荣.城乡收入差距、劳动力质量与中国经济增长 [J].经济研究,2014(6):30-43.

[4] 陈斌开,林毅夫.发展战略、城市化与中国城乡收入差距 [J].中国社会科学,2013(4):81-102.

[5] 陈莉.我国农业机械化与农业经济增长的计量解析.[J] 农业机械学报,2006(11):74-79.

[6] 邓沛琦.金融中介发展与工业经济增长效应的实证检验 [J].统计与决策 2015(9):167-171.

[7] 杜红梅,安龙送.我国农产品对外贸易与农业经济增长关系的实证分析[J].农业技术经济,2007(4):53-58.

[8] 杜伟,杨志江,夏国平.人力资本推动经济增长的作用机制研究 [J].中国软科学,2014(8):173-183.

[9] 段鑫,任群罗,李明蕊.社会资本、产业结构优化与经济高质量发展——基于丝绸之路经济带国内沿线省份的实证检验 [J].兰州财经大学学报,2020(5):1-20.

[10] 樊华,周德群.中国省域科技创新效率演化及其影响因素研究 [J].科研管理,2012(1):10-18+26.

[11] 樊纲,王小鲁,马光荣.中国市场化进程对经济增长的贡献 [J].经济研究,2011(9):4-16.

[12] 樊纲,王小鲁,朱恒鹏.中国市场化指数:各地区市场化相对进程2011年报告 [M].北京:经济科学出版社,2011.

[13] 范晓莉，郝大江．区域制度创新与经济增长的灰色关联分析——以上海浦东新区综合配套改革试验区为例 [J]. 经济经纬，2013（3）：7-13.

[14] 范学俊．金融体系与经济增长：来自中国的实证检验 [J]. 金融研究，2006（3）：57-66.

[15] 干春晖，郑若谷，余典范．中国产业结构变迁对经济增长和波动的影响[J]. 经济研究，2011（5）：4-16.

[16] 高帆．我国经济转型中的创新之谜 [J]. 探索与争鸣，2017（4）：109-115.

[17] 郭志刚．对 2000 年人口普查出生性别比的分层模型分析[J]. 人口研究，2007，（3）：20-31.

[18] 顾乃华．城市化与服务业发展：基于省市制度互动视角的研究 [J]. 世界经济，2011（1）：126-142.

[19] 宦梅丽，侯云先，曹丹丘，等．FDI、技术进步与中国地区经济增长：基于 1979-2013 年省际面板数据 [J]. 当代经济科学，2018（2）：29-37+25.

[20] 韩东屏．论制度与社会发展 [J]. 华中师范大学学报：人文社会科学版，2016（3）：57-74.

[21] 韩永辉，黄亮雄，邹建华．中国经济结构性减速时代的来临 [J]. 统计研究，2016（5）：23-33.

[22] 胡晨沛，章上峰．基于时空异质弹性生产函数模型的区域全要素生产率再测度 [J]. 统计与信息论坛，2019，（6）：51-57.

[23] 黄燕萍．刘榆，吴一群，等．中国地区经济增长差异：基于分级教育的效应 [J]. 经济研究，2013（4）：94-105.

[24] 黄燕萍．金融发展、人力资本与全要素生产率 [J]. 厦门大学学报（哲学社会科学版），2016（2）：102-110.

[25] 惠树鹏，郑玉宝．中国市场化改革对区域经济增长效率的影响 [J]. 甘肃社会科学，2014（6）：171-174.

[26] 阚大学．出口和引进外资对人力资本效率的影响——基于中国工业企业数据的实证分析 [J]. 国际商务研究，2020（6）：54-64.

[27] 孔夏宁，闫秋利，李雪梅．金融发展对"泛珠三角"区域实体经济的实证研究 [J]. 中国集体经济，2017（22）：9-11.

[28] 匡远凤．技术效率、技术创新、要素积累与中国农业经济增长——基于 SFA 的经验分析 [J]. 数量经济技术经济研究，2012（1）：3-18.

[29] 李富强，董直庆，王林辉．制度主导、要素贡献和我国经济增长动力的分

类检验 [J]. 经济研究，2008（4）：53-65.

[30] 李广众，陈平 . 金融中介发展与经济增长：多变量 VAR 系统研究 [J]. 管理世界，2002（3）：52-59.

[31] 李平，王宏伟，张静 . 改革开放 40 年中国科技体制改革和全要素生产率 [J].China Economist，2018（1）：84-111.

[32] 李强，李书舒 . 财政支出和金融发展对经济增长的影响：非线性效应与关联机制 [J]. 财贸研究，2017（2）：21-29.

[33] 李晓松，倪宗瓒 . 两水平方差成分模型与线性回归模型关系的探讨 [J]. 中国卫生统计 1999（2）：14-16.

[34] 李子联，华桂宏 . 新常态下的中国经济增长 [J]. 经济学家，2015（6）：14-21.

[35] 梁小民，姚开建 . 西方经济学书必读手册 [M]. 北京：中国物资出版社，1999.

[36] 林毅夫 . 新结构经济学的理论基础和发展方向 [J]. 经济评论，2017（3）：4-16.

[37] 刘殿国，陈守东 . 幂整体模式累加多层统计模型的建立及应用 [J]. 统计与决策，2009（5）：25-27.

[38] 刘殿国 . 累加多层统计模型的建立及其在经济上的应用研究 [M]. 长春：吉林大学出版社，2009.

[39] 刘殿国，徐兵，夏立显 . 多变量整体模式累加多层统计模型的建立及其在组织绩效上的应用研究 [J]. 数理统计与管理，2009（5）：869-878.

[40] 刘殿国，郭静如 . 中国省域环境效率影响因素的实证研究——基于社会嵌入视角和多层统计模型的分析 [J]. 中国人口资源与环境，2016（8）：79-87.

[41] 刘殿国 . 嵌入性视角香蕉产业组织计量理论及应用研究 [M]. 北京：科学出版社，2016.

[42] 刘殿国 . 社会嵌入性视角能源效率理论及应用研究 [M]. 北京：科学出版社，2017.

[43] 刘殿国，肖辉旭 . 泛珠三角区域能源效率影响因素的实证研究——基于社会嵌入性视角和多层统计模型的分析 [J]. 软科学，2017，31（4）：80-84.

[44] 刘贯春 . 金融结构影响城乡收入差距的传导机制——基于经济增长和城市化双重视角的研究 [J]. 财贸经济，2017（6）：98-114.

[45] 刘晗，王燕，杨文举．FDI能否推动长江经济带经济增长——基于多维门槛效应的实证检验 [J]．经济理论与经济管理，2020（4）：100-112．

[46] 刘晔．经济制度变迁影响经济增长的实证研究 [J]．经济经纬，2017（3）：74-80．

[47] 刘伟，李绍荣．所有制变化与经济增长和要素效率提升 [J]．经济研究，2001（1）：3-9．

[48] 刘伟，李绍荣．产业结构与经济增长 [J]．中国工业经济，2002（5）：14-21．

[49] 刘远，周祖城．员工感知的企业社会责任、情感承诺与组织公民行为的关系——承诺型人力资源实践的跨层调节作用 [J]．管理评论．2015.27（10）：118-127．

[50] 刘泽云．农村儿童为何失学——基于多层模型的经验研究 [J]．北京师范大学学报：社会科学版，2007（2）：70-80．

[51] 吕朝凤，朱丹丹．市场化改革如何影响长期经济增长——基于市场潜力视角的分析 [J]．管理世界，2016（2）：32-44．

[52] 戴小勇．中国高创新投入与低生产率之谜：资源错配视角的解释 [J]．世界经济，2021（3）：86-109．

[53] 丁日佳，刘瑞凝，张倩倩．数字普惠金融对服务业发展的影响及机制研究——基于省际面板数据的实证分析 [J]．金融与经济，2019（7）：4-10．

[54] 金碚．中国经济70年发展的新观察 [J]．社会科学战线，2019（6）：1-11．

[55] 靖学青．长江经济带经济增长及其影响因素的实证分析 [J]．南通大学学报：社会科学版，2015（4）：1-8．

[56] 兰海霞，赵雪雁．中国区域创新效率的时空演变及创新环境影响因素 [J]．经济地理，2020（2）：97-107．

[57] 楠玉，袁富华，张平．中国经济增长跨越与迈向中高端 [J]．经济学家，2018（3）：35-43．

[58] 倪超军．中国城镇化与工业经济发展关系的实证分析 [J]．商业时代，2013（35）：131-133．

[59] 彭良军．珠三角区域经济安全与产业结构转型升级的对策 [J]．战略决策研究，2012（2）：74-78．

[60] 齐红倩，席旭文，高群媛．中国城镇化发展水平测度及其经济增长效应的时变特征 [J]．经济学家，2015（11）：26-34．

[61] 曲玥．考虑教育异质性的人力资本配置效率测算——基于"企业—员工"匹配调查数据 [J]．中国工业经济，2020（8）：24-41．

[62] 严红．我国东、中、西部地区科技创新效率的差异及其原因分析 [J]．中共青岛市委党委青岛行政学院学报，2010（5）：18-21．

[63] 任俭俭，王秀丽，郝俊峰．基于 DEA 模型的我国少数民族地区人力资本效率研究 [J]．内蒙古工业大学学报：自然科学版，2021（4）：315-320．

[64] 任行伟，张强．金融发展与经济增长的非线性关系研究 [J]．金融理论与教学，2019（5）：21-27．

[65] 沈坤荣，蒋锐．中国城市化对经济增长影响机制的实证研究 [J]．统计研究，2007（6）：9-15．

[66] 盛来运，李拓，毛盛勇，等．中国全要素生产率测算与经济增长前景预测 [J]．统计与信息论坛，2018（12）：3-11．

[67] 石磊，向其凤，张炯．物质资本、人力资本、就业结构与西部民族地区农户收入增长 [J]．数理统计与管理 2011（6）：1030-1038．

[68] 石磊，向其凤，陈飞．多水平模型及其在经济领域的应用 [M]．北京：科学出版社，2013．

[69] 史歌，郭俊华．农村金融对农业经济增长贡献率的测算 [J] 统计与决策，2020（21）：155-158．

[70] 孙巍，唐绍祥，李何．市场化进程对地区工业经济发展的作用机理研究 [J]．数量经济技术经济研究，2005（11）：68-77．

[71] 孙彦玲，乔慧，孙伟．农村居民卫生服务利用及其影响因素分析 [J]．中国卫生统计，2015，32（6）：981-983．

[72] 孙叶飞，夏青，周敏．新型城镇化发展与产业结构变迁的经济增长效应 [J]．数量经济技术经济研究，2016（11）：23-40．

[73] 童百利．城乡收入差距会影响贸易开放对经济增长的贡献吗——基于省际动态面板数据的 GMM 估计 [J]．经济问题，2016（12）：57-64．

[74] 汪发元，郑军．科技创新、金融发展与实体经济增长——基于长江经济带的动态空间模型分析 [J]．经济经纬，2019（4）：157-164．

[75] 王琴英．经济增长中的要素效率与制度效应 [J]．统计与决策，2007（20）：39-41．

[76] 王济川，谢海义，姜法宝．多层统计分析模型——方法与应用 [M]．北京：高等教育出版社，2008．

[77] 王克林，刘建平.多阶模型在地区消费差异研究中的应用 [J].统计研究，2011（1）：84-90.

[78] 王天夫，崔晓雄.行业是如何影响收入的——基于多层线性模型的分析 [J].中国社会科学，2010（5）：165-180.

[79] 王小鲁，樊纲，胡李鹏.中国分省份市场化指数报告（2018）[M]，北京：社会科学文献出版社，2019.

[80] 王一鸣.中国经济新一轮动力转换与路径选择 [J].管理世界，2017（2）：1-14.

[81] 王珍.论区域一体化城市经济增长的新旧动能转换——来自泛珠三角区域的考察 [J].中国房地产，2019（24）：49-57.

[82] 吴滨，肖尧.人口红利衰减、产业结构调整对中国工业经济发展影响研究 [J].统计与信息论坛，2021（6）：14-20.

[83] 吴传清，黄磊，文传浩.长江经济带技术创新效率及其影响因素研究 [J].中国软科学，2017（5）：160-170.

[84] 吴敬琏.中国的发展方式转型与改革的顶层设计 [J].北京师范大学学报：社会科学版，2012（5）：5-13.

[85] 向其凤，石磊.西部民族地区农村劳动力转移的影响因素分析——基于多水平 Logistic 模型的研究 [J].数理统计与管理，2012，31（6）：965-975.

[86] 肖功为，刘洪涛，郭建华.制度创新、金融发展与实体经济增长——基于空间杜宾模型的实证研究 [J].经济问题探索，2018（8）：85-94.

[87] 肖挺.服务业分行业生产率变化、产权结构与工资收入变化研究 [J].管理评论，2015（10）：44-53.

[88] 谢红，巫才林，霍伟东."丝绸之路经济带"国内省份对外开放与经济增长 [J].经济问题，2015（8）：6-12.

[89] 谢婷婷，赵莺.丝绸之路经济带物流产业、金融发展对经济提升的驱动作用研究 [J].工业技术经济，2017（2）：139-146.

[90] 解晋.中国分省人力资本错配研究 [J].中国人口科学，2019（6）：84-96.

[91] 邢军伟.产业结构升级、对外开放对经济增长及波动的影响效应分析 [J].统计与决策，2016（4）：144-147.

[92] 许和连，亓朋，祝树金.贸易开放度、人力资本与全要素生产率：基于中国省际面板数据的经验分析 [J].世界经济，2006（12）：3-10.

[93] 许经勇.发育要素市场是供给侧结构性改革的重要环节 [J].学习论坛，

2016（11）：31-34.

[94] 阳佳余，张少东.地区金融发展与经济增长的空间效应研究[J].湖南大学学报：社会科学版，2018，32（1）：82-92.

[95] 杨建云，张天栋，朱东来，等.多水平模型在区域环境卷烟感官质量评价中的应用[J].西南农业学报，2013，26（6）：2514-2521.

[96] 杨菊华.多层模型在社会科学领域的应用[J].中国人口科学，2006（3）：44-51.

[97] 杨鑫，金占明.战略群组的存在性及其对企业绩效的影响——基于中国上市公司的研究[J].中国软科学，2010（7）：112-124.

[98] 姚旭兵，罗光强.农业经济增长与产业结构升级的互动关系研究——基于PVAR模型的实证分析[J].湖南农业大学学报（社会科学版），2015（6）：8-11.

[99] 伊志宏，曹淮扬，刘轻舟.地方经济发展与企业资本结构选择——来自上市公司的经验[J].经济管理，2008（13）：75-79.

[100] 游达明，杨晓辉，杨立，等.基于多层线性模型的就业影响因素研究[J].统计与决策，2011（3）：41-44.

[101] 于寄语，温湖炜.城市化、要素产出弹性与经济增长——基于潜类别模型视角的分析[J].城市问题，2016（9）：66-72.

[102] 余泳泽.中国区域创新活动的"协同效应"与"挤占效应"——基于创新价值链视角的研究[J].中国工业经济，2015（10）：37-52.

[103] 袁富华.长期增长过程的"结构性加速"与"结构性减速"：一种解释[J].经济研究，2012（3）：127-140.

[104] 赵文军，于津平.贸易开放、FDI与中国工业经济增长方式——基于30个工业行业数据的实证研究[J].经济研究，2012（8）：18-31.

[105] 赵文军，于津平.市场化进程与我国经济增长方式——基于省际面板数据的实证研究[J].南开经济研究，2014（3）：3-22.

[106] 郑若谷，干春晖，余典范.转型期中国经济增长的产业结构和制度效应——基于一个随机前沿模型的研究[J].中国工业经济，2010（2）：58-67.

[107] 郑昱，王二平.面板研究中的多层线性模型应用述评[J].管理科学，2011（6）：111-120.

[108] 仲伟周，陈晨.制度变迁、外商直接投资与服务业增长方式[J].财贸研究，

2018（1）：27–39.

[109] 钟心桃，龚唯平.广东经济增长中制度因素对要素效率影响的实证研究[J].南方经济，2008（4）：75–81.

[110] 邹琪，田露月.FDI对中国服务业产业效应的实证分析[J].财经科学，2010（11）：101–107.

[111] 周阳敏，宋利真.中国农业包容性增长的理论与实证研究[J].农业技术经济，2012（2）：20–27.

[112] 周兴，张鹏.市场化进程对技术进步与创新的影响——基于中国省级面板数据的实证分析[J].上海经济研究，2014（2）：71–81.

[113] Abramovitz M. Resource and Output Trends in the United States since 1870[J]. American Economic Review, Papersand Proceedings, 1956（46）：5– 23.

[114] Aitkin M, Anderson D, Hinde J. Statistical modelling of data on teaching styles[J]. journal of the Royal Statistical Society, 1981, 144：148–61.

[115] Aigner J Chu S F. On Estimating the Ind ustry Production Function[J]. American Economic Review, 1968（13）：568—598.

[116] Aigner J, Lovell K, Schmidt P. Formulation and Estimation of Stochastic Frontier Production Function Models[J].Journal of Econometrics, 1977,（6）：21–37.

[117] Agresti A, Booth J, Caffo B. Random–efffects modeling of categorical response data[J].Sociological Methodology. 2000（30）：27–80.

[118] Barcikowski R S. Statistical power with group mean as the unit of analysis [J]. Journal of Educational Statistics, 1981（6）：267–285.

[119] Black D, Henderson J V. A theory of Urban Growth[J]. Journal of Political Economy. 1999, 107（20）：252 –284.

[120] Carpenter J M., H. Goldstein, & J. Rasbash. A novel bootstrap procedure for assessing the relationship between class size and achievement[J]. Applied Statistics. 2003（52）：431–443.

[121] Caves D L C, Christensen, and W. E. Diwert. The Economic Theory of Index Numbers and the Measurement of Input, Output and Productivity[J]. Econometrica, 1982（50）：1393–1414.

[122] Charnes A, Cooper W W, Rhodes E. Measuring the Efficiency of Decision Making Units[J].European Journal of Operational Research, 1978（6）：429–

444.

[123] Chong-Zhi Di1，Karen Bandeen-Roche. Multilevel Latent Class Models with Dirichlet Mixing Distribution[J]. Biometrics，2011，67（1）：86-96.

[124] Consul P C，Famoye F. Generalized Poisson regression model[J]. Communications in Statistics：Theory and Methods，1992（21）：89-109.

[125] Dempster L R. Maximum likelihood from incomplete data via the EM algorithm[J].Journal of the Royal Statistical Society，（Series B），1977（39）：1-8.

[126] Eichengreen B，Park D，Shin K.When Fast Growing Economies Slow Down：International Evidence and Implication for China [J]. Asian Economic Papers，2012，11（1），42-87.

[127] Goldstein，H. Multilevel mixed linear model analysis using iterative generalised least squares[J].Biometrika，1986，73：43-56.

[128] Goldstein H. Nonlinear multilevel models with an application to discrete response data[J].Biometrika，1991，（78）：45-51.

[129] Goldstein H. Multilevel Statistical Models 4th ed[M]. West Sussex：John Wiley & Sons Ltd，2011.

[130] Granovetter M. Economic action and social structure：the problem of embeddedness[J] . American Journal of Sociology，1985，91（3）：481-510.

[131] Griliches Z. Issues in Assessing the Contribution of R &D to Productivity Growth[J].Beel Journal of Economics ，1979（10）：92-116.

[132] Huber J D，Georgia Kernell，Eduardo L. Leoni. Institutional Context，Cognitive Resources and Party Attachments Across Democracies[J]. Political Analysis，2005，13（4）：365-386.

[133] Ibrahim J G，Zhu H，Garcia R.Fixed and Random Effects Selection in Mixed Effects Models[J]. Biometrics，2011，（67）：495-503.

[134] Kauermann G，Krivobokova T，Fahrmeir L. Some asymptotic results on generalized penalized spline smoothing[J]. Journal of the Royal Statistical Society，Series B，2009（71）：487-503.

[135] Laird N M，Ware J H. Random-effects models for longitudinal data[J]. Biometrics，1982，38（4）：963-974.

[136] Lindley D V，Smith A F M. Bays estimation for the linear model[J].Journal of

the Royal Statistical Society, (Series B), 1972 (34): 1–41.

[137] Lucas R E. On the mechanics of economic development[J].Journal of monetary economics.1988, 22 (1): 3–42.

[138] Meeusen W, Broeck V, Julien Meeusen, W.and Broeck, J. van den. Efficiency Estimation from Cobb–Douglas Production Functions with Composed Error[J]. International Economic Review, 1977 (18): 435 – 444.

[139] Muthen B. multilevel covariance structure analysis[J].Sociological Methods & Research, 1994 (22): 376–389.

[140] Nie L, Chu H, Feng S. Estimating variance parameters from multivariate normal variables subject to limit of detection: MLE, REML, or Bayesian approaches? [J]. Statistics in Medicine, 2009 (28): 2605–2616.

[141] Orit K, Phillips W S. introduction to the special issue of multilevel analysis in comparative Political studies[J].Political Analysis, 2005 (13): 297–300.

[142] Peneder, Michael. Industrial structure and aggregate growth [J].Structural Change & Economic Dyanmics, 2003 (14): 427–448.

[143] Stephen W, Rowan B, Kang S J, et all. A multilevel multivariate model for studying school climate with estimation via the EM algorithm and application to U.S. high school data[J]. Journal of Educational Statistics, 1991, 16 (4), 295–330.

[144] Raudenbush S W.A crossed random effects model for unbalanced data with applications in cross sectional and longitudinal research[J].Journal of Educational Statistics, 1993 (18): 321–349.

[145] Raudenbush S W, Bryk A S. Hierarchical linear mod–els: Applications and data analysis method[M]. 2nded. Thousand Oaks, CA: Sage Publications, Inc: 2002.

[146] Rodrik D, Subramanian A, Trebbi F. Institutions Rule: The Primacy of Institutions over Geography and Integration in Economic Development[J]. Journal of Economic Growth , 2004 (19): 131–165.

[147] Romer, Paul M. Increasing returns and long–run growth[J]. Journal of Political Economy, 1986, 94 (5): 1002–1037.

[148] Shi L, C hen G .Case deletion diagnostics in multilevel models [J].Journal of Multivariate Analysis, 2008, 99 (9): 1860–1877.

[149] Sinha S K , Rao J N K Robust small area estimation[J]. Canadian Journal of Statistics. 2009（37）: 381–399.

[150] Smith A F M.A general Bayesian linear model[J]. Journal of the Royal Statistical Society,（Series B）, 1973（35）: 61–75.

[151] Solow R M. Technical Change and The Aggregate Production Function[J]. Review of Economics and Statistics, 1957, 39（3）: 312–320.

[152] Solow R M. A contribution to the theory of economic growth[J].Quarterly Journal of Economics, 1956, 71（1）: 603–613.

[153] Stephane G, Nicolas G , Jonathan D, etal. Multilevel Model of the 3D Virtual Environment for Crowd Simulation in Buildings[J].Procedia Computer Science. 2014（32）: 822–827.

[154] Strenio J L F, Weisberg H I, Bryk A S. Empirical Bayes estimation of individual growth curve parameters and their relationship to covariates[J]. Biometrics, 1983, 39 : 71–86.

[155] Swan, Trevor W. Economic Growth and Capital Accumulation[J]. Economic Record, 1956（32）: 334–361.

[156] Zukin, Dimaggio P. Structures of Capital : The Social Organization of Economy[M]. Cambridge, A : New York Cambridge University Press, 1990.